西北學會月報

（上）

自第一號

至第七號

圖書出版 韓國學資料院

서북학회 기관지 서북학회월보
1908. 6

《서북학회월보(西北學會月報)》는 1908년 6월 1일자로 창간된 서북학회 기관지로서 종래에는 1910년 1월 통권 19호까지 나오고 종간된 것으로 알려졌으나, 최근에 제24호(1910. 6. 24)와 제25호(1910. 7. 1)가 발견되었다고 한다. 통권 23호까지 나왔다고 전하지만 20호 이후는 볼 수 없고 현재 제19호까지가 영인되어 있다.

서북학회는 1908년 1월 황해도 평안도 중심의 서우(西友)학회와 함경도 중심의 한북(漢北)학회가 통합되어 조직된 학회이다. 따라서 서우학회의 기관지 《서우》는 자연 종간되고, 《서북학회월보》 제1호로 발행하게 된 것이다. 판권장을 보면, 주필 박은식(朴殷植), 편집 겸 발행인 김달하(金達河), 인쇄인 이달원(李達元), 인쇄소 보성사(普成社), 발행소 서북학회(한성·중부 교동 29통 2호), A5판 43면, 정가 10전이다.

학회의 주지(主旨)는 교육에 중점을 두고 학술 문화 보급에 힘썼으며, 크게는 민족의식 고취와 국권회복을 위한 언론지로서 많은 업적을 남겼다. 서우·한북 두 학회가 손을 잡고 발전적으로 통합할 때 그 취지서에 이런 대목이 있다.

"어시(于時)에 서도인사(西道人士)가 개연분발(慨然奮發)하여 문명진보(文明進步)의 사상(思想)과 교육확장(教育擴張)의 목적(目的)으로 서우학회(西友學會)를 창립(創立)하였고, 계이(繼而) 북도인사(北道人士)가 동일사상(同一思想)과 동일목적(同一目的)으로 한북학회(漢北學會)를 조성(組成)하니, 기사상야(其思想也) 동(同)하고 목적야(目的也) 동(同)함으로 유(由)하야 지우(至于) 금일(今日)에 동종(銅鐘) 사응(思應)하고 자침(磁針)이 상인(相引)하여 합이위일(合而爲一)함에 회(會)는 서북학회(西北學會)라 하며 ……"라고 했다. 동(銅)과 종(鐘)이 생각하여 응하고 자석의 바늘이 서로 당겨 하나가 되었으니, 이 단체야말로 그 힘이 몇 배로 불어났을 것이다.

목차를 본다. 〈논설〉'하오동문제우(賀吾同門諸友)'/ '교육방법(教育方法) 필수

기국정도(必隨其國程度)'… 김원극(金源極)/ '임정(林政) 위부국지기관(爲富國之機關)'… 나석기(羅錫璂)/ '국가(國家)의 개념(槪念)'/ '대한제국(大韓帝國)의 가치(價値)'… 김병억(金炳億)/ '국한문론(國漢文論)'.. ·이승교(李承喬)/ '진보자(進步者) 생민지기초(生民之基礎)'… 백헌(栢軒)/ '아한(我韓)의 최급(最急)이 법률(法律)에 존(存)함'… 한문언(韓文彦)/ '금일(今日) 오인(吾人)의 국가(國家)에 대(對)한 의무급(義務及) 권리(權利)'… 김익용(金翼瑢), 〈생활〉 '남녀급(男女及) 소아위생(小兒衛生)의 최요주의(最要注意)'… 이규영(李奎濚)/ '모려(牡蠣, 굴)양식법(養殖法)'… 총본도원(塚本道遠) 저(著)·송영태(宋榮泰) 역(譯), 〈인물고(人物考)〉'휴정대사전(休靜大師傳)'… 영규(靈圭), 〈사조(詞藻)〉… 송남(松南) 우강(于岡), 〈잡조(雜俎)〉'회보(會報)'/ '회계보고(會計報告)'/ '법령적요(法令摘要)'등이 게재되었다.

권두의 논설 〈하오동문제(賀吾同門諸友)〉의 한 대목은 "이황(而況) 현금(現今)은 세계인류(世界人類)가 지력경쟁(智力競爭)으로 우승열패(優勝劣敗)imagefont고 약육강식(弱肉强食)imagefontimagefont 시대(時代)라 ……"로 전개되는데, 이를 국역하여 그 대의를 살펴본다.

"하물며 현금은 세계 인류가 지력 경쟁으로 우승열패하고 약육강식하는 시대라, 우리 민족의 지력이 딴 민족에게 적대(敵對)가 되지 아니하면 유린되고 먹히게 되어 도태(陶汰)되고 마는 것은 하늘이 연출하는 공례(公例)라 하는데, 만약 우리나라가 폐허가 되고 우리 동족이 멸망하는 경우, 그래도 높은 관(冠) 넓은 띠(帶)로 무릎 꿇고 옛것을 담론하는 자라고 해서 홀로 면하겠는가? 백이(伯夷)의 고사리를 캐려 해도 수양(首陽)이 어디 있으며, 노중련(魯仲連)의 자취를 따르려 해도 조선해(海)가 이미 변한지라, 망망 천지에 어디로 가겠는가?

그러니 내 몸의 생존을 도모하려면 내 나라를 사랑해야 하고, 우리 도(道)를 유지하기를 바란다면 우리나라를 사랑할 것이니, 우리나라를 사랑하여 우리나라를 보존하려 할진댄, 부득불 시무(時務)의 필요와 신학(新學)의 실용을 청구하는 것이 우리들의 공통된 식견(識見)이며, 4천년을 살아온 국토를 보존하고 2천만의 생명을 건지는 것이 우리들의 책임이 아닌가! 〈하략〉"

〈회보〉를 보니, "융희 2년(1908) 5월 2일 하오 4시에 제5회 통상총회를 수동(壽洞) 임시 본 학교 내에서 열고, 회장 정운복(鄭雲復)이 사찰원 한광호(韓光鎬), 서기 한경렬(韓景烈)을 지명, 서기가 점명(點名)하니 출석원 39인 이러라"고 적혀 있다. 이것이 '서북학회 회록'의 첫 기록인데, 그보다 제2호의 〈서북학회 역사〉를 보기로 하자.

"단군 개국 4239년, 광무 10년(1906) 10월 26일 서우학회가 창립하니 정운복(鄭雲復) 박은식(朴殷植) 김윤오(金允五) 김명준(金明濬) 이갑(李甲) 유동작(柳東作) 유동열(柳東說) 김달하(金達河) 제씨가 발기 조직한 것이고, 같은 달 28일 한북학회가 잇따라 일어났으니 이는 오상규(吳相奎) 이준(李儁) 유진호(兪鎭浩) 설태희(薛泰熙) 제씨가 발기 성립한 것이다. 두 단체는 하나되기를 기대했는데, 마침내 통합하기에 이르렀다.

융희 2년(1908) 1월 3일 양 회원 여러분이 교동 서우회관에 모여 서북학회 창립총회를 열어 회장 이동휘(李東輝(暉))씨가 통합 취지를 설명, 만장일치로 가결되어 회명은 서북학회로, 학교는 서북협성(協成)학교로 이름을 공포했다.

4월 11일 특별총회를 열고 학교를 3층 양식으로 새로 건축하기로 협의 결정했으며, 경비는 15,700원 이상으로 예산하여 청국(淸國 : 중국) 기술자를 쓰기로 하고 일을 곧 시작했다.

6월 20일 하오 2시 교장 이종호(李鍾浩) 주재로 정초(定礎)식을 거행하니 회원 모두가 대한제국 만세와 서북학회 만세를 소리높이 불렀다. 이날 정초석 밑 석함(石函)에는 서북협성학교 임원 및 학생 명부, 대한제국 우표, 대한지도, 각종 신문 등을 넣어서 묻었다. 그리고 이날 특기할 일은 충청북도 유지 이희직(李熙直)이 본회의 교육사업을 위해 논(畓) 100두락을 기부했으니, 이를 기리고자 그의 성명을 적어 석함에 갈무리했다."

서북학회는 초창기에는 이처럼 활발하게 움직이며 민족학교까지 운영했으나, 1910년 한일합방과 동시에 일제의 간섭과 탄압을 심하게 받다가 끝내는 강제 해산되고 말았다. 그러나 이 학회를 이끌던 박은식(朴殷植) 이동휘(李東

輝) 이갑(李甲) 유동열(柳東說) 등은 중국으로 망명하여 독립운동에서 큰 일을 했다.

서북학회는 1908년 1월 3일 서우학회와 한북학회가 통합될 때 임원 명단이나 회원 명단을 발표한 기록이 없고, 1908년 3월 《서우(西友)》 제16호에 1000명이 넘는 '서북학회 회원 명부'를 실었다.

《서북학회월보》는 호를 거듭할수록 논문 중심의 학회지 성격은 그대로 지키면서, 거기에다 일반인도 관심을 가지게 실사회 문제를 심층 취재했다. 이는 현장 르포인데 당시로서는 획기적인 기획이라 하겠다. 그중 제17호 〈담총(談叢)〉에 있는 이야기를 몇 대목 추려본다.

"일전에 이현(泥峴 : 진고개, 지금의 충무로, 당시 일본 상인들의 본거지) 서점에 들렀다가 일녀(日女) 점원과 한참 동안 수문수답(隨問隨答)을 했다.

'한국에 일본인이 얼마나 살고 있는지요?'

'경성에만 남자 1만8천명, 여자 1만2천명이 산답니다.…… 여자들 중엔 작부(酌婦)가 많고 유모나 하녀로 일하는 사람도 있지요. 하녀의 월급은 6원으로부터 7, 8원까지인데 그래도 열심히 2, 3년만 잘하면 시집갈 밑천이 생기지요.'

'게이샤(藝者 : 기생(妓生))는 얼마나 될까요?'

'한국인이 776명인데 일본인이 8백명이나 된답니다.'(이는 서울만의 것인지, 전국적인 것인지?)

'한국 고서(古書)를 염가로 사려면 어떤 방법이 좋을까요?'

'한국 고서는 가격이 높아서 보통 1책이 1원이 되고 진귀한 것은 1책에 3원 이상입니다. 그래서 현재 일본인이 한국고서간행회를 경영한답니다.' " (얼른 곧이들리지 않는 이야기다.)

또 제18호 〈가담(街談)〉에서는 '인력거꾼 이야기'를 담았다.

"교동 병문 좌편imagefont에 인력거군 삼삼오오 작대imagefont여 짓걸이 imagefont 수작 가관일세. 한 작자 imagefontimagefont 말이 오날 아참 imagefontimagefont 먹을 것 업서서 녀편네 속솟곳 전당 잡히고 팟죽 두 그릇 사다가 조반으로 에워먹고 ……, 돈도 요imagefont에imagefont 엇지도 밧삭 말imagefont는지, 량반인지 두돈 오푼 여슷무진지 한 사람들도 인력거야 imagefontimagefont 소imagefont 전혀 업데.…… 녀편네 보긔 붓그러워 들어갈 수도 업고 들어간들 무엇이라고 말imagefontimagefont?"

"imagefont 한 인력거군 imagefontimagefont 말이, 나는 어제 교동 병문에서 imagefont문밧imagefont지 가시는 량반을 태이고 오십젼을 작뎡imagefont여 밧고 오난길에, 종로 향랑 뒷골노 지나노imagefont니 약주 imagefont imagefontimagefontimagefont 코를 imagefont르고 속에서 회imagefont 동 imagefont여 목젓이 질알질imagefont데. 오십젼 imagefont이라 게오 젼역 imagefont가암이나 되거나 말거나 imagefont 것을, 술 한잔 사먹으면 젼역밥은 랑imagefont될 터이나 참imagefont 방앗간으로 거저 지날 수 잇imagefont? imagefont통 두푼을 imagefontimagefont imagefont여쥐고 술집에 들어가서, 한잔 imagefont구 imagefont라 imagefont야 두어번 훌덕imagefont더니 imagefont통 두푼은 간곳 업고, 둑겁이 팔이 한마리 잡아먹은 것 한가지데.……"

"imagefont imagefont 인력거군 imagefontimagefont 말이, 자네 imagefont 마누라나 잇스니 먹으나 굴무나 서로 세나 imagefont치 imagefont아도 자미잇는 일 더러 잇겟네. 나imagefont 시골서 처음 서울구경 imagefont 올나왓더니, 도라갈 노쟈imagefont 엇으랴고 인력거 한아 삭으로 엇더가지고 운수 잘 맛imagefontimagefont 날이면……, 어제 엇더 imagefont 손이 imagefont님imagefont치 찰이고 건가imagefont침을 곤두세우면서 인력거야 imagefont기에 자든 눈을 번젹 imagefont자마자 동부련동imagefont지 갓던이 그 손은 집으로 들어가서……그 마누라가 나오드니 imagefont통 두푼을 게오 주데."

여기서 한 가지 짚어 보아야겠다. 이 잡지 제17호는 1909년 11월 1일 발행. 이때는 한일합방 전, 우리 황제가 다스리는 대한제국이 엄연할 때인데, 어째서 서울에 일인들이 3만명이나 득실거렸는지 참으로 모를 일이다. 을사조약으로 나라를 빼앗고는 합방 도장이야 찍든 말든 제멋대로 쥐었다 놓았다 했음을 알 수 있다.

또 제18호(1909. 12. 1)에 나오는 '인력거'만 해도 그렇다. 인력거는 우리 재래의 수레가 아니고 일본인들이 고안한 것으로, 기록에 보면 1894년 갑오경장의 해에 한 일인이 10대를 들여와서 마침내는 조선의 큰 도시에 어지간히 퍼뜨렸다. 인력거를 끄는 꾼은 모두 조선의 장정들, 그들의 생활은 적혀 있는 바와 같다.

《서북학회월보》는 이처럼 우리의 심각한 사회문제에도 눈을 돌렸다. 일인들의 치부(恥部)도 건드리면서 사회고발적으로 터뜨렸으니, 통감부에서 이런 기사들을 그대로 보고만 있었겠는가?

서북학회 기관지 서북학회월보 - 1908. 6 (한국잡지백년1, 2004. 5. 15., 최덕교)

光武十年十二月一日
明治三十九年十二月一日
第三種郵便物認可

隆熙二年六月一日發行(每月一日一回發行)
(第一卷第一號)

西北學會月報

發行所 西北學會

西北學會月報第一卷第一號要目

特別廣告

本會月報의發行이今至第十七號인ᄃᆡ其代金收合의無所愆滯라야可히繼續刊行이온ᄃᆡ于今一年有餘에代金收合이極其零星ᄒᆞ와經費가大端窘絀이오니遠近間講覽ᄒᆞ시ᄂᆞᆫ
僉員은諒此情況ᄒᆞ시와卽刻計送ᄒᆞ심을千萬切盼

論說

賀吾同門諸友

今日我韓社會에一般輿論이皆謂호되頑迷固陋호야舊習을膠守호고時宜에茫昧호者는儒林派라호며隱遯自甘호야潔身을徒尙호고民國을濟忘호는者는儒林派라호며窮年矻矻호야故紙를鑽硏호고新理를不究호는者는儒林派라호며偃蹇自重호야義理를空談호고經濟를不講호는者는儒林派라호야開明時代에一大障碍物이되는줄노思量호고指斥호니嗟乎라吾儒家의本領宗旨가曷嘗如是哉아

轍環天下에席不暇暖호시며斟酌四代에損之益之호시며春秋袞鉞로以匹夫而行天子之事호사爲天地立心호시며爲生民立極호시며爲萬世開太平은吾夫子也시고我朝先正에愛君如父호고憂國如家호야之九死而靡悔者는靜菴의一片丹衷이오矯革時弊호야更新國政호며養兵十萬호야以備不虞호기로章奏萬言이墾墾不已者는栗谷의至公血誠이오天生男子에豈偶然哉리오홈은重峯이平日自誦이라一夫不獲에則曰是予之辜는吾儒의自任이오己欲立而立人호며己欲達而達人은吾儒의求仁이오隨時變易호고溫故知新은吾道의大要니엇지今日社會의譏笑와如호儒家宗旨가有호리오

而況現今은世界人類가智力競爭으로優勝劣敗호고弱肉强食호는時代라吾族의智力이他族을不敵호면蹂躪呑噬를被호야陶汰以盡홈은天演公例라호느니萬若吾의國家가邱墟호

고吾의同族이漸滅ᄒᆞᄂᆞᆫ境遇이면峨冠博帶로屈膝談古者가其能獨免乎아伯夷의薇를采코져首陽山이安在며魯連의踪을追코져朝鮮海가已變이라茫茫寰宇에安所適歸오然則吾身의生存을圖ᄒᆞᆯ지라도吾國을愛ᄒᆞᆯ것이오吾道의維持를企ᄒᆞᆯ지라도吾國을愛ᄒᆞᆯ지니吾國을愛ᄒᆞ야吾國을保코져ᄒᆞᆯ진ᄃᆡᆫ不得不時務의必要와新學의實用을講求ᄒᆞᄂᆞᆫ것이吾儒의達識이아니며四千年國土를保全ᄒᆞ고二千萬生命을拯濟ᄒᆞᄂᆞᆫ것이吾儒의責任이아닌가

本記者도亦嘗屈膝於諸先生之門ᄒᆞ며周旋於僉章甫之後ᄒᆞ야討論性命ᄒᆞ며講行飮射ᄒᆞᆯ時에ᄂᆞᆫ以守舊爲義理ᄒᆞ고詆開化爲邪說ᄒᆞ며以自靖爲法門ᄒᆞ고認通達爲忘想ᄒᆞ야冠童六七로徜徉山水之間ᄒᆞ고一床經傳으로偃息衡茅之底ᄒᆞ야優哉遊哉에以畢吾生이於分에足矣오於義에得矣라ᄒᆞ얏고及其來留京師ᄒᆞᄂᆞᆫ始也에도猶是宿志를不變ᄒᆞ고新學를厭聞ᄒᆞᄂᆞᆫ主義러니乃東西各國의新書籍이偶然觸目ᄒᆞ미天下의大勢와時局의情形을觀測ᄒᆞᆷ이有ᄒᆞ야今日時宜가不得不變通更新ᄒᆞ여야吾國을可保ᄒᆞ고吾民을可活인거을覺知ᄒᆞᆫ지라於是乎或著述學論ᄒᆞ며或主張報筆ᄒᆞ야大聲疾呼와婉辭諷刺가無日不申申反覆ᄒᆞ야我一般同胞의耳目을警醒ᄒᆞ여心智를開發코져ᄒᆞᄂᆞᆫᄃᆡ最深注意者ᄂᆞᆫ我儒林諸君에게在ᄒᆞ더라

近日에至ᄒᆞ야國內儒林中에若個著名人이新書籍을閱覽ᄒᆞ고新思想이漸發ᄒᆞ야非復前日泥舊라ᄒᆞᆷ을得聞ᄒᆞ미私心喜悅이不能自己ᄒᆞ야竊謂ᄒᆞ되儒林의思想이更新ᄒᆞᄂᆞᆫ日이면國民의思想이從而更新ᄒᆞᆯ것은實노風草의功效가有ᄒᆞ리라ᄒᆞ엿더니最近信息을接ᄒᆞᆫ則吾輩

同門中에新思想이有ᄒᆞᆫ者ㅣ稍稍有聞ᄒᆞ니卽朴雲庵誠庵兩先生門下의若個人이是라本記者ㅣ於是乎翹首西望에往昔의感이油然而發ᄒᆞ도다

蓋兩先生이崛起西土ᄒᆞ야門戶를倡立ᄒᆞ미經義藏修兩齋가對峙而興ᄒᆞ야道德을講明ᄒᆞ고經傳을發揮ᄒᆞ는日에風化의盛ᄒᆞᆷ이果何如哉아朝夕左右ᄒᆞ야摳衣問業者가數百人이오遠近間往來董德者ㅣ數千人이니方之蘇湖에未足多讓이라絃誦之聲이洋溢閭巷ᄒᆞ고揖讓之風이遍及樵牧ᄒᆞ든遺化가尙存ᄒᆞ더니至于今日에若個同志가時局의觀念으로新聞을閱覽ᄒᆞ며學校를設立ᄒᆞ야蔚然興起의狀態를呈ᄒᆞ니豈不誠攢賀萬萬哉아大抵先生의學은卽致君澤民과修己治人이니今日諸君이時宜를講究ᄒᆞ고敎育에注意ᄒᆞᆷ이비록前日規模와는差殊ᄒᆞᆫ듯ᄒᆞ나實노吾道의大用을發揮ᄒᆞᆷ이니幸其志氣를鼓勵ᄒᆞ고學識를開廣ᄒᆞ야所謂頑固儒者의識를一洗ᄒᆞ고國家를扶植ᄒᆞ며生民을拯濟ᄒᆞ는大事業이有ᄒᆞ면先生의道德이愈益昌明ᄒᆞ리니勉哉어다我同門諸君이여

敎育部

敎育方法必隨其國程度

松南春夢 金源極

現今擧國人士가皆曰急務焉敎育敎育이라ᄒᆞ니古今東西를勿論ᄒᆞ고何時에敎育이急務ㅣ아니리오마는但時代의變遷과國際의汚隆을因ᄒᆞ야損益이不得不有ᄒᆞᆫ지라是故로夏商周三代를溯觀ᄒᆞᆯ지라도禹湯文武가實是一道어늘尙忠也尙質也尙文也ㅣ가因時制宜에出ᄒᆞᆷ은不言可想ᄒᆞᆯ것이오孔子의尊周室과孟子의

勸齊梁이其揆不一은何也오亦關於所遇之時而已라ᄒᆞᆯ지로다然ᄒᆞᆫ즉今日競爭舞臺에坐在ᄒᆞ야物競天擇의公理를不知ᄒᆞ고優勝劣敗의見想이闇昧ᄒᆞ면列强旗幟中에巍然獨立ᄒᆞᆷ이不能ᄒᆞ기는童竪의所見이어ᄂᆞᆯ目今我國의守舊ᄒᆞ는人士는乃猶曰祖宗之憲을不可變이라ᄒᆞ며夷狄之道를不可師라ᄒᆞ니不思之甚이胡至於此오邵子ㅣ曰夷狄이循天理則爲中華오中華가循人欲則爲夷狄이라ᄒᆞ니然則華夷의判이天理人欲의間에在ᄒᆞ고此疆爾界의限에不在ᄒᆞᆯ뿐外ㅣ라杞憂子ㅣ曰惡虎豹而服其皮는取其溫煖也오斥夷狄而師其法은取其利用이라ᄒᆞ니此實古今天下에不二格言이어ᄂᆞᆯ今之人이動輒曰守舊守舊者ㅣ豈眞知新學舊法關係ㅣ爲何如며利用厚生之便否ㅣ爲何如哉아此所謂夏虫은不可以語氷이오井蛙는不可以語海로다結繩之政으로亂秦의緖를難治오干羽之舞로平城의圍를難解커든況今日에六洲의風氣가互換ᄒᆞ고五種의人類가錯雜ᄒᆞ야西勢東漸에弱肉强食ᄒᆞ는時代와去古甚遠에風潮日新ᄒᆞ는世界를遭ᄒᆞ야如是ᄒᆞᆫ性命의空談과腐敗의思想으로生存ᄒᆞᆯ希望이何에在ᄒᆞ리오此는守舊派의所失이라可謂ᄒᆞᆯ지며且以新進人士로言之라도世界文明風潮에觸感ᄒᆞ고國家恢復思想에奮發ᄒᆞ야長聲大哭으로一般同胞의게勸告ᄒᆞ는血誠으로瑪志尼와福澤翁이再生ᄒᆞ고敎育界에義務는須太仁과嚴幾道가復起ᄒᆞ야全國社會와學校의指南을作ᄒᆞ얏시니偉哉라新進社會며快哉라新進學校로다然ᄒᆞ나今日新進敎育의方法이必也其國程度를隨ᄒᆞ야爲先愛國的精神를喚起ᄒᆞ며團合的思量를凝結ᄒᆞ야全國人民으로ᄒᆞ야곰君이

有훈줄은知ᄒᆞ고身이有훈줄은忘ᄒᆞ며國이有훈줄은知ᄒᆞ고家가有훈줄은忘케ᄒᆞ야一團思想을腦髓에貫徹훈後에各種技術學에就케ᄒᆞ야一般學徒가實地業務에從事홀것이오然치아니코幼穉훈國家程度로ᄒᆞ야곰閃忽히高等文明國을躐進模倣ᄒᆞ야青年의精神을淆亂케ᄒᆞ며理想을複雜케ᄒᆞ야前塗의方向이茫昧ᄒᆞ고捷徑의私慾이闖發ᄒᆞ면千百日敎育을受훈者라도竟究의結果는外語粗解者는他人密偵의資料에不過홀지오其他法政各課의卒業훈者가名譽釣采홀熱望에不出홀지며設又工業이發達ᄒᆞ야滊船滊車가萬數隻에過ᄒᆞ고大礮機關礮가百萬們이有홀지라도外人의甘言利誘가一到ᄒᆞ면足히自國을射擊陷落ᄒᆞ야一朝에敵國의게奉獻ᄒᆞ리니敎育이如此ᄒᆞ면適足히亡國훈資料라謂홀지로다然훈즉今日我國의程度는精神의敎育이爲先急務라홀지라精神乎精神乎여精神이何物焉고英人이되야는英國의自治性이精神이오日人이되야는日本의大和魂이精神이라我大韓國人이되야는我國을是愛ᄒᆞ며我의自由를是愛ᄒᆞ며我의獨立을是愛ᄒᆞ며我의團體를是愛ᄒᆞ며我의自强不拔을是愛ᄒᆞ며我의言語文字를是愛ᄒᆞ며我의同族을是愛홈이大韓精神이라홀지니嗚呼라此精神을先養홀지어다此精神을先養홀지어다

林政爲富國之機關

柏軒 羅錫璂

原野의森林은身體의鬚髮과衣服과如훈지라人이鬚髮로써氣血의榮을삼고衣服으로써寒暑의防을삼ᄂᆞ니無是면人不可以自安이오森

林도亦然ᄒᆞ야鬱鬱蒼蒼ᄒᆞᆫ色은能添山原之精이오濕濕明明ᄒᆞᆫ氣는能調水旱之候라以其用으로言之ᄒᆞ면民國經濟에第一要點이되ᄂᆞ니以之造家屋에棟樑榱桷과樽櫨桔楔이大小不遺ᄒᆞ고以之作舟車橋梁즉運輸便利ᄒᆞ고凡人應用器具炊爨等이一日도不可闕ᄒᆞᆯ者라古人이云ᄒᆞ되十年之計는莫如種樹라ᄒᆞ니是豈虛語리오岐山之松柏柞棫이斯兌에知周業之方興未艾ᄒᆞ고楚邱之榛栗椅桐을乃樹에卜衛道之終焉允臧이라所以로經濟上有志ᄒᆞᆫ國君은必以是爲急先務ᄒᆞᄂᆞ니無是면其國之衰替를必期라牛山濯濯에聖人이憂之ᄒᆞ시고蜀山兀兀에詩人도歎之ᄒᆞᆫ것은前鑑不遠이로다目今我韓에林業營利가素昧ᄒᆞ야閑原曠山에連亘數十百里之地라도種植이無人ᄒᆞ고或至窮峽絕嶺에天然的으로自生ᄒᆞᆫ者라도斧斤이日尋ᄒᆞ야丁丁之響은足驚春鳥之眠이오邪邪之勢는能滴萬牛之汗이라滿眼靑山이童童日赭ᄒᆞ니曷勝吁歎이리오盖鴨綠沿岸數百里로白頭山ᄭᆞ지所有森林이爲我國最大利藪어ᄂᆞᆯ採伐之權이竟歸於外人ᄒᆞ고長山絕頂에累百年禁養ᄒᆞ던材料가爲潛商所輸出ᄒᆞ니嗚呼라全國山岳에封植之功은不有一人ᄒᆞ고斫伐之患은日增一日ᄒᆞ니勢將無森林乃已라然則建築ᄒᆞ用과炊飯之資가何從而生이리오而况今日은與前保守時代로逈異ᄒᆞ야木材의需用이惟日擴張ᄒᆞᄂᆞ니鐵道의板木과電信電話의柱桿과燐寸의軸條와礦山의用材와其他酸醋木精과製紙紡紗와人造象牙活字等特種物品이며甚至於農家肥料와家畜飼牧ᄭᆞ지無不要於此ᄒᆞ야一枝一葉이라도可棄ᄒᆞᆯ者無ᄒᆞ니是以로文明各國이營林方法을務要ᄒᆞ야爲經濟之大機關

ᄒᆞ고日本林學博士淸六氏도言ᄒᆞ되目下韓國形勢의森林必要홈은不待識者而知라勿論何處ᄒᆞ고本業을剏始홈이實로善美ᄒᆞᆫ事인ᄃᆡ其中水源涵養의利益이最大라ᄒᆞ니森林은能停蓄雨澤ᄒᆞ며調和氣候ᄒᆞ야前庭後園에淸風夕陰이愉人精神ᄒᆞ며除人疾病ᄒᆞ니如此百利無害ᄒᆞᆫ美事를吾人이何不早自試驗고况培植은婦人兒童도皆能容易爲之라惟願全國同胞ᄂᆞᆫ以森林一欵으로爲今日急務ᄒᆞ야先植白楊桐桑易長之物ᄒᆞ고且培桃栗梨棗有實之物ᄒᆞ야爲之材用ᄒᆞ며供之食料면六府厚生之功이吾必曰以此爲首라ᄒᆞ리니執政諸君子도爲是注意ᄒᆞ야勵民方俗에以植林與否로爲之勸懲을如周安法에柒林茂者를復其身ᄒᆞ고宅不毛者를出里布ᄒᆞ면不出幾年ᄒᆞ야森林이茂密ᄒᆞ야地無遺利ᄒᆞᆯ이니故로曰富國之機關이必在於林政이라ᄒᆞ노라

衛生部

男女及小兒衛生의最要注意

會員 李奎濚

一般吾人의普通衛生에關ᄒᆞᆫ空氣、居住 家屋、飮食、衣服의如何方法은本報第六号에業已槪論ᄒᆞ얏거니와今에男女各人及小兒의衛生上에最要注意ᄒᆞᆯ바를左에別論홈

男子의不衛生으로由來ᄒᆞᆫ바病原에最多ᄒᆞᆫ者ㅣ五種이有ᄒᆞ니

(一)精神過損　此病은頗히上流社會에頻繁ᄒᆞ야如政治、哲學、數學家에多有ᄒᆞᆫ者ㅣ라凡吾人의精神은大腦의兩半球에在ᄒᆞᆫ者니其使用과休息을適當케홈이必要ᄒᆞ고若其使用이過度ᄒᆞᆯ時에ᄂᆞᆫ疾病을釀生ᄒᆞᄂᆞᆫ故로吾人은미

양如何ᄒᆞᆫ事理를研究ᄒᆞ던지自己의精神을適度히運用ᄒᆞ야沉思默量에溯流探源ᄒᆞ고ᄯᅩ組就精則昭然萬理를縷分毫析ᄒᆞ려니와萬一에過度의精神費用으로腦根을刺戟ᄒᆞᆯ時에ᄂᆞᆫ其興奮作用이頻數ᄒᆞᆫ所致로初에ᄂᆞᆫ腦膜에炎症을誘起ᄒᆞ고次에ᄂᆞᆫ眩暈을續發ᄒᆞ야記臆力을遂失ᄒᆞᆷ에至ᄒᆞᄂᆞ니如此ᄒᆞᆫ時에ᄂᆞᆫ暫時間愉快의運動을營ᄒᆞ야腦의健强力을恢復ᄒᆞᆯ거시요

(二)筋肉過勞　此病은一般勞働社會에最多ᄒᆞᆫ者ㅣ라大抵人이運動을作ᄒᆞᆯ時ᄂᆞᆫ小腦ᄂᆞᆫ此를主使ᄒᆞ고筋肉은小腦의命令되로運動을作ᄒᆞ면血液은其循環을催進ᄒᆞ야新陳代謝의機能이旺盛ᄒᆞᆷ으로適度ᄒᆞᆫ勞働은殊히筋肉을强壯케ᄒᆞ나萬一强劇의勞働으로其使用이過度ᄒᆞᆯ時에ᄂᆞᆫ體內에서新生機가陳廢質보담還勝ᄒᆞ야筋肉이漸次衰弱ᄒᆞᆷ에至ᄒᆞᄂᆞ니是故로恒常過度ᄒᆞᆫ勞働의不必要ᄒᆞᆷ은更勿多論이어니와且或强劇의勞働을得已치못ᄒᆞᆯ境遇에ᄂᆞᆫ特히注意ᄒᆞᆯ바有ᄒᆞ니初에ᄂᆞᆫ低度로始ᄒᆞ야漸次升進ᄒᆞᆯ거시요且休息ᄒᆞᆯ時에ᄂᆞᆫ强度로부터漸次減退ᄒᆞᆷ이可ᄒᆞ니라此에反ᄒᆞ야若强度의勞働을猝然히作ᄒᆞ거나强度의勞働으로猝然히休息ᄒᆞᆷ은血液循環의大障害를致ᄒᆞᄂᆞ니俱爲不可ᄒᆞ며又運動과休息은每食時前後三十分間을經ᄒᆞᆫ後로定則遵行ᄒᆞ야消化機能의妨害가無케ᄒᆞᆯ거시요

(三)過飮　先天性嗜酒家도多ᄒᆞ며又失志的亂飮家도有ᄒᆞ니此二者가其沈醉의感受性은差異가有ᄒᆞ나總히過度에至ᄒᆞ야ᄂᆞᆫ其害가同一ᄒᆞᆫ지라大抵酒ᄂᆞᆫ强度의興奮性이富ᄒᆞ야人이此를飮ᄒᆞ면暫時間精神을亢奮ᄒᆞ고血液을催進ᄒᆞ야所得이有ᄒᆞᆷ과如ᄒᆞ나後에ᄂᆞᆫ其反動

의影響을受ᄒᆞ야體力의消耗를加ᄒᆞᆯ섇더러過飮家에ᄂᆞᆫ或肝臟이結石ᄒᆞ야牢引疼痛咳嗽等과又血液의劇度亢進ᄒᆞᄂᆞᆫ所致로血管壁이有時破裂ᄒᆞ야往往腦出血을起ᄒᆞ며又神經을痲痺케ᄒᆞ야身體의隨意運動을不完全케ᄒᆞᆷ으로舞蹈、癲癎의病도種種喚起ᄒᆞᄂᆞ니可不戒哉아此를由ᄒᆞ야觀ᄒᆞᆫ건ᄃᆡ少量의飮酒ᄂᆞᆫ猶或大害가無ᄒᆞᆫ거니와過度의觴政은宜極畏愼ᄒᆞᆯ거시요

(四)房勞　此病은特히少年時代에多ᄒᆞ니吾人人類에賢愚貴賤을勿論ᄒᆞ고共히過度에犯ᄏᆡ易ᄒᆞᆫ者라大抵房事ᄂᆞᆫ生殖機關에重要ᄒᆞᆫ關係가有ᄒᆞᆫ者ㅣ니誠可闕치못ᄒᆞᆯ거시나萬一此를過度ᄒᆞᆷ에至ᄒᆞᆫ즉先히脊髓의枯渴을致ᄒᆞᆷ으로體幹이彎曲形을成ᄒᆞ야次에ᄂᆞᆫ腰痛、尾閭骨痛等의關節病을誘起ᄒᆞ며且骨骼은其滋養을失ᄒᆞᆷ으로體力이虛弱에陷ᄒᆞ야眩暈衄血等의繼續病을喚生ᄒᆞᄂᆞ니宜十分注意ᄒᆞᆯ거시요

(五)花柳病　此病은惰落(冶遊)社會에多히流行ᄒᆞᄂᆞᆫ者ㅣ니如梅毒、疳瘡、淋病等의互相傳染ᄒᆞᄂᆞᆫ바病種이라今에其傳染되ᄂᆞᆫ理由를論ᄒᆞᆯ진ᄃᆡ大抵傳染性이有ᄒᆞᆫ傳染病은何等의傳染病을勿論ᄒᆞ고患者의血液及汾泌液이第一種의良導體가되ᄂᆞᆫ지라是故로梅毒、疳瘡과如히最傳染ᄏᆡ易ᄒᆞᆫ病은但其交媾에만關ᄒᆞᆯ섇아니라唾液汗泌等과如ᄒᆞᆫ者에서도共히傳染ᄒᆞᆷ이多ᄒᆞ고且淋病은特히不潔의交媾後一日乃至三日과三日乃至七日間에發生ᄒᆞ되或特性의尿道炎症으로도繼發ᄒᆞᆷ이有ᄒᆞ나此ᄂᆞᆫ罕少히言ᄒᆞᆯ者ㅣ라然이나猶淋病과如ᄒᆞᆫ者ᄂᆞᆫ其害가單히自家一身에만止ᄒᆞ려니와就其中梅毒、疳瘡과如ᄒᆞᆫ者ᄂᆞᆫ尙且其子孫의게繼續

遺傳ᄒᆞ야永히一病種의家族을不免ᄒᆞᆯ지니엇지可畏ᄒᆞ지아니ᄒᆞᆯ리요最極審愼ᄒᆞᆯ거시라
女子의不衛生으로由來ᄒᆞᆫ바病原에最多者ㅣ三種이有ᄒᆞ니

(一)月經不調　月經은夫人의子宮口에固有ᄒᆞᆫ卵素의發育으로其囊膜이綻製ᄒᆞᆷ에因ᄒᆞ야此에蓄集ᄒᆞᆫ毛細管血液이一月一次式流出ᄒᆞᆷ이니此時를當ᄒᆞ야特히注意ᄒᆞᆯ바ᄂᆞᆫ其夫人의井臼杵杻等勞力과澣濯沐浴等冒寒을宜避ᄒᆞ야數日間其肢體를安靜ᄒᆞ며其卵巢膜壁의徵傷痕이安全復癒케ᄒᆞᆷ을期ᄒᆞᆯ거시요

(二)胎居放散　夫人이孕胎된間에ᄂᆞᆫ胎兒의體質發育을造成ᄒᆞᆷ이卽胎母의血液이라是故로孕胎된夫人은恒常貧血에陷키易ᄒᆞ니此其固然ᄒᆞᆫ理라然則此時를當ᄒᆞ야ᄂᆞᆫ宜其血液을倍前補給ᄒᆞᆷ이必要ᄒᆞᆷ은不必多論이어니와且尤十分注意ᄒᆞᆯ者ᄂᆞᆫ食物의邪味와耳目의不正ᄒᆞᆫ聲色과忿、憂、悲、驚、淫、瀆等을宜一切嚴禁ᄒᆞᆯ거시요미양其心氣를和平抉樂케ᄒᆞ며居處를淸潔히ᄒᆞ야新鮮ᄒᆞᆫ空氣를充分呼吸케ᄒᆞ며軀幹屈伸의勞力과腹部側壓의事役과衣袴의狹窄을避ᄒᆞ야爲先胎兒의衛生과敎育을善導良感케ᄒᆞᆯ거시요

(三)産後不攝生　産蓐症은我國夫人病中에殆히半數以上에居ᄒᆞᄂᆞᆫ最多의慢性病이라元來夫人의分娩은極重히注意ᄒᆞᆯ바어ᄂᆞᆯ我國에ᄂᆞᆫ産婆가姑無ᄒᆞ야其精細ᄒᆞᆫ方法은一一히施키難ᄒᆞ나其大槪ᄂᆞᆫ處所及諸般用物의極히淸潔ᄒᆞᆷ을要ᄒᆞᆯ지니先히房屋을淨灑ᄒᆞ고枕席과衣服을新備ᄒᆞ여毒素의媒介를絶緣ᄒᆞ야其或子宮으로流出ᄒᆞᄂᆞᆫ血液中에셔膿球를釀生ᄒᆞᄂᆞᆫ事가無케ᄒᆞ고次에ᄂᆞᆫ食物의滋養品流動液

肉羹汁이最宜을幾日間供給ᄒᆞ야其多量의失血을還充케ᄒᆞ고限一週間安靜平臥ᄒᆞ야局部의諸般傷痕이安完癒着케ᄒᆞᆷ이可ᄒᆞ고且五十日以內에ᄂᆞᆫ强劇의勞働을嚴禁ᄒᆞᆯ지니라

小兒의不衛生으로由來ᄒᆞᆫ바病原에最多ᄒᆞᆫ者ㅣ二種이有ᄒᆞ니

(一)麁陋의居處　居處의麁陋ᄂᆞᆫ特尤小兒의一大病原이라初生兒ᄂᆞᆫ其體質이極히柔軟ᄒᆞ니軆內發育機旺盛ᄒᆞᆷ을因ᄒᆞ야皮膚汾泌이容易多産ᄒᆞ고且外來의不潔物이侵着ᄒᆞ면釀膿菌의發生을受키銳敏ᄒᆞᆫ지라是로以ᄒᆞ야ᄆᆡ양小兒의皮膚諸瘡을誘起ᄒᆞᄂᆞᆫ者ㅣ多ᄒᆞᆫ지라如此ᄒᆞᆫ故로初生兒에ᄂᆞᆫ恒常微溫湯洗滌을頻頻施給ᄒᆞᆷ이良好ᄒᆞᆫ거시요

(二)不完全의種痘　種痘ᄂᆞᆫ小兒의衛生에第一着의最要ᄒᆞᆫ主點이나萬一其施術ᄒᆞᆯ時에此ᄅᆞᆯ十分注意치아니ᄒᆞ면反히無窮의害ᄅᆞᆯ致ᄒᆞᄂᆞᆫ故로種痘家에서ᄂᆞᆫ製苗法及貯藏法이俱極淸潔新鮮ᄒᆞᆷ에務ᄒᆞ고且使用ᄒᆞᄂᆞᆫ器機ᄅᆞᆯ十分消毒ᄒᆞ야安全施術ᄒᆞᆷ이此其目的이어ᄂᆞᆯ余가近日에或地方派員의種痘施術ᄒᆞᄂᆞᆫ바를目觀ᄒᆞᆫ즉其冥行擿埴의擧措가殊히可驚可危타ᄒᆞᆯ만ᄒᆞ도다囊鏡板面에枯着ᄒᆞᆫ痘醬에乳汁을和ᄒᆞ야赤鏽이生ᄒᆞᆫ牛背針으로兒軆의病健을莫論ᄒᆞ고無難施種ᄒᆞ얏다가更히此兒에採取ᄒᆞᆫ痘醬을彼兒에移種ᄒᆞ야此病彼病이互相傳染ᄒᆞ니誠甚慨歎이로다此를若早速히改良치아니ᄒᆞ면將不過幾年에全國民族의健全ᄒᆞᆫ者ㅣ幾希ᄒᆞ리니此가엇지政府의本意리오衛生官廳에서ᄂᆞᆫ此等不完全의種痘施術에對ᄒᆞ야速히改良禁止ᄒᆞᆷ을望ᄒᆞ노라

以上所論은余의修業後八年間對診ᄒᆞᆫ患者中

에서屢屢히證驗혼바衛生不良에關혼我國人의最多혼病原이라玆에一言을揭ᄒᆞ야共衆衛生의病原預防에萬一을仰補코져ᄒᆞ노라

牡蠣養殖法

日本 塚本道遠 著
宋榮泰 譯

牡蠣를養殖홈에ᄂᆞᆫ于先地形과土質을選홈이最要ᄒᆞ니風浪을遮홀만혼島嶼와岬角等을擁ᄒᆞ야灣形을成ᄒᆞ고底土ᄂᆞᆫ埴質에介殼이混혼處所가最適當ᄒᆞ며泥炭質이其次오砂質은不宜ᄒᆞ고潮水減滿의差가最甚ᄒᆞ야滿潮時에ᄂᆞᆫ水深이五六尺이라도減潮時에ᄂᆞᆫ全히鹵地되ᄂᆞᆫ處가佳良ᄒᆞ니라

每年三四月頃에鹹水淡水交換ᄒᆞᄂᆞᆫ處에周圍三四寸되ᄂᆞᆫ竹木을連枝稍遍揷ᄒᆞ야流勢를遮置ᄒᆞ면四五月頃牡蠣産卵期에及ᄒᆞ야ᄂᆞᆫ牡蠣의幼蟲이潮汐을從ᄒᆞ야漂來ᄒᆞ다가竹木枝稍에附着ᄒᆞᄂᆞ니此附着의最盛期ᄂᆞᆫ六七月頃이라九月頃에至ᄒᆞ야其附着혼竹木을抽ᄒᆞ야稍淺혼處所에集建ᄒᆞ얏다가翌第二年仲秋에至ᄒᆞ야木棒으로其附着혼牡蠣를打落ᄒᆞ야更히稍深波靜處에撒布ᄒᆞ고減潮際에一月二三回式을耡攪反轉ᄒᆞᄂᆞ니라翌第三年三月에至ᄒᆞ야鹵地에移ᄒᆞ야撒布ᄒᆞ얏다가其年十月頃에採ᄒᆞ야市場에販賣ᄒᆞᄂᆞ니라

一法에ᄂᆞᆫ六七月頃竹木에附着혼牡蠣를其樣ᄃᆡ로翌第二年五月ᄭᆞ지放置ᄒᆞ얏다가此時에打落ᄒᆞ야稍深波靜處에撒布ᄒᆞ고一月二三回攪反은前法과同히ᄒᆞ야翌第三年十月에採取販賣ᄒᆞᄂᆞ니라

以上二法은未知孰勝이어니와要ᄒᆞ건ᄃᆡ牡蠣

를養홈은海中에竹木을挿ᄒᆞ야其幼虫을附着케ᄒᆞ야其成長을待ᄒᆞᄂᆞᆫ者니其成長期ᄂᆞᆫ三年이라

明治三十七年廣島縣에서ᄂᆞᆫ其養殖ᄒᆞᄂᆞᆫ海面五百町(一町、略我二百七十三尺)餘에收穫이五十九萬六千二百貫(一貫略我百兩重)에其價格이二萬九千八百餘圓이라ᄒᆞ니其利益의多홈을可知로다

牡蠣의幼虫의浮游홈은通常六月로부터十月에至ᄒᆞᄂᆞᆫ間이ᄂᆞᆫ年을由ᄒᆞ야多少의差異가有ᄒᆞ니其狀이黑色泡沫과恰似ᄒᆞ니潮面에浮ᄒᆞ야潮汐과共히漂來ᄒᆞ야竹木에附着ᄒᆞᄂᆞ니附着ᄒᆞᆫ後十五日乃至二十日을經ᄒᆞ면小丸藥과如ᄒᆞ고八月에至ᄒᆞ면稍稍成長ᄒᆞ야完形을成ᄒᆞᄂᆞ니라

牡蠣의成長度ᄂᆞᆫ진실로一槪로云키不能ᄒᆞ나大凡一二個月에一分乃至三分을成ᄒᆞ고三四個月에四五分을成ᄒᆞ야稍稍牡蠣의形을具홈에至ᄒᆞ기ᄂᆞᆫ六個月에七八分될時라一個年에一寸二三分乃至一寸五六分에達ᄒᆞᄂᆞ니이러ᄒᆞᆫ즉一年만에食用에供홈을得ᄒᆞ나然이나反히利益이無홈으로오히려成長ᄒᆞᆫ後에採홈이宜ᄒᆞ니라

牡蠣産卵期中에氣候가만일不順ᄒᆞᆫ時에ᄂᆞᆫ幼虫의附着홈이甚少ᄒᆞ고或附着이多ᄒᆞ더라도氣候가寒冷ᄒᆞ야水溫이大減ᄒᆞᆫ時에ᄂᆞᆫ蒙害가不少홈으로氣候의아즉未寒ᄒᆞᆫ時를當ᄒᆞ야淺所의牡蠣를深所에移養홈이宜ᄒᆞ니是ᄂᆞᆫ深所ᄂᆞᆫ淺所와如히水溫의變化가急激지아니ᄒᆞ야受害가少ᄒᆞᆫ故라又秋冬節候에暴風이有ᄒᆞ야波濤가强烈ᄒᆞᆫ時에ᄂᆞᆫ淺所의幼蠣ᄂᆞᆫ泥土에埋沒ᄒᆞ거나或海濱에揚出ᄒᆞ야蒙害가不少ᄒᆞ나

深所에ᄂᆞᆫ此害가少ᄒᆞᆫ故로此理由로由ᄒᆞ야深所에移養홈이有利ᄒᆞ니라又洪水로因ᄒᆞ야淡水가侵入ᄒᆞ야鹽分이減却ᄒᆞᆯ時에ᄂᆞᆫ牡蠣가多死ᄒᆞᄂᆞ니라

今又叅考ᄒᆞ기爲ᄒᆞ야佛國及淸國에서行ᄒᆞᄂᆞᆫ牡蠣養殖法을略述ᄒᆞ노라佛國에서ᄂᆞᆫ幼蠣를附着홈에煉瓦를多用ᄒᆞ며其剝採의便홈을爲ᄒᆞ야石灰를煉瓦에堡抹ᄒᆞ야減潮線近傍을撰ᄒᆞ야築設ᄒᆞ고日光의直射를防ᄒᆞᆯ裝置를ᄒᆞ야此에養殖ᄒᆞ고又木材를重積ᄒᆞ고四隅에支柱를立ᄒᆞ야幼蠣를此에附着케ᄒᆞ야置ᄒᆞ고別노히減潮線近傍에一部를區劃ᄒᆞ야堤坊을築ᄒᆞ야池를作ᄒᆞ얏다가冬季에ᄂᆞᆫ此池中에移養ᄒᆞᄂᆞᆫ法도有ᄒᆞ니라何處던지牡蠣를食用에供ᄒᆞ기當ᄒᆞ야ᄂᆞᆫ養成ᄒᆞᆫ牡蠣를海水出入ᄒᆞᄂᆞᆫ池中에移放ᄒᆞ야其腹中의黑色不消化物을全히消失ᄒᆞᆫ後에市場에販賣ᄒᆞᄂᆞ니라

淸國의所謂竹蠣育養法은潮水減滿이快ᄒᆞᆫ處所를選ᄒᆞ야育成ᄒᆞᆯ만ᄒᆞᆫ牡蠣의量을從ᄒᆞ야適宜ᄒᆞᆫ竹竿을配列ᄒᆞ야幼蠣를育成ᄒᆞ니其竹竿은長이二尺六寸이오周圍가二寸許나丈의三分之二를剖ᄒᆞ야其剖ᄒᆞᆫ中心의種蠣를挿入ᄒᆞ야三寸位를隔ᄒᆞ야配列ᄒᆞ야凡五個月을經ᄒᆞ면一個竿에幼介의生育홈이殼重을並ᄒᆞ야四斤乃至五斤에及ᄒᆞᄂᆞ니라

大灣에서ᄂᆞᆫ海底에一貫乃至二貫의石塊를每一尺의距離로正列配置ᄒᆞ야幼蠣를附着케ᄒᆞ야育成ᄒᆞᄂᆞ니라

附言

牡蠣ᄂᆞᆫ俗語에「굴」이라ᄒᆞᄂᆞᆫ海産物이라肉은石花라云ᄒᆞ니其味가淸甘ᄒᆞ고身體를滋養健强케ᄒᆞᄂᆞᆫ蛋白質과石灰質을含有ᄒᆞ야

文明國人의嗜好品이되는故로世界各國의輸出入의巨額을成ᄒᆞᆫ者라

牡蠣는陸地에셔도二十日을能히生存ᄒᆞ는것인즉遠方에輸送ᄒᆞ기가便ᄒᆞ고又其成長이極히速ᄒᆞᆫ지라

海州結城浦에蠣磧이有ᄒᆞ니長廣이可三百餘步라潮退ᄒᆞ면浦人男女二三十名乃至四五十名이入採ᄒᆞ야各自筐篚를得充ᄒᆞ야潮進則出ᄒᆞ니潮汐의進退는一日凡二回라一回入採ᄒᆞ면復採ᄒᆞᆯ것이無ᄒᆞᆯ듯ᄒᆞ나次回採者도亦如是히充筐을各得ᄒᆞ니浦人이謂호되不可思議ᄒᆞᆯ無盡藏이라ᄒᆞ니此는無他라其成長이最速度를有ᄒᆞᆫ所以라此로由ᄒᆞ야觀ᄒᆞ면牡蠣의成長은我西海岸에極히適宜홈을可知ᄒᆞᆯ지라

牡蠣를養殖ᄒᆞ기는資本과勞力과時日을多費치아니ᄒᆞ고도莫大의利益을可得ᄒᆞ리니日早一日히此業을務圖ᄒᆞ면茫茫濱地가可化爲黃金이깃기卑拙을不揣ᄒᆞ고一言을附ᄒᆞ노이다

國家의概念〔續〕

國體及政體

國體者는國家主權의組織이니主權이由何存在로國體의差異가生ᄒᆞ고政體者는主權行動의形態니大別ᄒᆞ야專制立憲의二種이된지라何謂專制오以獨裁로行國政이是也오何謂立憲고憲法一定의軌轍을由ᄒᆞ야以行用主權이是也라故로國體同ᄒᆞ고政體異ᄒᆞᆫ者ㅣ有ᄒᆞ며又同一政體로되國體異ᄒᆞᆫ時가有ᄒᆞ니日本與俄國은同爲君主國體로되日本則立憲、俄則專制오日本與法國은同爲立憲政體로되日本

則君主國體法則共和制라今에試ᄒᆞ야國制를大別ᄒᆞ야左의五種이되니

一共和制度
　甲直接制
　乙間接制
二貴族制度
　甲兵力制
　乙宗敎制
三君主制度
　甲專制政體 — 封建的 / 君父的 / 開明的 / 壓制的
　乙立憲政體
四聯合制度
　甲聯邦制度
　乙同盟制度
五保護制度
　甲一時保護
　乙永久保護

共和制度ᄂᆞᆫ人民이各自로政務에直接ᄒᆞᆷ과及代表者을撰出ᄒᆞ야政務에使之叅加ᄒᆞᄂᆞᆫ兩種에分ᄒᆞ니甲種直接制度ᄂᆞᆫ非小國이면不行으無待贅言이오乙種間接制度도亦不便者不少ᄒᆞᆫᄃᆡ就中於外交에最有缺點ᄒᆞ니新建設ᄒᆞᆫ國家外ᄂᆞᆫ均히採用을不喜ᄒᆞᄂᆞᆫ지라故로直接制度ᄂᆞᆫ古代希臘羅馬에行ᄒᆞ얏고現今은瑞西와亞美利加諸邦에存ᄒᆞᆯ而已라法國은其名則共和政體나實則未盡然也라共和制度의弊ᄂᆞᆫ多數ᄒᆞᆫ壓制에在ᄒᆞ야施政의方針이下層의衆意를阿徇ᄒᆞᆷ을輒致ᄒᆞ니至今에民主制度라稱ᄒᆞᄂᆞ니라

二貴族制度ᄂᆞᆫ過去制度에不外ᄒᆞ니其政權이少數者의所私가되야所謂寡頭政治로階級等差가生ᄒᆞ니外觀虛飾과門閥專橫等弊害가在所難免이라甲種兵力制ᄂᆞᆫ希臘羅馬에行ᄒᆞ얏스니其實權이富於兵力者의게歸ᄒᆞ야偏重軍事의弊가有ᄒᆞ고乙種宗敎制ᄂᆞᆫ印度埃及等에行ᄒᆞ얏스니僧侶가專橫ᄒᆞ야宗敎制裁濫用의弊가有ᄒᆞᆫ지라要而言之컨ᄃᆡ貴族制度ᄂᆞᆫ其通弊가國民全般의利益을犧牲ᄒᆞ야少數者의浪費를供ᄒᆞᆷ에在ᄒᆞ니라

三君主制度中에甲種專政制ᄂᆞᆫ數種이有ᄒᆞ니封建的과君父的과開明的과壓制的이是라封建制ᄂᆞᆫ兵事에倥傯ᄒᆞ야良政을布키不能ᄒᆞᄂᆞᆫᄃᆡ至ᄒᆞ고君父制의所長은施政方針을育成ᄒᆞᆷ에在ᄒᆞ나干涉之弊에陷ᄒᆞᆷ을不免ᄒᆞ고開明制ᄂᆞᆫ君主國體의利益이最히顯著ᄒᆞᆫ者라內則一視同仁으로各種利害의調和發達을圖ᄒᆞ고外則對外政策을確立ᄒᆞ야遠謀果斷에適ᄒᆞ야大改良大經綸을決行ᄒᆞᆷ이니法相夸排의工業獎勵와俄皇亞歷山의農夫開放과德國斯底因、哈倫比의土地改良과如ᄒᆞᆷ이是라現今은外交機敏과他邦侵略과領土擴張으로써方針을삼으니俄國의專制政體를不能改ᄒᆞᆷ이또ᄒᆞᆫ此를爲ᄒᆞᆫ지라盖開明的政策을行ᄒᆞ자면明君在上을必須ᄒᆞᆯ지니明君賢相이不常有ᄒᆞᆷ으로專制弊害에陷ᄒᆞ야政策을誤ᄒᆞ고民心을失ᄒᆞ야遂히壓制的이되니於是에人民의休戚을度外視之ᄒᆞ고君權을濫用ᄒᆞ야國家의安寧幸福으로더부러不相容ᄒᆞᆷ에至ᄒᆞ니甚至如歐洲諸國은君民이軋轢에國內가爭擾ᄒᆞᄂᆞᆫ지라遂不得已而轉遷ᄒᆞ야立憲政體에達ᄒᆞ니是ᄂᆞᆫ立憲政體가調和折衷의精神이有ᄒᆞᆫ바라今에英國、普魯

士、荷蘭、比利時、意大利、奧大利諸國이均히相繼ᄒᆞ야立憲君主制ᄅᆞᆯ采用ᄒᆞ니是ᄂᆞᆫ立憲制ᄅᆞᆯ行ᄒᆞᄂᆞᆫ者가殆普通而最多ᄒᆞ고且他政體에比ᄒᆞ면弊害가少ᄒᆞᆫ故로於人類今日程度에不得不以此爲最上이나雖然이나ᄯᅩᄂᆞᆫ其全無弊害ᄒᆞᆷ은斷定키不能ᄒᆞᆯ지라政黨의專橫과多數의壓制와政變의頻繁과方針의動搖와腐敗의通弊等이如ᄒᆞᆫ者ㅣ是라就中最可憂者ᄂᆞᆫ外交政策가遲緩不定ᄒᆞ고永遠히大政策을實行키不能ᄒᆞᆷ에涉ᄒᆞ고次則施政의傾向이偏於一方ᄒᆞ야오쟉社會有勢力者의意志ᄅᆞᆯ行ᄒᆞ니其憂가有不可勝言者라或時地主와或時資本家와或時勢力者의所動이되고甚至貧民暴徒에게左右ᄒᆞᆫ바가되니若不幸ᄒᆞ야一朝에此境에陷ᄒᆞ면彼極端의民主制度로더부러殆無所擇이라故로使立憲制度로不陷於弊害ᄒᆞ고完其利益者라야國家ᄅᆞᆯ爲ᄒᆞ며人類社會ᄅᆞᆯ爲ᄒᆞ야極緊要의事라可謂ᄒᆞᆯ지니須知君主國體가不必皆專制者오民主制가不必皆立憲者니調和而倂用ᄒᆞᆷ이可ᄒᆞ도다

四聯合制度ᄂᆞᆫ數國을合ᄒᆞ야一國을삼고其政策을齊ᄒᆞ며其主權을一ᄒᆞᆷ이是라甲種聯邦制度ᄂᆞᆫ北美合衆國과如히中央統一의勢力이强大ᄒᆞ야各洲及各邦의獨立行爲가制限을被ᄒᆞᆷ이오乙種同盟制度ᄂᆞᆫ彼德意志帝國과如히各邦이其獨立國을不失ᄒᆞᆷ이라此等聯合制度ᄂᆞᆫ純然히國家組織成立의必要가아니오全히一時或永久의特殊目的을達ᄒᆞ기爲ᄒᆞ야發生ᄒᆞᆫ者라

五保護制度에至ᄒᆞ야ᄂᆞᆫ一時他國保護下에立ᄒᆞᆫ者가雖與永久者有別ᄒᆞ나一度에他國을屈從ᄒᆞ면其脫免ᄒᆞᄂᆞᆫ時ᄅᆞᆯ當ᄒᆞ야種種困難이生

ᄒᆞ야自然히永久를不免ᄒᆞ니此ᄂᆞᆫ亞細亞大陸의小弱國이保護의名에所欺되야永久히其獨立을回復기不能홈에遂至ᄒᆞ니如此면不但爲無上之國辱而已오實노國民의眞正利益을圖홈이아니니可不恐哉아

（未完）

雜 俎

大韓帝國의價値

金 炳 億

盖嘗論之컨ᄃᆡ普天之下에萬種之物이皆有定價矣로다何者오東西六洲에棊布星羅ᄒᆞᆫ位置와洪荒四隩에輻湊雜複ᄒᆞᆫ族類ᄂᆞᆫ卽一大都會觀市門에不過ᄒᆞᆫ지라商者賈者匠者工者驢者ᄂᆞᆫ隴斷에登望ᄒᆞ고醉者醒者賭者儈者戲者ᄂᆞᆫ店墟에馳逐ᄒᆞ야各以自己의所有物所造物노售品爭價ᄒᆞᄂᆞᆫ言端에越南波蘭埃及의販竪賂輩은通商揆入에條約이不明ᄒᆞ며孤注殘枰에拙手ㅣ失策ᄒᆞ야空槖絶囊으로落淚道傍ᄒᆞ고北隣俄客은昔日臥蘇府流血塲에一塊肉을飽喫ᄒᆞ여스나旅順港에不利ᄒᆞ야撤壘空歸ᄒᆞ고支那ᄂᆞᆫ臺灣의舊債를未報ᄒᆞ야商務上新法을改良ᄒᆞᄂᆞᆫ中이라然則現今波斯衢上에百貨를籠絡ᄒᆞ고價格을增減ᄒᆞᄂᆞᆫ考ᄂᆞᆫ大概幾人고第觀컨ᄃᆡ惟彼意大利獨立之威烈이여當蹂躪滅裂之日ᄒᆞ야殘碑荒殿이纍纍寂寂ᄒᆞ고薤歌刼灰가蒼凉零落이嗟乎라千有餘年이러니天이不忍羅馬之埋沒ᄒᆞ사誕育三傑於(三傑瑪志尼加尼波的加富爾)治那阿市尼士府撒爾維亞(地名)之間ᄒᆞ야數十代祖宗의大耻를雪ᄒᆞ고二千年歷史의榮光을還ᄒᆞ여스니壯哉라此三傑之建國이여一層倍蓰의聲價로世界에傳播ᄒᆞ고絶代偉人拿破崙은

鐵鞭一擊而歐洲의河岳을掀撼ᄒᆞ고鐵血宰相俾斯麥은聯邦一統而平地에風波가簸動ᄒᆞ야兩家에平等ᄒᆞᆫ利益을攫取ᄒᆞ여스니時哉時哉인뎌惟我大韓이어珠玉之淵海오金湯之保國이라繡錯ᄒᆞᆫ江山에瑰瑋ᄒᆞᆫ人物이一則實業邊으로輸入輸出에商務社會를組合ᄒᆞ고一則政治邊으로國際公私에活動手段을施措ᄒᆞ야白頭山下八萬二千方英哩範圍內에大方家를排置ᄒᆞ고全球上萬物主人翁의權利를掌握ᄒᆞ야捲舒寶窟之盛筭이豈非大韓帝國後日之價値耶아本人은專此血祝ᄒᆞ노이다

國漢文論

李承喬

東西萬古의史冊이瞭然ᄒᆞ야其成敗利鈍과治亂興亡이莫不由乎敎育程度니可不審哉며可不勗哉아其從事於斯에若其方針이少有錯誤

ᄒᆞ면進就發達을不可得也라是以로近世文明諸邦은學校科程이井井有條ᄒᆞ고社會規律이節節有理ᄒᆞ야所以養成人才而開民智者가毫無餘憾而達於極度者也라我도此에對ᄒᆞ야最其善良ᄒᆞᆫ方法을講求勵行ᄒᆞᆯ지로다盖國文者ᄂᆞᆫ我國之文也오漢文者ᄂᆞᆫ支那之文也라國文을崇之可乎아漢文을崇之可乎아國文을崇之ᄒᆞ면我國을愛ᄒᆞᄂᆞᆫ者오漢文을崇之ᄒᆞ면他國을愛ᄒᆞᄂᆞᆫ者라自親而及疎ᄒᆞ고由近而擧遠은天理人情之所固然이니不待智者而可辨이로다大抵爲家乘者ㅣ非文이면不可오爲國史者ㅣ非文이면不可오爲政治者ㅣ非文이면不可오爲産業者ㅣ非文이면不可오一切巨細萬般事爲를無不以文인ᄃᆡ況乎靑年敎育을不以文而可乎아必要者ㅣ文이오至重者ㅣ文이니蔽一言曰而先我國文者가爲今日之急務로다際

此競爭時代ᄒᆞ야雖微細事爲라도不可退讓於人이온況以斯文之必要至重者로엇지所有를棄而不用ᄒᆞ고他의所有만崇拜ᄒᆞ야愛國的精神을遺失케ᄒᆞ리오弘儒侯薛聰은新羅人이라句讀之吐語를剏造ᄒᆞ야九經을解ᄒᆞ고俚讀을作ᄒᆞ야公私文牒에行用ᄒᆞ니是乃爲漢文稍變之權輿오我

世宗朝게옵서子母卄八字로國文을創造ᄒᆞ시니天地自然의正音이오古今字母의眞詮이라簡易便捷ᄒᆞ야雖婦人孺子라도難解者無ᄒᆞ니實萬世文明之基礎와獨立之前導로다厥後에多少變化ᄒᆞ야母音十一과子音十四를結合ᄒᆞ야一百五十四音이成ᄒᆞ니現行國文이是라天下萬般事物을無不記誌ᄒᆞ고天下萬國言語를亦無不譯述ᄒᆞ니以其漢文之至煩至複不及不滿者로不可同日語로ᄃᆡ幾千百年浹洽腦髓ᄒᆞ고習慣耳目者를一日朝難變일석古人糟粕을嗜之益甚ᄒᆞ야非李杜文章이면以不才誹嘲ᄒᆞ고非韓蘇鉅工이면以不文抵訐ᄒᆞ야經史萬卷을講讀ᄒᆞ며詩賦百篇을哦詠之間에歲月이已去ᄒᆞ야修齊治平을無以施措이라漢文崇拜ᄒᆞ는中에도特히崇拜홈이有ᄒᆞ거든況國文은目之以簡易ᄒᆞ고指之以俗諺ᄒᆞ야徒히閨門之內와下等社會의虛誕小說册消遣法을資홀而已라今若廢閣漢文ᄒᆞ고專用國文ᄒᆞ면文化發達이尤屬遲遲ᄒᆞ리니胡爲其然也오若於積成之痼疾에不用醫藥ᄒᆞ고徒喫膏粱ᄒᆞ야冀其康健이면非徒無益이라而又害之로다大抵文者는語之記也니文卽語也오語亦文也라漢人之語는以其漢文之音으로爲語者오諸邦之語는其國文之音으로爲語者어늘我邦之語는不然ᄒᆞ야以漢文爲語者ㅣ多ᄒᆞ니曰政府曰道曰面曰

洞之類는以國文으로莫可使用者也ㅣ오曰父母曰子弟等語는雖以國文使用이나曰아바지曰어마니曰아달曰아오云云ᄒᆞ미多字之嫌이亦不無也라權然後에知輕重ᄒᆞ고度然後에知長短이니寧莫如姑從權度ᄒᆞ야有國文專用者ᄒᆞ며有國漢文幷用者ᄒᆞ고無漢文純用者ᄒᆞ야待其國文發達而抛斥漢文者ㅣ其惟次序也ㅣ니初等小學은以國文으로專爲課程ᄒᆞ고其次에可用漢文字學이나然이나以千字文爲蒙學初階者는誤謬舛錯이莫此爲甚이라周興嗣之撰此文也ㅣ非爲蒙學而作也니句語字義가雜出於窮經僻書ᄒᆞ야雖能於屬文者라도猶難曉得이어든使學語小兒로烏能解其字義乎아爲學究者ㅣ未通其情ᄒᆞ고苛責鈍質ᄒᆞ야專以荊楚로亂加頭腦ᄒᆞ야徒損其精神而已라敎育上妨礙가莫此爲甚焉ᄒᆞ니千字文은亟宜束閣ᄒᆞ고以天地父母東西南北春夏秋冬江山草木等易曉易解之字學으로爲課ᄒᆞ고其次에或以國文專用ᄒᆞ며或以國漢文幷用호되謂天曰穹窿謂甲曰閼逢謂妻曰荊布謂兒曰跨竈等奇僻異常之文字는一切廢閣ᄒᆞ고惟以實地實名으로簡率取用ᄒᆞ면國文程度가自爾發達ᄒᆞ리니有志敎育者는毋失秩序ᄒᆞ며毋忽方針이어다

進步者生民之基礎

栢軒生

吾之鄕에有山曰望月이라山高九百丈이오周圍三十里인데嶄巖絶壁은鳥道難通이오嶙峋幽壑은虎穴相並이라及至其巔즉四方이廣平ᄒᆞᆫᄃᆡ金莎碧草는鋪之成茵ᄒᆞ고玉樹紅葩는圍之作屛ᄒᆞ니天然ᄒᆞᆫ佳境이오騷容遊人이登臨于此ᄒᆞ야望月吟弄키宜ᄒᆞᆫ故로有此名ᄒᆞ니文

化에九月山과靈岩에月出山도無以過此라一日에有二客이來訪余ᄒᆞ야約以遊賞望月山터니及其山趾즉一客은望見山勢之絶險ᄒᆞ고蒼皇失色ᄒᆞ야目瞪口呆에欲顚仍坐ᄒᆞ고一人은稍振氣力ᄒᆞ야進至數十步타가又瞿然逡巡ᄒᆞ야言曰非欲其不進이로되力不足이라ᄒᆞ니此所謂百步五十步라有何利益이리오俄頃에有一樵夫가擔柴車而來ᄒᆞ야緣長葛攀古木ᄒᆞ고昂然而上에無少却顧ᄒᆞ니此人은先觀好地頭로다余謂二客ᄒᆞ되子獨不如彼村野一樵者乎아客亦黽勉而上ᄒᆞ야見月乃下ᄒᆞ니라噫라二客之脚力이豈不如樵者리오惟其見聞之智가未開ᄒᆞ고習慣之性이未具홈이라學記에云ᄒᆞ되始駕馬者ㅣ返之ᄒᆞ야車在馬前이라ᄒᆞ니苟有先導之者면均是進步라故로曰國民進步는必以智識發達로爲本이오吾村南에又有一帶江ᄒᆞ니名曰沙串浦라沿岸回曲ᄒᆞ야直通三和灣ᄒᆞ니爲水程六十里인데自南港互市以來로汽船商船이運卸出入者ㅣ霧攢雲集이더라方春和時에余ㅣ爲翫江景ᄒᆞ야立岸彷徨이더니望見津尺이同時胥發ᄒᆞ야中流擧帆ᄒᆞ니是日에風勢는無ᄒᆞ고水力은遲ᄒᆞᆫ지라舟子執纜高坐ᄒᆞ야只望好風之遠來와夕汐之急流ᄒᆞ되好風은不來ᄒᆞ고夕汐은愈遲ᄒᆞ니然즉何時에南港을抵達ᄒᆞᆯ싸一舟師는赤立搖櫓ᄒᆞ야口呼欸乃에手又拮据ᄒᆞ니碇泊投錨之功이恰在數三時間이라彼舟子인덜豈不知人漕力이可代水行力일싸만은惟其懶惰依賴病이浹於心髓ᄒᆞᆫ所以라然즉國民進步는以除懶惰依賴病으로爲第二急務ᄒᆞ노라孟子ㅣ云ᄒᆞᄉᆞ되我는知言ᄒᆞ며我는善養吾에浩然之氣라ᄒᆞ시니謂知之而勇行也라夫道는若大路然ᄒᆞ야人所共進者

니事君에進於忠ᄒᆞ고事父에進於孝ᄒᆞ며以至夫婦長幼朋友之倫에도無不由是道而進ᄒᆞ나니惟願同胞諸君은以此로作進身基礎ᄒᆞ고又能培達材藝ᄒᆞ야今日에進一步ᄒᆞ고明日에進一步ᄒᆞ야百尺竿頭에進進無已즉何患乎爲山九仞에不得至巓ᄒᆞ며掘井九仞에不得至泉也리오

我韓의最急이法律에在홈

韓 文 彦

社會進運이至於我韓ᄒᆞ야ᄂᆞᆫ遂至有今日이로다世界文明이雖日進月加之勢로益益開展이나獨於我韓에未見其覺醒이豈非痛歎莫極處耶아深思之여다日清戰役이一者開始로兵馬蹄跡은常時無絶ᄒᆞ고國民은日益墮地ᄒᆞ며官海가亦無一日之安ᄒᆞ니嗚呼라如斯而待何時

日ᄒᆞ야文明을果可希며開化을能可謠리오若在今日而大無覺醒이면覺醒之期가到底無望이로다萬一農工商發達을希望홀진ᄃᆡ卽自今日로開其端緒홀지니何待他日이리오

回頭而追想昔時컨ᄃᆡ東洋文明中心이眞自我韓而東亞開化가亦自我韓而發表ᄒᆞᆫ지라然而至今日之境ᄒᆞ야ᄂᆞᆫ世界가以何等何等蔑待오嗟夫變化之甚이胡至此極고無他라窃想我韓에爲國民者가但自他之別이不明홈에歸因이라若知自己而能察他人이면豈如是乎며又豈有遲延之理也哉아欲以自他明別則必須權義觀念을不可不明而自己가有ᄒᆞ고他人이有ᄒᆞ야利益衝突이始來也ㅣ利益衝突이來也이면各自出其自衛之途가理之當然이오事之自然이라若此不敢顧而欲爲自由放任則殺傷은日日加ᄒᆞ고掠奪은益益多ᄒᆞ야國民安堵가至於

無日ᄒᆞ리니此非文明防止之原因가農工商發達도朝夕希望이어니와是不過枝葉議論而權利義務의觀念이未明ᄒᆞ고야其爲枝葉者農工商發을何以期得耶아

由來權義觀念則待於法律以後에事當知得而法律以前에權義關係을生ᄒᆞᆯ者於理斷無也라又道義觀念은從其不得强制ᄒᆞ야但以道義觀念으로放任之時에ᄂᆞᆫ自在依然而掠奪殺傷을不敢止者가明若觀火也니然則果何爲之可也오道義觀念에不可不加ᄒᆞᆯ者ᄅᆞᆯ法律觀念으로思ᄒᆞ노라盖法律은始有强制力ᄒᆞ야得其實施執行而亦得利益衝突之阯止也니法律觀念이無ᄒᆞ고야文明을何可望也오大自領土權으로小至個人權利히無非法律的觀念에左右所係者也라目下領土內者ᄂᆞᆫ他國人自國人을勿論ᄒᆞ며又物件의所有者가何許人을勿言ᄒᆞ고皆自自國統法權以支配ᄒᆞᆫ領土權之積極的効果也오領土內不許他國統治權之侵入은領土權之消極的効果也어ᄂᆞᆯ凡斯人之生自至死에左右支配者가皆是法律이니無法律而何理解得이며無法律觀念而一日을何安生活이며無權義規念而國家文明을何可希望이리오以下法律이農工商에及ᄒᆞᆫ効果로道德關係의論及을併ᄒᆞ야法律與文明關係로我韓開發에法律이必要處을第玆敢論ᄒᆞ깃노라

前述과如히法律은人類社會的生活完全에乃爲必用而生治關係規則의强制力을有ᄒᆞᆫ者라故로農工商其他諸般營業的行爲을欲爲經營則須其法學을不可不知而始有法律ᄒᆞ야物之所有을得以明이오意匠商標을得以保護며各般業務을得以完全而四民厲業에得以安堵也니於是乎農工商發達을可得以見也라農工商

의自然的發達은前後遷延ᄒᆞ야其効果을莫能顯者ᄂᆞᆫ吾人이歐米諸國에多見其例어니와一者法律을施行ᄒᆞ야凡於權利을得以保護則四民이競以就業ᄒᆞ며爭以勤職ᄒᆞ리니自此로農工商發達이來也라事의其發達과保護을但以道得으로足可依賴耶아由來爲道德者ᄂᆞᆫ吾人人類良心에訴外無途而聖賢君子가天地充滿이不有ᄒᆞᆫ則何等必用이到底昧然ᄒᆞ리로다孔孟聖賢이라도尙且不能者가有ᄒᆞᆫ곤況草堂에春睡ᄒᆞᄂᆞᆫ我韓今日國民이야道德은人類가須臾도不可離할法則으로吾人行爲에可爲標準者로ᄃᆡ往昔未開時代에ᄂᆞᆫ或有効果나現今開發時代에ᄂᆞᆫ强制國民이勿論末由也라元來道德云者ᄂᆞᆫ自利心發達의國民則制禦無矣라極키未開ᄒᆞᆫ時代던지極키文明發達의國民에不有ᄒᆞ면其効果가顯係甚難而道德의目的處ᄂᆞᆫ吾人의天性을完全히ᄒᆞ며各個人의格을完全히ᄒᆞᆷ에在ᄒᆞ야自此로人類一歸의完全을期ᄒᆞᄂᆞᆫ者요人類社會의秩序을形式으로發達ᄒᆞᄂᆞᆫ者라然而此의本源을論할時에ᄂᆞᆫ道德과法律이皆人類共同生活의必用으로出ᄒᆞ야此의二者ᄂᆞᆫ最上密接關係을有ᄒᆞᆫ거시라云ᄒᆞᆯ者나一은强制力을有ᄒᆞ고一은强制力을不有ᄒᆞ미其効果가亦甚異矣라自初로道德도所謂公德者卽社會에對ᄒᆞ던지團体에對ᄒᆞ던지人類全体에對ᄒᆞ던지公共의道德에在ᄒᆞ야ᄂᆞᆫ强大ᄒᆞᆫ社會上의制裁가有ᄒᆞ야始有如法律制裁而非無外觀이나至於國家機關의保護與否則不可不謂吾人支配에非常異別이로다道德이有其如斯制裁라도此盖自己良心에不過苦痛而法律上制裁와如히外形的强制惡報에不有ᄒᆞ면我韓國民支配에不適也라

然이나文明을開發ᄒᆞ며開化을携導ᄒᆞ랴면道德의力과法律의力을不可不待者는吾人之喋喋要言이어니와卽道德에違反者를詳論ᄒᆞ건된善良의風俗에違反故로或은其行爲을移於不法ᄒᆞ며遷於無効ᄒᆞᄂᆞ니兩者並立而國民强制ᄒᆞᆷ에不有ᄒᆞ면其良果을納키到底困難ᄒᆞ리로다況我韓과如히道德的觀念이姑未發達ᄒᆞᆫ國民에但以道德으로文明을豈得信賴리오持其國家强力以執行者法律은實不可로라

我韓現狀을詳審ᄒᆞᆯ지어다自來로國家의强力이有ᄒᆞ고堂堂ᄒᆞᆫ法律의完全ᄒᆞᆫ者有ᄒᆞ며各種單行의法이不無云云이나一部人類外에知悉ᄒᆞᄂᆞᆫ者極稀ᄒᆞ야至於官海有司ᄒᆞ야도法律的知識의乏에不在ᄒᆞ뇨嗚呼라我韓의開發에寒心念을不得不起也로다官海有司가尙然이온況一般國民가若夫我韓의文明을希ᄒᆞ며發達을期ᄒᆞ랴면必須其法律을完全히ᄒᆞ고實行을嚴히ᄒᆞ며自他의混同이無케ᄒᆞ야自己의權利義務을嚴行ᄒᆞ며他人의權義에重待의念을一般國民에抱遺ᄒᆞᆷ이大要라엇지餘地을顧ᄒᆞᆷ에有暇ᄒᆞ리오法律完全이速於一日則一日之利有ᄒᆞ고遲於一日則一日之害有ᄒᆞ리니今日如斯觀念을官海有司와國民一般이不可不抱ᄒᆞᆯ거슨我韓에莫先乎焦眉急務而我韓發達의本源으로依ᄒᆞ야其所感을論ᄒᆞ고國民의覺醒을促ᄒᆞ노라

今日吾人의國家에對ᄒᆞᆫ義務及權利

金 翼 瑢

夫國家는多數人類의結合된團体오其團体를組成ᄒᆞᆫ者는個個人卽臣民이是라故로臣民은國家의團体에屬ᄒᆞᆫ一分子로國家의關節된地

位를保有ᄒᆞᆫ同時에國家와永久附屬的關係에在ᄒᆞᆫ者ㅣ라此附屬的關係로브터發生ᄒᆞᄂᆞᆫ者를服從義務라云ᄒᆞᄂᆞ니然則臣民은國家에對ᄒᆞ야何如ᄒᆞᆫ事에服從ᄒᆞ며何如ᄒᆞᆫ義務가有ᄒᆞᆫ가臣民의服從義務와國家의統治權은相對ᄒᆞᆫ者인故로統治權作用의各境遇를列擧키難ᄒᆞᆯ과如히服從義務의各境遇도列擧ᄒᆞ기亦難ᄒᆞ나唯其國法上一定ᄒᆞᆫ義務를略言ᄒᆞ면一은統治權에服從ᄒᆞᆯ義務오二ᄂᆞᆫ兵役의義務오三은納稅의義務가是라此統治權에對ᄒᆞᆫ義務ᄂᆞᆫ其實質이無制限이니苟其適法ᄒᆞᆫ條件을具備ᄒᆞ야發表된國家의意思에對ᄒᆞ야ᄂᆞᆫ臣民은抵抗ᄒᆞᆯ權이無ᄒᆞ되但其意思ᄂᆞᆫ國家機關權限內에限ᄒᆞᆫ者인故로機關의行爲가權限外되ᄂᆞᆫ時ᄂᆞᆫ臣民은服從ᄒᆞᆯ義務가無ᄒᆞᆯ지오兵役의義務ᄂᆞᆫ或一定ᄒᆞᆫ軍事上의服從ᄒᆞᄂᆞᆫ義務를指稱ᄒᆞᆷ이아니오一定ᄒᆞᆫ服役의義務ᄂᆞᆫ國家가各境遇에當ᄒᆞ야軍隊에入ᄒᆞᄂᆞᆫ命令을發ᄒᆞᆫ後에始生ᄒᆞᄂᆞᆫ者라夫兵은死地라好生惡死ᄂᆞᆫ人의常情인즉誰가此에服役ᄒᆞ기樂ᄒᆞ리오마ᄂᆞᆫ臣民은一定ᄒᆞᆫ義務가有ᄒᆞᆫ所以로一朝에此徵兵令이出發ᄒᆞᆫ以上은臣民은當然히服從ᄒᆞᆯ지오納稅의義務ᄂᆞᆫ國家의對償行爲가無ᄒᆞ고其服從者에對ᄒᆞ야國權으로써一般히課ᄒᆞᄂᆞᆫ바出資의負擔을云ᄒᆞᆷ이니凡國家의徵稅收入을吾人의皮相으로見ᄒᆞᆯ진ᄃᆡ臣民의財產을減殺ᄒᆞᄂᆞᆫ不便에近ᄒᆞᆫ듯ᄒᆞ나實은不然ᄒᆞ니國家ᄂᆞᆫ卽臣民의結合된團体라國家의經用이不足ᄒᆞ야國家의行動이不完全ᄒᆞ면臣民은自己의福樂을可圖키難ᄒᆞᆯ지니所以로法律이臣民의게納稅義務를規定ᄒᆞᆫ同時에臣民도當然히此에服從ᄒᆞᄂᆞᆫ비라然則以上論述ᄒᆞᆫ三個義務에服從ᄒᆞ면吾

의義務를完了ᄒᆞ얏다ᄒᆞᆷ가余는臣民의義務가安泰ᄒᆞᆫ國家에對ᄒᆞᆫ義務와危急ᄒᆞᆫ國家에對ᄒᆞᆫ義務가輕重大小의區別이有타ᄒᆞ노니安泰ᄒᆞᆫ國臣民의義務는輕ᄒᆞ며小ᄒᆞ고危急ᄒᆞᆫ國臣民의義務는重ᄒᆞ며大ᄒᆞ도다現世界를觀察ᄒᆞ라彼文明富强의地位를点領ᄒᆞᆫ國은文明ᄒᆞᆫ同時에富强ᄒᆞ고獨立ᄒᆞᆫ同時에自由ᄒᆞ고敎育이發達된同時에農工商이發達ᄒᆞ고實業이發達된同時에堅强力이自生ᄒᆞ야所以로今日東西洋地球表面上에堂堂히自由獨立ᄒᆞ야外人이不敢壓侮ᄒᆞ며臣民이各自安樂ᄒᆞ니此等國民의義務는過去日에旣竭心力ᄒᆞ야好結果를得ᄒᆞᆫ故로今日에至ᄒᆞ야는其義務가輕ᄒᆞ거니와此와反ᄒᆞ야吾人의國家에對ᄒᆞᆫ義務는重且大ᄒᆞᆯᄲᅮᆫ아니라危且險焉이로다今日我韓人으로危ᄒᆞᆷ을畏縮ᄒᆞ고險ᄒᆞᆷ을圖避ᄒᆞᆯ진ᄃᆡ決코國民의義務를完了키難ᄒᆞ고危且險ᄒᆞᆯᄲᅮᆫ아니라苦且勞焉이로다今日我韓人으로苦ᄒᆞᆷ을惡厭ᄒᆞ고勞ᄒᆞᆷ을憂悶ᄒᆞᆯ진ᄃᆡ決코國民의義務를完了키難ᄒᆞᆯ지라過去를試思ᄒᆞ고現今을目睹ᄒᆞ고將來를豫料ᄒᆞ라國權은掃地ᄒᆞ야無餘ᄒᆞ며人民은萎靡ᄒᆞ야不振ᄒᆞ며敎育은障碍가多ᄒᆞ야擴張이無期ᄒᆞ며實業은虛殼이餘ᄒᆞ고實力은歸他ᄒᆞᆫ지라現狀이如此ᄒᆞ니將來는何如ᄒᆞᆯ가決코吾人이義務的으로國權回復에奮發ᄒᆞ며人民振興에勉導ᄒᆞ며敎育擴張에熱心ᄒᆞ며實業發達에從事ᄒᆞ야大韓國家도一切이文明世界上에對立케ᄒᆞ는日에야吾人의義務를完了ᄒᆞ얏다謂ᄒᆞᆯ지오但法律上一定ᄒᆞᆫ國民의義務로ᄒᆞᆯᄲᅮᆫ으로는今日吾人의義務를完了ᄒᆞ얏다謂ᄒᆞ기難ᄒᆞᆯ지니今日我韓臣民은國家에對ᄒᆞᆫ義

務를談論ᄒᆞᄂᆞᆫ者ㅣ此에注意ᄒᆞᆯ비오抑又臣民이國家에對ᄒᆞ야權利를有ᄒᆞᆫ與否ᄂᆞᆫ國家가法의拘束을受ᄒᆞᄂᆞᆫ與否를確定ᄒᆞᆷ에歸着ᄒᆞᆯ지라然則此에國家와法律關係브터說明ᄒᆞᆷ이必要ᄒᆞ니元來法律은國家로브터生ᄒᆞᆫ者라故로國家意思에違反ᄒᆞ야權利를主張ᄒᆞ기不能ᄒᆞᆷ은明白ᄒᆞ되國家가一次其意思의範圍를制限ᄒᆞ야臣民의게行爲의範圍를與ᄒᆞᆫ以上은苟其意思의永續ᄒᆞᆫ間에ᄂᆞᆫ國家ᄂᆞᆫ義務를負擔ᄒᆞ고國民은權利를有ᄒᆞᄂᆞ니然則國民은國家에對ᄒᆞ야何如ᄒᆞᆫ權利가有ᄒᆞᆫ가此에權利의大部分을合言ᄒᆞᆯ진ᄃᆡ行爲請求權自由權及參政權三種이是오此三種을分言ᄒᆞ면第一行爲請求權中에ᄂᆞᆫ一裁判請求權이니此權은國家가各人格間에平和를維持ᄒᆞ고法律上紛爭을防止ᄒᆞᆯ責務를負ᄒᆞᆷ에由ᄒᆞᆫ비오二請願權이니此權은臣民이國家에對ᄒᆞ야一個人의利益又ᄂᆞᆫ一般公益을爲ᄒᆞ야現存ᄒᆞᆫ制度를變更ᄒᆞ거나又ᄂᆞᆫ旣行ᄒᆞᆫ處分을繳消改正을請求ᄒᆞᄂᆞᆫ同時에國家ᄂᆞᆫ此를受領審査ᄒᆞᆯ義務를負ᄒᆞᆫ비오三行政行爲請求權이니此權은例如公文을請求ᄒᆞᄂᆞᆫ權이거나免許를請求ᄒᆞ거나營造物利用權等이是니行政官吏ᄂᆞᆫ一個人의此等請求를應ᄒᆞᄂᆞᆫ職務가有ᄒᆞᆫ비오四ᄂᆞᆫ在外臣民保護請求權이니此權은內國人이領土內에不在ᄒᆞ고外國에在ᄒᆞᆯ時에卽公使領事에對ᄒᆞ야商賈航海等事에保護를求ᄒᆞᄂᆞᆫ同時에國家ᄂᆞᆫ保護의責任을負ᄒᆞᆫ비오第二自由權中에ᄂᆞᆫ八種이有ᄒᆞ니一居住移轉의自由이니此權은臣民이自國領土內에서ᄂᆞᆫ何地던지自由居住ᄒᆞᆷ을國法이認許ᄒᆞᆫ비오二身体保全의自由이니此權은人의身体ᄂᆞᆫ國權作用의拘束을濫受ᄒᆞᆷ이無

코져ᄒᆞᆷ에由設ᄒᆞᆫ바오三住所安全의自由이니此權은凡個人의一家內秩序ᄅᆞᆯ保維코져ᄒᆞᆷ에由設ᄒᆞᆫ바오四信書秘密의自由이니此權은信書의交通이有ᄒᆞᆫ事ᄅᆞᆯ漏泄ᄒᆞ면個人의秘密事項을保全키難ᄒᆞᆫ故로國法의保護로秘密을認與ᄒᆞᆫ바오五集會及結社의自由이니此權은國家的社會的經濟的諸事項을研究ᄒᆞᆯ必要가有ᄒᆞᆫ所以로國法이人民의게集會自由ᄅᆞᆯ認許ᄒᆞᆫ마오六思想發表의自由이니此權은人의心裡에在ᄒᆞᆫ思想을法律에犯觸치아니ᄒᆞᆯ範圍內에ᄂᆞᆫ法律이個人의自由로發表ᄒᆞ게認許ᄒᆞᆫ바오七所有의自由이니此權은個人의所有權을國權이侵害치못ᄒᆞᆷ으로規定ᄒᆞ야臣民所有의自由ᄅᆞᆯ保護ᄒᆞᆫ바오八信敎의自由이니此權은人의信仰上行爲에至ᄒᆞ야ᄂᆞᆫ國權의作用으로制限ᄒᆞᆷ이不必要ᄒᆞᆷ에由ᄒᆞᆫ비오第三叅政權은憲法上人民이議員被選擧權及選擧ᄒᆞᄂᆞᆫ權及一定ᄒᆞᆫ資格이有ᄒᆞᆫ以上은官吏되ᄂᆞᆫ等權을云ᄒᆞᆷ이라然ᄒᆞ나臣民은設令官吏에合格된者ㅣ라도就官을要求ᄒᆞ기不得ᄒᆞᆷ은此에注意ᄒᆞᆯ一要點이로다

以上略述ᄒᆞᆫ바ᄂᆞᆫ法律上一定ᄒᆞᆫ臣民의權利ᄅᆞᆯ摘要ᄒᆞᆫ비라然則今日吾人은右述ᄒᆞᆫ各項權利ᄅᆞᆯ國家에對ᄒᆞ야保有ᄒᆞ얏ᄂᆞᆫᄀᆞ嗚呼라臣民이國家에對ᄒᆞ야行ᄒᆞᆯ義務的思想은十中八九人은忘却ᄒᆞᆫ者ㅣ多ᄒᆞ되國家에對ᄒᆞ야請求ᄒᆞᆯ權利的思想은吾二千萬人民의個個腦髓에念念不忘ᄒᆞ야行爲請求權은何如ᄒᆞᆫ行爲던지能히請求ᄒᆞᆷ으로誤解ᄒᆞ야不適當ᄒᆞᆫ行爲請求에도認許가無ᄒᆞ면政府를詈罵ᄒᆞ고自由權은何如ᄒᆞᆫ自由던지總히自由ᄒᆞᆷ으로誤解ᄒᆞ고不自由ᄒᆞᆯ事에도禁止가有ᄒᆞ면官廳에歸怨ᄒᆞ고叅政

權은何如ᄒᆞᆫ政事던지能히叅與홈으로認ᄒᆞ며且臣民은一切히官吏되ᄂᆞᆫ資格이有ᄒᆞ면當然히就官홈으로誤解ᄒᆞ고一次叅政코저홈에自意가不充分ᄒᆞ면政黨을毁辱ᄒᆞ야結果ᄂᆞᆫ國家機關과國民이間隔을作ᄒᆞ니嗟呼라吾人은國家에對ᄒᆞᆫ義務的思想은何其薄弱ᄒᆞ고權利的思想은何其過多ᄒᆞᆫ가國權은掃地ᄒᆞ야도臣民은國家에對ᄒᆞᆫ權利만保存ᄒᆞ면快ᄒᆞᆯ가國家ᄂᆞᆫ滅亡ᄒᆞ야도臣民은國家에對ᄒᆞᆫ權利만保存ᄒᆞ면足ᄒᆞᆯ가言念及此ᄒᆞ니一思再思의際에涕泗가縱橫홈을不覺ᄒᆞ노라嗚呼噫嘻라我韓人이여今日我韓人이여國家에對ᄒᆞᆫ權利ᄂᆞᆫ徐徐히請求ᄒᆞᆯ지라도對外ᄒᆞᄂᆞᆫ權利ᄂᆞᆫ急速히伸張ᄒᆞᆯ지며國家에對ᄒᆞᆫ自由ᄂᆞᆫ徐徐히行使ᄒᆞᆯ지라도對外ᄒᆞᄂᆞᆫ自由ᄂᆞᆫ急速히行爲ᄒᆞᆯ지어다

嗚呼噫嘻라吾人이空談으로權利義務만討論ᄒᆞ면國家가遽然히回復될바ᄂᆞᆫ아니ᄂᆞᆫ吾人이國家에對ᄒᆞᆫ義務心이權利心보다先ᄒᆞᆫ後에야大韓國家를可히興復ᄒᆞᆯ希望이有ᄒᆞ기에如右히蕪說을略陳ᄒᆞᆫ비니엇지余의言코저ᄒᆞᄂᆞᆫ비此에至ᄒᆞ야然ᄒᆞ리요

詞藻

漢城卽事　　松南生

腔血添紅酒後痕●狂歌一曲倚乾坤●濃林如海鶯鶯語●大陸生塵車馬喧●漆室多年憂己癖●新亭是日泣無言●佳辰賞翫非吾事●願警同胞招國魂

和松南詩有感　　于岡生

往事徒悲醉夢痕。此身還笑付乾坤。凌雲孤鶴如君在●匝樹驕禽向我喧●至友聯翩斯世併。眞情吐露自家言●當年擿埴何須說●朝

人物考

休靜大師傳 附惟政 靈圭

休靜大師의字는玄應이오自號淸虛子오又號西山大師오俗姓은完山崔氏오名은汝信이라外祖縣尹金禹가燕山朝에得罪ᄒᆞ야安陵에謫居ᄒᆞᆷ으로遂爲安州人ᄒᆞ다父는世昌이니鄕擧로爲箕子殿叅奉ᄒᆞ되不就ᄒᆞ고詩酒로自悞ᄒᆞ니라母金氏가老無子터니一日은夢에一婆가來ᄒᆞ야曰丈夫子를胚胎ᄒᆞ심으로來賀라云이러니明年庚辰三月에生ᄒᆞ다三歲에父ㅣ於燈夕에醉臥러니有老翁이來ᄒᆞ야曰小沙門을委訪이라ᄒᆞ고遂以兩手로兒를擧ᄒᆞ야呪數聲ᄒᆞ고摩其頂ᄒᆞ야曰以雲鶴으로名此兒ᄒᆞ라ᄒᆞ고言訖出門에去處를不知라以故로少字는雲鶴이라稱ᄒᆞ얏고與羣兒로遊戱ᄒᆞ미或立石爲佛ᄒᆞ며或聚沙成塔ᄒᆞ더라稍長에風神이英秀ᄒᆞ야力學不懈ᄒᆞ고事親至孝ᄒᆞ더니九歲에母ㅣ沒ᄒᆞ고十歲에父를喪ᄒᆞ미伶仃無依ᄒᆞ더니郡守가憐之ᄒᆞ야京師에携至ᄒᆞ야泮齋에就學ᄒᆞ나鬱鬱不適意ᄒᆞᆫ지라與同學數人으로南遊智異山ᄒᆞ야形勢을窮覽ᄒᆞ고諸經을探賾ᄒᆞᆯ식每常早失怙恃ᄒᆞᆷ을愴ᄒᆞ야死生의義를感ᄒᆞ다가禪家頓悟法을忽得ᄒᆞ미遂히靈觀大師의게聽法ᄒᆞ고崇仁長老의게剃髮ᄒᆞ다七八年間에名山을遍踏ᄒᆞ고年이三十에禪科에中ᄒᆞ야自大選으로禪敎兩宗判事에陞ᄒᆞ얏더니一日은歎曰吾의出家本意가豈在此乎아卽解紱ᄒᆞ고一筇으로還金剛ᄒᆞ야作三夢詞曰主人夢說客、客夢說主人、今說二夢客、亦是夢中人이라ᄒᆞ

고登香爐峯ᄒᆞ야作詩曰萬國都城如蟻垤千家豪傑若醯鷄、一窓明月淸虛枕無限松風韻不齊、라ᄒᆞ니라自此로韜光鏟彩ᄒᆞ야不出山門ᄒᆞ니問道者ㅣ日益衆이러라己丑之獄에妖僧無業의誣引으로逮를被ᄒᆞ야供辭가明白ᄒᆞ니宣祖大王ᄭᅴ옵서其寃을燭ᄒᆞ사卽釋ᄒᆞ시고詩稿를徵ᄒᆞ야御覽ᄒᆞ시고嘉歎ᄒᆞ사御畵墨竹으로賜ᄒᆞ시고賦詩以進을命ᄒᆞ시니休靜이絶句를製進ᄒᆞ미御製一絶을更賜ᄒᆞ시고賞賚가甚厚ᄒᆞ며慰遣ᄒᆞ야還山ᄒᆞ얏더니壬辰에日兵이大擧兵ᄒᆞ야三京을陷ᄒᆞ니　車駕가西狩龍灣ᄒᆞ실ᄉᆡ休靜이伏釼ᄒᆞ고道左에迎謁ᄒᆞ니上이諭ᄒᆞ사曰國事棘矣니爾가能히慈悲을發ᄒᆞ야普濟ᄒᆞᆯ깃ᄂᆞᆫ가休靜이泣而奏曰臣은老病ᄒᆞ야不堪從戎이오나臣의弟子가散在諸路ᄒᆞ오니謹當檄倡義旅ᄒᆞ오며山中緇徒로常令在地焚修ᄒᆞ야以祈神助ᄒᆞᆯ지니다　上이義之ᄒᆞ사卽命爲八道十六宗總攝ᄒᆞ시고諭方岳ᄒᆞ야任其號召ᄒᆞ시다於是에惟政(四溟堂)은七百餘僧을率ᄒᆞ야關東에起ᄒᆞ고處英은一千餘僧을率ᄒᆞ고湖南에起ᄒᆞ고休靜은門徒와自募僧一千五百을率ᄒᆞ니合五千餘名이라順安法興寺에會ᄒᆞ니官府에서兵杖軍器를給ᄒᆞ고休靜이指揮號令ᄒᆞ야敵의咽喉를扼ᄒᆞ고明兵을應ᄒᆞ니緇徒가莫不感憤願死ᄒᆞ야牧丹峯下에戰ᄒᆞ야斬獲이甚多ᄒᆞ니라癸巳正月에又與明兵으로平壤城外에서賊를大破ᄒᆞᆫᄃᆡ賊이捲甲宵遁ᄒᆞ니三京이皆復이라休靜이勇士百人을率ᄒᆞ고迎駕還都ᄒᆞ다明提督李如松이送帖ᄒᆞ야嘉奬曰無意圖功利、專心學道禪、今聞王事急、總攝下山巓이라ᄒᆞ고文武諸將官이爭先ᄒᆞ야送帖贈遺러라賊이旣退에休靜이上言曰

臣이年垂八十에筋力이盡矣라請以軍事로弟子惟政及處英의게屬ᄒᆞ오니總攝印을納ᄒᆞ고香山舊棲에還ᄒᆞ옵기를願ᄒᆞ옵나이다 上이嘉其志ᄒᆞ사一國都大禪師敎都摠攝扶宗樹敎普濟登階尊者의號를賜ᄒᆞ시다自是로頭流楓岳妙香諸山에來往ᄒᆞ미弟子常隨者千餘人이오出世者七十餘人이라甲辰正月二十三日에弟子를妙香圓寂菴에會集ᄒᆞ야焚香說法ᄒᆞ고取影幀書其背ᄒᆞ야曰八十年前渠是我、八十年後我是渠라ᄒᆞ야惟政의게付ᄒᆞ고趺坐而逝ᄒᆞ니年이八十五오法臘은七十七이라異香이滿室ᄒᆞ야三七日後에始歇ᄒᆞ니라弟子圓峻印英等이闍維에셔靈骨一片과舍利三枚를得ᄒᆞ야浮圖를普賢安心寺에樹ᄒᆞ고又一片은惟政等의蓬山에셔神珠數枚를得ᄒᆞ야楡岾之北에石窆ᄒᆞ다惟政의字는松雲이니西山高足이라

丁酉에日人이再侵이라가庚子에兵罷ᄒᆞ미和議를請ᄒᆞ거를朝廷이惟政으로使節을持ᄒᆞ야日本에往ᄒᆞ니蓋日人이佛敎를尊尙ᄒᆞ고且維政의聲名을素慕ᄒᆞᆫ故라惟政이伏釼渡海에意氣軒昂ᄒᆞ니彼가莫不敬歎이러라及到江戶에關白이與語大悅ᄒᆞ야言言敬服이라關白이從容問ᄒᆞ되聞貴國에多珍異라ᄒᆞ니何物이爲最寶耶아惟政曰我國은無寶오以倭人之頭로爲上寶라ᄒᆞᆫ딕關白이大笑ᄒᆞ고欵接이甚厚러라竣事而還ᄒᆞ미 上이嘉之ᄒᆞ사特賜禪號曰泗溟大師라ᄒᆞ시다惟政之徒에有靈圭ᄒᆞ니壬辰에僧軍을率ᄒᆞ고淸州에擧義ᄒᆞ야與趙文烈憲으로椅角賊勢러니及錦山之戰에文烈이敗死ᄒᆞ니靈圭ㅣ力戰死之ᄒᆞ다

正祖甲寅에西之香山과南之晋州에建祠ᄒᆞ야休靜과惟政을祀케ᄒᆞ시고賜額ᄒᆞ시되西曰酬

忠南曰表忠이라ᄒᆞ다 御製西山影堂銘에曰
釋家之通稱曰沙彌沙彌者息慈也謂安息於慈
悲之地也故佛有三藏而修多羅爲首佛有十四
向而救衆生爲首檗戒律也禪定也智慧也無一
不慈悲乎究乘而法界之功德在此恒沙之福田
而在此無上哉慈悲之爲敎也後世之沙彌則不
然雲天水甁遊心於實相之外翠竹黃花比身於
無情之物而吾儒遂以枯木死灰譏之非吾儒譏
之也後世沙彌自貽其譏也若西山大師休靜之
爲沙彌也其亦不愧夫息慈之之義乎始焉腰包
杖錫編衆諸方樹法幢爲人天眼目則雲章寶墨
寵賚優異至今與貞觀永樂之序爭照於兜率蘭
若間中焉顯發宗風弘濟困難倡義旅爲勤王元
勳則腥羶妖氣應乎廓淸至今使方便度世之功
永賴於閻浮提無量刧終焉隨緣現身緣過攝尋
因爲上乘敎主則梅熟蓮香儵到彼岸至今有望

儼卽溢之像受頂禮于西南香火之所如此然後
方庶幾乎濟大千惠塵境曾壁數珠磨磚作鏡之
謂慈悲乎曾廣建搭廟多寫經律之謂慈悲乎因
西南道臣之請其影堂額賜南曰表忠西曰酬忠
命官給祭需歲祀之以今歲甲寅追洪武甲寅賜
詩善世禪師之故事爲之序若銘俾揭諸堂予未
嘗習佛論而嘗聞法華之義解矣曰偈之義如此
方之序後 銘則此之銘固梵之偈也銘 曰佛曰
初照慈雲爲經浩刧單傳囑付丁寧問其誓願孰
非施舍義海茫茫津逮者寡福周多佑高僧應期
卓錫一喝魔軍離披天晶月朗波恬浪平優曇鉢
華誦現東瀛歸慶赤縣返眞靑蓮肅穆鍾魚禪燈
孤懸名留竹簡道存貝葉寂鄕鉢寺交映眉睫報
祀伊何蒲饌自官倫布靈睨長蔭旃檀麻稻竹葦
匝域蓊若匹周富庶媲唐耕鑿八萬四千子孫同
樂

會報

隆熙二年五月二日下午四時에第五回通常總會를壽洞臨時本學校內에서開ᄒᆞ고會長鄭雲復氏陞席ᄒᆞ다司察員은韓光鎬氏로臨時書記ᄂᆞᆫ韓景烈氏로會長이自辟ᄒᆞ다書記가點名ᄒᆞ니出席員三十九人이러라書記가前會會錄을朗讀ᄒᆞᆫ매略干錯誤處가有ᄒᆞᆷ으로改正仍受ᄒᆞ다會計員의用下明細書를報告ᄒᆞᆫ매仍受ᄒᆞ다總校長李道宰氏의辭免請願書를公佈ᄒᆞᆫ매仍受許遞ᄒᆞ기로動請可決되고

平安南北道本會所管經義齋存道齋捍衛社鄉約契事에調査方法硏究委員金達河氏等七人報告를公佈ᄒᆞᆫ매仍受ᄒᆞ고南北道委員長의派送旅費ᄂᆞᆫ評議會에議決ᄒᆞᄌᆞᄒᆞᆫ매動請可決되고建築委員의報告와會舘圖式을公佈仍受ᄒᆞ고義州支會視察委員金達河氏의報告를公佈ᄒᆞᆫ後資格이適合ᄒᆞ니認許ᄒᆞ가로動請可決되고本會總務兼月報編輯員金達河氏의辭免請願書公佈ᄒᆞᆫ매卽爲封還ᄒᆞ기로動請可決되고

博川郡支會認許ᄂᆞᆫ柳東說氏의擔保書를公佈ᄒᆞᆫ後許認ᄒᆞ기로動請可決되고

安州郡聯合運動會會에寄付品과答函은總務의게委任ᄒᆞᄌᆞᄒᆞᆫ매動請可決되고

義州郡聯合大運動會會長崔錫夏의公函을公佈ᄒᆞᆫ매總代派送은會長의게委任ᄒᆞ기로動請可決되다

雲山郡心誠學校校長崔炳祿氏支校請願를公佈ᄒᆞᆫ매認許ᄒᆞ기로動請可決되고該認許方法은本校長의게委任ᄒᆞ야支校規則를遵守케ᄒᆞᄌᆞᄒᆞ미動請可決되다

本會會票一千枚製造事에對ᄒᆞ야每介二十五

錢式價額을定ᄒᆞ기로動請可決되고時干이盡ᄒᆞ미閉會ᄒᆞ다

會計員報告 第十八號

二圜八十八錢 會計員任置條

六十四圜三十九錢 月報代金收入條郵稅幷

七百二十八圜 舊會館五十六間放賣條

五十二圜二十五錢 破材木破門放賣條

十二圜 房突放賣條

四十五圜 帽子票代金收入條

合計九百○四圜五十二錢

第十八回新入會員入會金

收納報告

申彦甲 吳尙俊 金益濟 崔德彦
莊明成 元容德 李鎭恒 金璟植
車炳翼 張學俊 鄭雲衢 李永錫
盧德一 盧鎭行 承昌一 洪應杓
羅錫璂 金基仲 金尙禮 金基河
金麗沃 文鎭國 車豐鎬 金昶夏
鄭在弼 尹冕濟 辛孝善 李炷觀
李庚朴

各一圓式

合計二十九圓

第十八回月捐金收納報告

金鼎濟 二圓三十錢 自十一年四月至三年二月二十三朔條

金鳳濟	二圓三十錢	自十一年四月至三年二月二十三朔條
金在洞	一圓二十錢	自十一年五月至二年四月十二朔條
金道濬	一圓二十錢	自十一年六月至二年五月十二朔條
莊明成	一圓	自四月至三年一月十朔條
鄭雲衢	一圓	自五月至三年二月十朔條
玄昇奎	一圓	自一月至十月十朔條
孫鳳祥	二十錢	自一月至二月兩朔條
吳尙俊	十錢	四月條
韓敎學	一圓二十錢	自一月至十二月十二朔條
尹應斗	五十錢	自一月至五月五朔條
林嵓正	一圓三十錢	自元年十二月至二年十二月十三朔條
梁起鐸	四十錢	自十一年二月至三月兩朔條
梁起鐸	一圓四十錢	自十一年四月至二年五月十四朔條
玉東奎	六十錢	自十一年一月至三月三朔條
玉東奎	一圓四十錢	自十一年四月至二年五月十四朔條
姜錫龍	一圓	自二月至十一月十朔條
鄭在弼	一圓	自五月至三年二月十朔條
張顯奎	四十錢	自十一年二月至三月兩朔條
張顯奎	一圓	自十一年四月至二年一月十朔條
韓箕五	四十錢	自十一年二月至三月兩朔條
韓箕五	一圓	自十一年四月至二年一月十朔條
金鎭鶴	四十錢	自十一年二月至三月兩朔條

金鎭鶴 一圓 自十一年四月至二年一月十朔條

徐丙浩 一圓四十錢 自十一年四月至二年五月十四朔條

吳奎殷 一圓 自 月至十月十朔條

合計二十五圓七十錢

第十八回寄附金收納報告

李承薰 十圓 學校義捐條

合計十圓

以上四共合九百六十九圓

二十二錢內

第十八回用下報告 自四月十五日至五月十五日

十圓 五里郵票二千枚價

二圓八十三錢五里 洋紙封套壯紙洋火價幷

五圓 本會紀念寫眞四介機飾價

十二圓十五錢 破屋石材移置費臨時事務所修理費條

六十七圓 十七號月報一千五百部印刷金條

八圓六錢 平壤運動會總代派送時往返車費條

九十四錢 美國各處與定州冊肆月報送時小包費

五圓五十錢 建築場鍤役土各雇價條

十圓 平壤各面學校運動會寄付物品價

一百二十六圓 會館買入時出債錢一千八百圓自元年十一月至二年二月十五日三朔半二分邊給條

五十五圓 一千一百圓自二月十五日至四月三十日二朔半二分邊給條

六十圓 各事務員四月朔月銀條

八圓 下八四月朔月給條
七圓五十錢 建築義捐金領受証二千枚印刷金條
十圓四十錢 普成學校運動會寄付物品價
一圓六十一錢 石油一箱價
四圓六十五錢 安岳邑學校運動會寄付物品價
五圓六十錢 開城學校運動會寄付物品價
八十九圓七十錢 空垈七十八坪賣入價條
四十錢 第一回卒業式皇城新聞廣告料條
五十錢 曲尺一介價
二百圓 會票一千介價二百五十圓中先給條
三十圓三十錢 賣入基地築垈雇價

七十四錢 開城學會副會長賻儀條
三十圓 十八號月報印刷金中先給條
合計七百五十一圓八十八錢五里除
在二百十七圓三十三錢五里內
九十圓 總務員處貸來條還報 除
一百十圓 韓一銀行貯畜 除
在十七圓三十三錢五里
（會計員任置）

附則

法令摘要

勅令第十六號(續)

近衛步兵隊編制件

第一條 近衛步兵一大隊를寘ᄒᆞ야皇宮儀仗과守衛를擔任ᄒᆞᆷ

第二條 近衛隊ᄂᆞᆫ大隊本部와四個中隊로編成ᄒᆞᆷ

第三條 近衛大隊職員은別表와如ᄒᆞᆷ

附則

第四條 本令은頒布日로브터施行ᄒᆞᆷ

第五條 光武十一年四月二十二日 勅令第二十二號侍衛渾成旅團司令部官制와 勅令第二十三號侍衛步兵聯隊編制件과 勅令第二十四號侍衛騎兵隊編制件과 勅令第二十五號侍衛野戰砲兵隊編制件 勅令第二十六號侍衛工兵隊編制件과 勅令第二十七號鎭衛步兵隊編制件은幷廢止ᄒᆞᆷ

隆熙元年八月二十六日

法律第五號

銃砲及火藥類團束法

第一條 銃砲及火藥類販賣營業을行코ᄌᆞᄒᆞᄂᆞᆫ者觀察使(漢城府內에在ᄒᆞ야ᄂᆞᆫ警視總監以下亦同)의許可를受ᄒᆞᆷ이可ᄒᆞᆷ

銃砲火藥類製造코저ᄒᆞᄂᆞᆫ者도亦同ᄒᆞᆷ

第二條 銃砲火藥類를授受ᄒᆞ거나或運搬코저ᄒᆞᄂᆞᆫ時ᄂᆞᆫ警察官署의許可를受ᄒᆞᆷ이可ᄒᆞᆷ

第三條 銃砲火藥類ᄂᆞᆫ警察官署의認可를受치아니ᄒᆞ면所有ᄒᆞᆷ을不得ᄒᆞᆷ

第四條 內部大臣은安寧秩序를持保ᄒᆞ기爲

ᄒᆞ야必要로認ᄒᆞᄂᆞᆫ時ᄂᆞᆫ期間及地域을限ᄒᆞ야銃砲火藥類의授受運搬携帶又ᄂᆞᆫ所有를制限ᄒᆞ거나或은禁止ᄒᆞᆷ을得ᄒᆞᆷ

第五條　火藥類ᄂᆞᆫ警務官署의檢査를受ᄒᆞᆫ倉庫가아니면此를貯藏ᄒᆞᆷ을不得ᄒᆞᆷ

警察官은何時든지火藥庫에臨檢ᄒᆞ고必要로認ᄒᆞᄂᆞᆫ時ᄂᆞᆫ此를改繕을令ᄒᆞ며又火藥類의貯藏을停止或禁止ᄒᆞ고其火藥類를領寘ᄒᆞᆷ을得ᄒᆞᆷ

第六條　銃砲火藥類를私自貯藏ᄒᆞᆫ嫌疑가有ᄒᆞᆫ時及其他警察官이必要로認ᄒᆞᄂᆞᆫ時ᄂᆞᆫ何時든지其家宅에臨檢ᄒᆞ거나又ᄂᆞᆫ銃砲火藥類를領寘ᄒᆞᆷ을得ᄒᆞᆷ

第七條　觀察使나警視摠監은必要로認ᄒᆞᄂᆞᆫ時ᄂᆞᆫ銃砲製造者銃砲商又ᄂᆞᆫ火藥商의許可를繳消ᄒᆞᆷ을得ᄒᆞᆷ

第八條　第一條로乃至五條及第七條에違背ᄒᆞᆫ者ᄂᆞᆫ禁獄笞刑又ᄂᆞᆫ五十圓以下의罰金에處ᄒᆞ고銃砲火藥類ᄂᆞᆫ沒收ᄒᆞᆷ

第九條　銃砲製造者銃砲商及火藥商의定員及火藥類의貯藏分量은內部大臣이定ᄒᆞᆷ

第十條　第四條及第六條의規定은刀劒槍戈類에도亦此를準用ᄒᆞᆷ

附則

第十一條　本法은頒布日부터施行ᄒᆞᆷ

隆熙元年九月三日

光武十年十二月一日刱刊

會員注意

會費送交	會計員	漢城中部校洞二十九統二戶 西北學會館內 朴景善
	受取人	西北學會
原稿送付	編輯人	漢城中部校洞二十九統二戶 西北學會館內 金達河
	條件 用紙	從便
	期限	每月十日內

主筆 朴殷植

編輯兼發行人 金達河

印刷人 李達元

印刷所 普成社

發行所 漢城中部校洞二十九統二戶 西北學會

發賣所 皇城中署布屛下廣學書舖

皇城小安洞 大韓書林

皇城尙洞 博文書館

皇城罷朝橋 中央書舖

◎定價

一冊	金十錢	(郵費一錢)
六冊	金五十五錢	(郵費六錢)
十二冊	金一圜	(郵費十二錢)

◎廣告料

半頁	金五圜
一頁	金十圜

會員注意

一本會月報를購覽커나本報에廣告를揭載코져ᄒᆞ시ᄂᆞᆫ 僉君子ᄂᆞᆫ西北學會庶務室노申請ᄒᆞ시압

一本報代金과廣告料ᄂᆞᆫ西北學會會計室노送交ᄒᆞ시압

一先金이盡ᄒᆞᄂᆞᆫ時에ᄂᆞᆫ封皮上에捺印으로證明홈

一本報를購覽코져ᄒᆞ시ᄂᆞᆫ 僉君子ᄂᆞᆫ住址統戶를昭詳記送于西北學會庶務室ᄒᆞ시압

一論說詞藻等을本報에記載코져ᄒᆞ시ᄂᆞᆫ 僉君子ᄂᆞᆫ西北學會會館內月報編輯室노寄送ᄒᆞ시압

廣告

本人이實業을務圖ᄒᆞ기爲ᄒᆞ야和洋雜貨商店을設ᄒᆞ고商號ᄂᆞᆫ隆昌號라稱ᄒᆞ며外國商品을直輸入ᄒᆞ와學校及紳士用品의各色帽子、洋服諸具、筆硯、雨傘、洋靴、加房、手袋、閔忠正公記念筆甬及盃와此外에도千百物品이無不具備ᄒᆞ와廉價放賣ᄒᆞ오며各學校一般學員의게對ᄒᆞ야ᄂᆞᆫ同情을表ᄒᆞ기爲ᄒᆞ야元定價票內에廉減酬應ᄒᆞᆯ터이오니 僉君子ᄂᆞᆫ陸續來購ᄒᆞ시옵

漢城中署寺洞十四統八戶

雜貨商 韓景烈 告白

光武十年十二月一日
明治三十九年十二月一日 第三種郵便物認可

西北學會月報

隆熙二年七月一日發行(每月一日一回發行)
(第一卷第二號)

發行所 西北學會

特別廣告

本會月報의發行이今至十八號인ᄃᆡ代金收合이極히零星ᄒᆞ와繼刊ᄒᆞ기極窘ᄒᆞᆯᄲᅮᆫ不是라況本會館及學校建築에經用浩繁은一般會員과僉紳士의知悉ᄒᆞ시는바이니義務를特加ᄒᆞ시와遠近間購覽ᄒᆞ시는僉員은迅速送交ᄒᆞ시고本會員은月捐金도幷計朔送致ᄒᆞ시와會務와校況을日益進就케ᄒᆞ심을千萬切盼

本學會告白

西北學會月報第一卷第二號要目

廣 告

本所에서鑛山、土地、家屋、山林、測量製圖設計等을迅速需應홈

南署會洞九十二統十一戶

會洞測量事務所

總務　金澤吉　事務　金錫權

論說

對客問

謙谷散人

客이有訪問本記者ᄒᆞ야本會의進就程度를祝賀ᄒᆞ고繼而問之曰貴會舘에新建築ᄒᆞᄂᆞᆫ圖本을覽ᄒᆞᆫ즉現今漢城界에在ᄒᆞ야外國人의家屋을除ᄒᆞ고我韓人家屋에ᄂᆞᆫ最上等에居ᄒᆞᆯ지니貴會僉員의熱心熱力은可以想度이오可以欽服이로다만은但貴會의注重ᄒᆞᄂᆞᆫ目的이敎育事業에專在ᄒᆞᆫ지라家屋建築의宏大ᄒᆞᆫ것보다人才養成의宏大ᄒᆞᆫ것이必要ᄒᆞ고如斯히巨欵을擲ᄒᆞ야家屋을成立ᄒᆞᄂᆞᆫ것보다學校의基本을積立ᄒᆞᄂᆞᆫ것이엇지根本的要務가아니리오萬一家屋만宏大ᄒᆞ고敎育經費가困難ᄒᆞᄂᆞᆫ境遇면諺所謂祠堂만建立ᄒᆞ고祭享을闕乏ᄒᆞᆷ과如ᄒᆞᆫ者니此가엇지可慮ᄒᆞᆯ바아니리오

本記者曰此等意見은非但局外批評이有之라本會員中에도此를憂慮ᄒᆞ고反對ᄒᆞᄂᆞᆫ者가有ᄒᆞ니本會에서엇지熟思深筭ᄒᆞᆫ바無ᄒᆞ리오然이나此等意見은保守的主義에在ᄒᆞ고發達的思想에不及ᄒᆞᆷ이로다今日吾人이何許事業을勿論ᄒᆞ고오작勇進ᄒᆞ기로步趣를삼고發達ᄒᆞ기로目的을삼ᄂᆞᆫ것이第一義라若其左思右量ᄒᆞ야遲疑畏難의態度가有ᄒᆞ면將來結果를決無可望이니反不如初不着手之爲愈라今日本會에서三層洋製의建築이現在力量으로ᄂᆞᆫ宏大ᄒᆞ고太過ᄒᆞᆫ듯ᄒᆞ나來頭의前進ᄒᆞᆯ程度를思想ᄒᆞ면今日此屋과如ᄒᆞᆫ幾個屋을增加ᄒᆞ여야可ᄒᆞᆯ지라何以言之오目下此屋制度가六百餘名學生을容受ᄒᆞᆷ에不過ᄒᆞ니將次幾千名或萬

名의學生을養成ᄒᆞ야彼外國의著名ᄒᆞᆫ學校와如ᄒᆞᆯ진ᄃᆡ엇지此一個屋으로써吾人의目的을得達ᄒᆞ리라ᄒᆞ리오

客曰吾子의期望則然矣나現今貴校에速成科와原科와測量科等의設備로도恒常經費困難의嘆이有ᄒᆞ거든將次幾千名以上의學生을養成ᄒᆞ는日이면經費를從何辦得乎아

本記者曰現今教育界에關ᄒᆞ야何校를勿論ᄒᆞ고普通社會의義務로擔着ᄒᆞᆷ이無ᄒᆞ며又學生의月謝金이未有ᄒᆞ고但若個有志의獨擔或義捐으로成立ᄒᆞᆫ者인故로經費의困難이有ᄒᆞ거니와若自此로民智가漸開ᄒᆞ야個個人이義務擔着ᄒᆞᆯ줄을認知ᄒᆞ며又學校內에高明ᄒᆞᆫ教師와高等의學問이有ᄒᆞ면學生界에月謝金이有ᄒᆞᆯ지라도願學者ㅣ必多ᄒᆞᆯ지라幾千名學生이有ᄒᆞ면幾千圓月謝가有ᄒᆞᆯ지니엇지學校의維

持키難ᄒᆞᆷ을患ᄒᆞ리오此目的을得達ᄒᆞᆷ은오작國民의知識이增進ᄒᆞ야義務를擔任ᄒᆞᆷ에在ᄒᆞ니今日吾人이教育事業에對ᄒᆞ야此目的의得達ᄒᆞ기를希望ᄒᆞᆯ진ᄃᆡ此屋과如ᄒᆞᆫ幾個屋을將次增加ᄒᆞ기로預算ᄒᆞᆯ지니엇지此一個屋으로써宏大ᄒᆞ다太過ᄒᆞ다ᄒᆞ리오本校의教育程度가彼外國의著名ᄒᆞᆫ學校와相等ᄒᆞ여야我韓의文明程度가ᄯᅩᄒᆞᆫ彼와相等ᄒᆞᆯ지며文明程度가相等ᄒᆞ여야國家와民族이彼와相等ᄒᆞᆷ을得ᄒᆞᆯ지니吾子는何以爲視고客曰貴會의期望ᄒᆞᆷ이若是其遠大ᄒᆞ니有爲者亦若是오有志者事竟成이라敢不延頸而望ᄒᆞ며合掌而視ᄒᆞ리오客이旣去에乃述其言ᄒᆞ야告我社友ᄒᆞ노라

◎六月二十日定礎式을行ᄒᆞᆯ새本會歷史와頌禱의辭를述ᄒᆞ야石函에藏ᄒᆞᆷ

西北學會歷史

現二十世紀의文明風潮가東西全球에普及ᄒᆞ야教育程度가烝然日上ᄒᆞ고煥焉日新ᄒᆞᄂᆞᆫᄃᆡ東洋半島에大韓山川이其漸被를受ᄒᆞ야維新ᄒᆞᆯ時期가至ᄒᆞ매西北一帶를從ᄒᆞ야其光線을肇現ᄒᆞ얏도다

檀君開國四千二百三十九年

大韓光武十年十月二十六日에西友學會가創立ᄒᆞ니鄭雲復朴殷植金允五金明濬李甲柳東作柳東說金達河諸氏의發起組織ᄒᆞᆫ者오同月二十八日에漢北學會가接武而興ᄒᆞ니吳相奎李儁兪鎭浩薛泰熙諸氏의發起成立ᄒᆞᆫ者라盖其創始ᄒᆞᆯ同時에兩會同志諸氏가將來에合爲一體ᄒᆞ기를目的을삼아預期ᄒᆞᆫ바有ᄒᆞ더니及其教育事業이互相翼助ᄒᆞ고團結精神이互相吸引ᄒᆞ미自然合一ᄒᆞᆯ機會가至ᄒᆞᆫ지라

隆熙二年一月三日에兩會僉員이校洞西友會舘에齊集ᄒᆞ야西北學會組織會를開ᄒᆞ미臨時會長李東暉氏가兩會合同趣旨를說明ᄒᆞ매滿場一致로可決되이會는西北學會로學校는西北協成學校로名稱ᄒᆞ다自此로會況과校務가逐漸擴張ᄒᆞ매會館及校舍의隘陋老頹를仍舊키不可ᄒᆞᆫ지라四月十一日에特別總會를開ᄒᆞ고三層洋製의新建築ᄒᆞ기로協議決定ᄒᆞ매經費는一萬五千七百圜以上으로預筭ᄒᆞ야淸國工匠을使用ᄒᆞ기로定給ᄒᆞ고工役을開始ᄒᆞ다六月二十日下午四時에定礎式을設ᄒᆞᆯ시校長李鍾浩氏가定礎員으로儀式을擧行ᄒᆞ니於是에一般會員이

大韓帝國萬歲와西北學會萬歲를唱ᄒᆞ다盖本會의成立은卽我大韓의文明基礎니實노皇天이我西北人士의衷을默誘ᄒᆞ신바이오新鮮光

明ᄒᆞᆫ會館과校舍ᄂᆞᆫ本會有志의熱血로聳出ᄒᆞᆫ者이니我西北人士ᄂᆞᆫ千百世以往으로此ᄅᆞᆯ紀念不忘ᄒᆞ며繼續維持ᄒᆞᆷ이可ᄒᆞᆯ지니玆에本會歷史ᄅᆞᆯ槪述ᄒᆞ야納于石函ᄒᆞ야告諸無窮ᄒᆞ노라頌曰

大韓有民 中興文明
二千萬族 自我西北
教育機關 乃建斯屋
團合體力 上館下校
濟濟多士 立我民志
文武忠孝 保我國權
壯哉基礎
於萬斯年

本會館定礎時石函에藏ᄒᆞᆫ各種이如左ᄒᆞᆷ

一、本會歷史와一般會員과任員의名簿
一、西友學會規則、西友月報 各一件
一、漢北學會規則 一件
一、西北合同紀念寫眞 一件
一、西北協成學校任員與一般學生名簿 一件
一、自開國以來로各種新舊貨幣本質各十三種
一、帝國郵票 二十六枚
一、本會會票 一枚
一、大韓地圖 一幅
一、各種新聞
一、忠淸北道有志紳士李熙直氏가本會에教育事業을益益發展ᄒᆞ기爲ᄒᆞ야畓百斗落을定礎式日에寄付ᄒᆞᆫ故로特히氏名을述ᄒᆞ야石函에藏ᄒᆞᆷ

敎育部

實業奬勵爲今日急務

松南春夢 金源極

先聖이云호디富而後敎之라호고西哲이云호디衣食住三者는人民生活의要素라호니古今東西를不問호고實業이富强文明의基因됨은惟一無二호法門이로다今日我國의人民生業界狀況을觀호건디恒産이有호者ㅣ幾人이며實業이有호者ㅣ幾人인가設令恒産家實業家ㅣ가十의二三이有호나只廛의營業으로多數호全部人民의生料를能히供호며全部國家의需用을能히充호기萬無호도다目下最近호漢城內民情이何如호地頭에當호얏는가從前以來로所謂某大臣某判書에曰宗戚也門客也曰廳直也床奴也騶從也別陪也ㅣ一家食口가少不下百餘名이오所謂쌍別入侍別入侍名色이許多層出호야有難紀數며所謂武監別監宮人內人輩가不知幾千名이오所謂寺人家則位至知事면則其侍妾僕從과門客食口가一如大臣判書家之榜樣호며甚至於判任官八級者가蓄妾置僕에食口가亦爲不少호니此豈以如干月銀으로有能支此리오必不過唆民膏血호며剝民皮肉호야以供無用之需이며所謂依賴遊食輩가視此爲生活호야營營苟苟於他人鼻息之下호니吁亦甚矣로다政法이月改호고官制가日變호야兵丁之被散과各部使喚之見減에生命無路之民이又不知幾萬名이라如干恩賜金이足爲眉睫間之紓急이나來頭生活이永無其望호니嗚呼噫嘻라已上槪略數數萬人口가今日以後즉向前依賴가永爲杜絶호니呼吸生活

을亦將疇依리오興言及此에不勝寒心이로다且以地方民情으로觀之라도由來各道各郡에所謂吏校奴令輩ㅣ藉爲生活者가通計全國三百四十餘郡이면數十萬人口에過홀지오昨年以來로士兵騷擾와日兵交戰에家舍가蕩燒ᄒᆞ고甁罍이罄竭ᄒᆞ야啼餓呼窮이滿山遍野ᄒᆞ니極目愁慘이罔有其紀ᄲᅮᆫ더러方値春畊에初不播種處가十居二三ᄒᆞ니此豈所忍言所忍聞者哉아我國之生產이素不出乎天然的穀物이오無他活計라縱使我民으로農業이日殖ᄒᆞ고土地가日墾이라도猶不能相容相保커든加以已農之民이日益渙散ᄒᆞ고舊畊之地가日益荒蕪즉將來民情이且至何如地乎아飢寒이切迫에廉耻都喪은古今人情이라內而畿甸과外而道郡坊曲에失業之民이若是夥多ᄒᆞ고號呼棲屑之民이又若是夥多ᄒᆞ고煢獨無告之民이又若是夥多즉其將此民ᄒᆞ야欲進於富强文明之上ᄒᆞ며欲立於列邦競爭之中이면不幾近於鞭駒而欲馳千里며乘杯而欲渡大海乎아孔子ㅣ曰足食足兵이면民이信之矣라ᄒᆞ고管子ㅣ曰衣食足而知禮節이라ᄒᆞ니若使我國民情으로迅速히實業上發展을不圖ᄒᆞ면其爲禽爲獸와爲鬼爲盜ᄂᆞᆫ現症이已著ᄲᅮᆫ外라地方騷亂의原因이亦此에由ᄒᆞ야鎭定이無期홀것이오國民敎育의基礎가亦此에由ᄒᆞ야開進이無望ᄒᆞ리니有志者의一場痛哭홀處가最是此事라홀지로다然ᄒᆞᆫ즉實業振興이目前急務라홀지며實業振興홀策은當局諸公의如何히講究實施홈에在ᄒᆞ다ᄒᆞ노니此亦我國今日幼穉ᄒᆞᆫ程度에不得已ᄒᆞᆫ言論이로다現今高等ᄒᆞᆫ列强國의人民生活을觀홀진ᄃᆡ農工商業이各有學校ᄒᆞ야其發達ᄒᆞᄂᆞᆫ程度를硏究ᄒᆞ며實業에就ᄒᆞᆫ人民은

農工商會社를各各組織ᄒᆞ야資本家勞働家技術家가合力經營ᄒᆞᄂᆞᆫ故로遊民이鮮少ᄒᆞ고殖產이增加ᄒᆞ야其國이富强에至ᄒᆞᆯ뿐더러設又個人營業에至ᄒᆞ야도男女가互相彈力ᄒᆞ가外에出販ᄒᆞ고妻가內에商賣ᄒᆞ야雌間이라도生活에依賴가絕無ᄒᆞ고기로猷爲ᄒᆞ니其家가읏지貧乏國은自來不然ᄒᆞ야士로爲名ᄒᆞ에性命의空談과章句의末技을抛送ᄒᆞ고布衣寒士라ᄂᆞᆫᄒᆞ야老의將至를不知ᄒᆞ며야仰事俯育에經濟가理가猶尙如此커든他何可業家ㅣ가有ᄒᆞ다ᄒᆞ나下等社會에任他ᄒᆞ야黃帝創造時代에比

營作이何에從ᄒᆞ야發達ᄒᆞ며設又實業에有志ᄒᆞᆫ者ㅣ有ᄒᆞᆯ지라도資本家가互相反對ᄒᆞ야社結合의望이缺乏ᄒᆞᆫ즉失業ᄒᆞᆫ人民이業務에津岸을難得ᄒᆞᆯ지오且或個人生業을觀十口一家라도作業ᄒᆞᄂᆞᆫ人은一二에幼男婦가藉此苟活ᄒᆞᆫ즉家計의振主이며至若婦女ᄒᆞ야ᄂᆞᆫ其夫子를兵奉ᄒᆞᄂᆞᆫ奴僕과如히ᄒᆞ야一朝이不稱其意ᄒᆞ면惡言恐喝ᄒᆞ作ᄒᆞ며至於京中婦女ᄒᆞ야婢와針母ᄂᆞᆫ傳例로置ᄒᆞ고紈에溫飽晏然ᄒᆞ니此豈動適當ᄒᆞᆫ職務라ᄒᆞ리오此實過ᄒᆞ다ᄒᆞᆯ지로다然ᄒᆞᆫ즉此農工商業에自由發展ᄒᆞ合團ᄒᆞ야會社를組織

호며器械를硏究호
을待호기는殆히持
先自朝家로實業이如
如何호면增進홀方略을
의唱導가된後에야實業
知호거니와吾一般人民되
人의勸勉를不待호고自己
홀지어다然치아니면來頭餓
獄에較甚호리니十分深思홀

普成學校의林業科

山雲散

夫普成學校의敎育程度는我邦學界에首
를不讓홈은吾人의共知호는바어니와近者林
業科를特設호고林學을敎授혼다호니從此로
人民은實業의進步가有호고國家는文明혼狀

之호니覘人之國者가
鬱蒼호야山野를蒙蔽호
物혼國이라호고森林이蕭
호엿스면曰是國은未開혼
此는人智가文明호면利用厚
用厚生를勉勵호면반다시林
이라夫森林은其功用이極히
게莫大혼利益을與호는니其
니森林은材木과薪炭으로供用
이日常使用호는家屋舟車의類ㅣ
諸物을製造호는材木과吾人의日
用호는薪炭이皆此에서出호고森林
을調和호는니土地에森林이有호면晝
는日의光線을掩遮호고夜에난熱의放散을
掩遮홈으로寒暑가共適호야人의生活上에便
宜홀뿐더러農業上에重大혼利益이有호고森

林은水旱의災를防ᄒᆞᄂᆞ니森林이有ᄒᆞ면雲을多生홈으로降雨가多ᄒᆞ야旱災가無ᄒᆞ고大雨가降ᄒᆞᆯ時라도枝葉과根이雨滴을滲留ᄒᆞ야流出이減少ᄒᆞ고土砂가不崩ᄒᆞ야洪水의患이少ᄒᆞ고森林은酸素를多吐ᄒᆞ야清潔ᄒᆞᆫ空氣를生ᄒᆞ고炭素를吸收ᄒᆞ야汚穢ᄒᆞᆫ菌毒을除홈으로吾人衛生에利益이不尠ᄒᆞᆫ지라如斯히森林의功用이甚히必要홈으로森林을觀ᄒᆞ야足히其國의程度를知ᄒᆞᄂᆞᆫ지라是故로世界萬國이林業을勉勵ᄒᆞ야政府ᄂᆞᆫ林政을勵行ᄒᆞ고人民은林產에熱心ᄒᆞ야田陌間片土라도一步의閒地가無ᄒᆞ야民이是饒ᄒᆞ고國이是富ᄒᆞ거ᄂᆞᆯ我邦은土地와氣候가良好ᄒᆞ야森林發育上에極히適宜ᄒᆞ나森林의繁殖은姑舍ᄒᆞ고濫伐의弊가益益滋甚ᄒᆞ야山岳이禿立ᄒᆞ고原野가空荒ᄒᆞ야蕭條慘澹ᄒᆞᆫ狀態를呈ᄒᆞ니若此不已ᄒᆞ면畢竟에ᄂᆞᆫ一沙漠地를成ᄒᆞ야林種이盡滅乃已ᄒᆞ리니此時에ᄂᆞᆫ材木과薪炭이無ᄒᆞ야他國의供給을仰홈으로吾輩ᄂᆞᆫ非常ᄒᆞᆫ貧窮을遭ᄒᆞᆯ지오氣候不調ᄒᆞ야極寒極熱홈으로吾輩ᄂᆞᆫ苦慘ᄒᆞᆫ生活에陷ᄒᆞᆯ지오水旱荐至ᄒᆞ야農業이凶歉홈으로吾輩ᄂᆞᆫ可憐ᄒᆞᆫ飢民을作ᄒᆞᆯ지오空氣가不潔ᄒᆞ야衛生을妨害홈으로吾輩ᄂᆞᆫ可懼ᄒᆞᆫ疾病에罹ᄒᆞᆯ지니此를回想컨ᄃᆡ엇지毛骨이竦然치아니ᄒᆞ리오

然而林業의發達은林學進步에在ᄒᆞ니林學이無ᄒᆞ면森林의功用必要와培養方法을不知ᄒᆞ고森林의繁殖을不見ᄒᆞᄂᆞ니故로列邦이林學研究에汲汲ᄒᆞ야林業의增進을益益期圖ᄒᆞ거ᄂᆞᆯ我邦에ᄂᆞᆫ林學의進步ᄂᆞᆫ尙矣勿論ᄒᆞ고林學의名稱도不知ᄒᆞᄂᆞᆫ者ㅣ殆多ᄒᆞ니林業이엇지發達ᄒᆞ얏스리오今夫普成學校의林業科ᄂᆞᆫ如

斯ᄒᆞᆫ災患을防ᄒᆞ고無窮ᄒᆞᆫ幸福을挽回ᄒᆞ기爲ᄒᆞ야創立ᄒᆞᆫ者인즉從今으로林學을孜孜研究ᄒᆞ고林業을着着進行ᄒᆞ야一國의模範을作ᄒᆞ면其實効가愈愈發展ᄒᆞ야不出幾年에蕭條慘澹ᄒᆞᆫ山野가鬱鬱蒼蒼ᄒᆞ야文明國의光彩를放ᄒᆞᆯ지니

衛生部

衛生譚片

簡齋生

吾人의衛生에第一着注意ᄒᆞᆯ바ᄂᆞᆫ日常攝取ᄒᆞᄂᆞᆫ바食料物인ᄃᆡ我邦에ᄂᆞᆫ自來의着色食料物과及食料物用器에對ᄒᆞ야一定ᄒᆞᆫ檢查取締의法이無ᄒᆞᆫ故로往往히食料物의着色及用器의中毒으로危險의害가不少ᄒᆞᆫ지라今에其有害性着色料와有害性用器의種類를左에列擧ᄒᆞᆷ

有害性着色料

(一)白色着色料 鉛白(盐基性炭酸鉛) 輕粉(亞格魯兒水銀) 바릿도白(硫酸拔僧謨) 酸化錫 亞鉛華(酸化亞鉛) 硫化亞鉛等이요

(二)赤色着色料 鉛丹(酸化過酸化鉛) 格魯謨赤(盐基性格魯謨酸鉛) 고라루팅(爹兒色素) 格魯謨酸 等이요

(三)黃色着色料 格魯謨黃(格魯謨酸鉛) 蜜陀僧(酸化鉛) 雄黃又石黃 (硫化砒素)(石黃이라稱ᄒᆞᄂᆞᆫ中에ᄂᆞᆫ異質의無害性物이有ᄒᆞᆷ) 藤黃(樹脂) 硫化가도미유무亞鉛黃(盐基性格魯謨酸亞鉛) 우라니유무黃(炭酸우라니유무) 等이요

(四)靑色着色料 巖紺靑 (盐基性炭酸銅)이요

〔五〕綠色着色料　膽礬(硫酸銅)　巖綠青(盐基性炭酸銅)　부레메루綠(同上)　시유레綠(盐基性亞砒酸銅)　花綠青 (亞硫酸銅及醋酸銅)　시유와잉후루데루綠(同上)　酸化格魯等이요

〔六〕金黃色着色料　뭇시우金(硫化錫)　黃銅箔等이요

〔七〕橙色着色料　硫化安知母涅이요

有害性用器

鉛、亞鉛、砒素가含有ᄒᆞᆫ거시나或은銅又合金을以ᄒᆞ야製作ᄒᆞᆫ거슨勿論何物이던지健康上에至大ᄒᆞᆫ害가有ᄒᆞ니是故로文明國에於ᄒᆞ야는此에關ᄒᆞᆫ一定의取締法을設ᄒᆞ야居ᄒᆞᄂᆞ니라

頭垢療法

水揚酸오레후油(洋藥)二十倍를頭部의皮膚에塗擦ᄒᆞ되晝間은此藥을使用ᄒᆞ고夜間은十倍의硫黃軟膏를塗布ᄒᆞᄂᆞᆫᄃᆡ四日마콤加里石鹼(藥用飛脳)으로清潔히洗滌ᄒᆞᆫ後에更히此法ᄃᆡ로顯效가有ᄒᆞ도록毋怠施用ᄒᆞ면頭部가清潔ᄒᆞ야但히皮膚衛生에만有益ᄒᆞᆯ뿐不是라腦의健康力을助給ᄒᆞ야精神作用을新旺케ᄒᆞᄂᆞ니라

雜俎

送松南金君東遊日本

于岡生

草木과鳥獸와衆人이生ᄒᆞᆷ에는雖異ᄒᆞ나死ᄒᆞᆷ에는無異ᄒᆞ야糞壤에同歸ᄒᆞ야澌腐泯滅ᄒᆞᆯ己而라然이나草木의中에는梧桐은死ᄒᆞ야琴이되고竹은死ᄒᆞ야簫가되야其聲이遠傳ᄒᆞ고鳥獸의中에는孔雀은死ᄒᆞ야毛를留ᄒᆞ고豹는死

ᄒᆞ야皮를留ᄒᆞ야其文彩가久存ᄒᆞ고衆人의中에ᄂᆞᆫ英雄이有ᄒᆞ야衆人과異ᄒᆞ야雖死나不朽ᄒᆞ야其名이愈遠愈大ᄒᆞ고其光이愈久愈彰ᄒᆞᄂᆞ니此ᄂᆞᆫ其行에見ᄒᆞ고言에發홈이永存不朽홈이라然이나其策이施ᄒᆞ고其言이用ᄒᆞ야百萬兵馬로水陸에馳騁ᄒᆞ야強敵을摧ᄒᆞ고國威를揚ᄒᆞ야天下로安樂을共享ᄒᆞ니天下人士가頸을延ᄒᆞ야其顏을一見키를願ᄒᆞ며其言을一聞키를願케ᄒᆞ야功이四海에盡ᄒᆞ고澤이萬世에被ᄒᆞ야名을竹帛에垂ᄒᆞ고德을歌絃에登케ᄒᆞ면此誠英雄이라如是則其行이果然不朽ᄒᆞ고其言이果然不朽홀지로ᄃᆡ若不然ᄒᆞ야其策이不見施ᄒᆞ며其言이不見用ᄒᆞ야熱勇이山出ᄒᆞ나其氣를莫泄ᄒᆞ며良才가驥逸ᄒᆞ나其足을莫展ᄒᆞ야蕭馬의輩로人의寥寥를笑케ᄒᆞ면梧桐과竹이荒野에自生自死ᄒᆞ야凡草凡木으로同朽ᄒᆞ고孔雀과豹가空山에自存自沒ᄒᆞ야凡鳥凡獸로同朽홈과如히英雄이空然老死ᄒᆞ야衆人과同朽ᄒᆞ리니其湮鬱ᄒᆞᆫ氣와窒塞의恨이亦將無窮홀지라엇지悲傷치아니ᄒᆞ리오余友金松南은白南高士라利器를懷抱ᄒᆞ고世와相違ᄒᆞ야鬱鬱不得志ᄒᆞ야京師에來遊라가因ᄒᆞ야海外遊覽의行을作ᄒᆞᄂᆞᆫ지라余ㅣ臨別에爲ᄒᆞ야是言으로告ᄒᆞ니松南이曰嗚乎라君이達ᄒᆞᆫ英雄만知ᄒᆞ고窮ᄒᆞᆫ英雄은未知ᄒᆞᄂᆞᆫ도다盖人이行不見施ᄒᆞ고言不見用ᄒᆞ면超超然히物外에遊ᄒᆞ야天下의事로其心을不累ᄒᆞ고抱關擊柝으로施施自足ᄒᆞ야威武에不屈ᄒᆞ며富貴에不淫ᄒᆞ야惡魔를劈破ᄒᆞ고時機를挽回키로自任ᄒᆞ야磊磊落落ᄒᆞ다가死而後已ᄒᆞ면此乃不遇時ᄒᆞᆫ英雄의所爲니至若公卿의門에伺候ᄒᆞ야奴顏婢膝로奔走區區ᄒᆞ야汚濁에處ᄒᆞᄃᆡ

羞耻를不知ᄒᆞ고卑屈을賣ᄒᆞ야安樂을苟望ᄒᆞ는兒子輩에比ᄒᆞ면其價格이顧何如오余ㅣ其言을聞ᄒᆞ고愀然良久에酒를屬ᄒᆞ야曰壯ᄒᆞ다吾子의志여今日은國家多事ᄒᆞ니實로有志者의有爲時라能히愈難愈勵ᄒᆞ고愈困愈奮ᄒᆞ면엇지他日에瑪志尼涅爾遜輩로手를共携ᄒᆞᆯ時가無ᄒᆞ다ᄒᆞ리오此乃梧桐과竹이其材를自長ᄒᆞ고孔雀과豹가其文을自增홈이로다嗚乎라天이吾子를旣生ᄒᆞ얏스미吾子의行이將施ᄒᆞ고吾子의言이將用ᄒᆞ리니吾子는勉ᄒᆞᆯ진뎌遂相對唏歔而別ᄒᆞ니라

時世가造英雄

本校學生 朴漢榮

(一時間의作)課程

使天下之萬物而蠢動者는春也오使天下之萬物而閉藏者는冬也라此와同히英雄으로崛起케ᄒᆞ는者도亦時勢也오英雄으로蟄伏케ᄒᆞ는者도亦時勢也라故로人이其時를得ᄒᆞ면其志를得ᄒᆞ고其時를不得ᄒᆞ면其志를不得ᄒᆞᄂᆞ니然則英雄은非人自造요實時勢所造로다英雄云英雄云ᄒᆞ니其目也ㅣ非四며其臂也ㅣ非六이오抑亦其人也ㅣ非天上落來者며非地中湧出者오乃是平日溪山의一漁父와田野의一農夫로ᄃᆡ但遇其有爲之時ᄒᆞ야能成其震世之功故로其威焉撼乎天地ᄒᆞ고其名焉垂乎竹帛ᄒᆞ야世世稱之曰某果英雄이오英雄이果某라ᄒᆞ는도다盖天下가晏然ᄒᆞ야四陲에警報가不至ᄒᆞ고萬國이禮節을相崇ᄒᆞ야世世泰平ᄒᆞ고人人咸悅이면擧天之下에無可以樹偉業之地오無可以立奇功之事ᄒᆞ리니當此之時ᄒᆞ야縱有拿坡崙이重出ᄒᆞ고華盛頓이復蘇라도勢必退

與江湖之魚鴈而同樂이오與雲山之麋鹿而同羣홀而已로다嗚呼라嗚呼라我全國同胞의祖先이여生而人不知焉ᄒᆞ고死而世無聞焉ᄒᆞ니是豈盡無英雄之天資ᄒᆞ야與歲月同老ᄒᆞ며與草木同腐哉리오實所遇之時然耳라今日時勢는大不昔若ᄒᆞ야有志면事可成이오有爲면功可收矣라故로何國을勿論ᄒᆞ고其力이衰老ᄒᆞ면我可使之一變爲少年을如嘉富耳之於意大利오其勢가離散ᄒᆞ면我可使之再合爲聯邦을如俾士麥之於日耳曼也라若今日之時勢가尙依然如前ᄒᆞ야閉關而不開ᄒᆞ고鎖港而不放ᄒᆞ며電綫鐵道가不能聯於大陸ᄒᆞ며滊船雷艇이不能航於巨洋ᄒᆞ고武藝를無地可用ᄒᆞ고器械를無所可施면雖無英雄繼人이라도或可以自保自守어니와今西勢가東漸ᄒᆞ고北隣이南窺ᄒᆞ야風雲을鞭ᄒᆞ며雷霆을驅홈이彼皆今日英雄을造ᄒᆞᄂᆞᆫ時勢를得ᄒᆞᆫ能力이니誠可畏矣로다然則時勢ᄂᆞᆫ英雄을産ᄒᆞᄂᆞᆫ母라可以稱道홀지며英雄은時勢의産ᄒᆞᆫ子라可以決言홀지라吾人도此時에際生ᄒᆞ얏스니亦英雄時代人物也라然이나崑山之玉이라도不琢不磨ᄒᆞ면難成至寶요天府之土라도不耕不耨면未免荒蕪라人도亦然ᄒᆞ니雖其品資가卓越ᄒᆞ고風儀가峻嚴이라도不能做英雄事業ᄒᆞ야國家를不爲之扶ᄒᆞ고人民을不爲之濟면是ᄂᆞᆫ天의與ᄒᆞ신時機를自失홈이로다如此則家家가盡是英雄이오人人이無非英雄이라도有何補於國哉아噫我同胞여勿謂有種ᄒᆞ고幡然喚醒ᄒᆞ며奮然振作ᄒᆞ야縱己戢之鱗ᄒᆞ며擧已委之翅ᄒᆞ야敎育으로回國力於頹敗之餘ᄒᆞ고實業으로救民生於塗炭之中이면我卽英雄이오英雄이卽我리니勿失此千古惟一難再之時어다

各國國力比較

千九百五年(統計及經濟를據ᄒᆞᆷ)

一、露西亞의陸軍은平時最低兵員이將校가四萬二千餘人이오下士卒이一百十萬人以上이나戰時에ᄂᆞᆫ將卒이幷五百九十四萬七千五百八十人이오馬匹이五十六萬二千頭니常備兵力은世界第一位의多數를点ᄒᆞ고戰時兵力은世界第二位에ᄒᆞ며陸軍費ᄂᆞᆫ三億六千七百九十七萬三千二百圜이니人口一億二千八百十六萬一千二百四十九人에等分ᄒᆞ면一人에對ᄒᆞ야二圜八十六錢이니라

二、佛蘭西의男子ᄂᆞᆫ不合格者를除ᄒᆞ고二十歲以上四十五歲以下ᄂᆞᆫ現役兵或後備兵에編入ᄒᆞᆷ으로常備兵員六十三萬六千九百九十六人이오馬匹이十四萬千八百五十三頭나戰時

兵員은四百七十萬
은第二位에居ᄒᆞ
며陸軍備ᄂᆞᆫ二
六十六圜이니
五人에分配
九十六錢이

三、獨逸國
ᄒᆞ야自一
軍에編入
ᄂᆞᆫ國民
가二萬
八萬二千
八百八十
十十萬二
고戰時兵
千一百二十

六百三十六萬七千一百七十八에分配ᄒᆞ면一人에對ᄒᆞᆫ陸軍費가四圜十錢이니라

四、土耳其의陸軍은步兵千三百五十八大隊오騎兵이百五聯隊오大砲가千六百五十門이오工兵이三十九中隊라云ᄒᆞ나實際常備軍은三十八萬三千四百人에不過ᄒᆞ며戰時에ᄂᆞᆫ百六十七萬七千人에達ᄒᆞᆫ다云ᄒᆞ니常備兵力은第四位에居ᄒᆞ고戰時兵力은第八位에居ᄒᆞ며軍費ᄂᆞᆫ四千三百五十七萬六千五百圜이니人口二千五百萬에分配ᄒᆞ면一人에對ᄒᆞᆫ軍費가一圜七十四錢이니라

五、奧地利、匈牙利의陸軍은常備兵員이三十六萬一千六百三人이오戰時兵員이二百六十七萬六千人이니常備兵力은第五位에居ᄒᆞ고戰時兵力은第六位에居ᄒᆞ며軍費ᄂᆞᆫ一億三千一百五十萬八千圜이니人口四千五百四十萬

五千二百六
費가二圜
六、英吉利
員이二十
은二百一
兵力은
居ᄒᆞ며
圜이니人
에對ᄒᆞ야
七、伊太利
成ᄒᆞ얏ᄂᆞᆫᄃᆡ
十六十人이
百人이니常備
力은第五位에
萬九千二百圜이
千三百二十八에分

費ᄂᆞᆫ三圜二十錢이니라

八、日本陸軍의常備兵員은二十一萬八百人이오戰時兵員은一百三十五萬八百人이니常備兵力은第八位에居ᄒᆞ고戰時兵力은第十位에居ᄒᆞ며陸軍費ᄂᆞᆫ四千二百十七萬二千圜이니人口四千五百四十二萬六千六百九十二에分配ᄒᆞ면一人에對ᄒᆞ야九十二錢이니라

九、瑞西의陸軍은常備兵員이十四萬七千八百六十一人이오戰時兵員이二十九萬四千三百八十八人이니常備兵力은第九位에居ᄒᆞ고戰時兵員은第十四位에居ᄒᆞ며陸軍費ᄂᆞᆫ一千一百四十六萬四千五百八十圜이니人口三百三十二萬五千人에分配ᄒᆞ면一人에對ᄒᆞᆫ軍費ᄂᆞᆫ三圜四十四錢이니라

十、西班牙의陸軍은後備兵及國民兵으로編成ᄒᆞ얏ᄂᆞᆫᄃᆡ常備軍現役將校가一萬三千八百六十五人이오兵卒이二十四萬八千百十一人이라云ᄒᆞ나其實은十一萬一千五百人에不過ᄒᆞ며戰時兵員은三百餘萬이라云ᄒᆞᄂᆞ實은一百八十萬에不過홈으로常備兵力은第十位에居ᄒᆞ고戰時兵力은第八位에居ᄒᆞ며陸軍費ᄂᆞᆫ五千八百六十一萬九百圜에達ᄒᆞ니人口一千八百六十一萬八千一百人에分配ᄒᆞ면一人에對ᄒᆞ야軍費ᄂᆞᆫ三圜十四錢이니라

十一、支那의陸軍은八旗兵과并ᄒᆞ야現役ᄒᆞᄂᆞᆫ常備軍이十萬에不過ᄒᆞ며戰時兵員은或百萬이라稱ᄒᆞ나實히兵役을堪當ᄒᆞᆯ者六十萬에不過ᄒᆞᄂᆞ니故로常備軍力과戰時兵力이皆第十一統에居ᄒᆞ며陸軍備ᄂᆞᆫ三千六百萬圜이니人口四億七百二十五萬三千人에分配ᄒᆞ면一人에對ᄒᆞᆫ軍費ᄂᆞᆫ八十錢이니라

十二、米國常備의軍制ᄂᆞᆫ定限이有ᄒᆞ야最大

多數를十萬人으로限홈으로因ᄒᆞ야現常備軍은步兵三十聯隊와騎兵十五聯隊와工兵三大隊와砲兵과參謀本部를幷ᄒᆞ야六萬四百七十六人에不過ᄒᆞ고戰時에ᄂᆞᆫ民兵이有홈으로兵員總計가一千七十四萬人의多數에至ᄒᆞᄂᆞ니故로常備兵力은第十二位에居ᄒᆞ나戰時兵力은世界最多數第一位에居ᄒᆞ니陸軍費一億五千五百七十七萬七千五百圓이니人口八千三百二萬六千에分配ᄒᆞ면一人에對ᄒᆞ야軍費ᄂᆞᆫ一圓八十六錢이니라

十三、 瑞典의陸軍은常備兵이五萬八千六百八十二人이오戰時兵員이三十三萬一千九百八十二人이니常備兵力은第十三位에居ᄒᆞ나戰時兵力은第十二位에居ᄒᆞ며陸軍費ᄂᆞᆫ三千三萬八千五百二十六圓이니人口五百二十二萬一千二百二十九人에分配ᄒᆞ면一人에對ᄒᆞᆫ陸軍費ᄂᆞᆫ一圓八十二錢이니라

十四、 波斯의陸軍은步兵(變則騎兵)과駱駝騎兵等을幷ᄒᆞ야常備軍이五萬五千人이오戰時兵員十五萬人이니常備兵力은第十四位에居ᄒᆞ고戰時兵力은第二十位에居ᄒᆞ며陸軍費ᄂᆞᆫ四百萬圓이니人口九百二十萬에分配ᄒᆞ면一人에對ᄒᆞᆫ陸軍費ᄂᆞᆫ四十二錢이니라

十五、 白耳義의陸軍은常備兵員이四萬九千六百九十六人이오馬匹이一萬九百三十七頭며戰時兵員은十七萬六千人이오馬匹이二萬八千六百頭니常備兵力은第十五位에居ᄒᆞ고戰時兵力은第十八位에居ᄒᆞ며陸軍費ᄂᆞᆫ二千二百三十二萬圓이니人口六百九十八萬五千二百十九人에分配ᄒᆞ면一人에對ᄒᆞᆫ陸軍費ᄂᆞᆫ三圓二十錢이니라

十六、 墨西哥의陸軍은常備兵員이三萬五千

五百人이요戰時兵員은十八萬九千七百人이니當備兵力은第十位요戰時兵力은第十七位며陸軍費는九百三十六萬五千二百圓이니人口一千三百六十一萬一千六百九十四人에分配ᄒᆞ면一人에對ᄒᆞ야陸軍費는六十八錢이니라

十七、羅馬尼의陸軍은將校以下常備兵員이六萬六千百二十人이오馬匹이一萬五千三百五頭라稱ᄒᆞᄂᆞᆫ實際은三萬四千五百人이不過ᄒᆞ고戰時兵員은二十四萬六千人에達ᄒᆞᄂᆞ니常備兵力은第十七位요戰時兵力은第十五位에居ᄒᆞ며陸軍費는一千五百八十三萬七千四百圓이니人口六百五萬에分配ᄒᆞ면一人에對ᄒᆞᆫ陸軍費는二圓五十六錢이니라

十八、葡萄牙의陸軍常備兵員이四萬八百九十人이오馬及騾가七千八十八頭요砲數가百六十門이라稱ᄒᆞᄂᆞᆫ實際常備兵은三萬三千八百人에不過ᄒᆞ며戰時兵員은十七萬四千人이니常備兵力은第十八位에居ᄒᆞ고戰時兵力은第十九位에居ᄒᆞ며軍費는一千三百八十九萬九百七十二圓이니人口五百四十二萬三千一百三十二人에分配ᄒᆞ면一人에對ᄒᆞᆫ陸軍費가二圓五十六錢이니라

十九、那威의陸軍은常備兵이三萬九百人이요戰時에는五萬八百人이니常備兵力은十九位에居ᄒᆞ고戰時兵力은二十二位에居ᄒᆞ며陸軍費는七百八十九萬九千二百圓이니人口二百二十九萬二千五百三十五人에分配ᄒᆞ면一人에對ᄒᆞ야陸軍費는三圓四十四錢이니라

二十、和蘭의陸軍常備兵員이二萬八千八百五十八人이니戰時兵員은十九萬八千二百人이니常備兵力은第二十位에居ᄒᆞ고戰時兵力

은第十六位에居ᄒᆞ며陸軍費는二千八百九萬七千七百九十四圜이니人口五百四十三萬九千七百三十人에分配ᄒᆞ면一人에對ᄒᆞ야陸軍費는五圜十六錢이니라

二十一、塞爾維의陸軍은常備兵員이二萬三千三百五十人이오戰時兵員이三十五萬三千人이니常備兵力은第二十一位에居ᄒᆞ고戰時兵力은第十二位에居ᄒᆞ며陸軍費는九百十二萬四千圜이니人口二百六十二萬四千三百十八人에分配ᄒᆞ면一人에對ᄒᆞᆫ陸軍費는二圜四十六錢이니라

二十二、希臘의陸軍은常備兵員이二萬一千九百五十二人이오馬匹이三千二百二十七頭오騾가七百三頭요砲가百八十門이며戰時兵員은九萬六千五百六十六人이니常備兵力은第二十二位에居ᄒᆞ고戰時兵力은第二十一位에요陸軍費는八百三十萬二千一百九十八圜이니人口二百四十三萬三千八百六人에分配ᄒᆞ면一人에對ᄒᆞᆫ陸軍費는三圜三十四錢이니라

二十三、丁抹陸軍常備兵員은一萬四千人이요戰時兵員은七萬五千人이니常備兵力은第二十三位요戰時兵力은第二十二位에居ᄒᆞ며陸軍備는五百九十三萬八百圜이니人口二百四十四萬九千五百四十人에分配ᄒᆞ면一人에對ᄒᆞᆫ軍費는二圜四十二錢이니라 (未完)

世界大學校中學生二千人以上을有ᄒᆞᆫ者를擧ᄒᆞ면左와如홈

但美洲合衆國은此에不入홈

第一은獨逸의伯林大學이니西曆千八百九年에設立ᄒᆞᆫ者인ᄃᆡ現今受業ᄒᆞᄂᆞᆫ學生이一萬三千一百五十五人이라ᄒᆞ며
第二ᄂᆞᆫ佛蘭西의巴里大學이니西曆千二百年에設立ᄒᆞᆫ者인ᄃᆡ現今受業ᄒᆞᄂᆞᆫ學生이一萬二千一百七十一人이라ᄒᆞ며
第三은埃及의(가이로)大學이니西曆一千九百八十八年에設立ᄒᆞᆫ者인ᄃᆡ現今受業ᄒᆞᄂᆞᆫ學生이九千二百四十九人이라ᄒᆞ며
第四ᄂᆞᆫ匈牙利의(부답페스토)大學이니西曆一千四百六十五年에創立ᄒᆞᆫ者인ᄃᆡ現今受業ᄒᆞᄂᆞᆫ學生이六千二百七十八人이라ᄒᆞ며
第五ᄂᆞᆫ奧地利의維也納大學이니西曆三百六十五年에創立ᄒᆞᆫ者인ᄃᆡ現今受業ᄒᆞᄂᆞᆫ學生이六千九人이라ᄒᆞ며
第六은利太利의(네ㅣ풀스)大學이니西曆千二百二十四年에創立ᄒᆞᆫ者인ᄃᆡ現今受業ᄒᆞᄂᆞᆫ學生이五千一百六十五人이라ᄒᆞ며
第七은西班牙의(마도릿도)大學이니一千五百八年에設立ᄒᆞᆫ者인대現今受業ᄒᆞᄂᆞᆫ學生이五千一百十八人이라ᄒᆞ며
第八은露西亞의莫斯科大學이니一千八百十五年에設立ᄒᆞᆫ者인ᄃᆡ現今受業ᄒᆞᄂᆞᆫ學生이四千八百八十五人이라ᄒᆞ며
第九ᄂᆞᆫ獨逸巴威耳의뮨헨大學이니千四百七十二年에創立ᄒᆞᆫ者인ᄃᆡ現今受業ᄒᆞᄂᆞᆫ學生이四千五百二十六人이라ᄒᆞ며
第十은獨逸撒遜의(라이즉지히)大學이니千四百九年에創立ᄒᆞᆫ者인ᄃᆡ現今受業ᄒᆞᄂᆞᆫ學生이四千三百六十五人이라ᄒᆞ며
第十一은露西亞의聖彼得堡大學이니千八百十九年에設立ᄒᆞᆫ者인ᄃᆡ現今受業ᄒᆞᄂᆞᆫ學生이

三千八百五人이라ᄒᆞ며
第十二ᄂᆞᆫ日本의東京大學이니千八百六十八年에創立ᄒᆞᆫ者인ᄃᆡ現今受業ᄒᆞᄂᆞᆫ學生이三千五百三十九人이라ᄒᆞ며
第十三은英吉利의(옥스뽈드)大學이니千二百年에創立ᄒᆞᆫ者인ᄃᆡ現今受業ᄒᆞᄂᆞᆫ學生이三千五百三十八人이라ᄒᆞ며
第十四ᄂᆞᆫ澳地利의푸랑(포미야)大學이니千八百八十二年의設立ᄒᆞᆫ者인ᄃᆡ現今受業ᄒᆞᄂᆞᆫ學生이三千五百八人이라ᄒᆞ며
第十五ᄂᆞᆫ羅馬尼의붓가레스트大學이나千八퍼六十四年에設立ᄒᆞᆫ者인ᄃᆡ現今受業ᄒᆞᄂᆞᆫ學生이三千三百四人이라ᄒᆞ며
第十六은希臘의雅典大學이니千八百三十七年에設立者인ᄃᆡ現今受業ᄒᆞᄂᆞᆫ學生이三千이라ᄒᆞ며

第十七英吉利의(에진바라)大學이니千五百八十三年에設立ᄒᆞᆫ者인ᄃᆡ現今受業ᄒᆞᄂᆞᆫ學生이二千九百四十四人이라ᄒᆞ며
第十八英吉利의(켐부릿지)大學이니千二百五十七年에設立ᄒᆞᆫ者인ᄃᆡ現今受業ᄒᆞᄂᆞᆫ學生이二千八百七十八이라ᄒᆞ며
第十九伊太利의(쥬린)大學이니千四百十二年에設立ᄒᆞᆫ者인ᄃᆡ現今受業ᄒᆞᄂᆞᆫ學生이二千七百人이라ᄒᆞ며
第二十은伊太利의羅馬大學이니千三百三年에設立ᄒᆞᆫ者인ᄃᆡ現今受業ᄒᆞᄂᆞᆫ學生이니二千六百八十五人이라ᄒᆞ며
第二十一亞爾然丁의(부에노스)아이레스大學이니現今受業ᄒᆞᄂᆞᆫ學生이二千六百六十五人이라ᄒᆞ며 (但設立年期가未詳ᄒᆞᆷ으로揭載치못ᄒᆞᆷ)

第二十二ᄂᆞᆫ露西亞(의기ㅣ후)大學이니千八百三十二年의設立ᄒᆞᆫ者인ᄃᆡ現今受業ᄒᆞᄂᆞᆫ學生이二千六百四十一人이라ᄒᆞ며
第二十三은佛蘭西의里昂大學이니千八百七十五年에設立ᄒᆞᆫ者인ᄃᆡ現今受業ᄒᆞᄂᆞᆫ學生이二千六百二十九人이라ᄒᆞ며
第二十四ᄂᆞᆫ露西亞芬蘭의(헬싱훨스)大學이니千六百四十年에設立ᄒᆞᆫ者인ᄃᆡ現今受業ᄒᆞᄂᆞᆫ學生이二千六百人이라ᄒᆞ며
第二十五ᄂᆞᆫ獨逸普魯士의(픈ㅣ)大學이니千八百十八年에設立ᄒᆞᆫ者인ᄃᆡ現今受業ᄒᆞᄂᆞᆫ學生이二千四百十八人이라ᄒᆞ며
第二十六은澳地利의넴벨그大學이니千七百八十四年에設立ᄒᆞᆫ者인ᄃᆡ現今受業ᄒᆞᄂᆞᆫ學生이二千四百十四人이라ᄒᆞ며
第二十七英吉利의뷕됴리아大學이니千八百五十一年의設立ᄒᆞᆫ者인ᄃᆡ現今受業ᄒᆞᄂᆞᆫ學生이二千三百十一人이라ᄒᆞ며
第二十八蘇格蘭의(구라스고)大學이니千四百五十一年에設立ᄒᆞᆫ者인ᄃᆡ現今受業ᄒᆞᄂᆞᆫ學生이二千七十五人이라ᄒᆞ며
第三十은白耳義의루뷘大學이니千四百二十六年의設立ᄒᆞᆫ者니現今受業學生이二千十一人이라ᄒᆞ더라

留學生聯合親睦會에必要

會員 羅錫璂

大凡物이聯合親睦ᄒᆞ면成ᄒᆞ고乖散競爭ᄒᆞ면敗ᄒᆞᄂᆞᆫ지라天地交泰에彝倫以成ᄒᆞ고日月並明에萬方以照ᄒᆞ며山澤通氣에百物以生ᄒᆞᄂᆞ니此親睦之大者也오以至草木鳥獸昆虫微小之物에도無不皆然ᄒᆞ니粟花於山에栗芽於室

ᄒᆞ고鳴鶴在陰에其子和之ᄒᆞ며虎狼之父子와蜂蟻之君臣이猶能仁愛而禮會ᄒᆞ야逐隊成行은同聲相應ᄒᆞ며同氣相求之故也오金石之頑固로도豐山之石鍾은子母相應ᄒᆞ고越爐之鏌鎁은夫妻共入ᄒᆞ니物旣如此에人胡不然이리오君臣合德에一國以睦ᄒᆞ고父子相親에一家以睦ᄒᆞ며至若夫婦長幼朋友之倫에도合則成ᄒᆞ고乖則敗은確然ᄒᆞᆫ理致라惟其方以類聚ᄒᆞ며物以羣分故로親族之殺와人己之判이有焉이라世人이徒知有己而不知有人故로各自負墻營私에薄倖之風이生焉ᄒᆞ니此은萬古同歎이라自厥天生烝民者로觀之면均是一本이니人我를何分가又況今日은廿世紀風潮劇烈ᄒᆞ고列强爭雄之秋라前門之虎은眈目垂涎ᄒᆞ고後戶之狼은張牙舞爪ᄒᆞ니苟吾國之團合組練이不如他國이면必爲其人所併呑ᄒᆞ리니我韓今日에國力과人心을試觀ᄒᆞ건ᄃᆡ果何如哉아言之傷心에不如無言이라夫子云ᄒᆞ되三軍은可奪帥也어니와匹夫ᄂᆞᆫ不可奪志라ᄒᆞ시니謂三軍之勇이在人而不在己라苟使三軍之勇으로如匹夫之志면誰가奪其帥也리오是以로我韓昔日에十人이協心開國故로國號을十濟라ᄒᆞ고多瓦拉國은六十人으로獨立ᄒᆞ니我國二千萬人으로心皆如一이면世界一等國를不必讓於他人이라所以로近日社會之組合과學校之興旺이大有於變之望ᄒᆞ니嗟我諸君이여鄕居ᄂᆞᆫ雖異나均是同族兄弟며敎課의目的은雖異나愛國ᄒᆞᄂᆞᆫ血誠은一脉이니譬컨ᄃᆡ異苔同岑에形色을可觀이오遷木出谷에聲氣相通이라惟願留學諸君은勿以國勢之張皇과時事之岌嶪으로少渝其守ᄒᆞ고團体合心에共期進步면何憂乎國權之不復이며民俗之不振이리오

余故로日留學生에親睦會로爲今日之必要라ᄒᆞ노라

世界最小民主國

飮氷室談叢
一吁生譯述

世界兩半球에國이其數를何限이리오雖然이나龐然히數千萬里의地와數百兆의人을擁ᄒᆞ고도國이라云키不能ᄒᆞᆫ者ㅣ有ᄒᆞ며眇然히地ᄂᆞᆫ十里에不滿ᄒᆞ고人은百人에不過ᄒᆞᆫ者도不能不國이라謂ᄒᆞᆯ者ㅣ有ᄒᆞ니何也오國이란者ᄂᆞᆫ內에對ᄒᆞ야完備ᄒᆞᆫ行政機關이有ᄒᆞ며外에對ᄒᆞ야無缺ᄒᆞᆫ獨立主權을有ᄒᆞᆫ者ㅣ니苟二者가不備ᄒᆞ면國이雖大ᄒᆞᆯ지라도無國이라猶謂ᄒᆞᆯ지며苟二者가具備ᄒᆞ면國이雖小ᄒᆞᆯ지라도有國이라猶謂ᄒᆞᆯ지라今에世界最小之主國數四를列擧ᄒᆞ야써覘國者의考鑑을供ᄒᆞ노니茶餘酒後에談資를徒爲ᄒᆞᆯ者ㅣ아니라

一、達窩拉拉國은撒爾尼亞(卽伊太利의母國)의西北에在ᄒᆞ니長은五英哩요廣은半英里에不及ᄒᆞᄂᆞᆫ亭然ᄒᆞᆫ一島國이라居民은合計六十人에不及ᄒᆞᄂᆞᆫ每六年에大統領一名과議官六名을公擧ᄒᆞ니다ㅣ俸銀을不受ᄒᆞ고國事에報効ᄒᆞ며選擧ᄒᆞᆯ際에ᄂᆞᆫ擧國男女가投票權을皆有ᄒᆞ야千八百六十六年에獨立國된以來로國內가靜謐ᄒᆞ야選擧紛爭의事가終無ᄒᆞ니西人이東歐의一大樂土라稱ᄒᆞᄂᆞ니라此國의歷史ᄂᆞᆫ千八百三十六年으로부터撒爾尼亞王이其親族某氏로島生를封ᄒᆞ얏더니五十年에未及ᄒᆞ야島民에君主政體를厭ᄒᆞ야數次의戰爭을經ᄒᆞ고千八百八十六年에至ᄒᆞ야ᄂᆞᆫ憲法을制定ᄒᆞ야一個의民主國이되야爾來로國政을著著改進ᄒᆞ

매伊太利가首認ᄒᆞ고列國이相繼認ᄒᆞ야完全無缺ᄒᆞᆫ獨立國을遂成ᄒᆞ얏스며此國民의生業은漁業으로爲重ᄒᆞ고農業를次之ᄒᆞ야其生計가極히豊裕ᄒᆞ고外敵에虞가無ᄒᆞ야海陸軍費는無ᄒᆞ나一朝에有事ᄒᆞ면六十國民이皆兵이된다云ᄒᆞ니라

二、俄斯德國은法國의南方彼歷尼山巓에在ᄒᆞ야面積이僅히方一英里半이오人口는僅히百四十이니幅員으로論ᄒᆞ면世界에最小ᄒᆞᆫ國이라然이나其民主政體를行홈은實로美國의前에在ᄒᆞ야一千六百四十八年에法國과西班牙의承認을旣經홈으로儼然히歐洲中一個獨立國이되엿스며其大統領은元老官中으로椎選ᄒᆞ며元老官은凡十二人이니皆國內에老農이라每十二年에一次를改選ᄒᆞ며大統領은收稅吏와行政官과裁判官의職를兼ᄒᆞ되若其裁決ᄒᆞᆫ事가民望에不愜ᄒᆞ면人民이下山ᄒᆞ야西班牙僧政을請ᄒᆞ야處決ᄒᆞᆫ다ᄒᆞ니라

三、加郞撒布國은美國北方上下羅利拿의西部에在ᄒᆞ니國內가二洲에分ᄒᆞ얏스며英國外에는其獨立을認許ᄒᆞᆫ者ㅣ無ᄒᆞ나然이나其行政을自主自由ᄒᆞ야他國의轄治를不受ᄒᆞ며其位置는谷地에在ᄒᆞ니面積이八十英方哩에土地가肥沃ᄒᆞ며大統領은四年에一任ᄒᆞ야每年五百元의薪俸을受ᄒᆞ되議員은半이며其政府에는國務大臣三名이有ᄒᆞ되每人民百口에議員一名를選擧ᄒᆞᆫ다云ᄒᆞ니라

四、桑瑪里國은意太利中部에在ᄒᆞ니世界民主國中最有名ᄒᆞᆫ者ㅣ라面積이三十三英方里며人口가八千五百(千八百九十九年調査를據ᄒᆞᆫ즉桑瑪里國의人口는萬千二人라云)이며其京都는海面으로二千英尺을距ᄒᆞᆫ高地에在ᄒᆞ되京都人口는約一千二百이라

ᄒᆞ며風景의絶佳ᄒᆞᆷ이世界列國中에其比를罕見ᄒᆞᆯ지며其法律은立法院議員의制定ᄒᆞᆫ바니議員은凡六十名인ᄃᆡ皆終身任之ᄒᆞ며又此議員中으로十二人을選拔ᄒᆞ야議官을任ᄒᆞ야各種問題를裁又此議官中二人으로國務卿를任ᄒᆞ야國家를代表ᄒᆞ야內務와外務와度支諸大臣을統率ᄒᆞ며兵額은九百五十名이요財政은年年이豫筭表가皆有ᄒᆞ며此國이意太利로條約을訂ᄒᆞ야意國으로入口ᄒᆞᄂᆞᆫ貨物은幽稅를收ᄒᆞ고本國으로意國에出口ᄒᆞᄂᆞᆫ貨物은免稅ᄒᆞᆫ다云ᄒᆞᄂᆞ니라

呵旁觀者文

飮氷室主人稿

東一子譯述

天下에最可厭可憎可鄙ᄒᆞᆫ人이旁觀者에莫過ᄒᆞ니旁觀者ᄂᆞᆫ東岸에立ᄒᆞ야西岸의火災를觀ᄒᆞ고其紅光을望ᄒᆞᆷ으로爲樂ᄒᆞᆷ과如ᄒᆞ며此船에立ᄒᆞ야彼船의沈溺ᄒᆞᆷ을觀ᄒᆞ고其鳥浴ᄒᆞᆷ을睹觀ᄒᆞᆷ으로爲歡ᄒᆞᆷ과如ᄒᆞ니若是ᄒᆞᆫ者를謂之陰險도不可오謂之狠毒도不可요此種人은無以名之라名之曰無血性이니血性者ᄂᆞᆫ人類의所以生이며世界의所以立일ᄉᆡ無血性이며無人類無世界라故로旁觀者ᄂᆞᆫ人類의蟊賊이며世界의仇敵이니라人의天地之間에生ᄒᆞ야責任이各有ᄒᆞ니責任을知ᄒᆞᆷ은大丈夫의始며責任을行ᄒᆞᆷ은大丈夫의終이며其責任을放棄ᄒᆞᆷ은是ᄂᆞᆫ爲人之具를放棄ᄒᆞᆷ이라是故로人이란者ᄂᆞᆫ對於一家ᄒᆞ얀一家의責任이有ᄒᆞ고對於一國ᄒᆞ얀一國의責任이有ᄒᆞ고對於世界ᄒᆞ얀世界의責任이有ᄒᆞ야一家之人이其責任을各自放

棄ᄒᆞ면家ㅣ必落ᄒᆞᆯ것이오一國之人이其責任을各自放棄ᄒᆞ면國이必亡ᄒᆞᆯ것이오全世界之人이其責任을各自放棄ᄒᆞ면世界가必毁ᄒᆞᆯ이니旁觀이란者는其責任放棄ᄒᆞᆷ을謂ᄒᆞᆷ이니라

我國詞章家의警語二句가有ᄒᆞ니曰「濟人利物이非吾事오自有周公孔聖人이라」ᄒᆞ며我國尋常人의熟語二句가有ᄒᆞ니曰「各人이自掃門前雪이오不關他人瓦上霜이라」ᄒᆞ니此數語는實로旁觀派의經典이며口號라此等의經典口號가全國人腦中에深入ᄒᆞ야拂之不去ᄒᆞ며滌之不淨ᄒᆞ나니質而言之면旁觀二字는吾全國人의性質을代表ᄒᆞᆷ이오是卽無血性이란三字며吾全國의專有ᄒᆞᆫ物이라嗚呼라吾ㅣ此를爲ᄒᆞ야懼ᄒᆞ노라

旁觀이란者는客位에立ᄒᆞ다는意義니天下事ㅣ客만有ᄒᆞ고主人이無치못ᄒᆞᆯ지니一家에譬컨ᄃᆡ大ᄒᆞᆫ者로는子弟를敎訓ᄒᆞ며財產을綜核ᄒᆞᆷ과小ᄒᆞᆫ者로門戶를啓閉ᄒᆞ며庭除를洒掃ᄒᆞᆷ이皆主人의事니主人이爲誰오卽一家之人이是라一家之人이主人의職을各盡ᄒᆞ면家ㅣ必成ᄒᆞᆯ것이오若一家의人이客位에各其自立ᄒᆞ야父는子에게諉ᄒᆞ며子는父에게諉ᄒᆞ며兄은弟에게諉ᄒᆞ며弟는兄에게諉ᄒᆞ며夫는婦에게諉ᄒᆞ며婦는夫에게諉ᄒᆞ면是는無主之家라謂ᄒᆞᆯ지나無主之家는其敗亡ᄒᆞᆷ을可히立待ᄒᆞᆯ것이오惟國도亦然ᄒᆞ니一國之主人이爲誰오卽一國之人이是라西國의所以强ᄒᆞᆷ은無他오一國之人이其主人된責任을盡ᄒᆞᆷ이어늘我國은不然ᄒᆞ야其國에入ᄒᆞ야主人이爲誰오問ᄒᆞ면莫之承也ㅣ라百姓을主人이라謂ᄒᆞᆯ가百姓曰此는官吏의我ㅣ何與焉고ᄒᆞ며官吏를主人이라謂ᄒᆞᆯ가官吏曰我의此位를尸ᄒᆞᆷ은吾의勢力과

吾의利源을爲ᄒᆞᆷ이나其他ᄅᆞᆯ我何知焉고ᄒᆞ야若是히一國이雖大ᄒᆞᄂᆞ一主人이竟無ᄒᆞ니無主人의國은奴僕이從而弄ᄒᆞ며盜賊이從而奪ᄒᆞᆷ이固宜ᄒᆞᆫ지라詩에曰子有庭內에不洒不掃ᄒᆞ며子有鐘鼓에不鼓不考ᄒᆞ면宛其死矣라他人是保ᄂᆞᆫ此ㅣ天理所必至也ㅣ라於人에何尤리오ᄒᆞ니라他人家와他人國에對ᄒᆞ야旁觀ᄒᆞᆷ은猶可言ᄒᆞᆯ지니何오我ㅣ固客位라(俠者의義ᄂᆞᆫ他家와他國에對ᄒᆞ야도旁觀치아니ᄒᆞᄂᆞ니今에姑置勿論ᄒᆞ노라)吾家吾國에對ᄒᆞ야旁觀ᄒᆞᆷ은不可言ᄒᆞᆯ지니何오我ㅣ固主人이라我尙旁觀ᄒᆞ고誰의吾責을代ᄒᆞᆷ을望ᄒᆞ리오大抵家國의盛衰興亡을恒常其家中과國中에旁觀者와有無多少로差ᄅᆞᆯ含ᄂᆞ니國人이一旁觀者가無ᄒᆞ면國雖少ᄂᆞ必興이오國人이盡爲旁觀ᄒᆞ면國雖大나必亡ᄒᆞᄂᆞ니今에吾ㅣ吾國의數萬萬人을觀컨ᄃᆡ皆旁觀ᄒᆞᄂᆞᆫ者ㅣ라余ᄅᆞᆯ不信ᄒᆞᆫ다謂ᄒᆞᆯ지면請컨ᄃᆡ其流派ᄅᆞᆯ徵ᄒᆞ리라

一曰渾沌派ㅣ니此派ᄂᆞᆫ可히無腦筋ᄒᆞᆫ動物이라謂ᄒᆞᆯ지니彼等은所謂世界의有ᄒᆞᆷ을不知ᄒᆞ며所謂國의有ᄒᆞᆷ을不知ᄒᆞ며何者ㅣ可憂ᄒᆞᆷ과何者ㅣ可懼ᄒᆞᆷ을不知ᄒᆞ나質而論之ᄒᆞ면人世間에應做ᄒᆞᆯ事가有ᄒᆞᆷ을不知ᄒᆞ야飢而食ᄒᆞ고飽而游ᄒᆞ고困而睡ᄒᆞ고覺而起ᄒᆞ야戶의內에셔ᄂᆞᆫ卽其小天地에一錢을爭ᄒᆞ야可히身命을殞ᄒᆞ며彼等이旣有事ᄒᆞᆷ을不知ᄒᆞ니所謂辦與不辦이何며旣有國不知ᄒᆞ나所謂亡與不亡이何라오譬之컨ᄃᆡ游魚가將沸ᄒᆞᄂᆞᆫ鼎에居ᄒᆞ야水暖ᄒᆞᆫ春江인가猶誤ᄒᆞ며巢燕이半火ᄒᆞᄂᆞᆫ堂에居ᄒᆞ야照屋ᄒᆞᄂᆞᆫ出日인가猶疑ᄒᆞ나彼等의生ᄒᆞᆷ이機械로製成ᄒᆞᆷ과如ᄒᆞ야運動은能ᄒᆞᄂᆞ知覺은不能ᄒᆞ며其死ᄒᆞᆷ이電氣로殛斃ᄒᆞᆷ과如ᄒᆞ야墮落은有ᄒᆞᄂᆞ苦痛은不有ᄒᆞ야蠕蠕히數

十寒暑를度홀뿐이며彼等이비록旁觀ᄒᆞᄂᆞ일직이其旁觀됨을自知치못ᄒᆞᄂᆞ니吾ㅣ旁觀派中의天民이라命ᄒᆞ리니四萬萬人中에此派에屬ᄒᆞᆫ者ㅣ殆히三萬五千萬人이니라(以下ᄂᆞᆫ略)

二曰爲我派니此派ᄂᆞᆫ俗語에所謂雷打를遇ᄒᆞ야도荷包를尙按住ᄒᆞᄂᆞᆫ者ㅣ니事의當辦을彼非不知며國之將亡을彼非不知ᄂᆞᆫ此事를辦ᄒᆞ야我에게益홈이無ᄒᆞ면我ㅣ惟旁觀ᄒᆞ며此國을亡ᄒᆞ야我에게損홈이無ᄒᆞ면我ㅣ惟旁觀ᄒᆞᄂᆞ니馮道ㅣ五季鼎沸홀際를當ᄒᆞ야朝粱夕晋ᄒᆞ고도五朝元老로써猶自誇ᄒᆞ며張之洞이瓜分ᄒᆞᆫ後에도小朝廷의大臣을尙不失ᄒᆞ리라自言ᄒᆞ나皆此類라彼等이世界中에在ᄒᆞ야恒常主位에立ᄒᆞ고客位에非立홈과似ᄒᆞᄂᆞ然이나公衆의事業으로一己의利害를計ᄒᆞ야若夫公衆의利害면彼ㅣ始終旁觀ᄒᆞᄂᆞᆫ者에不過ᄒᆞᆫ지라吾ㅣ昔日에日本報紙中에一段을見ᄒᆞ니此輩의情況을最能摹寫ᄒᆞᆫ지라其言에曰

吾ㅣ遼東半島에嘗遊ᄒᆞ야沿道의人民을見ᄒᆞ고情態를察ᄒᆞ니彼等이國家存亡ᄒᆞᄂᆞᆫ危機ᄂᆞᆫ自知치못홈과如ᄒᆞ며彼等이他國軍隊를待遇홈을敵人으로不見ᄒᆞ고商店의主ㅣ客을顧홈으로見ᄒᆞ며彼等心目中에ᄂᆞᆫ遼東半島가他國에割歸ᄒᆞᄂᆞᆫ與否問題ᄂᆞᆫ不知ᄒᆞ고銀色이紋銀으로兌換홈에補가幾何의問題가惟有홀뿐이라

ᄒᆞ니此ᄂᆞᆫ實로魑魅罔兩의情狀을寫出홈이禹鼎의鑄奸홈과如ᄒᆞ나爲我의弊를推컨ᄃᆡ數千里의地를割ᄒᆞ며數百兆의款을賠ᄒᆞ야써其衙門咫尺之地를易ᄒᆞ야도所顧惜홈이曾無홈은何오吾ㅣ今者이미六七十이라目前數年의無事홈을但求ᄒᆞ고一瞑ᄒᆞᆫ後에至ᄒᆞ야ᄂᆞᆫ雖天翻

地覆ᄒᆞᆯ지라도非所問이라ᄒᆞ며官場積習의當改홈을明知ᄒᆞᄂᆞ肯改치아니홈은吾衣領과鈑碗의所在홈이오學校科擧의當變홈을明知ᄒᆞᄂᆞ肯變치아니홈은吾子孫出身의所由ㅣ니此派者ᄂᆞᆫ老聃으로先聖을삼고楊朱로先師를삼ᄂᆞ니一國中에官과紳과士와商을勿論ᄒᆞ고要津을據ᄒᆞ고重權을握ᄒᆞᆫ者ᄂᆞᆫ皆此輩라故로此派ㅣ世界를左右ᄒᆞᄂᆞᆫ力量이有ᄒᆞ니一國聰明才智ᄒᆞᆫ士皆其旗下에走集ᄒᆞ야方在萌芽卵孵ᄒᆞᄂᆞᆫ少年子弟로轉率倣効케홈이瘋癲과肺病이其種을子孫에傳홈과如ᄒᆞᆫ故로遺毒이天下에編ᄒᆞ니此ㅣ旁觀派中魔力이最有ᄒᆞᆫ者ㅣ니라

三曰嗚呼派ㅣ니何謂嗚呼派오彼輩ᄂᆞᆫ咨嘆과大息과痛哭과流涕로獨一無二의事業으로知ᄒᆞ야其面에ᄂᆞᆫ憂國ᄒᆞᄂᆞᆫ容이常有ᄒᆞ며其口에ᄂᆞᆫ哀時ᄒᆞᄂᆞᆫ語가不少ᄒᆞ나事의當辦ᄒᆞᆫ것을告ᄒᆞ면彼則曰誠當辦이나無從辦起ᄒᆞ니奈何오ᄒᆞ며國의已危홈으로써告ᄒᆞ면彼則曰誠極危나無從可救ᄒᆞ니奈何오ᄒᆞ며再窮詰ᄒᆞ며彼則曰國運이라天心이라ᄒᆞ야無可奈何四字가是其口訣이며束手待斃一語가是其眞傳이니火의起홈을見ᄒᆞ고撲滅을不務ᄒᆞ고火勢의熾炎홈을太息홈과如ᄒᆞ며人의溺홈을見ᄒᆞ고拯救를不思ᄒᆞ고波濤의澎湃홈을痛恨홈과如ᄒᆞ니此派ᄂᆞᆫ彼의旁觀者아님을固謂ᄒᆞᄂᆞ然이나他人의旁觀은以目이어ᄂᆞᆯ彼輩의旁觀은口로써ᄒᆞ며彼輩ᄂᆞᆫ國事로非不關心이나然이나國事로써詩料를삼으며時務를非不好言이나時務로써談資를삼ᄂᆞᆫ지라吾人이波蘭滅亡史와埃及慘狀記를讀홈에何嘗不感歎이나然이나波蘭과埃及에無益홈은吾固旁觀홈ㅣ오吾人이

非律賓이與美血戰ᄒᆞᆷ을見ᄒᆞ고何嘗不起敬이나非律賓에無助ᄒᆞᆷ은吾固旁觀ᄒᆞᆷ이라所謂嗚呼派者ᄂᆞᆫ何以異此리오此派ㅣ世界에補益됨도無ᄒᆞ며世界에弊害됨도無ᄒᆞᆯ갓타ᄂᆞ雖然이ᄂᆞ國民의志氣를灰ᄒᆞ며將來의進步를阻ᄒᆞ니其罪實로不薄ᄒᆞᆫ지라此派者ᄂᆞᆫ一國中에名士라號稱ᄒᆞᄂᆞᆫ者ㅣ改明ᄒᆞᄂᆞ니라

四曰笑罵派니此派ᄂᆞᆫ旁觀이라謂ᄒᆞᆷ보다後觀이라稱謂ᄒᆞᆯ지니恒常人의背後에立ᄒᆞ야冷言熱語로써人을批評ᄒᆞᄂᆞᆫ者ㅣ니彼輩ᄂᆞᆫ自爲旁觀ᄒᆞᆯᄲᅮᆫ만아니라又人을逼ᄒᆞ야不得不旁觀케ᄒᆞᄂᆞᆫ者ㅣ라旣罵守舊ᄒᆞ고亦罵維新ᄒᆞ며旣罵小人ᄒᆞ고亦罵君子ᄒᆞ며對老輩ᄒᆞ면暮氣旣深ᄒᆞᆷ을罵ᄒᆞ고對靑年ᄒᆞ면躁進喜事ᄒᆞᆷ을罵ᄒᆞ며事ㅣ成ᄒᆞ면曰竪子ㅣ成名이라ᄒᆞ며事ㅣ敗ᄒᆞ면曰吾ㅣ早科及이라ᄒᆞ야彼輩ᄂᆞᆫ無可指摘ᄒᆞᆫ地에自立ᄒᆞᆷ은何오不辨事ᄒᆞᄂᆞᆫ故로無可指摘이며旁觀故로無可指摘이니己不辨事ᄒᆞ고辨事者의後에立ᄒᆞ야引繩批根ᄒᆞᆷ으로써嘲諷掊擊ᄒᆞᆷ은此ㅣ最巧黠ᄒᆞᆫ術이니勇者로短氣케ᄒᆞ며怯者로灰心케ᄒᆞ며豈直使人으로灰心短氣케ᄒᆞᆯᄲᅮᆫ이리오將成ᄒᆞᆫ事ᄂᆞᆫ彼輩ㅣ笑罵로써阻ᄒᆞ며己成ᄒᆞᆫ事ᄂᆞᆫ彼輩ㅣ能히笑罵로써敗ᄒᆞᄂᆞ니故彼輩ᄂᆞᆫ世界의陰人이니라夫排斥夫人오排斥ᄒᆞᆷ이未嘗不可ㅣ니己의主義를欲伸ᄒᆞ야他人의主義를排斥ᄒᆞᆷ은西國政黨의諱ᄒᆞᆯ바아니ᄂᆞ然이나彼笑罵派ᄂᆞᆫ果然何主義가有ᄒᆞᆫ가譬之컨ᄃᆡ孤舟가大洋에서遇風ᄒᆞ면彼輩ᄂᆞᆫ風을罵ᄒᆞ며波를罵ᄒᆞ며大洋을罵ᄒᆞ며孤舟를罵ᄒᆞ며乃至同舟人을徧罵ᄒᆞᄂᆞ니若此船이何術로彼岸에達ᄒᆞᆯ가問ᄒᆞ면彼等이瞠然無對ᄒᆞᆯ지라何오彼輩가旁觀를藉ᄒᆞ야笑罵를行ᄒᆞ얏스ᄂᆞ

旁觀의地位를失ᄒᆞ면笑罵도無ᄒᆞᆯ지니라
五曰暴棄派니嗚呼派者ᄂᆞᆫ天下로ᄡᅥ無可爲ᄒᆞᆯ事라云ᄒᆞ나暴棄派者ᄂᆞᆫ我로ᄡᅥ無可爲의人이라云ᄒᆞ며笑罵派ᄂᆞᆫ恒常人을責ᄒᆞ며己를不責ᄒᆞᄂᆞ暴棄派ᄂᆞᆫ恒常人을望ᄒᆞ고人를不望ᄒᆞ야彼輩의意에ᄂᆞᆫ一國四百兆人이三百九十九兆九億九萬九千九百九十九人中에才智와英傑이幾許인지不知니我의一人이經重을豈足ᄒᆞ리오ᄒᆞ니此派의極弊를推ᄒᆞ면四百兆人에人人이皆自己를除出ᄒᆞ고國事로其餘三百九十九兆九億九萬九千九百九十九人을望ᄒᆞᆯ지니統計而互消之ᄒᆞ면四百兆人이實로一人도無ᄒᆞᆷ에九十至ᄒᆞ리니夫國事ᄂᆞᆫ國民人人이其責任이各有ᄒᆞ야愈賢智ᄒᆞ며責任이愈大ᄒᆞ며卽愚不肖ᄒᆞ면責任이稍小ᄒᆞᆷ에不過ᄒᆞ고無다謂ᄏᆞ不能ᄒᆞ니他人이絕大의智慧能力이雖有ᄒᆞᄂᆞ促只其本分身內의責任을盡ᄒᆞᆯ것오分毫의代我ᄒᆞᆷ이有ᄒᆞ리오譬之컨ᄃᆡ己則不食ᄒᆞ고使善飯者로代我食ᄒᆞ며己則不睡ᄒᆞ고使善睡者로代我寢이면能乎아否乎아且我雖愚不肖나이미人이됨에人類의一分子가되며此國에旣生ᄒᆞ니卽國民의一阿屯이라我ㅣ己의一身을暴棄ᄒᆞᆷ은猶可言이어니와人類의資格을汚衊ᄒᆞ며國民의体面을滅損ᄒᆞᆷ은不可言이니故로暴棄派ᄂᆞᆫ實로人道의罪人이니라

六曰待時派ㅣ니此派ᄂᆞᆫ旁觀의實이有ᄒᆞ나其名에ᄂᆞᆫ自居치아니ᄒᆞᄂᆞᆫ지라夫待라云ᄒᆞᄂᆞᆫ者ᄂᆞᆫ得不得을未可必ᄒᆞᆯ詞라吾ㅣ可以辦事ᄒᆞᆯ時를對ᄒᆞᆫ然後에辦ᄒᆞᆫ다ᄒᆞ야若其時가終無ᄒᆞ면是ᄂᆞᆫ終不辦ᄒᆞᄂᆞ니尋常之旁觀ᄒᆞᆷ은人事를旁觀ᄒᆞᆷ이ᄂᆞ彼輩의旁觀ᄒᆞᆷ은天時를旁觀ᄒᆞᆷ이라且必如何ᄒᆞᆫ後에可以辦事時라定形이豈有ᄒᆞ

리오辦事者는可辦치못ᄒᆞᆯ時가無ᄒᆞ며不可辦事者는可辦ᄒᆞᆯ時가無ᄒᆞ니故로有志之士는時勢를惟造홈이오時勢를待ᄒᆞᆫ다홈을未聞ᄒᆞ엿노라待時라云ᄒᆞ는者는風潮의所向을覘ᄒᆞ야其餘利를從旁欲拾이니東에向ᄒᆞ면東에隨ᄒᆞ고西에向ᄒᆞ면西에隨홈이是鄕愿의本意요旁觀派의最巧ᄒᆞᆫ者ㅣ니라

以上六派에吾國人性質이是에盡ᄒᆞᆫ지라其爲派는不同ᄒᆞ나其旁觀홈은同ᄒᆞ야若是히吾國四萬萬人이非旁觀者가果無ᄒᆞ며吾國에四萬萬人이雖有ᄒᆞ나一主人이果無ᄒᆞ니一主人이無ᄒᆞᆫ國으로世界生存競爭이最劇最烈ᄒᆞ야萬鬼가環瞰ᄒᆞ며百虎가眈視ᄒᆞ는大舞臺에立ᄒᆞ야其如何라야可홈을不知ᄒᆞ노라

六派中에第一派는不知責任ᄒᆞ는人이요以下五派는不行責任ᄒᆞ는人이니知而不行는與不知로等이며且彼不知者는猶有冀ᄒᆞ니他日知ᄒᆞ면卽行ᄒᆞᆯ것을冀ᄒᆞ나若知而不行이면是는天地에自絶홈이라故로吾ㅣ第一派의人을責홈은猶淺ᄒᆞ고以下五派를責홈은最深ᄒᆞ니라雖然이나陽明學知行合一의說로써論ᄒᆞ면彼知而不行ᄒᆞ는者終是未知홈이라苟知之를極明이면行之를必勇ᄒᆞ리니猛虎가在後에雖跛者라도或數丈의澗을能躍ᄒᆞ며燎火가及隣에雖弱者라도或千鈞을能運홈은何오彼猛虎大火ㅣ一至ᄒᆞ면吾의生命이必無幸ᄒᆞᆯ줄을確知홈이라夫國亡種滅의慘酷이又猛虎大火에豈止ᄒᆞ리오吾ㅣ以爲擧國의旁觀ᄒᆞᆫ者ㅣ直未知며或其一二를知ᄒᆞ나其究竟을未知홈이니若眞知ᄒᆞ며若究竟知면吾意에其手를雖縛ᄒᆞ며其口를雖緘ᄒᆞᆯ지라도默然히息케ᄒᆞ며塊然히坐케홈을不能ᄒᆞᆯ지니엇지悠悠日月ᄒᆞ며歎

舞太平ᄒᆞ야如此江山을他人에게坐付ᄒᆞ야도袖手ᄒᆞ야壁上의觀을作ᄒᆞ며面縛ᄒᆞ야死期의至ᄒᆞᆷ을待ᄒᆞᆷ이今日과如ᄒᆞᆫ者ㅣ有ᄒᆞ리오嗟乎라今에高位를擁ᄒᆞ며厚祿을秩ᄒᆞᆷ과先達名士로聞於時ᄒᆞᄂᆞᆫ者ᄂᆞᆫ皆一國의過去ᄒᆞᆫ人이라退院ᄒᆞᆫ僧과如ᄒᆞ며閉房ᄒᆞᆫ婦와如ᄒᆞ야彼ㅣ此身이此世에寄ᄒᆞᆷ이尙幾年이有ᄒᆞᆷ을自顧ᄒᆞᄂᆞᆫ故로國에對ᄒᆞ야過客의觀이有ᄒᆞ야其苟且히逸樂을婾ᄒᆞ야袖手ᄒᆞ고餘年을終ᄒᆞᆷ이無足恠나若我輩靑年은正一國將來의主人이며此國으로緣될日이正長ᄒᆞ니前途가茫茫未知所屆라國이興ᄒᆞ면我輩ᄂᆞᆫ其榮을躬享ᄒᆞᆯ것이오國이亡ᄒᆞ면我輩가實로其慘狀을親嘗ᄒᆞᆯ것이니欲避나無可避요欲逃나無可逃라其榮이他人의得攘ᄒᆞᆯ비아니오其慘이他人의得代ᄒᆞᆯ비아니라言念이及此에夫寗可旁觀ᄒᆞ리오吾深文과刻薄ᄒᆞᆫ言으로天下를罵盡ᄒᆞᆷ을豈好ᄒᆞ리오亦不忍旁觀ᄒᆞᄂᆞᆫ區區ᄒᆞᆫ苦心에發ᄒᆞ며不得不大聲疾呼ᄒᆞ야써我同抱四萬萬人을爲ᄒᆞ야告ᄒᆞᆷ이라旁觀의反對曰任이니孔子曰天下有道에丘不與易也ㅣ라ᄒᆞ시며孟子曰如欲平治天下ㅣ된當今之世ᄒᆞ야舍我오其誰也ㅣ리오ᄒᆞ시니任之謂也ㅣ라

詞藻

哭林圭永君

雪城溫叟

凶音卽日到京華。哲士云亾衆所嗟。敎育倡明新學界。文詞宜逼古名家。白雲影殿達烏帽。春雨書堂捲絳紗。十里綠楊郊外地。千車祖送吊旗斜。

端陽席上與玄菴共賦

見招舊伴飮端陽。 旋罷幽居午睡長。 一座詩人間雅趣。 九街遊女綺羅香。 殘棊猶着全輸局。 嘉樹宜移急就堂。 自笑老生闢習氣。 半天相對撥塵忙。

人物考

李之蘭傳

李之蘭의姓은佟氏오名은豆蘭이니女眞金牌千戶阿羅不花의子라其生也에有大星이垂于井黫ᄒᆞ니望氣者ㅣ曰此ᄂᆞᆫ啓明星이니必生魁傑人이라ᄒᆞ더니之蘭이果生ᄒᆞ다及壯에勇敢善騎射ᄒᆞ야世襲으로爲千戶라高麗共愍時에以一百戶來投ᄒᆞ야北靑州에仍居ᄒᆞ다가我太祖를事ᄒᆞ야麾下에屬ᄒᆞ다先是ᄒᆞ야元至正中에 太祖ㅣ古匡城(慶興)을征ᄒᆞ실ᄉᆡ 太祖의庶母崔氏夢에有老人이來言曰价江에有射者ᄒᆞ니伯王之輔라時에之蘭이价江上에셔鹿을射獵ᄒᆞᄂᆞᆫ지라 太祖ㅣ一見ᄒᆞ시고大奇之ᄒᆞ사 神德皇后康氏兄女로妻ᄒᆞ시고每出師에必與俱ᄒᆞ시니蒙古丞相納哈出이數萬騎을率ᄒᆞ고洪肯에入ᄒᆞ거ᄂᆞᆯ之蘭이兵을引ᄒᆞ고咸關嶺을踰ᄒᆞ야哈蘭大野中에셔戰ᄒᆞᆯᄉᆡ納哈出이揮矟直前ᄒᆞ거ᄂᆞᆯ 太祖ㅣ垂身若墜馬ᄒᆞ사其腋을仰射ᄒᆞ시고之蘭이夾擊ᄒᆞᆯᄉᆡ納哈出이 太祖를望見ᄒᆞ고注矢ᄒᆞ거ᄂᆞᆯ太祖ㅣ馬鞍上에起立ᄒᆞ시니矢出胯下라之蘭이突前ᄒᆞ야捍衛ᄒᆞ니納哈出이知不可敵ᄒᆞ고卽遁去ᄒᆞ니라日人이江都城을夜襲ᄒᆞ야府使金仁貴를殺ᄒᆞ고筰梁으로由ᄒᆞ야昇天府에入ᄒᆞ니麗王이出奔코져ᄒᆞ거ᄂᆞᆯ之蘭이 太祖을從ᄒᆞ야自海豐으로疾趍昇天ᄒᆞ니賊將이白馬山을踰ᄒᆞ야

來犯ᄒᆞ거ᄂᆞᆯ之蘭이射殺ᄒᆞ니賊이遂遁ᄒᆞ다未幾에賊艦五百艘가鋪浦에入ᄒᆞ야雲峯을陷ᄒᆞ고引月驛에屯ᄒᆞ거ᄂᆞᆯ之蘭이兵을引ᄒᆞ고鼎山에馳至ᄒᆞ니賊將이引矟ᄒᆞ야　太祖의後를躡ᄒᆞ거ᄂᆞᆯ之蘭이躍馬疾馳ᄒᆞ야大呼曰後를視ᄒᆞ소셔太祖ㅣ回首ᄒᆞ야未及視之ᄒᆞ시믜之蘭이已抽矢ᄒᆞ야其將을射殺ᄒᆞ다賊將阿其拔都ᄂᆞᆫ年僅十五에驍勇無雙이라　太祖ㅣ之蘭을命ᄒᆞ사彼를生擒ᄒᆞ라ᄒᆞ신ᄃᆡ之蘭이曰不殺이면必傷人이라ᄒᆞ고因ᄒᆞ야促戰홀ᄉᆡ阿其拔都가重甲을着ᄒᆞ야頸面을不現ᄒᆞ거ᄂᆞᆯ　太祖謂之蘭曰我ᄂᆞᆫ其鎧를中ᄒᆞ고爾ᄂᆞᆫ其面을中ᄒᆞ면彼를可殪라ᄒᆞ시고　太祖其鎧를中ᄒᆞ야馬下을墜케ᄒᆞ시고之蘭이其面을射ᄒᆞ야殺ᄒᆞ니賊兵이皆大哭遁去ᄒᆞ더라女眞將軍胡拔都가四萬騎를率ᄒᆞ고端州에入ᄒᆞ거ᄂᆞᆯ之蘭이以母喪으로居靑州러니　太祖ㅣ使人召之曰國家事急ᄒᆞ니不可持服在家라ᄒᆞ신ᄃᆡ之蘭이乃拜哭告天ᄒᆞ고起復從軍ᄒᆞ야與胡拔都로遇於吉州坪ᄒᆞ니之蘭이爲前鋒ᄒᆞ야與戰이라가敗還ᄒᆞ미　太祖ㅣ繼至ᄒᆞ시니胡拔都가三重厚鎧를着ᄒᆞ며紅褐衣를襲ᄒᆞ며黑牝馬를乘ᄒᆞ고橫陣以待ᄒᆞ면서以爲莫我敵也라ᄒᆞ야其士卒를留ᄒᆞ고拔劒挺身而出ᄒᆞ거ᄂᆞᆯ　太祖ㅣ또ᄒᆞᆫ單騎로馳進ᄒᆞ사揮劒相擊ᄒᆞ니兩皆閃過ᄒᆞ야不能中이라　太祖ㅣ急히回騎引弓ᄒᆞ야其背를射ᄒᆞ시되鎧厚ᄒᆞ야箭未深入이라卽又射其馬ᄒᆞ신ᄃᆡ馬倒而墜ᄒᆞ니其麾下가共救ᄒᆞᄂᆞᆫᄃᆡ我軍이亦至라　太祖ㅣ因ᄒᆞ야縱兵大破ᄒᆞ니胡拔都ㅣ僅히以身遁ᄒᆞ니라端州가旣平에釋甲ᄒᆞ고以終母喪이러니靑城伯沈德符가日兵를禦ᄒᆞ야中門嶺에서戰ᄒᆞ다가敗績ᄒᆞ니敵이兎兒洞에

屯ᄒᆞ거ᄂᆞᆯ 太祖ㅣ師ᄅᆞᆯ率ᄒᆞ시고哈蘭部에至ᄒᆞ야精兵을選ᄒᆞ야山中에伏ᄒᆞ고之蘭이趙英珪等百餘騎로더부러按轡徐行ᄒᆞ니敵이恠之ᄒᆞ야不敢犯ᄒᆞ거ᄂᆞᆯ之蘭이先登ᄒᆞ야敵을引致ᄒᆞ야 太祖의陣에直犯케ᄒᆞ니於是에 太祖ㅣ陽退ᄒᆞ야伏中에入ᄒᆞ야敵將을射殺ᄒᆞ시고之蘭又躍馬馳擊ᄒᆞ니敵軍이無不披靡라自咸關으로至牛頭山三千里에僵屍蔽野러라當是時ᄒᆞ야之蘭이以勇敢으로朔方에雄ᄒᆞ니蒙古諸族이皆慴伏ᄒᆞ고日人이亦遠遁ᄒᆞ야五十年ᄅᆞᆯ不敢窺邊ᄒᆞ니라麗王辛耦ㅣ出師犯遼東ᄒᆞᆯᄉᆡ 太祖로써右軍都統使ᄅᆞᆯ삼고之蘭으로元帥ᄅᆞᆯ삼아浿江에發ᄒᆞ야威化島에次ᄒᆞ엿더니時에潦水漲ᄒᆞ야師不得渡라 太祖ㅣ諭之曰今에三軍을合ᄒᆞ야大國을侵ᄒᆞᄂᆞᆫ것은不義라曷若班師ᄒᆞ야以安一國生民乎아之蘭이決策贊成ᄒᆞ야遂回軍ᄒᆞ니國人이大悅ᄒᆞ니라益陽伯鄭夢周ㅣ王氏宗社가將亡ᄒᆞᆷ을見ᄒᆞ고金震陽으로더부러竭力ᄒᆞ야王氏을扶ᄒᆞ기로共謀ᄒᆞᄂᆞᆫ지라我太宗大王이置酒宴功臣ᄒᆞ실ᄉᆡ夢周ㅣ悲歌自誓ᄒᆞ니諸將이之蘭을勸ᄒᆞ야擊殺ᄒᆞ라ᄒᆞ거ᄂᆞᆯ之蘭이正色曰吾ㅣ何忍賊害忠臣이리오ᄒᆞ니其後에高呂趙英珪等이夢周ᄅᆞᆯ殺ᄒᆞ다 太祖ㅣ既開國에之蘭의姓名을李之蘭으로賜ᄒᆞ시고字은式馨이라命ᄒᆞ야都兵馬使ᄅᆞᆯ삼아朔方을鎭ᄒᆞ야女眞을風諭ᄒᆞ야綏來ᄒᆞ니女眞이皆願爲國民ᄒᆞ야征役을服ᄒᆞ고土賦을納ᄒᆞ되無敢後期ᄒᆞ니數百年被髮之俗이始襲冠帶ᄒᆞ야由長白訓春江千餘里가皆入版圖은之蘭의功이러라初에功臣을策ᄒᆞ야鐵劵을賜ᄒᆞ매之蘭이稱疾不出ᄒᆞ다 太祖ㅣ近臣을遣ᄒᆞ야臥內에召入ᄒᆞ시고羣臣諸將의賢不肖

을問ᄒᆞ시니之蘭이言ᄒᆞ되鄭道傳이姦邪ᄒᆞ야必不令終이라ᄒᆞ얏더니及之蘭이謝官歸에道傳이以罪誅ᄒᆞ니人이其先見을服ᄒᆞ고 太宗이其辨奸의明을嘉之ᄒᆞ사又推忠秉義翊戴定社功臣靑海君으로策ᄒᆞ시다之蘭이歸北靑十年에 太宗이屢召ᄒᆞ시되不來ᄒᆞ고乃斷髮ᄒᆞ야써不可用을示ᄒᆞ니其微意ᄂᆞᆫ人莫知之라年이七十二에卒ᄒᆞ니遺命으로써火葬ᄒᆞ야浮圖를立ᄒᆞ다 仁祖丙子秋에大風雨가有ᄒᆞ야浮圖自開ᄒᆞᆫ지라邑人이往視ᄒᆞ니灰灰中에金來二字가有ᄒᆞ더니是冬에金人이果東槍ᄒᆞ니聞者ㅣ神之라朝廷이建祠于北方ᄒᆞ야春秋以祀ᄒᆞ고眞像을揭ᄒᆞ얏ᄂᆞᆫᄃᆡ體不過中人이오貌類好女ᄒᆞ야兩頰이紅ᄒᆞ고眸如曙星이러라

會事要錄

隆熙二年五月二十日下午四時에特別總會를磚洞普成學校內에開ᄒᆞ고會長鄭雲復氏陞席ᄒᆞ다書記가點名ᄒᆞ니出席員이五十九人이러라

平北義州大運動會에派送ᄒᆞ얏든摠代金明濬氏의參觀ᄒᆞᆫ實地事項報告를公佈ᄒᆞ다

富寧郡秉致學校調査委員張鳳周氏의報告를依ᄒᆞ야該支校를認許ᄒᆞ기로動請可決되다

本會總務金允五氏가本會館前空垈七十八坪買入代金七十八圓支出ᄒᆞ라ᄂᆞᆫ報告를公佈ᄒᆞᄆᆡ崔在學氏動議ᄒᆞ기를該額를支出ᄒᆞᄌᆞᄒᆞᄆᆡ柳東作氏再請으로可決되다

本會會計朴景善氏가總務月給支出議案에對

ᄒᆞ야柳東說氏動議ᄒᆞ기를本會經用이日漸浩大ᄒᆞ니不可不十分節用ᄒᆞ야二十五圓으로的定ᄒᆞᄌᆞᄒᆞᄆᆡ崔在學氏再請으로可決되고

本會總務金河達氏의辭免請願書를公佈ᄒᆞᄆᆡ崔在學氏動議ᄒᆞ기를該請願를仍受ᄒᆞᄌᆞᄒᆞᄆᆡ金基東氏再請으로可決되고金明濬氏動議ᄒᆞ기該氏의總務之任은依願許遞ᄒᆞ렷니와編輯事務ᄂᆞᆫ仍舊視務케ᄒᆞᄌᆞᄒᆞᄆᆡ李達元氏再請으로可決되다

李甲氏動議ᄒᆞ기를本會規則第九條第四項에副總務一人은删去ᄒᆞ고總務一人만置ᄒᆞᄌᆞᄒᆞᄆᆡ姜華錫氏再請으로可決되다李鍾浩氏特請ᄒᆞ기를總務選擧方法은三人을呼薦ᄒᆞ야投票選定ᄒᆞᄌᆞᄒᆞᄆᆡ異議가無ᄒᆞ야總務ᄂᆞᆫ金允五가被選ᄒᆞ다

評議長吳相奎氏辭免請願를公佈ᄒᆞᄆᆡ該請願은封還ᄒᆞ기로可決되다

永興郡會員張箕洽氏等支會請願을公佈ᄒᆞᄆᆡ崔在學氏動議ᄒᆞ기를該郡의資格이適合ᄒᆞ고且張鳳周氏擔保ᄒᆞᆫ議案이有ᄒᆞ니卽爲認許ᄒᆞᄌᆞᄒᆞᄆᆡ李達元氏再請으로可決되다

平北定州會員李昇薰의支會請願을公佈ᄒᆞᄆᆡ金明濬氏動議ᄒᆞ기를該書式이未完ᄒᆞ니完全ᄒᆞᆫ公式으로更函ᄒᆞ게ᄒᆞᄌᆞᄒᆞᄆᆡ崔在學氏再請으로可決되다

碧潼郡時興學校校長朴麟玉氏支校請願을公佈ᄒᆞᄆᆡ金明濬氏動議ᄒᆞ기를該校實現은本會에셔稔知ᄒᆞᄂᆞᆫ바ㅣ니認許ᄒᆞᄌᆞᄒᆞᄆᆡ李達元氏再請으로可決되다

博川郡會員振明學校校長金尙弼氏의支校認許請願을公佈ᄒᆞᄆᆡ金明濬氏動議ᄒᆞ기를該請願은接受ᄒᆞ려니와該校基本金與維持方針게

如何ᄒᆞᆫ實狀을詳知ᄒᆞᆫ後認許ᄒᆞᄌᆞᄒᆞ미金達河氏再請으로可決되다

載寧郡左栗右栗兩面廣理隆藝昌東三學校의支校請願을公佈ᄒᆞ미金允五氏動議ᄒᆞ기를該三校가熱心으로敎導ᄒᆞ니前進의望이有ᄒᆞᆫ바認許ᄒᆞᄌᆞᄒᆞ미金基東氏再請으로可決되다

同下午七時에閉會ᄒᆞ다

隆熙二年六月十日水曜下午四時에特別總會를開ᄒᆞ고會長鄭雲復氏陞席ᄒᆞ다書記가點名ᄒᆞ니出席員이五十六人이러라

會計員朴景善氏가五月度會金收入額과用下明細書를報告ᄒᆞ매接受ᄒᆞ기로可決되다

評議員柳東說氏議案ᄒᆞ기를實業部를本會舘에置ᄒᆞ고將來發展ᄒᆞᆯ基礎을삼짜ᄒᆞ미金明濬氏動議ᄒᆞ기를該議案를接受ᄒᆞ고實業部를置ᄒᆞ되該組織方法은評議會에委任決定ᄒᆞᄌᆞᄒᆞ미玄昇奎氏再請으로可決되다

永興會員劉漢烈氏議案ᄒᆞ기를本會舘建築費募集ᄒᆞᆯ事와各郡學校視察ᄒᆞᆯ事가俱繫時急이온즉速히發程케ᄒᆞᄌᆞᄒᆞ미金允五氏動議ᄒᆞ기를該議案을仍受ᄒᆞᄌᆞᄒᆞ미李達元氏再請으로可決되다

本會舘定礎式을設行ᄒᆞᆯ시金允五氏動議ᄒᆞ기本月二十日下午四時에儀式을設行ᄒᆞᄌᆞᄒᆞ미李東暉氏再請으로可決되고金弼淳氏動議ᄒᆞ기를一般任員과會員氏名을列錄ᄒᆞ야柱礎石函에藏置ᄒᆞ야紀念을表ᄒᆞᄌᆞᄒᆞ미李達元氏再請으로可決되고

寧邊郡會員池思榮氏等의支會請願를公佈ᄒᆞ미金允五氏動議ᄒᆞ기를該郡會員의資格이適合ᄒᆞᆷ은一般稔知이온즉除視察ᄒᆞ고認許ᄒᆞᄌᆞᄒᆞ미李達元氏再請으로可決되다

安岳郡玟花洞奉三學校의支校請願을公佈ᄒᆞ미金允五氏動議ᄒᆞ기를該校基本金도有ᄒᆞ것니와該校任員이熱心贊成ᄒᆞᆫ結果로發展ᄒᆞᆯ이有ᄒᆞ니認許ᄒᆞᄌᆞᄒᆞ매金基東氏再請으로可決되다

碧潼郡時興學校校長朴麟玉氏의公函을公佈ᄒᆞ매金允五氏動議ᄒᆞ기를該事ᄂᆞᆫ道郡財務에關ᄒᆞᆫ事인즉交涉이無路ᄒᆞ니事由를荅函만ᄒᆞᄌᆞᄒᆞ미異議가無ᄒᆞ다

評議員四人選定ᄒᆞ미六人을呼薦圈點ᄒᆞ야金達河、金亨燮、張鳳周、申錫厦四氏가被選ᄒᆞ다

建築費及基本金募集事에金明濬氏動議ᄒᆞ기를總務의게委任ᄒᆞ야委員會를速히開ᄒᆞᄌᆞ미柳東作氏再請으로可決되다

建築費及基本金請捐趣旨書를朗讀公佈ᄒᆞ다

定礎時本會歷史製述委員은朴殷植氏被選ᄒᆞ다

金明濬氏特請ᄒᆞ기를定礎員選擧方法은三人을公薦ᄒᆞ야無記名投票로一人만選定ᄒᆞᄌᆞᄒᆞ미異議가無ᄒᆞ야定礎員은李鍾浩氏가被選ᄒᆞ다

建築委員金弼淳氏說明ᄒᆞ기를本會舘에石材用否을決定ᄒᆞᄌᆞᄒᆞ미李東暉氏特請ᄒᆞ기를만일百餘圓可量이면定額外에支出ᄒᆞ야完美ᄒᆞ게ᄒᆞᄌᆞᄒᆞ미異請가無ᄒᆞ다同下午六時에閉會ᄒᆞ다

忠淸北道有志紳士李熙直氏가本會의敎育事業을維持ᄒᆞ기爲ᄒᆞ야所有畓百斗落를寄付ᄒᆞᆫ公函이如左

敬啓者夫國家의自立과民族의生存은敎育發

達에在ᄒᆞ고敎育發達은社會合力에在ᄒᆞᆫ지라現今時代ᄂᆞᆫ世界列强의文明競爭이非常히劇烈ᄒᆞ야優勝劣敗가勢所固然인ᄃᆡ惟我大韓民族이幾百年閉鎖中習慣으로桃源鄕裏에春夢이自若ᄒᆞ야歲月을不知ᄒᆞ얏스니烏得免今日慘境이리오乃於斯際에貴學會가特然崛起ᄒᆞ야團結精神과敎育事業이逐漸發達ᄒᆞ야全國社會에標準을建立ᄒᆞ얏스니孰不同情이며孰不贊成哉아本人은湖西人으로貴學本僉員의熱心奮發과熱力進就홈에對ᄒᆞ야觀感이特深ᄒᆞ고欽服이已久ᄒᆞᆫ바盖貴學會의發達은卽我大韓의發達機關이니本人도大韓國民의一分子로敎育事業에贊成義務ᄂᆞᆫ卽自己의擔責인故로堤川郡所有畓百斗落庫를爲之寄付ᄒᆞ오니幸諒此鄙忱ᄒᆞ야保管該土ᄒᆞ야永久히以爲學校經費之助를是望이오며會務及校况이益益進步ᄒᆞ야一般國民의文明基礎를永遠鞏固케ᄒᆞ심을千萬頂祝

隆熙二年六月二十日

荅李熙直氏畓百斗落寄付公函

敬復者本日은本會會舘에定礎式을設行ᄒᆞᄂᆞᆫ日이라一般會員及學生이多數出席ᄒᆞ야將來發展의程度와鞏固의基礎를祈祝ᄒᆞᆯ際에盛函接讀ᄒᆞ매果然天來福音을承聆홈과如ᄒᆞ도다滿幅縷綣에慰勉이深摯ᄒᆞ니感篆之極은不容名喩이온ᄃᆡ而况本校의永久維持를爲ᄒᆞ야所有畓土百斗落을擧ᄒᆞ야寄付贊成ᄒᆞ심이有ᄒᆞ니閣下의樂善好義와磊落慷慨ᄒᆞ신風度ᄂᆞᆫ固已欽仰ᄒᆞᆫ바어니와今日此擧ᄂᆞᆫ我韓社會에初有ᄒᆞᆫ慈善이로다公益事業에對ᄒᆞ야金錢或物品은捐助홈은有ᄒᆞ거니와靑氈世業의所有田

土을舉ᄒ야奇付홈은未之或見이로다我韓今日에一般國民이皆閣下와如히國家를愛홈이自身보다急ᄒ고公益을爲홈이私益보다重ᄒᆫ者가多數ᄒ면엇지文化의不進과國權의不復을患홈이有ᄒ리오向日某新聞의論說을閱讀ᄒ미國家의公敵되ᄂᆫ者를臚列聲討ᄒ얏ᄂᆫ딕守錢虜가其一에居ᄒᆫ지라閣下此舉가實노國民의倡이되야如彼公敵의腦를打破ᄒ고社會의義俠心을喚醒홀지니其受賜也ㅣ容有極乎아滿堂歡迎에情溢于辭이오니統希鑑亮

會計員報告 第十九号

十七圜三十三錢五里 會計員任置條

一百九圜七十二錢 月報代金收入條郵稅幷

三十圜 韓一銀行貯畜金中推來條

十六圜二十五錢 帽子票代金收入條

六圜二十五錢 泥土放賣代金條

合計一百七十九圜五十五錢五里

第十九回新入會員入會金收納報告

朱東翰 明以恒 李承駿 金永錫

李圭昇 玄熙燮 玄基明 玄基初

李種億 李延鎬 金愿夏 金致乙

朴秉喆 梁應洮 韓東禼 金賢文

車國轅 明以瓚 李暻敦 趙光晏

梁國炳 趙升均 柳東濬 金洛九

梁泰鎭 張殷淳 梁炳泰 金龍濬

柳翰燮　梁炳俊　吉　烋　梁允玉
金光朝　金膺寅　盧憙彥　趙基瑀
安錫範　宋榮泰　李權亨　朴東勳
金相敦　金昌禹　李鍾護　李東九
安秉洽　方直甫　盧德渝　盧永熙
承天奎　崔聖得　金周欽　金璉植
裵永淑　趙龍鎬　朱孝信　柳景馥
黃道性　羅昌植　李聖基　南廷鎬
洪性肅　柳恒彬　張泰寬　金泰聲
金泰華　朴丞大　趙濟冕　朴漢榮
李鎭世　李鎭夏

各一圜式

合計七十圜

第十九回月捐金收納報告

林禧精	二十錢	十一年三月條
林禧精	三十錢	自十一年四月至六月三朔條
吳國成	二十錢	十一年三月條
吳國成	三十錢	自十一年四月至六月三朔條
朴芝行	二十錢	十一年三月條
朴芝行	八十錢	自十一年四月至元年十一月八朔條
李暻浩	一圜	自十一年七月至二年四月十朔條
金泳澤	一圜三十錢	自十一年五月至二年五月十三朔條
李允實	二十錢	十一年三月條
李允實	一圜四十錢	自十一年四月至二年五月十四朔條
韓震用	五十錢	自一月至五月五朔條

李箕用 一圓 自一月至十月十朔條
吳尙俊 十錢 五月條
李奎濼 一圓 自六月至三年三月十朔條
金柄珣 一圓十錢 自五月至三年三月十一朔條
朴萬化 一圓十錢 自五月至三年三月十一朔條
元容德 一圓十錢 自四月至三年二月十一朔條
劉太一 一圓 自四月至三年一月十朔條
吳德衍 六十錢 自一月至六月六朔條
吳德恒 十錢 六月條
申泰薰 一圓五十錢 自十一年四月至三年六月十五朔條
魚用瀗 一圜二十錢 自元年八月至二年七月十二朔條

金翊煥 一圜八十錢 自元年十月至三年三月十八朔條

合計十八圜

第十九回寄附金收納報告

金泳澤 三十圜 學校義捐條
李甲 三十圜 學校義捐條

合計六十圓

以上四共合三百二十七圓
五十五錢五里內

第十九回用下報告 自五月十五日至六月十五日

三圓四十六錢 洋紙封套壯紙白紙小筆洋火墨價幷
一圓五十錢 卓子一坐價

一圓五十九錢 三錢郵票五十三枚價
六十圓 各事務員三人五月朔月銀條
八圓 下人五月朔月給條
二十八圓二十七錢五里 永柔學生午餐接待費及地球儀一件價幷
三十四圓五十錢 十八號月報印刷費畢給條
五圓 五厘郵票一千枚價
四圓 支會認許狀支校認許狀各一百枚紙價與印刷費幷
十圓八十錢 本學校第一卒業式時管理法敎科書四十五部寄付條
六圓四十錢 江華運動會寄付物品價
四圓五錢 女子學校聯合運動會寄付物品價
三十圓八十五錢 請捐趣旨書一萬枚紙價印刷費幷

三十圓 會館建築時圖形機械價及圖本紙價幷
二十六圓五十三錢 水商學生各種敎科書價條
五十五圓 十九號月報一千五百部印刷費中先給條
合計三百九圓九十五錢五里除
在十七圓六十錢 會計員任置
韓一銀行貯畜金都合八十圓也

附 則

法令摘要

法律第五號（續）

銃砲及火藥類團束法

第一條 銃砲及火藥類販賣營業을行코ᄌᆞᄒᆞᄂᆞᆫ者ᄂᆞᆫ觀察使（漢城內에在ᄒᆞ야ᄂᆞᆫ警視總監以下亦同）의許可를受홈이可홈

銃砲火藥類를製造코ᄌᆞᄒᆞᄂᆞᆫ者도亦同홈

第二條 銃砲火藥類를授受ᄒᆞ거나或運搬코ᄌᆞᄒᆞᄂᆞᆫ時ᄂᆞᆫ警察官署의許可를受홈이可홈

第三條 銃砲火藥類ᄂᆞᆫ警察官署의認可를受치아니ᄒᆞ면此를所有홈을不得홈

第四條 內部大臣은安寧秩序를持保ᄒᆞ기爲ᄒᆞ야必要로認ᄒᆞᄂᆞᆫ時ᄂᆞᆫ期間及地域을限ᄒᆞ

야銃砲火藥類의授受運搬携帶又ᄂᆞᆫ所有를制限ᄒᆞ거나或은禁止홈을得홈

第五條 火藥類ᄂᆞᆫ警務官署의檢查를受ᄒᆞᆫ倉庫가아니면此를貯藏홈을不得홈

警察官은何時든지火藥庫에臨檢ᄒᆞ고必要로認ᄒᆞᄂᆞᆫ時ᄂᆞᆫ此를改繕홈을命ᄒᆞ며又ᄂᆞᆫ火藥類의貯藏을停止或禁止ᄒᆞ고其火藥類를領寘홈을得홈

第六條 銃砲火藥類를私自貯藏ᄒᆞᆫ嫌疑가有ᄒᆞᆫ時及其他警察官이必要로認ᄒᆞᄂᆞᆫ時ᄂᆞᆫ何時든지其家宅에臨檢ᄒᆞ거나又ᄂᆞᆫ銃砲火藥類를領寘홈을得홈

第七條 觀察使나警視摠監은必要로認ᄒᆞᄂᆞᆫ時ᄂᆞᆫ銃砲製造者銃砲商又ᄂᆞᆫ火藥商의許可를繳消홈을得홈

第八條 第一條乃至第五條及第七條에違背

ᄒᆞᆫ者는禁獄笞刑又는五十圜以下의罰金의
處ᄒᆞ고銃砲火藥類은沒收ᄒᆞᆷ
第九條 銃砲製造者銃砲商及火藥商의定員
及火藥類의貯藏分量은內部大臣이定ᄒᆞᆷ
第十條 第四條及第六條의規定은刀釼槍戈
類에도亦를準用ᄒᆞᆷ

附則

第十一條 本法은頒布日로부터施行ᄒᆞᆷ
隆熙元年九月三日

告示

內部告示
新聞紙에關ᄒᆞᆫ諸請願及申告書式을左와如히
定ᄒᆞᆫ事

第一號書式

何新聞(雜誌類)發行請願

何新聞(雜誌類)發行請願

一題號　何新聞(雜誌類以下亦同)
一記事의種類　政治、法律、農工商等類
一發行의時期　每日、每週、每月、每年幾回
一發行所　道、府、郡、面、幾統、幾戶
一印刷所　同
一發行人　居住姓名
　　年齡
一編輯人　同
一印刷人　同

右는新聞紙法을導守ᄒᆞ고(年月日)로부터發
行코저ᄒᆞ와玆에保證金三百圓을添付請願ᄒᆞᆷ
(保證金納치아니ᄒᆞ는新聞紙에在
ᄒᆞ야는左와如ᄒᆞᆷ)
右는新聞紙法을遵守ᄒᆞ고(年月日)로부터發
行코저ᄒᆞ와玆에請願ᄒᆞᆷ

附則

隆熙元年 月 日

發行人 姓名印

編輯人 仝 印

印刷人 仝 印

閣下

內部大臣

第二號書式

發行人 姓名印

發行人이死亡ᄒᆞᆫ時ᄂᆞᆫ其遺族親戚이連署홈

發行擔任者 姓名印

閣下

內部大臣某

第五號書式

何新聞發行人變更請願

何新聞은現今ᄭᆞ지誰某로發行人을定ᄒᆞ야發行ᄒᆞ얏더니年月日로브터誰某로ᄡᅥ新聞紙法을遵守ᄒᆞ야코자ᄒᆞ와玆에請願홈

發行人이死亡ᄒᆞ거나若第三條의要件을失ᄒᆞᄂᆞᆫ時ᄂᆞᆫ左와如히請願홈

何新聞은現今誰某로ᄡᅥ發行人을定ᄒᆞ야發行ᄒᆞ얏더니何月何日에死亡（或은第三條의要件을失ᄒᆞᆫ故로年月日로부터誰某로ᄡᅥ新聞紙法을遵守ᄒᆞ야發行코자ᄒᆞ와玆에請願홈）

隆熙 年 月 日

舊發行人 姓名印

（發行人이死亡ᄒᆞᆫ時ᄂᆞᆫ其遺族親戚과新發行人이連署홈）

居住

新發行人 姓名印

年本

新編輯人（又ᄂᆞᆫ新印刷人）姓名印

閣下

內部大臣某

第七號書式

何新聞發行時期變更申告

何年 何月何日發行第何號々지 隔日 (或은每年一回又는幾回) 發行ᄒ얏스나 何年何月何日發行第何號로브터每日 (或은每週又는幾回) 發行으로變更코저ᄒ와玆에申告흠

隆熙 年 月 日

發行人 姓名印

內部大臣某 閣下

第八號書式

何新聞發行所變更申告 (印刷所變更申告書도亦同)

一舊發行所 何社 (社號가無ᄒ者는戶主의姓名)

一新發行所 何署何洞幾統幾戶何社上仝

右는年月日로브터變更코저ᄒ와玆에申告흠

隆熙 年 月 日

發行人 姓名印

內部大臣某 閣下

第九號書式

何新聞發行停止申告

何新聞은何年何月何日로브터何年何月何日사지發行을停止코ᄌᄒ와玆에申告흠

隆熙 年 月 日

發行人 姓名印

內部大臣某 閣下

法律第七號

捕鯨業管理法

第一條 捕鯨業者는捕鯨期間內가아니면鯨을捕ᄒ거나處理ᄒ기爲ᄒ야根據地를使用흠을不得ᄒ되捕鯨期間內에捕獲흔鯨을處理흘境過에는此限에不在흠

捕鯨期間은十月一日로브터翌年四月三十日사지흠

第二條 幼鯨及幼鯨을率伴ᄒ는親鯨은捕獲흠을不得흠

第三條　海面이나根據地以外의土地에셔鯨을處理홈을不得홈

第四條　農商工部大臣은鯨의蕃殖保獲上必要로認홀時는鯨의種類　捕鯨의船舶　器具　方法期間及區域幷根據地에關ᄒᆞ야制限ᄒᆞ거나捕鯨業을停止ᄒᆞ며或許可를勿施홈을得홈

第五條　農商工部大臣은必要홈으로認홀時는　許可의條件을變更홈을得홈

農商工部大臣은捕鯨業者가許可의條件을違背ᄒᆞ거나一箇年以上을連續休業혼時는許可를勿施홈을得홈

第六條　農商工部大臣은捕鯨業者의業務를檢查ᄒᆞ거나必盃되는書類物件의提出을命홈

第七條　許可를受ᄒᆞ지아니혼者가鯨를捕獲

ᄒᆞ거나處理혼時는一千圓以下罰金에處홈

前項境遇에는捕獲物及使用物件을沒收ᄒᆞ고임의捕獲物을消費ᄒᆞ거나讓渡혼時는其價格을追徵홈을得홈

第一條乃至三條의規定에違背혼者捕鯨業停止中에鯨을捕獲혼者又는第四條의制限에違背혼者는前二項과同홈

前三項의處分은農商工部大臣이此를行홈

光武十年十二月一日刱刊

會員注意

會費送交	會計員	漢城中部校洞二十九統二戶 西北學會館內 朴景善
	受取人	西北學會
原稿送付	編輯人	漢城中部校洞二十九統二戶 西北學會館內 金達河
	條件 用紙	從便
	期限	每月十日內

主筆 朴殷植
編輯兼發行人 金達河
印刷人 李達元
印刷所 普成社
發行所 漢城中部校洞二十九統二戶 西北學會
發賣所 皇城中署布屛下 廣學書舖
皇城小安洞 大韓書林
皇城尙洞 博文書館
皇城罷朝橋 中央書舖

◎定價

一冊 金十錢(郵費一錢)
六冊 金五十五錢(郵費六錢)
十二冊 金一圜(郵費十二錢)

◎廣告料

半頁 金五圜
一頁 金十圜

會員注意

一 本會月報를購覽커나本報에廣告를揭載코져ᄒᆞ시ᄂᆞᆫ 僉君子ᄂᆞᆫ西北學會庶務室노申請ᄒᆞ시압

一 本報代金과廣告料ᄂᆞᆫ西北學會會計室노送交ᄒᆞ시압

一 先金이盡ᄒᆞᄂᆞᆫ時에ᄂᆞᆫ封皮上에捺印으로証明홈

一 本報를購覽코져ᄒᆞ시ᄂᆞᆫ 僉君子ᄂᆞᆫ住址統戶를昭詳記送于西北學會庶務室ᄒᆞ시압

一 論說詞藻等을本報에記載코져ᄒᆞ시ᄂᆞᆫ 僉君子ᄂᆞᆫ西北學會會館內月報編輯室노寄送ᄒᆞ시압

廣告

本人이實業을務圖ᄒᆞ기爲ᄒᆞ야和洋雜貨商店을設ᄒᆞ고商號ᄂᆞᆫ隆昌號라稱ᄒᆞ며外國商品을直輸入ᄒᆞ와學校及紳士用品의各色帽子、洋服諸具、筆硯、雨傘、洋靴、加房、手袋、閔忠正公記念筆甬及盃와此外에도千百物品이無不具備ᄒᆞ와廉價放賣ᄒᆞ오며各學校一般學員의게對ᄒᆞ야ᄂᆞᆫ同情을表ᄒᆞ기爲ᄒᆞ야元定價票內에廉減酬應ᄒᆞᆯ터이오니 僉君子ᄂᆞᆫ陸續來購ᄒᆞ시ᄋᆞᆸ

漢城中署寺洞十四統八戶

雜貨商 韓景烈 告白

光武十年十二月一日
明治三十九年十二月一日
第三種郵便物認可

西北學會月報

隆熙二年八月一日發行(每月一日一回發行)
(第一卷第三號)

發行所 西北學會

西北學會月報第一卷第三號要目

論　說

對童子論史

栩然子

三伏炎天에長日이如年이라栩然子ㅣ倚北窓之淸風ᄒᆞ야望南山之靑松ᄒᆞ니煩悶이稍釋에胷懷가頓爽이라下午四點鍾을經ᄒᆞ야有一童子가退自學校ᄒᆞ야三國歷史의討論을要ᄒᆞ거ᄂᆞᆯ栩然子ㅣ曰爾가市中百貨店에往ᄒᆞ면燦爛ᄒᆞᆫ百物이具在ᄒᆞᆫ것을盡數購得ᄒᆞᆫ道가無ᄒᆞ니必其意中所求者ᄅᆞᆯ取ᄒᆞ야購來ᄒᆞᆯ지라讀書도亦然ᄒᆞ야汗牛充棟의極博ᄒᆞᆫ書籍을對ᄒᆞ야雖聰明强記가絶類超等ᄒᆞᆫ者라도一一히領略키難ᄒᆞ니必其意中所求者ᄅᆞᆯ取ᄒᆞ야着味服膺ᄒᆞᆯ지라

今에爾가三國歷史ᄅᆞᆯ讀ᄒᆞ니就中에最히紀念不忘ᄒᆞ며愛慕不倦ᄒᆞ야知識을增長ᄒᆞ고精神을培養ᄒᆞᆯ者ᄂᆞᆫ何에在ᄒᆞ뇨童子曰當時三國이鼎峙ᄒᆞ미政治勳業이可謂魯衛之政이나終乃新羅의統一ᄒᆞᆫ바되고文物의備具와享國의長久로써言ᄒᆞ면新羅가卓越偉大ᄒᆞᆫ功績이有ᄒᆞ더이다栩然子ㅣ曰新羅의勳業이非不有是也나余ᄂᆞᆫ新羅歷史에對ᄒᆞ야無窮ᄒᆞᆫ缺憾이有ᄒᆞ고最히紀念愛慕ᄒᆞᄂᆞᆫ者ᄂᆞᆫ高句麗歷史에在호라童子曰何爲其然也잇고栩然子曰新羅가麗濟ᄅᆞᆯ並呑ᄒᆞ기爲ᄒᆞ야支那에乞憐ᄒᆞ고借援ᄒᆞ야其計謀ᄅᆞᆯ得遂ᄒᆞ고太平을享有ᄒᆞ얏스나此로由ᄒᆞ야外國을崇拜ᄒᆞ고依賴ᄒᆞᄂᆞᆫ心法을傳授ᄒᆞᆫ지라使我韓人으로服事大國ᄒᆞᄂᆞᆫ奴隷性質을馴成ᄒᆞ야自强自立의道ᄂᆞᆫ全然不講ᄒᆞᆷ으로至于

今日ᄒᆞ야不能自存ᄒᆞᄂᆞᆫ極點에至ᄒᆞ얏스니此ㅣ엇지新羅의作俑이아니라謂ᄒᆞ리오至若高句麗ᄒᆞ야ᄂᆞᆫ二十八世七百餘年間에完全히自主獨立ᄒᆞᆫ强國이라盖自箕氏祚衰로支那亡人衛滿의誘奪을被ᄒᆞ야神聖ᄒᆞ신箕子의宗社가南遷ᄒᆞ얏고及其右渠王이支那漢武帝의게討滅ᄒᆞᆫ바되미始爲四郡을置ᄒᆞ고繼而二府를設ᄒᆞ니赫赫ᄒᆞᆫ檀箕疆宇가支那의領地를作ᄒᆞ야前後三十年間에朝鮮歷史가遂至沉淪ᄒᆞ얏더니高句麗始祖東明王이天縱神武로奮起北方ᄒᆞ시미人民이歸附ᄒᆞ고疆土日闢이라於是乎支那의所置官吏를盡行斥逐ᄒᆞ고檀箕舊疆을克復ᄒᆞ야完全ᄒᆞᆫ獨立國을成ᄒᆞ얏스니此ᄂᆞᆫ我韓億萬世에紀念不忘ᄒᆞᆯ者오故國原王時에燕王慕容皝의攻陷을被ᄒᆞ야掘陵遷母의大耻辱을受ᄒᆞ얏더니廣開土王에至ᄒᆞ야遣將伐燕ᄒᆞ야平州刺史慕容歸를走케ᄒᆞ고數千里版圖를占有ᄒᆞ고其後에燕을屢破ᄒᆞ야遂至衰滅케ᄒᆞ얏스니此ᄂᆞᆫ報怨雪耻ᄒᆞ며恢拓國疆의赫赫ᄒᆞᆫ功業이曠絶古今ᄒᆞᆫ者오乙支文德이以數千精騎로隋의百萬大衆을鏖殺ᄒᆞ고梁萬春이守彈丸孤城ᄒᆞ야唐의六師를擊退ᄒᆞ얏스니此ᄂᆞᆫ以寡制衆ᄒᆞ고以小擊大ᄒᆞᆫ非常戰史라惟我韓人은高句麗歷史를崇拜ᄒᆞ고愛慕ᄒᆞ여야由來自小自侮의思想이滅少ᄒᆞ고自强自立의精神이發生ᄒᆞᆯ줄노思量ᄒᆞ며

且高句麗民族歷史를觀ᄒᆞ건ᄃᆡ可謂尙武敎育이라盖東明王이生七歲에自作弓矢ᄒᆞ야發無不中ᄒᆞ얏스니此其建國之初에尙武ᄒᆞᄂᆞᆫ風化가己有ᄒᆞᆯ지며世傳ᄒᆞ되高句麗俗에兒童을敎導ᄒᆞᄂᆞᆫ恒言이曰爾의背를他人의

게勿現ᄒᆞ라ᄒᆞ니此ᄂᆞᆫ國民된者가戰地에赴ᄒᆞ면必決死前進ᄒᆞ고勿退北而走ᄒᆞ야令敵人으로見其背케ᄒᆞ라홈이오又國中에棄子山이有ᄒᆞ다ᄒᆞ니此ᄂᆞᆫ爲人子者가戰地에赴ᄒᆞ얏다가敗歸ᄒᆞ면其父母가此地에셔其子ᄅᆞᆯ棄ᄒᆞᆫ다홈이니當時民族의尙武之風이果何如哉아此所以屹然히四面强敵之衡에處ᄒᆞ야國體ᄅᆞᆯ自尊ᄒᆞ고國威ᄅᆞᆯ顯揚ᄒᆞ야抗衡支那ᄒᆞ고雄視東洋ᄒᆞᆫ者라我韓國民은高句麗民族의風氣ᄅᆞᆯ崇拜ᄒᆞ고愛慕ᄒᆞ여야由來崇文抑武ᄒᆞ야馴致積弱ᄒᆞᆫ弊害ᄅᆞᆯ改革ᄒᆞ고勁悍勇敢ᄒᆞᆫ性質을養成ᄒᆞᆯ줄노思量ᄒᆞ노니此ᄂᆞᆫ余가高句麗歷史ᄅᆞᆯ最히愛讀ᄒᆞ고發揮ᄒᆞᄂᆞᆫ바로라童子唯唯而退어ᄂᆞᆯ乃述其言ᄒᆞ야欲質諸高明ᄒᆞ노라

教育部

敬告我平南紳士同胞

東京遊客 松南春夢 金源極

嗚呼我平南紳士同胞여吾儕의可敬ᄒᆞᆯ者ㅣ平南紳士同胞며可愛ᄒᆞᆯ者ㅣ平南紳士同胞며可慕ᄒᆞᆯ者ㅣ平南紳士同胞로다公等이俱是四千年檀箕舊邦의神聖ᄒᆞᆫ民族으로流風餘韻의歌咏과忠君愛國의思想이比他逈殊ᄒᆞᆷ은固無加論이어니와夫何國步가多艱ᄒᆞ야甲午之日淸交兵에絶叫池魚之殃ᄒᆞ고甲辰之日露對壘에愁發北風之吟이라邇來十許年歷史의情況이若是悲慘이로ᄃᆡ效死勿去의一念이愈益完結ᄒᆞ고絶處逢生의原理ᄅᆞᆯ操守不失ᄒᆞ야今日全國教育界의第一等

地位를箕城一封에萬口로奉獻케ᄒᆞ얏시니壯哉라公等의熱心이로다本人이偶然히今春에京城에到着ᄒᆞ야平壤各學校聯合運動會狀況을槪聞ᄒᆞ니學徒數爻가五六千名에達ᄒᆞ고任員及傍觀者ㅣ並萬數名에達ᄒᆞ얏ᄂᆞᆫ듸其隊伍의井井ᄒᆞᆷ과秩序의方方ᄒᆞᆷ이衆瞻을聳動ᄒᆞᆯᄲᅮᆫ外라特別ᄒᆞᆫ敵愾思想이活活潑潑ᄒᆞ야今古에無比ᄒᆞᆫ盛況을呈露ᄒᆞ얏고該城附近에設立ᄒᆞᆫ小學校가數百餘處오平南全省을通計ᄒᆞ면郡郡面面에林立星羅ᄒᆞ야歌誦이相聞ᄒᆞᆫ다ᄒᆞ니此를聞ᄒᆞᆷ의拍案叫奇ᄒᆞ기를不已ᄒᆞ얏더니客月上旬에日本留學生界를視察ᄒᆞᆯ次로渡來ᄒᆞ야一般生徒를在在接見ᄒᆞ니言論也ㅣ激切ᄒᆞ고其思想也ㅣ勇健ᄒᆞ야國權을挽回ᄒᆞᆯ可望도此에在ᄒᆞ고民智를開發ᄒᆞᆯ可望도亦此에在ᄒᆞᆫ지라乃本國의居住地를問ᄒᆞᆫ즉皆曰平南某郡曰平壤城中曰平壤某村이오其他道也郡에云有ᄒᆞᆫ者ㅣ不無ᄒᆞ나其下에皆居ᄒᆞᆫ數額이라三島學生界를統計屈指ᄒᆞ니强半에殆至ᄒᆞᆯᄲᅮᆫ더러其實地學科에從事ᄒᆞ야他日敵愾의奮發心이有ᄒᆞᆫ者도亦不過平南同胞로다且聞ᄒᆞᆫ즉敎育上에만如是ᄒᆞᆯᄲᅮᆫ外라社會의團合ᄒᆞᄂᆞᆫ義務며書種의流播ᄒᆞᄂᆞᆫ事業이며自治制度의有志ᄒᆞᆫ傾向이며地方新聞의創始ᄒᆞᆯ議論이比肩接武而起ᄒᆞ야次弟로奏效ᄒᆞᆯ影響이發現ᄒᆞᆫ다ᄒᆞ니現此遑遑汲汲ᄒᆞᆫ時代를遭ᄒᆞ야許多ᄒᆞᆫ天職을不能缺一ᄒᆞ고平南一省의同胞兩肩上에擔負ᄒᆞ얏도다嗚呼라海洋의大가細流로始ᄒᆞ고泰山의大가小壤으로起ᄒᆞᆫ지라文明風潮가亦然ᄒᆞ야盎格魯撒遜民族이今日化柄을唱導ᄒᆞᆷ의世界萬國이

波奔汪洋ᄒᆞ야如此ᄒᆞᆫ文明時代를製造ᄒᆞ얏ᄉᆞᆫ즉此를由ᄒᆞ야觀ᄒᆞᆯ지면我國의箕城同胞ᄂᆞᆫ即六大洲의撒散民族과同ᄒᆞ다謂ᄒᆞᆯ지로다然ᄒᆞᆫ즉文化의先倡도我箕城同胞며實業의先倡도我箕城同胞며全國人民이是崇是拜ᄒᆞ며是歡是迎ᄒᆞᆯ者도我箕城同胞가아닌가嗚呼同胞여至重且大ᄒᆞᆫ責任이一所에叢集ᄒᆞ엿고至精且微ᄒᆞᆫ注目이標에萃到ᄒᆞ엿시니諸位同胞의沸騰ᄒᆞᆫ熱血이何如ᄒᆞᆫ境遇에至ᄒᆞ얏스리오마ᄂᆞᆫ本人도亦國民의一部分이라相勸相勉ᄒᆞᆷ이不已ᄒᆞᆯ義務인즉健馬의게走鞭을加ᄒᆞᄂᆞᆫ意로諸位同胞를爲ᄒᆞ야更히一言을忠告ᄒᆞ노라大抵學校敎育의秩序가小中大의階級이自有ᄒᆞ야次第步武를進取ᄒᆞᄂᆞᆫ것이어ᄂᆞᆯ貴城內外에小學設立은已經四五年에小學生徒의資格은多數히養成ᄒᆞ여슬지나完全ᄒᆞᆫ中學校가設立지못하얏다ᄒᆞᆫ즉小學卒業生은進取ᄒᆞᆯ前途가何에在ᄒᆞᆫ가此를聞ᄒᆞᆷ의寒心을不勝ᄒᆞ리로다設或京城과外國에遊學ᄒᆞᆫ다ᄒᆞ다리도其旅費와學資를能히自擔ᄒᆞᆯ者ㅣ幾人인가設又多數ᄒᆞ다云ᄒᆞᆯ지라도如是ᄒᆞᆫ敎育으로影響이普及ᄒᆞ기ᄂᆞᆫ萬無ᄒᆞᆯ理로다必也中學一所를平南中央에設立ᄒᆞ야一省內小學卒業以上生徒를統轄敎授ᄒᆞᆫ然後에야第可完全無缺ᄒᆞᆫ學術을養成ᄒᆞᆯ지니繼至於大學設施ᄒᆞ야ᄂᆞᆫ姑讓來頭ᄒᆞ고不容暇議어니와目下最急ᄒᆞᆫ中學設立ᄒᆞᆯ方略을講究ᄒᆞᆯ진ᄃᆡ以若諸位同胞의熱誠으로何難이有ᄒᆞ리오數百餘小學校가既有ᄒᆞᆫ즉一小學校의捐出이每年二十圓假量이라도歲入四千圓은假定ᄒᆞᆯ디이오全國에有名ᄒᆞᆫ資本家가頗多ᄒᆞᆫ地頭라有

志者의勸告를不應홀理가萬無홀터인즉幾萬圓資本은收聚홀지라財團이如是혼然後에는敎師講師가亦可無脛而至홀지니嗚呼라諸位同胞가何를憚ᄒᆞ야不爲ᄒᆞ는가設或資本家가不應홀念慮가有ᄒᆞ야然홈인가噫彼資本家가亦智慧가具혼者ㅣ라現今俱焚胥溺의禍機를見ᄒᆞ고웃지我의囊橐만括撫ᄒᆞ며設又蠢蠢貿貿혼守錢虜輩가此에不應ᄒᆞ면是는我同胞의公仇오我祖國의公敵이라各公筆로誅ᄒᆞ고討ᄒᆞ기는已無可論이어니와國民社會에立足홀餘地가將無ᄒᆞ리니彼가金銀을帶持ᄒᆞ고天으로上ᄒᆞ며地로入홀가可哀ᄒᆞ고可憐ᄒᆞ도다豺虎有北의投畀가目前에自在커든豈能終不入彀리오至於各小學校ᄒᆞ야는雖其資本이原無홀지라도學徒父兄의義捐과任員諸氏의誠助로도一年二十元의辦出은絶對的至難혼事라謂ᄒᆞ기는萬無홀터이어늘諸位同胞가如何혼關係를由ᄒᆞ야今日ᄭᆞ지中學一所가完全히成立치못ᄒᆞ얏는가是를惜ᄒᆞ고是를慨ᄒᆞ야諸位同胞의意見如何를並히認知코자ᄒᆞ야狂夫의言을不辭ᄒᆞ고玆에供陳ᄒᆞ노라

警告關北一路

朴漢榮

余는和州의一淺齡沒覺者流라所見焉眇域甚狹ᄒᆞ고所知焉茗芋甚闇ᄒᆞ야都無一技一藝之能이로ᄃᆡ幸雙耳가不聾ᄒᆞ야時聞海外之文明ᄒᆞ며兩目이不矇ᄒᆞ야日觀天下之情況호니全毬之上에敎育之不興이誠莫我大韓若이오大韓之中에도民智之未開가亦莫我關北若也라於是乎竊自茹悵飮泣ᄒᆞ야遂

大叫一聲ᄒᆞ야供獻一言ᄒᆞ노라
嗟我白頭山以南鋏嶺以北에住居ᄒᆞ시ᄂᆞᆫ十萬二千九百八十八戶의七十四萬四千六百九十五位(光武十年戶口調査表據)父母兄弟姊妹여尙以此時로謂混沌氏之時歟아抑以此世로謂無懷氏之世歟아胡爲乎尙夢桃源之春而不知萬國之競爭이額額劇烈ᄒᆞ며坐在黑洞之夜而不思全世之風潮가洶洶震盪고惟吾咸鏡道ᄂᆞᆫ關西와同히素以文學退步로爲南方人之不齒者ㅣ五百年于玆러니今關西人士ᄂᆞᆫ自甲乙兵燹以後로大覺敎育이爲今日之急務ᄒᆞ고如干家産을不爲之惜ᄒᆞ야送子弟于內國京師及外國而實學實業을學케ᄒᆯ뿐더러君國에獻身的思想과臣民의義務的敎育을是奮是勉ᄒᆞᆷ으로今日我國文明界의第一位를占有ᄒᆞ고海西一省도亦以曾無聞焉之地로與關西齊駕並驅ᄒᆞ야出海外而學者도不尠ᄒᆞ고詣洛中而學者도頗多ᄒᆯ뿐不是라余於昨冬에客于安岳ᄒᆞ야觀人民之程度ᄒᆞ니農夫樵豎라도無不能讀內外新聞ᄒᆞ며村婦巷女라도無不能誦家庭雜誌ᄒᆞ야庶有文明國之風이어ᄂᆞᆯ噫我關北은自一二年來로或不無學校之創立이로ᄃᆡ前日之八鄕廳而吮民血者類와入鄕校而竊學資者等이尙以麁拳頑習으로百般沮戲ᄒᆞ며萬方毁斥ᄒᆞ야期使學校로乍設旋罷케ᄒᆞ며所謂富者ᄂᆞᆫ利己之慾火만熾盛ᄒᆞ야不能設一校ᄂᆞᆫ姑捨ᄒᆞ고寧費萬金於酒技언뎡曾不捐一分錢於學校ᄒᆞ니其財를待其身死之日而欲獻于閻羅大王之前歟아嗚呼痛矣로다且其鄕曲之愚夫ᄂᆞᆫ聞隣人之子弟가入于學校ᄒᆞ면嫺笑不己ᄒᆞ며有勸設學校者면輒曰吾祖先之時

에ᄂᆞᆫ縱無學校之設이라도皆享泰平之福이라ᄒᆞ니此何其愚之甚也오我太祖高皇帝ㅣ龍興于永興ᄒᆞ셧ᄉᆞ니咸鏡道ᄂᆞᆫ卽周之岐豳과漢之豐沛어늘生於此土ᄒᆞ야長於此土ᄒᆞ며居於此土者ㅣ若是其不振이면尤豈非可耻之甚哉미오今西北이合同ᄒᆞ야一學會를組織ᄒᆞ고學校를屹建于京城之中央ᄒᆞᆯ식堤川의李熙直氏ᄂᆞᆫ猶非西北之人이로ᄃᆡ國家의教育前途를觀念ᄒᆞ야百斗落의畓을西北學會에寄付ᄒᆞ얏ᄉᆞ니凡吾北人이回想其無熱心於教育이면豈不自媿于中이리오然而我國의教育을論ᄒᆞᄂᆞᆫ者ㅣ猶且以吾北人으로云有熱心于學界者ᄂᆞᆫ靡他라惟李鍾浩氏가傾産而養全國之子弟ᄒᆞ며李東暉氏가揮淚而激各地之人民ᄒᆞ야各種學校를次第崛起케ᄒᆞᆷ으로吾北人의價値가幸不全墜로다願我關北人士ᄂᆞᆫ此를慕ᄒᆞ며此를倣ᄒᆞᆯ지어다右二氏만엇지獨히王臣이며獨히北人이리오嗚呼라吾關北의學校를無用ᄒᆞ다ᄒᆞ시ᄂᆞᆫ父老와其他人員이여國家의文明이學校의擴張에係在ᄒᆞᆷ을試言ᄒᆞ노니勿或以狂言妄說而置之焉ᄒᆞ소셔盖嘗大韓協會月報에揭載ᄒᆞᆫ世界列强의教育實況調査表를觀ᄒᆞᆫᄃᆡ英國은大學校가十五所中學校가六千七百九十一所小學校가三萬二千四十二所요美國은大學校가四百八十四所中學校가九千四百八十二所小學校生徒가一千五百四十一萬七千一百四十八人이라揭ᄒᆞ엿ᄉᆞ니小學校의數多ᄂᆞᆫ推此可想이오法國은大學校가五十二所中學校가一千十五所小學校가八萬四千九百三十所요德國은大學校가二十一所中學校가一千六

十五所小學校가五萬八千一百六十四所요日本은大學校가二所中學校가三百六十所小學校가二萬七千一百三十六所요俄國은大學校가九所中學校一千四所小學校가七萬八千七百七十八所요奧支利國(亨加利國並)은大學校가八所中學校가二百二十八所小學校가二萬八百二十所요比利時國은大學校가四所中學校가一百六十七所小學校가一萬三百九所요意大利國은大學校가二十一所中學校가六百五所小學校가七萬一千一百九十一所라ᄒᆞ니何國을勿論ᄒᆞ고國運의隆盛과民智의啓發이敎育普及에由치아님이無ᄒᆞ도다嗚呼라關北의人士여此를觀ᄒᆞ시고學校를多設ᄒᆞ야子弟를培養ᄒᆞ야我國으로ᄒᆞ야곰彼列强의文明과同進케ᄒᆞ면世界가可以知東亞에有大韓大韓에有關北이리다勗哉어다關北一路여

衛生部

失氣及假死의救急法

簡齋生

假死는阿片、酒精、酸化炭素、擅溜(俗稱간슈或云서슴)、街頭瓦斯、哥囉仿謨、等의中毒이나或强劇의外傷에起因ᄒᆞᆫ腦振盪、大出血、或은荒井廢礦의土穴이나深鎖年久ᄒᆞ엿던房屋中에入ᄒᆞ얏다가卒當ᄒᆞᆫ바窒息과其他電擊、溺水、縊首、凍冷、咽喉內異物阻塞、等의서來ᄒᆞᆫ呼吸障碍와或은精神의感動에原因ᄒᆞᆫ者와狹窄의被服과밋非常의熱度에由來ᄒᆞᆫ者요其他歇私的里와癲癎等의疾病에於ᄒᆞ야도亦一時此症을誘起ᄒᆞᆷ이有ᄒᆞ나卽此外觀

의眞死ᄒᆞᆫ狀態와如ᄒᆞᆷ의就ᄒᆞ야其假死와眞死를鑑別ᄒᆞ되果然假死에在ᄒᆞᆯ時에ᄂᆞᆫ救濟의法을怠忽ᄒᆞᆷ이不可ᄒᆞ니此法을名ᄒᆞ야救急의法이라云ᄒᆞᆷ

鑑別法

(第一)은心機를檢定ᄒᆞᆷ이可ᄒᆞ니其法은聽胷器를用ᄒᆞ야心音을聽ᄒᆞ며或은指頭를用ᄒᆞ야脈搏을診斷ᄒᆞ며或은心尖部에鐵針을刺入(半寸許)ᄒᆞ야針頭運動의有無에心動의存否를質定ᄒᆞ고

(第二)ᄂᆞᆫ血液循環의存否를探檢ᄒᆞ기爲ᄒᆞ야細紐로四肢를硬히括縛ᄒᆞ야其末梢部靜脈의怒脹與否와手頭足尖等에帶靑紅의血色을呈ᄒᆞᄂᆞᆫ與否를檢定ᄒᆞ고

(第三)은呼吸機能의尙存與否를檢察ᄒᆞ기爲ᄒᆞ야或은胷壁에封蠟을燒爛滴瀝ᄒᆞ야其部에潮紅을呈ᄒᆞᆷ으로幸히反射機能을起ᄒᆞ야呼吸作用을始케ᄒᆞ며或은明鏡을鼻口前에對ᄒᆞ야其曇霓의凝着與否를檢ᄒᆞ며或은燭火를接ᄒᆞ야光焰의顫動與否를注目ᄒᆞ며或은眼球의前面을摩擦ᄒᆞ야瞳孔의收縮與否를撿ᄒᆞᆷ이可ᄒᆞ고其他電氣의筋肉刺戟과或은體溫의測定도亦死의眞假를鑑別ᄒᆞᄂᆞᆫᄃᆡ供ᄒᆞᆷ을得ᄒᆞᆷ

大凡呼吸、心音、脈搏、等을撿ᄒᆞᆷ에當ᄒᆞ야五分乃至十分時間에毫도其形跡을示ᄒᆞᆷ이無ᄒᆞ면大抵眞死로認定ᄒᆞᆷ이可ᄒᆞᆷ

夫其原因의何如ᄒᆞᆫ者를勿論ᄒᆞ고假死된者ᄂᆞᆫ先히空氣善良ᄒᆞᆫ處에自由로通氣ᄒᆞᆯ만ᄒᆞᆫ場所를擇ᄒᆞ야移置安臥케ᄒᆞᆫ後에傍人의噪雜을禁ᄒᆞ고其原因에從ᄒᆞ야左에論ᄒᆞᆷ과如히何의方便을憑ᄒᆞ던지相次로人工呼吸術

을施홈이可홈
(一)中毒에原因혼者에는解毒藥을投ᄒᆞ고
(二)腦振盪에原因혼者에는先히其被服을解放ᄒᆞ고頭部에氷罨法을行ᄒᆞ며芥子泥熱布等을用ᄒᆞ야皮膚를刺戟ᄒᆞ고或은氷水灌腸을行ᄒᆞ며或은峻下劑를投ᄒᆞ고顔面에潮紅이着혼者에는刺絡法을施홀거시요
(三)大出血에原因혼者에는殊히頭部를低히仰臥케ᄒᆞ고樟腦或依的兒의皮下注射를行ᄒᆞ며又赤葡萄酒、武蘭垤熱等의興奮藥을投ᄒᆞ고又食鹽溶液의注入、或輸血法을行홈이可ᄒᆞ고
(四)荒井廢礦이나深鎖房屋에서窒息혼者는人工呼吸法을速行홈이可ᄒᆞ고
(五)電擊으로來혼者에는腦振盪과同一혼回生法을試홈

(六)溺水者에는先히水를吐出케홈이可ᄒᆞ고又口內의異物을拭除혼後에乾燥혼熱布片을用ᄒᆞ야全身을溫包ᄒᆞ고次에人工呼吸術을專施홈이可홈
(七)縊首者에는先히絞縧를解ᄒᆞ고皮膚의刺戟法을行ᄒᆞ며顔面의潮紅혼者에는每回刺絡法을施홈이可ᄒᆞ고
(八)凍死者에는第一其四肢를折傷되지안토록注意ᄒᆞ고且決코最初붓터溫暖혼場所에運搬ᄒᆞ는事가無케ᄒᆞ되先히雪或冷水를用ᄒᆞ야全身를摩擦ᄒᆞ고體溫의漸漸挽回홈을待ᄒᆞ야비로소溫暖혼室內에入處케혼後에此에於ᄒᆞ야或은熱布의皮膚摩擦、溫灌腸、等을試ᄒᆞ며且身體를溫包ᄒᆞ야靜臥케홈이可홈
(九)咽喉內異物阻塞에는先히其異物을除

去ᄒᆞᆷ이可ᄒᆞᆫ것은勿論이어니와或加帝ㅣ的兒(手術ᄒᆞ는機械의名 德語로가데ㅣ데루)를用ᄒᆞ야其吸出를試ᄒᆞ며或咽頭鉗子、咽頭消息子等을用ᄒᆞ야其摘出를試ᄒᆞ되凡機械를應用ᄒᆞᆷ에ᄂᆞᆫ少히頭部를下方에傾斜케ᄒᆞ고且其側位를取ᄒᆞᆷ이可ᄒᆞ며若或百方에其効力이無ᄒᆞ야久時持續ᄒᆞ면瀰延의慮가有ᄒᆞᆫ者에ᄂᆞᆫ速히氣管切開術을施ᄒᆞ거시요

(十)狹縊의被服으로來ᄒᆞᆫ者에ᄂᆞᆫ速히其被服을解脫ᄒᆞ며

(十一)精神의感動으로來ᄒᆞᆫ者에ᄂᆞᆫ此를先히仰臥케ᄒᆞ고何者던지酒精飮料를與ᄒᆞᆯ거시요

(十二)日射病等凡非常의熱度로來ᄒᆞᆫ者에ᄂᆞᆫ寒罨法을行ᄒᆞ며冷水灌腸을試ᄒᆞ고皮膚의刺戟을試ᄒᆞ며興奮藥을投ᄒᆞ고又積血이甚ᄒᆞᆫ者에ᄂᆞᆫ刺絡法을行ᄒᆞᄂᆞᆫ等假死救急의一般應用法과其他人工呼吸術를左의例則에遵施ᄒᆞᆷ이宜ᄒᆞᆷ (未完)

雜俎

警察問荅

會員 張啓澤

夫警察者ᄂᆞᆫ其範圍也ㅣ甚廣ᄒᆞ고其意義也ㅣ甚遠ᄒᆞ야其趣旨精神과其種類制度를難可以一筆詳記者故로今以問荅爲題ᄒᆞ고論其大綱ᄒᆞ노라

問警察法은如何ᄒᆞᆫ者를謂ᄒᆞᆷ인뇨 所謂警察法은公共의幸福利益을保護ᄒᆞ며社會의安寧秩序를維持ᄒᆞᄂᆞᆫ行政法規니卽ㅣ內務行政中의一部位를占有ᄒᆞᆫ者니라

問其定義如何오　近來學者間에說明이頗雜ᄒᆞ야不可以一一論記나擧其重要之点컨ᄃᆡ一曰警察은一般社會의生活利益을進就ᄒᆞᆷ에對ᄒᆞ야障碍ᄒᆞᄂᆞᆫ危害를豫防ᄒᆞᆷ으로目的ᄒᆞᄂᆞᆫ政務라ᄒᆞ며二曰警察은國家가公益保護ᄒᆞ기爲ᄒᆞ야人의自由를制限ᄒᆞ며强制力을用ᄒᆞᄂᆞᆫ行政行爲니若ㅣ强制의必要가無ᄒᆞᆫ時ᄂᆞᆫ警察이라名키不能타ᄒᆞ며三曰警察은身体財產에對ᄒᆞᆫ制限을依ᄒᆞ야國家及人民의安全幸福에對ᄒᆞᆫ危害를防制ᄒᆞᄂᆞᆫ行政行爲라ᄒᆞ니右三說中에此說이其中正鵠에近似ᄒᆞ도다

問行政과司法兩警察에異点이如何　行政警察者ᄂᆞᆫ行政全体의目的을達ᄒᆞ기爲ᄒᆞ야公共危害를豫防ᄒᆞ고安全을保存ᄒᆞᄂᆞᆫ權力作用이며司法者ᄂᆞᆫ既爲發生ᄒᆞᆫ人事의危害를制壓除却ᄒᆞ기爲ᄒᆞ야犯罪人을索查逮捕ᄒᆞ며秩序를保持케ᄒᆞᄂᆞᆫ權力行動이니라

問警察의機關如何오　此ᄂᆞᆫ警察權을實行ᄒᆞᄂᆞᆫ國家의機關이니國家의機關은卽ㅣ國家의首体手足이其意思를外部에發表ᄒᆞ야實施ᄒᆞᄂᆞᆫ要具를云ᄒᆞᆷ이니라

問官廳은如何官廳者ᄂᆞᆫ　大皇帝委任을依ᄒᆞ야一定ᄒᆞᆫ範圍內에서國家의直接事務를主体로行使ᄒᆞᄂᆞᆫ機關이니一人或數人으로組織ᄒᆞ며此를補助ᄒᆞᄂᆞᆫ者를官吏라稱ᄒᆞᄂᆞ니라

問警察機關의組織權限이如何뇨　此ᄂᆞᆫ國家法制의改革을從ᄒᆞ야時時變遷ᄒᆞᄂᆞᆫ者나現行官制를依論컨ᄃᆡ內閣總理大臣及各部大臣은上級警察官廳이니各其主管에屬ᄒᆞᆫ事務를管掌ᄒᆞ며警視總監及各道長官은中

級官廳이니各大臣의指揮監督을受ᄒᆞ야各其部內에事務를掌理ᄒᆞ며其下警察署長及分署長等은下級官廳이니警視總監其他地方長官의指揮를從ᄒᆞ야事務를執行ᄒᆞᄂᆞ니라

問憲兵은如何ᄒᆞᆫ者뇨　憲兵은軍部大臣에所屬이니軍事警察를全掌ᄒᆞ며或時에ᄂᆞᆫ司法及行政兩警察에執行機關이되나一定ᄒᆞᆫ法令을遵據ᄒᆞ야各事務를處理ᄒᆞ며自意로警察命令을發布ᄒᆞᆷ은不得ᄒᆞᄂᆞ니라

問警察作用의意義如何　此ᄂᆞᆫ警察權發動의方法準則과程度를指稱ᄒᆞᆫ者니詳言컨ᄃᆡ警察의行爲ᄂᆞᆫ如何ᄒᆞᆫ方式을依ᄒᆞ야發表ᄒᆞ며如何ᄒᆞᆫ準則에根據ᄒᆞᆫ者며如何ᄒᆞᆫ限度에서活動ᄒᆞᆷ을得ᄒᆞ며且其活動을障礙ᄒᆞᄂᆞᆫ者에對ᄒᆞ야强制手段의如何ᄒᆞᆫ것을卽ㅣ警察의作用이라ᄒᆞᄂᆞ니라

問警察命令은如何　警察機關이其包含ᄒᆞᆫ意思를實行ᄒᆞ기爲ᄒᆞ야發ᄒᆞᄂᆞᆫ者니卽ㅣ權力關係의規定으로行爲不行爲를命ᄒᆞᄂᆞᆫ者니라

問人身에對ᄒᆞᆫ警察權에範圍如何　但行政執行法上範圍內에人民檢束ᄒᆞᄂᆞᆫ規定을言ᄒᆞᆫ건ᄃᆡ暴行、爭鬪、泥醉、瘋癲、其他公安을害ᄒᆞᄂᆞᆫ者ㅣ自殺를願ᄒᆞᄂᆞᆫ者等이니暴行者ᄂᆞᆫ一人이他人에게對ᄒᆞ야不法ᄒᆞᆫ腕力으로加害ᄒᆞᄂᆞᆫ意味라卽ㅣ毆打、創傷、不法逮捕、及强姦、强奪、等이며爭鬪ᄂᆞᆫ二人以上이互相暴行ᄒᆞ야公共의安寧을紊亂케ᄒᆞᄂᆞᆫ者며泥醉瘋癲者ᄂᆞᆫ精神의動作을失ᄒᆞ며識別力이又無ᄒᆞᆫ者니若放任置之ᄒᆞ면危險ᄒᆞᆫ害毒이自身에止ᄒᆞᆯ뿐不啻라一般社會에其影

이不少ᄒᆞ며且安寧秩序를保存키難ᄒᆞᆫ者며自殺은一時의情感으로所起ᄒᆞᆫ者나其行爲가人類의正道를違反ᄒᆞ며善良의風俗을障害ᄒᆞ야國民의生存發達를計키難ᄒᆞᆫ者라故로當該官廳은相當ᄒᆞᆫ手段과所定ᄒᆞᆫ法規로當制之當禁ᄒᆞᄂᆞ니라

問警察의豫戒令은如何　豫戒者ᄂᆞᆫ行政官廳(警視廳及警務局各地方長官)이公共의安寧保持ᄒᆞ기爲ᄒᆞ야(一)平常粗暴ᄒᆞᆫ言論行爲로爲事ᄒᆞ며一定ᄒᆞᆫ生業이無ᄒᆞᆫ者(二)總히他人의開設ᄒᆞᆫ集會를妨害ᄒᆞ며又妨害ᄒᆞᆯ野心이有ᄒᆞᆫ者(三)不問公私ᄒᆞ고他人의業務行爲에干涉ᄒᆞ야其自由를妨害ᄒᆞ며又損害코저ᄒᆞᄂᆞᆫ者等에對ᄒᆞ야一定ᄒᆞᆫ命令과特別ᄒᆞᆫ制限으로處分ᄒᆞᄂᆞᆫ警察命令이니라

問集會에關ᄒᆞᆫ警察은如何　多數ᄒᆞᆫ公象의一團이共同目的을達ᄒᆞ기爲ᄒᆞ야會合ᄒᆞᆫ者나社會上或政治上에危險을釀生ᄒᆞᆯ虞ㅣ有ᄒᆞᆫ時ᄂᆞᆫ此를防制禁止ᄒᆞᆷ으로目的ᄒᆞᄂᆞᆫ者니라

學生의職分과義務

會員 朱東瀚

凡人生乎世ᄒᆞ야誰가天賦ᄒᆞ신職分과國民된義務가無ᄒᆞ리오마ᄂᆞᆫ特別히學生의職分과義務를對ᄒᆞ야概要를略陳ᄒᆞ노니大抵職分의限界ᄂᆞᆫ如何ᄒᆞᆫ程度ᄭᆞ지至ᄒᆞ면超越치아니ᄒᆞ며義務의責任은如何ᄒᆞᆫ程度ᄭᆞ지至ᄒᆞ면盡了ᄒᆞ얏다ᄒᆞ깃ᄂᆞᆫ요ᄒᆞᄂᆞ問題에對ᄒᆞ야斷言키難ᄒᆞᄂᆞ大略三種으로分類說明ᄒᆞᆯ진ᄃᆡ職分에自然에出ᄒᆞᆫ職分、自由에任ᄒᆞᆫ職分、國家에對ᄒᆞᆫ職分이오義務에學校에

對ᄒᆞᆫ義務、地方에對ᄒᆞᆫ義務、國家에對ᄒᆞᆫ義務니一、自然에出ᄒᆞᆫ職分은明明上天이人類를降生ᄒᆞ시매東西洋를勿論ᄒᆞ고何地方이든지人類가自然團聚ᄒᆞ야憂樂을共同ᄒᆞᆷ은卽天이博愛ᄒᆞ시ᄂᆞᆫ情을表ᄒᆞ신줄노思想ᄒᆞ노니學生은此固有ᄒᆞᆫ職分으로尤益敦睦ᄒᆞ야天의博愛ᄒᆞ시ᄂᆞᆫ情을拒逆치아니ᄒᆞᆷ이注意ᄒᆞᆯ것이오二、自由에任ᄒᆞᆫ職分은自己의權利範圍內에셔行動ᄒᆞᆷ을云ᄒᆞ니卽身體自由名譽財産等이라此와反ᄒᆞ야自由를濫用ᄒᆞ면爭端이煩起ᄒᆞ야自由가全無ᄒᆞᆷ이至ᄒᆞᆯ지니個人互相間에各各自己의自由一部合을自己로拘束ᄒᆞ야自己의財産을他人의게貸與ᄒᆞᆷ을由ᄒᆞ야完全ᄒᆞᆫ債權이發生ᄒᆞᆷ과如히完全ᄒᆞᆫ自由를保存ᄒᆞᆯ것이요

三、國家에對ᄒᆞᆫ職分은汎稱ᄒᆞᆯ時ᄂᆞᆫ政府以下各官廳及庶民ᄭᆞ지包含ᄒᆞ얏스나玆에但히學生의國家에對ᄒᆞᆫ職分을陳述ᄒᆞ노니所謂學生은敎育에만熱心ᄒᆞ야舊頑習을滌除ᄒᆞ고新知識을擴充ᄒᆞ야장ᄎᆞ國家의獨立과自由를回復ᄒᆞ고材料ᄂᆞᆫ卽棟樑柱石과如ᄒᆞᆫ것을搆成ᄒᆞᆷ이니此重任을負擔ᄒᆞᆫ者엇지權門貴閥에忙履馳念ᄒᆞ리오然則仕宦特性은學生의職分外인事니一層注意ᄒᆞᆯ것이요

一、學校에對ᄒᆞᆫ義務ᄂᆞᆫ一定ᄒᆞᆫ學年內에愛校ᄒᆞᄂᆞᆫ心으로本校規則을法律과如히遵守ᄒᆞ야校長及任員諸氏監督下에服從ᄒᆞ되自己의身體를學校에輸納ᄒᆞᆷ과如히ᄒᆞ야知有規則而不知有身體ᄒᆞ면校席이紊亂치아니ᄒᆞᆯ것이오

二、地方에對ᄒᆞᆫ義務ᄂᆞᆫ諸般普通及專門科에셔以上은仕宦家가될가敎育家가될가躕

躇치말고各地方에分派ᄒᆞ야不知世變ᄒᆞ고舊學文만坐讀ᄒᆞᄂᆞᆫ頑固黨을萬端說明으로家喩戶曉ᄒᆞ야新知識으로心腹에注灌케ᄒᆞ며國家思想으로腦髓에固結케ᄒᆞ되被敎育者間에表皮로敎育에出身ᄒᆞ야名譽만圖得ᄒᆞᄂᆞᆫ者가有ᄒᆞ거든血淚로激厲ᄒᆞ야精神敎育을受케ᄒᆞᆯ지니愛國精神이無ᄒᆞ고新學文만鍊習ᄒᆞᄂᆞᆫ人은寧히舊學文을鍊習ᄒᆞᄂᆞᆫ人의祖國思想만不如ᄒᆞ리니所以로一人이百人을感動ᄒᆞ고百人이萬人을皷動ᄒᆞ야孰知孰否란說이無ᄒᆞ면他日國家獨立을建設ᄒᆞᄂᆞᆫ日을當ᄒᆞ야二千萬同胞中에誰가援助協成코져아니ᄒᆞ리요人民은卽國家의分子니物理學上分子와如히團合力과凝集力이多ᄒᆞ야分釋키難홈은多言을不要ᄒᆞᆯ지라此를義務가아니라ᄒᆞ야敎育家로出身치아니ᄒᆞ면彼頑愚ᄒᆞᆫ人民을誰가開喩ᄒᆞ며他日悲慘ᄒᆞᆫ情形을誰가救得ᄒᆞ리오

三、國家에對ᄒᆞᆫ義務ᄂᆞᆫ汎稱ᄒᆞᆯ時ᄂᆞᆫ憲法上義務及兵役納稅等義務를統稱홈이나玆에但히學生資格으로國家에對ᄒᆞᆫ義務만說明ᄒᆞ노니特別히國家의義務에對ᄒᆞ야立志가不完全ᄒᆞ면絕世ᄒᆞᆫ新知識과超倫ᄒᆞᆫ新思想이有ᄒᆞ드라도國家의義務를堪當ᄒᆞ기難ᄒᆞ니立志ᄒᆞ기를國家ᄂᆞᆫ卽我身我身은卽國家라國家의榮辱은卽我身의榮辱이요國家의存亡은卽我身의存亡이니國家外ᄂᆞᆫ我身이無ᄒᆞᆫ줄노思量ᄒᆞ고擔任ᄒᆞᄂᆞᆫ것이엇지立志의大要가아니리요然則學生界에셔應盡ᄒᆞᆯ義務가普通國民보다一層重大ᄒᆞ다ᄒᆞ노니惟我一般學生은此職分과此義務를自擔極盡ᄒᆞ여야資格의合當ᄒᆞᆫ줄노大略說明ᄒᆞ노

라

各國國力比較 (前號續)

本表도前號에揭載ᄒᆞᆫ陸軍比較表와如히美國統計及經濟를據ᄒᆞ야揭載ᄒᆞᄂᆞᆫ但軍艦의種別과兵員의階級은省約ᄒᆞ고其總數만列擧ᄒᆞ며次第ᄂᆞᆫ軍艦의多寡로써定홈

一、英吉利ᄂᆞᆫ海軍勢力으로世界에最冠ᄒᆞᆫ國이라其軍艦의總數ᄂᆞᆫ七百五十二隻에至ᄒᆞ며乘組人員은十二萬一千六百六十五人이오海軍費ᄂᆞᆫ三億五千九百三十萬三千八百圓이라ᄒᆞ며

二、佛蘭西의海軍力은軍艦이統計三百六十五隻에至ᄒᆞ며乘組人員이五萬三千二百四十七人이요海軍費ᄂᆞᆫ一億二千五百十三萬一千四百五十四圓이라ᄒᆞ며

三、伊太利의海軍力은軍艦이統計三百二十三隻이요乘組人員이二萬八千五百十二人이요海軍費ᄂᆞᆫ四千七百六十萬四千九百八十圓이라ᄒᆞ며

四、露西亞의海軍力은軍艦이統計二百七十一隻이며乘組人員이六萬八千六百人이요海軍費ᄂᆞᆫ一億一千七百七萬六百三十四圓이라ᄒᆞ며

五、米洲合衆國의海軍力은軍艦이統計二百六十五隻이며乘組人員이三萬二千七十六人이요海軍費ᄂᆞᆫ一億六千三百七十五萬三千五百八十二圓이라ᄒᆞ며

六、獨逸의海軍力은軍艦이統計二百五十一隻이며乘組人員이三萬八千一百三十六人이요海軍費ᄂᆞᆫ三千九百七十二萬六百三十圓이라ᄒᆞ며

七、日本의海軍力은軍艦이統計二百三十六隻이요乘組人員이四萬二千四百七十一人이요海軍費는二千九百十九萬六千圓이라ᄒᆞ며

八、奧地利、匈牙利의海軍力은軍艦이統計一百四十隻이며乘組人員이一萬八百人이요海軍費는一千一百六十四萬五千三百二十圓이라ᄒᆞ며

九、和蘭의海軍力은軍艦이統計一百二十九隻이며乘組人員이二萬七千一百二十四人이요海軍費는二千一百六十二萬一千三百四十八圓이라ᄒᆞ며

十、瑞典의海軍力은軍艦이統計六十八隻이며乘組人員이四千九百九十七人이요海軍費는一千一百六十二萬八千二百五十二圓이라ᄒᆞ며

十一、西班牙의海軍力은軍艦이統計六十七隻이요乘組人員이六千九百六十六人이요海軍費는一千四百三十四萬四千五百五十八圓이라ᄒᆞ며

十二、支那의海軍力은軍艦이統計六十四隻이며乘組人員이三千人이요海軍費는六百萬圓이라ᄒᆞ며

十三、伯西亞의海軍力은軍艦이統計五十八隻이며乘組人員이七千二百人이요海軍費는一千七百十三萬三千六十八圓이라ᄒᆞ며

十四、諸威의海軍力은軍艦이統計五十五隻이요乘組人員이五千一百十五人이요海軍費는二百九十四萬九千六百三十四圓이라ᄒᆞ며

十五、丁抹의海軍力은軍艦이統計四十九

隻이며乘組人員이一千九百四十六人이요海軍費는一千一百六十四萬五千三百二十圓이라ᄒᆞ며

十六、土耳其의海軍力은軍艦이統計四十八隻이며乘組人員이二萬七百人이요海軍費는四百八十萬六千六百三十八圓이라ᄒᆞ며

十七、亞利然丁의海軍力은軍艦이統計四十八隻이요乘組人員이九千一百五十七人이요海軍費는一千一百六十四萬五千三百二十圓이라ᄒᆞ며

十八、希臘의海軍力은軍艦이統計四十五隻이며乘組人員이三千七百八十二人이요海軍費는三百四十三萬五千八十四圓이라ᄒᆞ며

十九、葡萄牙의海軍力은軍艦이統計四十

二隻이며乘組人員이五千六百人이요海軍費는九百十一萬八百九十圓이라ᄒᆞ며

二十、智利의海軍力은軍艦이統計二十二隻이며乘組人員이四千六百五十人이요海軍費는五百九十萬八十六圓이라ᄒᆞ며

二十一、羅馬尼의海軍力은軍艦이統計二十隻이며乘組人員이一千九百三十五人이요海軍費는五十三萬八千圓이라ᄒᆞ며

二十二、墨西哥의海軍力은軍艦이統計十隻이며乘組人員이一千一百六十三人이요海軍費는三百七十四萬六千圓이라ᄒᆞ더라

○各國國力比較其三(財政)

(本表는一千九百五年英國政家年鑑을據홈)

(本表의次序는歲入多寡로定홈)

一、露西亞의歲入은經常部와臨時部를合

ᄒᆞ야二十三億三千五百七十三萬五千圜에至ᄒᆞ고歲出은經常部와臨時費을合ᄒᆞ야二十二億二千五百六萬六千圜이니歲入超過額이一億一千六十六萬九千圜이며國債額은七十億七千八百五十一萬九千三百圜이요國債費는三億五百五十萬圜이라ᄒᆞ니故로歲入及歲出額은世界에最多數에居ᄒᆞ나國債의多寡는第三位에居ᄒᆞᄂᆞ니라

二、佛蘭西의歲入의直稅、間稅、專賣稅와及其他를合ᄒᆞ야十四億三千二百九十九萬七千圜에至ᄒᆞ고稅出은軍費와行政費와實業賣買等을合ᄒᆞ야十四億七千九百七十三萬一千圜이니歲出超過額이四千六百七十三萬四千圜이며國債額은一百二十一億五千一萬七千圜이오國債費는四億八千八百十三萬三千八百圜이니歲出入은次序와如히第二位에居ᄒᆞ며國債는世界最多數에居ᄒᆞᄂᆞ니라

三、英吉利의歲入은關稅、營業稅、所得稅、地租、家屋貰、築租稅、非租稅를合ᄒᆞ야十四億一千五百四十五萬五千八百圜이요歲出은固定資金支出과政務費를合ᄒᆞ야十四億六千九百六十萬一千四百圜이니歲出超過額이五千四百十五萬五千六百圜이며國債額은七十九億四千四百九十八萬一千圜이요國債費는二億七千萬圜이니歲出入은第三位며國債額第二位에居ᄒᆞ니라

四、北美合衆國의歲入은關稅、內國稅、郵便收入及其他를合ᄒᆞ야十一億二千四百五十一萬四千圜이요歲出은行政費、軍

費、郵便費、及其他를合ᄒᆞ야十二億一千一百三十九萬七千圓이니歲出超過額이八千六百八十八萬三千圓이며國債額은四十七億九百十二萬八千圓이요國債費는五千一百二十六萬五千圓이니歲出入은第四位에居ᄒᆞᄂᆞᆫ國債額은第五位에居ᄒᆞᄂᆞ니라

五、獨逸의歲入은經常部와聯邦分擔額을幷ᄒᆞ야十億一千六百二十三萬八千圓이요歲出은行政費、軍費、實業費、及臨時部를合ᄒᆞ야十億九十三萬四千圓이니歲入超過額이一千五百三十五萬四千圓이며國債額은十四億七千二百七十五萬圓이요國債費가五千二百三十五萬六千五百圓이니歲出入은第五位에居ᄒᆞ며國債額은第十一位에居ᄒᆞᄂᆞ니라

六、奧地理의歲入은統計八億一千五百十四萬二千一百圓이요歲出統計는八億四千四百六十八萬二千五百圓이니歲出超過額이二千九百五十四萬四百圓이며國債額은十五億六千七百二十四萬三千五百二十圓이요國債費는七千二百十萬六千八百圓이니歲出入은第六位에居ᄒᆞ며國債額은第十位에居ᄒᆞᄂᆞ니라

七、伊太利의歲入은實務、鐵道、資本運用、整理等四種이니統計七億四千六百五十一萬九千圓이요歲出도亦四種에統計七億三千二百九十八萬二千圓이니歲入超過額이一千三百五十三萬七千圓이며國債額은五十億四千八百五十六萬五千圓이요國債費는二億三千一百十八萬九千圓이니歲出入은第七位에居ᄒᆞᄂᆞᆫ國債額

은第四位에居ᄒᆞ얏ᄂᆞ니라

八、匃牙利의歲入은經常部와臨時部를合ᄒᆞ야四億五千九百九十五萬三千圓이오歲出은經常部와一時金과放資金等을合ᄒᆞ야四億七千七百三十二萬七千圓이니歲出超過額이一千七百三十七萬四千圓이오國債額은二十一億九千六百七十九萬圓이오國債費ᄂᆞᆫ一億二千七十四萬三千圓이니歲出入額과國債幷히第八位에居ᄒᆞᄂᆞ니라

九、西班牙의歲入은統計四億二萬七千圓이오歲出統計ᄂᆞᆫ三億八千七百五十六萬五千圓이니歲入超過額이一千二百四十六萬二千圓이오國債額은三十八億六千七百十三萬五千九百圓이오國債費ᄂᆞᆫ一億五千八百五十九萬四千七百圓이니歲出入額은第九位에居ᄒᆞ나國債額은第六位에居ᄒᆞ엿ᄂᆞ니라

十、日本의歲入은租稅와官有財產收入과雜稅收入과其他臨時部를幷ᄒᆞ야二億九千二百五萬八千圓이오歲出은臨時部와經常部를合ᄒᆞ야三億三千三百十八萬二千圓이니歲出超過額이四千一百十二萬四千圓이오國債額은五億六千四百九十一萬九千圓（但此ᄂᆞᆫ明治三十五年國債額數）이오國債費ᄂᆞᆫ四千萬九千圓이니歲出入額은第十位에居ᄒᆞ나國債額第十六位에居ᄒᆞ엿ᄂᆞ니라

十一、白耳義의歲入은中央과地方을幷ᄒᆞ야二億五千一百十萬圓이오歲出은亦中央과地方을幷ᄒᆞ야一億四千六百十四萬二千四百圓이니歲入超過額이四百九十五萬七千六百圓이오國債ᄂᆞᆫ十一億五千

一百七十五萬八千圓이오國債費는五千七百四十一萬四千六百圓이니歲出額은第十一位에居ᄒᆞ나國債額은第十三位에居ᄒᆞᄂᆞ니라

十二、土耳其의歲入은統計一億七千五百萬圓이오歲出은一億七千五百萬六千圓이니歲出超過額이六千圓이며國債額은十億五千萬圓이며國債費는二千三百五十七萬六千圓이니歲出入額은第十二位에居ᄒᆞ며國債額은十四位에居ᄒᆞᄂᆞ니라

十三、墺地利匈牙利의歲入은關稅收入과墺地利及匈牙利의分擔額을合ᄒᆞ야一億五千三百三十三萬七千五百圓이오歲出도歲入과同一홈으로過不足이無ᄒᆞ며國債는二十二億九千八百七十三萬二千三百圓이오國債費는一億二千六百五十八萬一千圓이니歲出入額은第十三位에居ᄒᆞᄂᆞ國債額은第七位에居ᄒᆞᄂᆞ니라

十四、和蘭의歲入은一億三千八百三十三萬四千圓이오歲出은一億三千七百二十二萬一千圓이니歲入超過額이一百十一萬三千圓이며國債額은九億二千一百八十九萬圓이니歲出入額은第十四位에居ᄒᆞᄂᆞ國債額은第十五位에居ᄒᆞᄂᆞ니라

十五、支那의歲入은地租와地方稅와其他雜稅를幷ᄒᆞ야一億三千萬圓이오歲出은經常部와臨時部를合ᄒᆞ야亦一億三千萬圓이니互相過不足이無ᄒᆞ고國債는十二億圓이오國債費는六千五百萬圓이니歲出入額은第十五位에居ᄒᆞ고國債額은第十二位에居ᄒᆞ얏ᄂᆞ니라

十六、葡萄牙의歲入은一億二千八百八十

二萬一千圓이요歲出은一億四千十五萬九十圓이니歲出超過額이一千一百三十三萬八千圓이요國債額은十七億四千圓이며國債費은五千萬圓이니歲出入額은第十六位에居ᄒᆞᄂᆞᆫ國債額은第九位에居ᄒᆞᄂᆞ니라

十七、羅馬尼의歲入一億六千圓이요歲出은八千七百七萬三千六百圓이니歲入超過額이一千二百九十三萬二千四百圓이요國債額은五億四千三百九十七萬圓이며國債費는三千四百九萬二千圓이니歲出入額과國債額이幷히第十七位에居ᄒᆞ엿ᄂᆞ니라

十八、瑞典의歲入은九千六百四十七萬五千圓이요歲出도亦九千六百四十七萬五千圓이니互相過不足이無ᄒᆞ며國債額一億九千一百七十八萬六千圓이요國債費는六百七十八萬八千圓이니歲出入은第十八位에居ᄒᆞ며國債額은第十九位에居ᄒᆞᄂᆞ니라

十九、諸威에歲入은五千五百五十萬九千圓이요歲出은五千六百九十一萬七千圓이니歲出超過額이一百四十萬八千圓이요國債額이一億四千五百五十八萬四百圓이요國債額은四百四十五萬八百五十圓이니歲出入額은第十九位에居ᄒᆞ고國債額은第二十一位에居ᄒᆞᄂᆞ니라

二十、瑞西의歲入은四千五百二萬三千三百圓이요歲出은四千四百三萬四千六百圓이니歲入超過額이九十八萬八千七百圓이요國債額은四千七百四十二萬一千二百圓이요國債費二百十八萬三千圓이

니歲出入은第二十位에居ᄒᆞ고國債額은最末位에在ᄒᆞ니라

二十一、伯爾加里의歲入은四千四百六十二萬八千圓이요歲出은四千六百二十一萬七千六百圓이니歲出超過額이二十七萬五千四百圓이며國債額은一億一千七百五十九萬七千圓이요國債費ᄂᆞᆫ一千二百五十一萬一千圓이니歲出入額은第二十一位에居ᄒᆞᄂᆞᆫ國債額은第二十三位에居ᄒᆞ엿ᄂᆞ니라

二十二、丁抹의歲入은四千四百三十一萬二千一百圓이요歲出은四千六百二十一萬七千六百圓이니歲出超過額이一百五十八萬九千六百圓이요國債額은一億一千七百五十九萬九千七百圓이요國債費ᄂᆞᆫ四百三十九萬九千三百圓이니歲出入額과國債額이皆第二十二位에居ᄒᆞᄂᆞ니라

二十三、希臘의歲入은三千六萬五千圓이요歲出은二千一百五千圓이니歲入超過額이三百八十六萬圓이요國債額은三億三千七百二萬圓이요國債費ᄂᆞᆫ八百八十四萬八千圓이니歲出入額은第二十三位에居ᄒᆞ고國債額은第十八位에居ᄒᆞ엿ᄂᆞ니라

二十四、塞爾維의歲入은二千八百二十二萬六千四百圓이요歲出은二千九百十九萬三千三百圓이니歲出超過額이九十六萬六千九百圓이요國債額은一億八千八百十五萬七千八百圓이요國債費ᄂᆞᆫ九百六十一萬五千九百圓이니歲出入額은最末位에居ᄒᆞᄂᆞᆫ國債額은第二十位에居ᄒᆞ

엿ᄂᆞ니라

各國主權者의歲費

土耳其 三千二百萬圓 葡萄牙 一百二十七萬圓 露西亞 二千四百萬圓 瑞典那威 一百十五萬圓 英吉利 千五百八萬圓 瓦敦堡 九十二萬圓 奧匈 七百七十五萬圓 丁抹 五十二萬二千圓 普魯亞 七百七十萬六千圓 希臘 五十二萬圓 伊太利 六百七萬圓 和蘭 五十萬圓 西班牙 四百萬圓 塞爾維 四十八萬圓 日本 三百萬圓 羅馬尼 四十七萬四千圓 巴威耳 二百八十萬圓 佛蘭西 二十四萬圓 撒遜 一百四十七萬圓 美洲合衆國 十萬圓 白耳義 一百三十二萬圓 瑞西 五千四百圓

各國의面積及人口

但次序ᄂᆞᆫ面積의多寡로定홈

一、英吉利의本土面積은十二萬九百七十九方里에不過ᄒᆞ나屬地面積은一千一百一萬六千二百三十四方里에至ᄒᆞᄂᆞ니總面積은一千一百十三萬七千二百十三方里에人口ᄂᆞᆫ本國에四千一百六十萬七千五百五十二人이요屬地에三億五千四百六十五萬一千七十二人이니總人口가三億九千六百二十五萬八千六百二十四人이라故로國土의面積은最多數를據ᄒᆞ야ᄂᆞᆫ人口ᄂᆞᆫ第二位에居ᄒᆞ얏ᄂᆞ니라

二、露西亞의面積은本國이二百九萬五千六百十六方里요屬地가六百六十七萬一千三百九十二方里니總面積이八百七十

六萬七千八方里요人口는本國에一億六百二十六萬四千一百三十六人이요屬地에二千四百九十四萬七千人이니總人口는一億三千一百二十一萬一千一百三十六人이라故로地積은次序와如히第二位에居ᄒᆞ며人口는第三位에居ᄒᆞ얏ᄂᆞ니라

三、佛蘭西의面積은本國이二十萬七千五十四方里요屬地가四百七萬二千七十六方里니總地積이四百二十七萬九千一百三十方里며人口는本國에三千八百九十六萬一千九百四十五人이오屬地에五千一百十三萬九千三百四十八人이니總人口는九千十萬一千二百八十五人이라故로地積은第三位에居ᄒᆞ며人口는第四位에居ᄒᆞ얏ᄂᆞ니라

四、支那의面積은本土가一百五十三萬四百二十方里요屬地가二百七十四萬四千七百五十方里니總地積이四百二十七萬七千一百七十方里며人口는本土에四億七百三十三萬七千三百五人이오屬地에一千八百七十一萬人이니總人口는四億二千六百四萬七千三百五人이라故로地積은第四位에居ᄒᆞ나人口는世界第一位에居ᄒᆞᄂᆞ니라

五、合衆國의面積은本土가三百五十六萬六千一百四方里요屬地가十六萬九千九百四十七方里니總面積은三百七十三萬六千五十一方里며人口는本土에七千六百三十萬三千三百八十七人이오屬地에一千五十四萬八百八十八人으니總人口는八千六百八十四萬四千二百七十五人이라故로地積과人口가并히第五位에居

ᄒᆞ얏ᄂᆞ니라

六、伯西兒의面積은三百二十一萬八千一百三十方里오人口ᄂᆞᆫ一千四百三十三萬三千九百十五人이니地積은第六位에居ᄒᆞ며人口ᄂᆞᆫ第十五位에居ᄒᆞᄂᆞ니라（但伯西兒ᄂᆞᆫ屬地가無ᄒᆞᆷ）

七、土耳其의面積은本土가一百十一萬五千四十六方里요屬地가四十六萬四千九百三十六里方니總面積이一百五十七萬九千九百八十二方里며人口ᄂᆞᆫ本土에二千四百九十三萬一千六百人이오屬地에一千五百五十萬九千三百五十七人이니總人口ᄂᆞᆫ四千四十萬九百五十七人이라故로地積은第七位에居ᄒᆞ고人口ᄂᆞᆫ第十位에居ᄒᆞᄂᆞ니라

八、獨逸의面積은本國이二十萬八千八百三十方里요屬地가一百二萬七千八百二十方里니總地積이一百二十三萬六千六百五十方里며人口ᄂᆞ本國에五千六百三十六萬七千一百七十八人이오屬地에一千三百八萬七千人이니總人口가六千九百四十五萬四千一百七十八人이라故로地積은第八位에居ᄒᆞ고人口ᄂᆞᆫ第六位에居ᄒᆞᄂᆞ니라

九、亞爾然丁의面積은一百十三萬五千八百四十方里요人口ᄂᆞᆫ四百七十九萬四千一百四十九人이니地積은第九位에居ᄒᆞ며人口ᄂᆞᆫ第二十二位에居ᄒᆞᄂᆞ니라

十、보리뷔야의面積은九十八萬三千九百八十二方里요人口ᄂᆞᆫ一百八十五萬二千六百七十三人이니地積은第十位에居ᄒᆞᄂᆞ人口ᄂᆞᆫ稀薄ᄒᆞᆷ으로最末位에居ᄒᆞᄂᆞ니라

十一、白耳義의面積은本國이一萬一千三百七十三方里에不過ᄒᆞᄂᆞ屬地가九十萬方里니總面積이九十一萬一千三百七十三方里에至ᄒᆞ며人口ᄂᆞᆫ本國에六百六十九萬三千五百四十八人이오屬地에三千萬人이니總人口가三千六百六十九萬三千五百四十八人이라故로地積과人口가幷히第十一位에居ᄒᆞᄂᆞ니라

十二、葡萄牙의面積은本國이三萬六千三十八方里에不過ᄒᆞᄂᆞ屬地가八十萬一千六十方里니總面積이八十三萬七千九十八方里요人口ᄂᆞᆫ本國에五百四十二萬八千六百五十九人오屬地에九百二十六萬七千四百四十四人이니總人口가一千四百六十九萬六千一百三人이라故로地積은第十二位에居ᄒᆞ며人口ᄂᆞᆫ第十四位에居ᄒᆞᄂᆞ니라

十三、和蘭의面積은本國이一萬二千六百四十八方里에不過ᄒᆞᄂᆞ屬地가七十八萬二千八百六十三方里에至ᄒᆞ니總地積이七十九萬五千五百十一方里며人口ᄂᆞᆫ本國에五百二十六萬三千二百三十二人이오屬地에三千六百十二萬一千二百六十九人이니總人口ᄂᆞᆫ四千一百三十八萬四千五百一人이라故로地積은第三位에居ᄒᆞᄂᆞ人口ᄂᆞᆫ第九位에居ᄒᆞᄂᆞ니라

十四 墨西哥의面積은七十六萬七千五方里요人口ᄂᆞᆫ一千三百五十四萬五千四百六十二人이니地積은第十四位에居ᄒᆞ며人口ᄂᆞᆫ第十六位에居ᄒᆞᄂᆞ니라

十五、秘魯의面積은六十九萬五千七百三十三方里에至ᄒᆞ며人口ᄂᆞᆫ四百六萬一千

人이니地積은第十三位에居ᄒᆞ며人口는第二十三位에居ᄒᆞᄂᆞ니라

十六、波斯의面積은六百二十八萬方里요人口는九百五十萬人이니地積은第十六位에居ᄒᆞ며人口는第十七位에居ᄒᆞᄂᆞ니라

十七、뷔에네즈웨라의面積은五十九萬三千九百四十三方里요人口는二百三十二萬三千五百二十七人이니地積은第十七位에居ᄒᆞ며人口는第二十九位에居ᄒᆞᄂᆞ니라

十八、哥倫比亞의面積은五十萬四千七百七十三方里요人口는三百八十七萬八千六百人이니地積은第十八位에居ᄒᆞ며人口는第二十四位에居ᄒᆞᄂᆞ니라

十九、西班牙의面積은本國이十九萬四千七百八十三方里요屬地가二十五萬二千八百五十方里니總面積이四十四萬七千六百三十三方里요人口는本國에一千八百六十一萬八千八十六人이오屬地에十二萬四千十一人이니總人口가一千八百七十四萬二千九十七人이니地積은第十九位에居ᄒᆞ고人口는第十三位에居ᄒᆞᄂᆞ니라

二十、伊太利의面積은本國이十一萬五百六十九方里요屬地에十八萬八千三百五十六方里니總面積이二十九萬八千九百二十五方里며人口는本國에三千二百四十七萬五千二百五十三人이오屬地에六十九萬人이니總人口가三千三百十六萬五千二百五十三人이라故로地積은第二十位에居ᄒᆞ며人口는第十二位에居ᄒᆞᄂᆞ

니라

二十一、瑞典、那威의面積은二十九萬七千六方里요人口는七百四十一萬五千一百八人이니地積은第二十一位에居ᄒᆞ며人口는第十八位에居ᄒᆞᄂᆞ니라

二十二、智利의面積은二十七萬九千九十一人이오人口는二百七十一萬二千一百四十五人이니地積은第二十二位에位ᄒᆞ며人口는第二十六位에居ᄒᆞᄂᆞ니라

二十三、奧地利ㅣ匈牙利의面積은本國이二十四萬一千三百三十三方里요屬地가二萬三千二百六十二方里니總面積이二十六萬四千五百九十五方里요人口는本國에四千五百四十萬五千二百六十七人이오屬地에一百五十六萬八千九十二이니總人口는四千六百九十七萬三千三百

五十九人이라故로地積은第二十三位에居ᄒᆞ고人口는節八位에居ᄒᆞᄂᆞ니라

二十四、暹羅의面積은二十三萬六千方里요人口는五百萬이니地積은第二十四位에居ᄒᆞᄂᆞ人口는第二十位에居ᄒᆞᄂᆞ니라

二十五、모롯고의面積은二十一萬九千方里요人口는五百萬이니地積은第二十五位에居ᄒᆞ고人口는第二十一位에居ᄒᆞᄂᆞ니라

二十六、日本의面積은本國이十四萬七千六百五十五方里요屬地가一萬三千五百四十三方里니總面積이十六萬一千一百九十八方里요人口는本國이四千四百八十萬五千九百三十七人이오屬地에二百六十九萬三百八十七人이니總人口가三千七百四十九萬六千三百二十四人이니

特別廣告

本會月報의發行이今至十八號인ᄃᆡ代金收合이極히零星ᄒᆞ와繼刊ᄒᆞ기極窘ᄒᆞᆯᄲᅮᆫ不是라況本會舘及學校建築에經用浩繁은一般會員과僉紳士의知悉ᄒᆞ시는바이니義務를特加ᄒᆞ시와遠近間購覽ᄒᆞ시는僉員은迅速送交ᄒᆞ시고本會員은月捐金도幷計朔送致ᄒᆞ시와會務와校況을日益進就케ᄒᆞ심을千萬切盼

本學會告白

故로地積은第二十六位에居ᄒᆞᄂᆞ人口는第七位에居ᄒᆞᄂᆞ니라

二十七、丁抹의面積은本國이一萬八千三百六十方里요屬地가八萬六千六百三十四方里니總面積이十萬四千九百九十四方里에至ᄒᆞ며人口는本國에二百四十六萬四千七百七十人이오屬地에十二萬八百九十二人이니總人口는二百五十八萬五千六百六十二人이라故로地積과人口幷히第二十七位에居ᄒᆞᄂᆞ니라

二十八、羅馬尼의面積은五萬七百二十方里요人口는五百九十一萬二千五百二十人이니地積은第二十八位에居ᄒᆞ며人口는第十九位에居ᄒᆞᄂᆞ니라

二十九、塞爾維의面積은一萬八千六百三十方里요人口는二百四十九萬三千七百七十人이니地積은第二十九位에居ᄒᆞ며人口는第二十八位에居ᄒᆞᄂᆞ니라

三十、瑞西의面積은一萬五千九百七十六方里요人口는三百三十一萬五千四百四十三人이니地積은第三十位卽最末位에居ᄒᆞᄂᆞ人口는第二十五位에居ᄒᆞᄂᆞ니라

芙蘭具麟歷史

芙蘭具麟은西曆一千七百七十六年美國獨立戰爭에法美同盟의大功을奏ᄒᆞᆫ者라氏의歷史를據ᄒᆞᆫ건ᄃᆡ其心志의堅忍不拔과其節行의純潔公正과其心性의靈明精細홈이一身에具足ᄒᆞ야自立獨行ᄒᆞᄂᆞᆫ精神의化合體니實로千載下人心으로ᄒᆞ야곰感發興起케ᄒᆞᄂᆞᆫ또다氏의父ᄂᆞᆫ英國人으로宗教迫逐의事를當ᄒᆞ야亞米利加殖民地에渡來ᄒᆞ야幕

斯頓府에居ᄒᆞ야營匠이되니氏는其末子로一千七百六年에生ᄒᆞ다父ㅣ以家計不贍으로氏의兄으로ᄒᆞ야곰職業에就ᄒᆞ고氏로ᄒᆞ야곰學校에셔退ᄒᆞ야家業을助케ᄒᆞ니氏가心中에怏怏不樂ᄒᆞ야常避於海邊ᄒᆞ야嬉戲를事ᄒᆞ고家事를不顧ᄒᆞ니父ㅣ見而憂之ᄒᆞ야適於嗜好ᄒᆞᆫ業으로써授코져ᄒᆞ야諸種工塲에勸送ᄒᆞ나氏의得意處가無ᄒᆞ고맛참ᄂᆡ其兄徐欲縻斯의活版工塲에入ᄒᆞ야活版術을習ᄒᆞᆯ식氏가好學ᄒᆞ야活版師를因ᄒᆞ야書籍을取ᄒᆞ고誦讀키便ᄒᆞ미其業을願受ᄒᆞ니時年이十二라

氏가活版工塲에在ᄒᆞ야書籍의釘裝整束에從事ᄒᆞᆯ식常其所管諸書를密取ᄒᆞ야展覽涉獵ᄒᆞ나終始整然ᄒᆞ야其職을濟ᄒᆞ고對客交付ᄒᆞ되尺寸의期를不愆ᄒᆞ며徹宵토록床頭에在ᄒᆞ야勵精展讀ᄒᆞ고及晨에又竊返於店ᄒᆞ니人이其擧動을不覺ᄒᆞ더라其間에氏가文章을鍛鍊ᄒᆞ야能文家를成코져ᄒᆞᆷ으로文章의佳妙處를擇ᄒᆞ야反覆玩味ᄒᆞ고或竄改ᄒᆞ야爲詩라가復改爲文ᄒᆞ고更與原文比照ᄒᆞ야磨鍊推敲의法을作ᄒᆞ니由是로文章의句法과辭法과趣向을皆會得於心ᄒᆞᆫ지라一朝에時機를投ᄒᆞ야其伎倆을大顯ᄒᆞ미名聲이藉藉ᄒᆞ야俗耳를聳動ᄒᆞ니卽其兄의發刊ᄒᆞᆫ는新聞紙가是라當時美國에文運이未開ᄒᆞ야新聞의發刊이惟一所러니氏의兄이發刊ᄒᆞᄂᆞᆫ者는卽美國第二所新聞紙라是以로諸友가多諫之曰我美洲今日에一新聞이已足ᄒᆞ니更히不急ᄒᆞᆫ事를起ᄒᆞ면取敗를恐ᄒᆞ노라ᄒᆞ되氏의兄이不顧ᄒᆞ고計劃을斷行ᄒᆞ니其秉筆者는活版所에從事ᄒᆞᄂᆞᆫ人이多ᄒᆞᆫ

지라氏가此新事業을見ᄒᆞ고欽羡心을起ᄒᆞ야此等先輩의所爲를希望ᄒᆞ나自以年齒未長으로過分의望이乃兄의叱吒를買ᄒᆞᆯ가恐ᄒᆞ야憚不敢請ᄒᆞ고焦心苦慮之餘에一策을得ᄒᆞ니生平鍛鍊ᄒᆞᆫ錦心繡腸을紆ᄒᆞ야盡其蘊蓄ᄒᆞ야得意之題目에就ᄒᆞ야一文을草ᄒᆞ다翌朝에一篇文字가新聞社窓戶에懸ᄒᆞᆫ지라取而觀之ᄒᆞ니卽匿名投書인ᄃᆡ讀之ᄒᆞ미奇搆妙想이乃不易得之文章이라遂刊諸紙上ᄒᆞ니衆口가皆嘖嘖稱美ᄒᆞ야作者爲誰를欲知ᄒᆞ나誰가一小童芙蘭具麟의手에成ᄒᆞᆫ줄을想得ᄒᆞ리오氏가意外의讚美를博得ᄒᆞ미獨竊欣喜ᄒᆞ야後에數次投稿를皆以匿名ᄒᆞ야不爲人所知러니一日에偶然히其兄의。探得ᄒᆞᆫ바된지라於是에高評이壓全美ᄒᆞᄂᆞᆫ無名大家가卽其幼弟인줄을知ᄒᆞ미乃不加敬禮ᄒᆞᆯ뿐아니라氏를待遇ᄒᆞᆷ이學校와如ᄒᆞ야甚至鞭撻叱吒ᄒᆞ니氏가不能忍ᄒᆞ야.遂逃ᄒᆞ니年甫十七歲러라

氏가其藏書를估ᄒᆞ야旅費를得ᄒᆞ고單身辭鄕ᄒᆞ야瀛笛一聲에飄然히紐育을向ᄒᆞ야發ᄒᆞ다自紐育으로轉至費府ᄒᆞ니其入費府也에無友可諮요無人可賴라孤骨稜口로櫛風沐雨ᄒᆞ야辛苦를備嘗ᄒᆞ고留費府數月頃에役身於活版所러니偶然히嘖息而物佗埃의知事堪篤氏의所知되야其補助를得ᄒᆞ미一活版所를欲起ᄒᆞ야知事의書信을齎ᄒᆞ고器械를購ᄒᆞᆯ次로一千七百二十年에倫敦에赴ᄒᆞ니既至에所携者ᄂᆞᆫ一片無效의空紙라於是에憮然히人情의不可賴를嘆息ᄒᆞ나其英氣ᄂᆞᆫ寸毫도不爲沮喪이라倫敦에滯留ᄒᆞᆫ지歲餘에賈人藤渾의主簿가되야共히費府에

航歸ᄒᆞ얏더니未幾에藤渾이病死ᄒᆞᆫ지라更히求助於友人ᄒᆞ야一活版所를建ᄒᆞ고新聞紙를發行ᄒᆞ다가又紙商을營ᄒᆞ야俱極繁榮홈으로中人以上의産을得ᄒᆞ다가

一千七百三十八年에公共圖書館을立ᄒᆞ니實로美國圖書館의始라其年에又火災保險會社를創立ᄒᆞ니氏가於公共事業에黽勉無怠ᄒᆞ고技術學問功績이更大者가有ᄒᆞ면改良ᄒᆞ야新工을加ᄒᆞ더라一千七百四十五年에紙鳶이飛空홈을見ᄒᆞ고因ᄒᆞ야電氣의性質을發明ᄒᆞ고後에又避雷柱를發明ᄒᆞ니其有益於世는古今所稀有로다先是一千七百三十六年에氏가嘖息而物你埃將軍의會議秘書官이되야本國政治協議에叅與ᄒᆞ더니在職間에母國英政府의政略이失當ᄒᆞ야苛稅를殖民地에課ᄒᆞ니氏가乃慷慨剴切히建言ᄒᆞ야矯正政治의策을獻ᄒᆞ나無奈一無採用이로다

一千七百七十三年에百雷轟然ᄒᆞ야獨立戰爭의擧가起ᄒᆞ니幕斯頓府가破裂된지라當時美國全洲之民이皆棄鋤執銃ᄒᆞ고投牙籌奮劍戟ᄒᆞ야從戰ᄒᆞ니欲說大義ᄒᆞ야以動他國홀ᄉᆡ氏를擧ᄒᆞ야法國에使ᄒᆞ니氏가以一千七百七十六年으로法國에航入ᄒᆞ야滿腔의熱血을灑ᄒᆞ야擧國의慘狀을說ᄒᆞ고渾身의正氣를吐ᄒᆞ야公理의大義를論ᄒᆞ미法人의義俠心을大動ᄒᆞ야法美同盟의大功을奏ᄒᆞ다其在法也에法人의禮遇厚待가實有非常이라氏가驅車ᄒᆞ야過街衢홀ᄉᆡ所至에羣衆이雲集ᄒᆞ야花環을投ᄒᆞ고拍手喝采ᄒᆞ야祝意를表ᄒᆞ더라其訪巴里大學也에大學士가賛稱ᄒᆞ야曰君은驅雷霆於天ᄒᆞ야制暴政

於地라ᄒᆞ니라

氏가一千七百八十三年九月에費府에歸ᄒᆞ니全都之民이無論知與不知ᄒᆞ고迎於港頭ᄒᆞᆯ식歡聲이震天ᄒᆞ고喝采가動地라祝砲一聲에全都의寺塔이悉皆鳴鍾ᄒᆞ야祝意를表ᄒᆞ고市中의老長이咸寄賛辭而致賀ᄒᆞ더라氏가費府의市長이되야監獄改良에盡力ᄒᆞ고又奴隷賣買의禁止를希望ᄒᆞ니其仁恕高義의胷衿을可見ᄒᆞᆯ지로다氏가資性이剛健ᄒᆞ야一生無病ᄒᆞ니亦其平素節制養生의效를由ᄒᆞᆷ이로다享年은八十有四니葬儀의盛은前後所未嘗有라國民이爲ᄒᆞ야服喪一月ᄒᆞ고巴里國會에셔도吊意를亦表ᄒᆞ야閉會三日ᄒᆞ얏스니嗚呼라氏는眞實로君子의心法으로써豪傑의行事를兼ᄒᆞᆫ者니艱難의風雨를排ᄒᆞ야成功의天日을揭ᄒᆞᆷ이豈偶然哉리오

農業이令人愛國

晁錯曰不農이면不地着이오不地着이면離鄕輕家ᄒᆞ야民如鳥獸ᄒᆞ니雖有高城深池와嚴法重刑이라도猶不能禁이라ᄒᆞ니凡民이不土着者는無貴重土地之念ᄒᆞ야其垂釣綸之磯濱과托午夢之樹陰이未足永存於懷오父母生誕之地와異傑屈起之巷이亦未足喚崇敬之情이라凡愛鄕之心은始於土着之習이니故로人의思邦家者가發端於農業이니라

思國之心은基於愛鄕之情ᄒᆞᄂᆞ니盖有土地而無人民이면不能成國이오有民無地면亦非國也라人이定住於地ᄒᆞ야增殖加衆者를稱曰民羣이니民羣이有組織完備者라야始

成其國ᄒᆞᄂᆞᆫ故로無定住之民은固未思國之心이니라

國은必有土地ᄒᆞ고必有人民ᄒᆞ니其人이深愛其國ᄒᆞ면國命이自長이라凡定住之民이與國土關係尤密切者가必深愛其國ᄒᆞᄂᆞ니若轉徙無常ᄒᆞ야宛如遊牧之民者ᄂᆞᆫ乏於愛國之情이라縱令定住라도其視國土가猶秦人이視越人肥瘠ᄒᆞ야亦未有愛國之情이니라

商工의需於土地者가不甚密切인ᄃᆡ惟工의所需가較多於商이라工은工傷이有ᄒᆞ고商은商行이有ᄒᆞ나然이나其用土地也ㅣ非問其土性肥瘠이오運輸의便否와物貨輻湊의若何와原料供給의難易와勞力充用의得失을商工의注意研究ᄒᆞᄂᆞᆫ者니經濟情形에多屬ᄒᆞ고若自然界情形이關於商工利害者ᄂᆞᆫ極罕이오且商工所用土地의面積은恒極狹隘ᄒᆞ니라

農業은借土地之力者가不獨栽植爲然이오飼畜이亦取土地所產ᄒᆞ야充其飼育之料라土地生產이比其面積에不甚多ᄒᆞᆫ故로農家의用土地가恒頗廣大ᄒᆞ야貧農의專賴其業者도亦有田五六段(一段三百步)이라若工業은用資數百萬圓者라도其工塲面積이不過數段이오商舖ᄂᆞᆫ地積을需홈이更少ᄒᆞ니라且商工은於土地에只用其表面이오不問其土性若何ᄒᆞ며若面積이甚小ᄒᆞ면建築數層高樓가亦可라如美國은現有高屋三十餘層者ᄒᆞ니屋舍의狹은可由建築而補之로ᄃᆡ國土의面積은無由增大니田土ᄂᆞᆫ一畝가固爲一畝ᄒᆞ야縱令智術이大進이라도竟不可變成二畝니農業의大面積을需홈은固然ᄒᆞᆫ

理라
所用土地가面積이甚廣ᄒᆞ고所栽植物이成長이雖早ᄒᆞᆯ지라도亦期數月之後에耕鋤栽培ᄒᆞ여야効加於土壤이오剪荆棘ᄒᆞ며開草萊ᄒᆞ며其勞力이直益於土壤價格이오深耕熟耰ᄒᆞ야令土質輕鬆ᄂᆞᆫ其利가可傳於數年이오肥를施ᄒᆞ며水를排ᄒᆞ며及灌漑의備를搆成ᄒᆞᆫ者ᄂᆞᆫ其績이亦可久오生產이饒多ᄒᆞ야貯以廣大倉庫ᄒᆞ면其所積穀類가亦不易搬運이니農業이旣有是等諸端ᄒᆞ야不容棄而去之니欲不土着인덜其可得乎아晁錯又云ᄒᆞ되粟米布帛은生於地ᄒᆞ며長於時ᄒᆞ며聚於力ᄒᆞ야非可一日成也오數石之重은中人이弗勝ᄒᆞ야不爲奸邪所利라ᄒᆞ니是言이眞然ᄒᆞ도다民旣定住ᄒᆞᆫ而後에야有愛鄉思國之念이니農之爲重於國을可知로다

幼年의模範

趙重峯先生(諱憲字汝式 諡文烈公)이年纔五歲에里中羣兒와共히就學於村塾ᄒᆞᆯ새有達官이騶從이頗盛ᄒᆞ야呼唱而過ᄒᆞ니羣兒가爭往觀之ᄒᆞ되先生이獨晏坐讀書ᄒᆞ니達官이下馬ᄒᆞ야其故를詰問ᄒᆞ거ᄂᆞᆯ先生이荅曰吾ᄂᆞᆫ親命을承ᄒᆞ야讀書爲學而已오其他를不知라ᄒᆞᆫᄃᆡ達官이乃嘆賞曰此兒가後日에必成大器라ᄒᆞ니라

李忠武公이(諱舜臣)幼時에兵曹判書가識其爲非常偉人ᄒᆞ고欲妻以女ᄒᆞᆫᄃᆡ公曰大丈夫ㅣ當自立於世ᄒᆞ야以顯功業이니安肯依賴權門而求活乎아ᄒᆞ고不聽ᄒᆞ니라

曾國藩(諡文正清國咸豐時討平髮逆爲中興元勳)이在江西撫州時에其子紀鴻의게手諭를寄ᄒᆞ야曰紀鴻兒

눈知悉ᄒᆞ라家中人의來營者가爾의擧止大方을多稱ᄒᆞ니余乃少慰로다凡人이多望子孫爲大官ᄒᆞ나余눈願不爲大官이오但願爲讀書明理之君子ᄒᆞ노라勤儉自持ᄒᆞ고習勞習苦ᄒᆞ야可以處樂이오可以處約이면此ㅣ君子也라余ㅣ服官二十年에官宦의氣習을不敢稍染ᄒᆞ고飮食起居를尙守寒素ᄒᆞ야家風이極儉호라凡仕宦之家가自儉入奢눈易ᄒᆞ되自奢返儉은難이니爾年이雖幼나不可貪愛奢華며不可習慣懶惰니라無論大家小家士農工商ᄒᆞ고勤苦儉約ᄒᆞ면未有不興者오驕奢倦怠ᄒᆞ면未有不敗者니라爾눈讀書寫字를不可間斷이오早晨에宜早起ᄒᆞ야高曾以來相傳之家風을莫墜ᄒᆞ라吾父吾叔이皆黎明卽起눈爾所知也라凡富貴功名은自有定命ᄒᆞ야半由人力ᄒᆞ고半由天命이어니와惟學爲聖賢은全由自己之力ᄒᆞ야與天命으로不相干涉이니라余도亦有學聖賢之志나然이나少年에欠居敬工夫홈으로至今에戱言戱動이偶有홈을不免이로다爾눈宜擧止를端莊히ᄒᆞ고妄言을不發ᄒᆞ면入德之門也니라德國名儒倪天氏가嘗謂其友人曰人皆以余爲天才ᄒᆞ야讚美不置ᄒᆞ나其實은非也라余의薄才눈一은勉勵之ᄒᆞ고一은以忍耐得之로니捨此二者면無一之有라余가一生七十五年間에休息時日을計ᄒᆞ면四個星期를逾ᄒᆞᆫ者가一次도無ᄒᆞᆫ지流水淙淙ᄒᆞ야不捨晝夜ᄒᆞ느니余의勤勉不倦이何異於是리오人이勉勵忍耐二者로써余를譖美ᄒᆞ면得當이라ᄒᆞ니라

日本傑士藤田東湖氏曰士눈大節義와大策略이有ᄒᆞᆫ然後에文釆風流를可言ᄒᆞᆯ지니品

行은本也오學問文藝는末也라ᄒᆞ니라

勉張龜洙君

石井居士

本校學員張君龜洙는爲人이沉重簡默ᄒᆞ고謐實勤摯ᄒᆞ야抱遠大之志者라羣居終日에動止閒雅ᄒᆞ니可見其胷中에絶無外慕者故로余ㅣ愛之重之ᄒᆞ야期待가特深ᄒᆞ더니乃以乏於學資故로卒業의期를不待ᄒᆞ고碧潼郡學校敎師의聘을被ᄒᆞ야前往ᄒᆞ니人或以違反學規로責之ᄒᆞ고或以半途而止로惜之ᄒᆞ나余는獨謂ᄒᆞ되君之此行이果得已而不已者乎아盖亦一時之權宜오必有前塗之成算이니豈肯安於小成者리오幸益厲其志氣ᄒᆞ야努力前進ᄒᆞ면大鵬高擧를必將得見ᄒᆞ리니余其以是爲勉ᄒᆞ노라若其張君의本領이無ᄒᆞ고余의深信者가無ᄒᆞ면如彼徑歸를對ᄒᆞ야安得以恕之리오

詞藻

祝西北學會韵

松南春夢生

肇錫會名實又存。文明爲果自由根。團成祖國精神力。結合英雄慷慨魂。是日大鳴遒路鐸。何天尙閉武陵門。風潮一帶從西北。敺我同胞躋樂園。

同　牧丹山人

三關相會會名存。信愛弟兄同一根。講榭連雲蒸熱力。報牋遍國喚忠魂。萬人注視文明軌。八域始開獨立門。嶠嶺畿湖從此起。福音到處造佳園。

人物考

鄭鳳壽傳

鄭鳳壽의字는祥叟니其先은河東人이오居鐵山爲大族이라自少로學經史ᄒᆞ야深沉有膽量ᄒᆞ고慷慨有殉國之志러라所居里에有大蛇가穴焉ᄒᆞ야見人ᄒᆞ면輒跟追欲噬ᄒᆞ니人莫敢近이라鳳壽ㅣ謀諸隣兒ᄒᆞ야曰當殺此物ᄒᆞ야爲人除害ᄒᆞ리라鄰兒曰彼가竄引如飛ᄒᆞᆷ으로雖丈夫라도避走커던況我曹의幼稚로豈能辨此乎아鳳壽ㅣ曰聽我約束ᄒᆞ면無難이라ᄒᆞ고遂束草爲十餘幕ᄒᆞ야三面을遮ᄒᆞ고前面을獨開ᄒᆞ야使兒曹로持杖埋伏ᄒᆞ고鳳壽ㅣ獨至蛇所ᄒᆞ야石을投ᄒᆞ니蛇가擧頭閃舌ᄒᆞ야直趕如飛어늘鳳壽ㅣ橫走幕前ᄒᆞ니羣兒가迭出ᄒᆞ야亂打殺之ᄒᆞ니由是로人이知其不凡ᄒᆞ니라既長에遭壬辰之亂ᄒᆞ니遂投筆登武科ᄒᆞ야從軍이最久ᄒᆞᆷ으로 宣廟朝에扈聖原從勳을錄ᄒᆞ고部將과司僕主簿와監察을經ᄒᆞ야出爲靈山縣監이라가觧歸家居者ㅣ三十餘年이러니 仁廟丁卯正月에姜弘立이韓潤朴蘭英等으로더부러滿洲의鄉導가되야敵兵을引ᄒᆞ고義州에猝至ᄒᆞ니府尹李莞이死之ᄒᆞ고列城이皆潰라龍川府使李希健은素號勇將者로龍骨山城에入ᄒᆞ얏다가棄城走死ᄒᆞ니彌串僉使張士俊이龍骨을據ᄒᆞ야剃髮降敵ᄒᆞ고日餉牛酒ᄒᆞ는지라時에鳳壽ㅣ入海島ᄒᆞ야遇賊輒射殺ᄒᆞ고弟麒壽로더부러子弟數十人을率ᄒᆞ고龍骨에入ᄒᆞ야城險可守를見ᄒᆞ고以忠義激衆ᄒᆞ니衆이素有倚重ᄒᆞᆷ으로頗慨然

從之ᄒᆞ야士俊의負國媚賊ᄒᆞᄂᆞᆫ行爲를憤忿ᄒᆞᄂᆞᆫ지라於是에龍川長官金宗敏等이効策協謀ᄒᆞ야推爲大將ᄒᆞ고部署裨校ᄒᆞ며整勤伍旅ᄒᆞ야勉以殉國ᄒᆞ고乃潛圖士俊ᄒᆞ니士俊이知其謀ᄒᆞ고飛報虜中ᄒᆞ니敵將이送書ᄒᆞ야聲言屠戮ᄒᆞ거ᄂᆞᆯ於是에鳳壽ㅣ殿牌를設ᄒᆞ고健卒로ᄒᆞ야금士俊을縛致ᄒᆞ야聲其罪而斬之ᄒᆞ고其黨十餘人이伏誅ᄒᆞ니一城이快之러라鳳壽ㅣ士氣를激勵ᄒᆞ고器械를整飾ᄒᆞ야死守決戰ᄒᆞ기로同盟ᄒᆞ니敵이大怒ᄒᆞ야諸軍을聚集ᄒᆞ야攻城甚急ᄒᆞ거ᄂᆞᆯ鳳壽ㅣ被甲登陴ᄒᆞ야以身先之ᄒᆞ니人皆死戰ᄒᆞ야矢砲가齊發에終日大戰ᄒᆞᆯ식賊이五進五敗ᄒᆞ야北走ᄒᆞ거ᄂᆞᆯ乃鳴金卽止ᄒᆞ야以示持重ᄒᆞ고被掠人民累千口를奪還ᄒᆞ다捷聞에 仁祖大喜ᄒᆞ사褒諭曰此ᄂᆞᆫ近日第一奇功이니求之古人에亦未多得이라ᄒᆞ시고特陞嘉善ᄒᆞ야授龍川府使兼助防將ᄒᆞ고賜彩緞ᄒᆞ시며仍兼防禦使ᄒᆞ다時에義州人이爲賊心腹ᄒᆞ야留屯義州ᄒᆞ야號曰牛軍이라恣行搶掠이甚於敵人이어ᄂᆞᆯ鳳壽ㅣ重賞募人ᄒᆞ야曉以禍福ᄒᆞ니相率歸正者ㅣ千有餘人이라是時에明將毛文龍이在椵島ᄒᆞ야見鳳壽大喜ᄒᆞ야都司職을授ᄒᆞ고自 上으로特遣宣傳官ᄒᆞ야賞賚甚厚ᄒᆞ고義州府尹을拜ᄒᆞ시다六月에賊이撤退ᄒᆞ니鳳壽ㅣ麾下와人民數千을率ᄒᆞ고大鷄에入ᄒᆞ엿더니冬에龜城府使를授ᄒᆞ야御衣를賜ᄒᆞ시고己而오价川郡守로換ᄒᆞ얏다가秩滿에五衛將을拜ᄒᆞ야上이招見賜酒ᄒᆞ시고庚午에以副摠管으로特授全羅左水使라가辛未에移拜慶尙兵使ᄒᆞ고未幾에拜淸北防禦使ᄒᆞ야陞嘉義

호고甲戌에爲全羅兵使라가進拜同知中樞府事副摠管訓鍊都正호다鳳壽ㅣ有疾에 上이命內醫診治호시고遣中使勞問호야恩數頻繁호시다丙子之變에 上이倉猝幸南漢호시니鳳壽ㅣ以疾로不及扈從호고追出都門호니路已梗矣라遂間關由關東歷海西호야至慈山入慈母城호야兩兵使를見호고慨然曰此城은乃用武之地라處於東西兩路之間호니出奇擊賊호면蔑不勝矣어늘閉門逗遛가幾至三旬호니將欲何爲오賜某精卒數千호면當出順安호야依險設伏호고或誘而致之호면可得專勝이라호되兩兵使가終不聽用호니라後數年에卒于慈山寓所호니訃聞에 上이嗟悼호사遣禮官吊祭호시다肅廟丁亥에命旌閭호시고贈兵曹判書賜謚襄武호시다

會事要錄

隆熙二年七月四日土曜下午四時에通常會를壽洞本學校內에開호고會長鄭雲復氏陞席호다書記가點名호니出席員이三十九人이러라書記가前會會錄를朗讀호매略干錯誤處가有홈으로改正仍受호다

一會計員朴景善氏가六月度會金收入額과用下明細書를報告호매接受호기로可決되고金允五氏動議호기를本會文簿調査는規則를依호야自本年一月로至六月까지調査報告케호되委員二人을選定호ᄌᆞ호매金基東氏再請으로可決되야委員은太明軾金明濬兩氏가被選호다

一建築委員金弼淳氏가本會館鍾閣石材費報告內開에前會에百餘圜으로可決호엿

스나請願人의게交涉ᄒᆞᆫ즉三百圓이아니면石材를用치못ᄒᆞᆫ겟다ᄒᆞᆫ매崔在學氏動議ᄒᆞᆫ기를三百圓以內로石材를用ᄒᆞ야完美ᄒᆞᆫ게ᄒᆞᄌᆞᄒᆞᆫ매李東暉氏再請으로可決되다

一建築費支出事에對ᄒᆞ야李東暉氏特請ᄒᆞᆫ기를義捐ᄒᆞᆫ僉會員의게速히交涉ᄒᆞ야履行케ᄒᆞᄌᆞᄒᆞᆫ매異議가無ᄒᆞ다

一本會內實業部研究委員崔在學氏等三人의報告를公佈ᄒᆞᆫ매金明濬氏動議ᄒᆞᆫ기를組織委員五人을公薦選定ᄒᆞᄌᆞᄒᆞᆫ매金基東氏再請으로可決되야委員은鄭鎭弘金明濬柳東說金允五金達河諸氏가被選ᄒᆞ다

一金明濬氏特請ᄒᆞᆫ기를實業部組織이事係時急ᄒᆞ니速히方法을組織ᄒᆞᆫ後來土曜日에特別總會를開ᄒᆞᄌᆞᄒᆞᆫ매異議가無ᄒᆞ다

一本會學校校長李鍾浩氏의四月度會計報告書를公佈可受ᄒᆞ다

一寧邊郡維新學校支校請願書를公佈ᄒᆞᆫ매崔在學氏動議ᄒᆞᆫ기를該校實況은一般稔인즉依願認許ᄒᆞ려이와該校基本金中鄕約契物은本會句管인즉自該校로本會에請願ᄒᆞ야認許與否를待ᄒᆞ라ᄒᆞᄌᆞᄒᆞᆫ매金達河氏再請으로可決되다

一价川郡三秀學校校長玄澈根氏의存道齋五日耕發賣ᄒᆞ야立本殖利ᄒᆞᆫ公函에對ᄒᆞ야崔在學動議ᄒᆞᆫ기를總務의게委任荅函케ᄒᆞᄌᆞᄒᆞᆫ매李東暉氏再請으로可決되다

一評議長吳相奎氏의辭免請願를公佈ᄒᆞᆫ매柳東說氏動議ᄒᆞᆫ기를該請願을依受ᄒᆞᄌᆞᄒᆞᆫ매韓景烈氏再請으로可決되다

一端川郡會員崔世煥氏等의支會請願書를公佈ᄒᆞ매崔在學氏動議ᄒᆞ기를該郡實況은玄昇奎氏의說明ᄲᅮᆫ아니라擔保書가有ᄒᆞ니依願許認ᄒᆞ려니와該郡支校請願은確實調査ᄒᆞᆫ後認許ᄒᆞᄌᆞᄒᆞ미李達元氏再請으로可決되다

一會寧郡春洞學校吳允默氏의支校請願을公佈ᄒᆞ매崔在學氏動議ᄒᆞ기를支校ᄂᆞᆫ依願認許ᄒᆞ고諸般調査件과學部認許事ᄂᆞᆫ本校校長의게委任ᄒᆞᄌᆞᄒᆞ매金基東氏再請으로可決되다

一鍾城郡長豐學校校長朱敏燮氏支校請願과同郡院洞學校支校請願을公佈ᄒᆞ매崔在學氏特請ᄒᆞ기를支校ᄂᆞᆫ依願認許ᄒᆞ고諸般調査은本校校長의게委任ᄒᆞᄌᆞᄒᆞ매異議가無ᄒᆞ다

一基本金趣旨書發送方法의對ᄒᆞ야崔在學氏特請ᄒᆞ기를總務의게委任ᄒᆞ야募金委員의게分給ᄒᆞ게ᄒᆞ고또一般會員도各其義務를다ᄒᆞ야勤實人의게分傳ᄒᆞᄌᆞᄒᆞ매異議가無ᄒᆞ다時干이盡ᄒᆞ매金基東氏特請으로閉會ᄒᆞ다

隆熙二年七月十一日下午四時에特別總會를壽洞本學校內에開ᄒᆞ고副會長姜玧熙氏陞席ᄒᆞ다書記가點名ᄒᆞ니出席員이三十九人이러라書記가前會會錄를朗讀ᄒᆞ미若干錯誤處가有홈으로改定仍受ᄒᆞ다

本會內實業部規則를通過홀ᄉᆡ金明濬氏、動議ᄒᆞ기를逐條朗讀ᄒᆞ야可否를問ᄒᆞᄌᆞᄒᆞ미宋義根氏再請으로可決되다柳東作氏動議ᄒᆞ기를第一條에本部ᄂᆞᆫ西北學會實業部라名稱을添入ᄒᆞᄌᆞᄒᆞ미金允五氏再請으로可

決되다
太明軾氏特請ᄒᆞ기를第二條에西北人士四字를删去ᄒᆞᄌᆞᄒᆞᄆᆡ異議가無ᄒᆞ다
鄭雲復氏動議ᄒᆞ기를第二條의目的農工商業을改良發達ᄒᆞ기로改定ᄒᆞᄌᆞᄒᆞᄆᆡ金基東氏再請으로可決되다
金明濬氏動議ᄒᆞ기를第三條本部의便宜를隨ᄒᆞ야支部를各地方에置ᄒᆞᄌᆞᄒᆞᄆᆡ李達元氏再請으로可決되다
金明濬氏動議ᄒᆞ기를第十一條에三課에業務를經營ᄒᆞ기爲ᄒᆞ야基本金二十萬圜을募集ᄒᆞ되一般部員이支入홈을改正ᄒᆞᄌᆞᄒᆞᄆᆡ金泰淳氏再請으로可決되다
崔在學氏動議ᄒᆞ기를第十二條의十分의一을十分에二로定ᄒᆞᄌᆞᄒᆞᄆᆡ金泰淳氏再請으로可決되다
鄭雲復氏動議ᄒᆞ기를第十二條出資額의多少를定ᄒᆞ야利益를分排ᄒᆞᄌᆞᄒᆞᄆᆡ金明濬氏再請으로可決되다時干이盡ᄒᆞᄆᆡ朴景善氏特請으로閉會ᄒᆞ다

正誤

會員李權亨은炳鎬로改正ᄒᆞ고柳恒彬氏柳字는以劉字로正誤홈

鐵山郡居本會員吳熙源氏는教育界有志로學校를設立ᄒᆞ고巨欵의經費를獨擔做去ᄒᆞ는中에本學會의教育費를對ᄒᆞ야寄付賛成이有ᄒᆞ얏거니와今又會館建築費로百圜金을捐助ᄒᆞᄆᆡ其來函이如左홈

敬啓者蓋觸石之雲이膚寸而合ᄒᆞ야遍雨天下ᄒᆞ고濫觴之泉이潺湲不息ᄒᆞ야終成大河ᄒᆞ니團合의力과進步의功이若是其無量ᄒᆞ

도다我西北學會의歷史로言ᄒᆞ면其始也에若個有志의發起로兩個小團體가對峙ᄒᆞ얏더니一步二步로繼續增進ᄒᆞ야合一ᄒᆞᆫ團體를組成ᄒᆞ고敎育機關이逐漸擴張ᄒᆞ니來頭程途ᄂᆞᆫ全國의大團體를結合ᄒᆞᆯ機會도有ᄒᆞᆯ지며一般國民의敎育을普及케ᄒᆞᆫ能力도有ᄒᆞᆯ지로다嗚呼라我西北諸道의過去歷史를追想ᄒᆞ면何如ᄒᆞᆫ地位에在ᄒᆞ엿ᄯᅳ가雖道德文章과英雄才略이有ᄒᆞᆯ지라도皆鬱而莫施ᄒᆞ고屈而未伸ᄒᆞ야沉滯坎坷가幾百年于玆矣러니至于今日에光明純粹ᄒᆞᆫ西北學會가漢城中央에崛起ᄒᆞ야敎育機關을主張ᄒᆞᆷ으로文明先進者의責任을擔負ᄒᆞ고三層洋屋의會舘과校舍가嵬然特起ᄒᆞ야上出重霄ᄒᆞ니我西北人士의資格도ᄯᅩᄒᆞᆫ此와如히高尙ᄒᆞᆫ地位에處ᄒᆞ얏도다嗚呼라我西北人士ᄂᆞᆫ此機會를際ᄒᆞ야團合精神이固結不解ᄒᆞ고敎育程度가增進不已ᄒᆞ면曾前屢百年沉滯湮鬱의恨을快伸ᄒᆞᆯ뿐아니라我帝國의基礎를建立ᄒᆞ며同胞의幸福을畀與ᄒᆞᄂᆞᆫ大事業을奏ᄒᆞ고大光榮을顯ᄒᆞᆯ지니凡我西北人士가此에對ᄒᆞ야誰가同情懽迎ᄒᆞ고同力賛成을不肯ᄒᆞ리오本人은株守僻巷ᄒᆞ고形役家幹ᄒᆞ야一次叅會가未有ᄒᆞ얏스니居恒悚仄을曷以名喩리오今玆會舘建築에對ᄒᆞ야巨額을必需ᄒᆞᆯ지니　僉大人의苦心紆籌ᄂᆞᆫ切用貢慮萬萬이오며謹히百圜金을將ᄒᆞ야冒悚仰呈ᄒᆞ오니照諒査收ᄒᆞ시와以爲萬一之助를千萬切盼

會計員報告 第二十號

十七圜六十錢 會計員任置條

四十四圜四十一錢 月報代金收入條郵稅幷

合計六十二圜○一錢

第二十回新入會員入會金收納報告

柳乾柄 梁達禹 許　坤 梁翼甸
李秀恒 尹樂道 康仁樺 李炳鍵
洪彝釹 方孝宣 李種倜 沈相均
朴允燮 朴東欽 吳道斌 崔元燮
孫達斌 朴應龜 魚時協 劉重烈
李衡種 趙乾元 金允協 金允衡
金膺煥 沈周海 金熺洙 李鍾彬
金載錫 李淵信 全誠中 廉禹龜
李昌均 崔秉珍 金秉默 金鶴准
崔東宇 沈允錫 趙昌世 朴昌英
金廷鳳 姜宅鎬 金丙朝 姜理律
金璣昊 徐禹淳 金璿鉉 張啓澤
全昌壽 金元燮 全翼之 權潤植
金在燮 李致勳 羅龍祚 金秉鎬
趙斗柄 許　綸 金鍊植 李寅烈
金麟瑞 崔正業 金在浩 金基疇
金秉燮 魯德奎 林載中 羅秉熙
宋允煥 崔膺龜 魯春瑞 崔膺根
金正尙 鄭昌浩 洪秉善 崔致烈
高在鉉 林炳植 林承煥 金基模
李景祿 金基璨 金致圭 金容立
金致瀅 崔濟伯 金正洪 林學善

邊弼華 李淳奭 林炳翼 金斗鎭
崔濟鎔 金亨潞 金永弼 全鳳禼
咸澤亨 元尙希 朴濟澤 金鎭弼
洪國煥 金貞淵 金錫孝 崔允行
元永希 崔楨卓 洪益瑞 金應河
李秀吉 康永振 李斗鴻 金濟元
魯鼎燦 明海一

各一圜式

合計一百十四圜

第二十回月捐金收納報告

朴麟玉 六十錢 自一月至六月六朔條
金德煥 一圜 自元年十二月至二年九月十朔條

趙文遠 一圜 自一月至十月十朔條
申景源 一圜 自元年十一月至二年八月十朔條
朴殷植 一圜 自四月至三年一月十朔條
太明軾 七十錢 自一月至七月七朔條

合計五圜三十錢

第二十回寄附金收納報告

朴文徵 三十圜 學校義捐條大銀貨

合計三十圜

第一回建築費義捐金收納報告

李權亨 三圜
金商學 一圜
白俊英 十圜
李永浩 一圜
崔德彥 四圜
朴殷植 十圜
車豐鎬 二十圜
朴永熙 十圜
金源極 十圜
盧泰根 二圜
李鍾浩 二千一百五十圜 一萬圜中

吳相奎 三百圜
康璿九 五十圜 二百圜中
劉元杓 十圜
崔昌立 一百圜
趙鼎允 二千五百圜 五千圜中
李甲 一千圜
申泰薰 十圜
李完瑛 五十圜
李承謨 二十圜
張鳳周 十圜 五十圜中
吳熙源 一百圜

姜華錫　十圜（三十圜中）
宋義根　五圜（十圜中）
吳奎殷　二十圜（百圜中）
金錫權　十圜
合計六千四百十六圜
以上五共合六千六百二十七圜三十一錢內

第二十回用下報告
（自六月十五日至七月十五日）

一圜　請捐公函紙二百六十枚印刷費條
三圜八十錢　洋紙封套白紙小筆油丹繩子洋火糊價等幷
一圜八十九錢　事務室遮日所用廣木十八尺價

七十錢　美國各處月報送時郵稅條
十二圜五十錢　定礎時鉛函製造價工錢幷
五圜六十錢　寧邊運動會寄附物品價
四千五百圜　會舘建築費中先給條
一千圜　會舘所用錬物貿來次美國送條
四十圜　會舘建築時製圖手數料給條
一圜　印朱價
十二圜　十九号月報一千五百部印刷金畢給條
五圜五十錢　五里郵票一千一百枚價
二圜　普成小學校卒業式寄付物品瑞士建國誌二十部價
六十圜　本學校費本校長處支出

三十圜 募金委員李東暉旅費條
二圜 速寫板所用白蠟紙一百枚價
八十五圜 各事務員總務會計主筆書記六月朔月銀條
八圜 下人六月朔月給條
五十圜 二十号月報一千五百部印刷費中先給條
合計五千八百二十圜〇九十九錢除
在八百〇六圜三十二錢
內七百九十圜 韓一銀行貯畜除
在十六圜三十二錢 會計員任置
韓一銀行貯畜都合金八百七十圜也

附則

法令摘要

勅令第二十六號

陸軍服裝製式

第一禮帽

項盖及上半部는黑絨質이오下半部는紅絨質이오沿邊은黑革이니其表章은左開와如ᄒᆞᆷ

項盖에中心은紅質金飾李花章이오其外邊은周圍金線兩股織이오上半部橢圓處는前後左右로竪金線兩股織이니將官은各三條오領官은二條오尉官은一條오下半部橫金線兩股織이니竪線聯接處에一條를除ᄒᆞᆫ外에는大將은九條오副將은八條오叅將은七條오正領은六條오副領은五條오叅領은四條오正尉는三條오副尉는二條오叅尉는一條오正面表章은黑質橢圓形이니中心은銀絲金蕊李花繡章이오左右는金葉銀葩像生槿花兩枝繡章을交叉同結ᄒᆞ고頤紐은金絲織線이오左右釦子各一個는鍍金鑄製李花로ᄒᆞ고前面下端에前庇를附ᄒᆞ니黑革製半月形으로ᄒᆞᆷ將校相當官의帽子下半部는各其定色을從ᄒᆞᆷ

第二常帽

項盖는圓形이니周圍上部는茶褐色絨質이오下部는紅絨質이(單條八分)項盖와周圍上部交縫處는紅絨細線으로圍ᄒᆞ고正面表章의形式은中央李花오左右는槿花兩枝로交叉ᄒᆞᄃᆡ鍍金鑄製오頤紐은黑革製로用ᄒᆞ고左

右釦子各一個를鍍金鑄製李花章으로ᄒᆞ고前面下章에前庇를付ᄒᆞ되黑革製半月形으로ᄒᆞ고式樣은將領尉官幷相當官及准士官이同一케홈

下士卒及武官生徒의帽式도將校의常帽製式과同一케ᄒᆞᄃᆡ正面表章은鍍金鑄製李花形(長廣四分)을付홈

第三禮衣

品質은黑絨(騎兵은紅絨質노홈)이오衣長은體形大小를隨ᄒᆞ야項部에서髖骨에至ᄒᆞ고後裾五寸을直割ᄒᆞ야分割處両傍에長五寸廣一寸色絨(各兵科定色을依홈)을付着ᄒᆞᄃᆡ上少下廣ᄒᆞ고鑛金李花釦子各三個오釦子는鑛金李花形이니胷部左右에各七個오衣領과袖口는色絨緣(各兵科定色을依홈)이오左右襟及後裾分割處는色絨線(各兵科定色을依홈)이니表章은左와如홈

衣領章은將官은上端沿邊處에正倒己字形金絲繡線雙條오正中은一條니左右金絲繡星各三個오領官은上端에一字形金絲繡線一條오下端은二條니左右金絲繡星各二個오尉官은上下端에金絲繡線各一條니左右金絲繡星各一個로홈

袖章은色絨緣上에人字形線이니正倒己字形金絲繡緣이오次에金絲兩股織이니正倒己字形金絲緣一條를除ᄒᆞᆫ外에大將은九條오副將은八條오叅將은七條오正領은六條오副領은五條오叅領은四條오正尉는三條오副尉는二條오叅尉는一條니人字線上에金絲繡製李花章과金絲廣織緣下鍍金李花釦子를左右에各三個式付홈

第四常衣

常衣ᄂᆞᆫ茶褐色絨質이니長은頃部에셔腹下와腿部에至ᄒᆞ고前衽左右合結處에鍍金製圓形釦五個오胷部左右와腹部左右에隱囊을付ᄒᆞᄃᆡ胷部左右에ᄂᆞᆫ合盖處에鍍金製圓形小釦一個오袖章은袖端前面約二寸上에鍍金製小李花釦를橫付ᄒᆞᄃᆡ將官及相當官은三個오領官及相當官은二個오尉官及相當官은一個오其上에領尉官及同相當官은各兵科及相當官의定色으로絨細線一條오其上은茶褐色絲織線이니大將正領正尉ᄂᆞᆫ各三條오副將副領副尉ᄂᆞᆫ各二條오叅將叅領叅尉ᄂᆞᆫ各一條니一字形으로橫付홈

下士卒及武官生徒의常衣도茶褐色絨質이니製式은將校常衣와同一ᄒᆞᄃᆡ袖章은袖端前面約二寸上에各兵科定色으로絨

細線을橫付ᄒᆞ고其次에茶褐色絨條로階級을區別ᄒᆞᄃᆡ下士ᄂᆞᆫ廣條(三分)一條를付ᄒᆞ니其上에正校ᄂᆞᆫ細條(廣一分)三이오副校ᄂᆞᆫ二오叅校ᄂᆞᆫ一이오上等兵一二等卒은廣條만除ᄒᆞ고階級ᄃᆡ로一條式遞減ᄒᆞ고武官生徒ᄂᆞᆫ袖端前面約二寸上에紅色細絨線一條ᄅᆞᆯ人字形으로付ᄒᆞ고釦ᄂᆞᆫ赤銅製로홈

第五禮袴

品質은黑絨質長袴(騎兵將校ᄂᆞᆫ短袴ᄅᆞᆯ着홈)니長은體形을隨ᄒᆞ야腹部에셔踵下에至ᄒᆞ고縫章은將官은三條오(左右二條ᄂᆞᆫ廣各六分中一條ᄂᆞᆫ一分)領官은二條오(廣各六分)尉官은一條니(廣一寸)縫章定色은將官及步兵科ᄂᆞᆫ紅色이오騎兵은緣色이오砲兵은黃色이오工兵은紫色이오計官은靑色이오醫官은深緣色으

로홈

第六 常袴

品質은茶褐色絨質이오長은體形을隨ᄒᆞ야腹部에셔踵下에至ᄒᆞ고左右縫章은將校同相當官이紅色絨細線一條를付호ᄃᆡ便宜를從ᄒᆞ야乘馬本分은短袴(縫章과品質은長袴와同홈)를製着홈

下士卒과武官生徒袴의製式과縫章은將校와同一홈

章七 禮肩章

品質은金絲廣織이오形式은上頭長方形과下頭楕圓形이合成鍤子形ᄒᆞ고上頭에鑛金鑄製李花釦子一個오將領官은下頭에金線綱織下垂가有ᄒᆞ고尉官은無ᄒᆞ고其表章은左와如홈

將官은下頭楕圓形上에銀絲繡製로像生槿花葉兩枝를交叉同結ᄒᆞ고正中은紅黑色太極이오金絲繡星을大將은左右各三個오副將은各二個오叅將은各一個오領官은枝葉太極은將官과同ᄒᆞ고銀絲繡星을正領은左右各三個오副領은各二個오叅領은各一個오尉官은枝葉은無ᄒᆞ고紅黑色太極뿐이오銀絲繡星을正尉는左右各三個오副尉는各二個오叅尉는各一個로홈

第八 刀

刀柄에鍍金槿花葉이오前後面에正中은太極이니將官은全體를雕刻ᄒᆞ고領官은半分이오尉官은三分一이오刀帶는黑革製를用ᄒᆞ니將領官은裏面이紅色이오尉官은裏面이靑色으로ᄒᆞ야如何ᄒᆞᆫ服裝을勿論ᄒᆞ고幷用홈

第九　刀緒

刀緒는將領官은金絲織線이니其端에鷄卵形金線製를付ᄒᆞ고尉官以下는黑絲織線으로上과同홈

第十　飾帶

品質은赤絲廣織(一寸)이오下垂는將官은金絲絧이오領官은紫青絲絧이오尉官은黃絲絧으로ᄒᆞ고兩端結合處에鍍金製合觧樞를付홈

第十一　飾緒

品質은金絲線製或絹絲線製로홈

第十二　懸章

品質은絹絲廣織(一寸)이오同色絲絧을下垂ᄒᆞ니高等官衙副官과傳令使는黃色을用ᄒᆞ고衛戍服務者及週番은紅色을用홈

第十三　夏衣袴

品質은茶袴色細縷或木絲織이니製式은冬衣袴와同一ᄒᆞ되領尉官及同相當官과下士卒武官生徒에袖端에定色細絨線과將領尉官及相當官下士卒武官生徒의袴의縫章뿐無ᄒᆞ되但武官生徒는袖端約二寸上에茶褐色細條로人字形을付홈

第十四　外套

品質은茶褐色條質이니長은項部에셔膝下에至ᄒᆞ고袖章은各常衣袖章에依ᄒᆞ되階級絨線票뿐除ᄒᆞ고常衣에付ᄒᆞᄂᆞᆫ鍍金圓形製釦를前面左右에各五個式付ᄒᆞ고後面臂部以下로直割ᄒᆞ야角釦三個를隱付ᄒᆞ고始上部割處에同色絨을一字形으로橫付ᄒᆞ고鍍金圓形製釦四個를橫付홈

下士卒도茶褐色絨質이니製式은將校와同一히ᄒᆞ되 色絨織 細線 兵科定色 一條

(下士는廣三分이오兵卒은二分)를袖章約二寸上에一字形으로付ᄒᆞ고釦는赤銅製圓形釦를前面左右에五個式付홈但武官生徒는常衣袖端上과如히定色人字線을付홈

第十五

肩蔽는茶褐色絨으로호ᄃᆡ制式은頃部를周圍ᄒᆞ야膝下에至ᄒᆞ고前面中央을割開ᄒᆞ야角釦로嵌홈

第十六　准士官의禮裝常裝

品質과制式을叅尉와同一히호ᄃᆡ禮帽禮常衣袖章에階級線만無ᄒᆞ고外套袖章에는定色絨細線을付홈

附則

本令은本年十月一日노븟터施行호ᄃᆡ會前着用ᄒᆞ든服裝도現今間은仍着홈

隆熙元年十月一日

光武十年十二月一日發刊

會員注意

會費送交
會計員 漢城中部校洞二十九統二戶 西北學會館內 朴景善
受取人 西北學會

原稿送付
編輯人 漢城中部校洞二十九統二戶 西北學會館內 金達河
條件 用紙 從便
期限 每月十日內

主筆 朴殷植
編輯兼發行人 金達河
印刷人 李達元
印刷所 普成社
發行所 漢城中部校洞二十九統二戶 西北學會
發賣所 皇城中署布屛下廣學書舖
皇城小安洞 大韓書林
皇城尙洞 博文書館
皇城罷朝橋 中央書舖

◎定價

一冊 金十錢(郵費一錢)
六冊 金五十五錢(郵費六錢)
十二冊 金一圜(郵費十二錢)

◎廣告料

半頁 金五圜
一頁 金十圜

會員注意

一 本會月報를購覽커나本報에廣告를揭載코져ᄒᆞ시ᄂᆞᆫ 僉君子ᄂᆞᆫ西北學會庶務室노申請ᄒᆞ시압

一 本報代金과廣告料ᄂᆞᆫ西北學會會計室노送交ᄒᆞ시압

一 先金이盡ᄒᆞᆫ時에ᄂᆞᆫ封皮上에捺印으로證明ᄒᆞᆷ

一 本報를購覽코져ᄒᆞ시ᄂᆞᆫ 僉君子ᄂᆞᆫ住址統戶를昭詳記送于西北學會庶務室ᄒᆞ시압

一 論說詞藻等을本報에記載코져ᄒᆞ시ᄂᆞᆫ 僉君子ᄂᆞᆫ西北學會會館內月報編輯室노寄送ᄒᆞ시압

廣告

本人이實業을務圖ᄒᆞ기爲ᄒᆞ야和洋雜貨商店을設ᄒᆞ고
商號는隆昌號라稱ᄒᆞ며外國商品을直輸入ᄒᆞ와學校及
紳士用品의各色帽子、洋服諸具、筆硯、雨傘、洋靴、加房、手袋、
閔忠正公記念筆甬及盃와此外에도千百物品이無不具
備ᄒᆞ와廉價放賣ᄒᆞ오며各學校一般學員의게對ᄒᆞ야는
同情을表ᄒᆞ기爲ᄒᆞ야元定價票內에廉減酬應ᄒᆞᆯ터이오
니 僉君子는陸續來購ᄒᆞ시옵

漢城中署寺洞十四統八戶

雜貨商 **韓景烈** 告白

光武十年十二月一日
明治三十九年十二月一日
第三種郵便物認可

西北學會月報

隆熙二年九月一日發行(每月一日一回發行)
(第一卷第四號)

發行所 西北學會

隆熙二年九月一日西北學會月報第一卷第四號要目

論說

告爲人父兄者

謙谷生

大抵爲人父兄者가孰不鍾愛其子弟며孰不貴重其子弟며其從事于學也에孰不願其爲博物明理之學士이며其立身于社會也에孰不願其爲建功樹業之英豪賢俊ᄒᆞ야小則光大其門戶ᄒᆞ고大則楨幹于國家ᄒᆞ야成就著名人物이리오雖然이나爲其父兄者가志趣가卑劣ᄒᆞ고識見이固陋ᄒᆞ면雖愛而不知敎ᄒᆞ고雖敎而不知方ᄒᆞᄂᆞ니愛而不知敎者ᄂᆞᆫ使其子弟로陷於驕奢放逸之過惡ᄒᆞ고敎而不知方者ᄂᆞᆫ使其子弟로歸於庸懦無能之材料ᄒᆞᄂᆞᆫ故로曰人樂有賢父兄이라ᄒᆞ며又曰內無賢父兄ᄒᆞ고外無嚴師友면難乎有成者ㅣ是라

盖青年者ᄂᆞᆫ將來社會의代表요國家의必需어ᄂᆞᆯ若其敎導不善으로培養不得ᄒᆞ면爲其父兄者가實노社會와國家의罪人이니豈但自家의不幸이리오嗟乎라公等은閉鎖時代에腐敗人物로國家思想도未有ᄒᆞ고文明敎育도不受ᄒᆞ야頭皓白無所成이어니와其所愛子弟ᄭᆞ지公等과如히無學無能ᄒᆞᆫ材料가되야思想이卑劣ᄒᆞ고文明이不進ᄒᆞ면公等의四千年傳來ᄒᆞ던種族의歷史가東洋半島에存在를不得ᄒᆞᆯ지니公等이雖學識이無ᄒᆞ고智慮가短ᄒᆞᆯ지라도耳目所及으로現今形便과來頭影響을對ᄒᆞ야엇지一分感覺이無ᄒᆞᆯ가本記者ㅣ於是乎我國의前塗와我種族

의命運을爲ᄒᆞ야爲人父兄者의敎導不善을指言ᄒᆞ야忠告을表ᄒᆞ노니幸其傾聽於玆ᄒᆞ며注意於玆ᄒᆞᆯ지어다

一은人生斯世ᄒᆞ야知識을開廣ᄒᆞ고才器를成就코저ᄒᆞᆯ진ᄃᆡ必其多聞博學을資ᄒᆞᆯ지니若其獨學寡聞ᄒᆞ면雖聰明俊秀ᄒᆞᆫ材質이有ᄒᆞᆫ者라도坐井의局見과守株의痴習을不脫ᄒᆞᄂᆞ니譬ᄒᆞ건ᄃᆡ騏驥의駿種이라도縶諸皀櫪ᄒᆞ야其步를不展ᄒᆞ면駑駘와同ᄒᆞ고櫲樟의良材라도置諸屋下ᄒᆞ야其體가不伸ᄒᆞ면曲木을成ᄒᆞᆯ지라今公等이其所愛子弟를爲ᄒᆞ야本國의歷史도不知ᄒᆞ고世界各國의名稱도不知ᄒᆞᄂᆞᆫ村學究의屈膝受業케ᄒᆞ니設使其子弟가勤勉做業ᄒᆞᆯ지라도其聞見과知識이村學究에不過ᄒᆞᆯ지니如彼敎育으로社會에立身ᄒᆞ면能히辭氣를吐出ᄒᆞ고事業을做得ᄒᆞᆯ깃ᄂᆞᆫ가此其不善敎導의一이오

一은人之爲人이必其困難을經ᄒᆞ야自任의志가有ᄒᆞ고鍛鍊을受ᄒᆞ야自立의力이有ᄒᆞ면健全ᄒᆞᆫ人格을成ᄒᆞ고重大ᄒᆞᆫ責任을堪承ᄒᆞ려니와若其安逸에生長ᄒᆞ야懈惰의習를滋長케ᄒᆞ며放浪에自縱ᄒᆞ야奢傲의癮을固結케ᄒᆞ면雖良材美質이라도畢竟棄物이될ᄲᅮᆫ더러自家의不幸이될지라從古以來에英豪俊傑과博學名士가孰不自困難中出來며孰不自鍛鍊中做得이리오是故로其子弟를培養ᄒᆞ야材器를成就코저ᄒᆞᆯ진ᄃᆡ必使之遊學遠方ᄒᆞ야學識도求ᄒᆞ고聞見도博케ᄒᆞ려니와又其他鄕에在ᄒᆞ면交際의生踈가多ᄒᆞ고四顧의依賴가無ᄒᆞ야對人之事와處身之方에困難도經ᄒᆞ고鍛鍊도受ᄒᆞ야自任의志가發ᄒᆞ고自立의力이生ᄒᆞ야勤篤忍耐의性

質을成홈으로男兒前程에難境을可以通過오難事를可以做得이重任를可以擔當훈지라今公等이養其子弟를閨中處女와如ᄒᆞ야使之穩寢於衾褥ᄒᆞ야筋骨을軟弱케ᄒᆞ며遊適於鄕井ᄒᆞ야歲月을不知케ᄒᆞ니自任의志와自立의力이從何而發生ᄒᆞ깃는가此其不善敎導의一이오

一은古人이曰遺子黃金滿籯이不如敎子一經이라ᄒᆞ며又曰良田萬頃이不如薄藝一能이라ᄒᆞ니盖黃金과良田이固生活의資本이나費用則難儲오遇盜則被奪이오或因無妄而失之ᄒᆞ거니와一經의學과一藝의能은自己所有라用之不盡이오人莫能奪이니엇지人生의至寶가아니리요爲人父兄者가但其田宅金帛으로子弟를遺ᄒᆞ고學問技藝로授치아니ᄒᆞ면畢竟其子弟가酒色雜技로世業을蕩敗ᄒᆞ고流離丐乞의身世를不免ᄒᆞ는者ㅣ不一而足ᄒᆞ거늘今公等이子弟의學費를是吝是惜ᄒᆞ야遊學을禁制ᄒᆞ는者ㅣ往往而有ᄒᆞ니彼靑年銳氣로遊學을不得ᄒᆞ매所志를不遂훈지라於是에無所聊賴로酒色雜技에投入ᄒᆞ는境遇이면其利害關係가果何如哉아此其不善敎導의一이라

嗟乎라我西北諸道에一般父兄이여今日吾儕가苦心血誠으로學會를組織훈다月報를刊行훈다師範材料를養成훈다三層洋製의宏大훈家屋을建築ᄒᆞ는諸般事爲가果然誰를爲홈이뇨ᄒᆞ면學會組織은公等子弟의聯合親睦을爲홈이오月報刊行은公等子弟의知識增長을爲홈이오師範養成은公等子弟의敎育成就를爲홈이오家屋建築은公等子弟의居處遊息을爲홈이니此를他人의事라

謂ᄒᆞᆫ것인가自己의事라謂ᄒᆞᆫ것인가嗚呼其念之어다

教育部

祝十一學士

東京遊客 金源極

崔錫夏、全永爵、李東初、洪聖淵、李熙轍梁大卿、李善暻八氏ᄂᆞᆫ法學卒業、崔寧軾氏ᄂᆞᆫ政治學卒業、 柳漢榮氏ᄂᆞᆫ法政大學卒業、 金鎭初氏ᄂᆞᆫ農學卒業沈相俊

天下의興亡은匹夫의賤이라도與有責焉이어든況今日我國의無前無後ᄒᆞᆫ劫運을遭値ᄒᆞᆫ學士諸氏의天職이如何히愈高ᄒᆞ며如何히愈重ᄒᆞᆫ가本來諸氏의忠膽義血이拔例高尙ᄒᆞ야十許年異域風霜에學問의目的을到達ᄒᆞᆷ은斷斷無他라我祖國을維新코자ᄒᆞ며我同胞를拯濟코자ᄒᆞ야一身을犧牲에自處ᄒᆞ얏스니其偉大ᄒᆞᆫ學生時代의歷史ᄂᆞᆫ一般社會同胞가萬口로讚道ᄒᆞᆯ뿐外라其翹首且祝에曰我國이其庶幾乎ᆫ저留學諸氏가卒業歸國ᄒᆞᄂᆞᆫ日에ᄂᆞᆫ我國이其庶幾乎ᆫ저ᄒᆞ야旱天의雷聲과漆夜의火光갓치渴望ᄒᆞ엿슨즉其推崇ᄒᆞᆷ을被ᄒᆞ며期望을受ᄒᆞᆷ이極點高度에達ᄒᆞ얏다可謂ᄒᆞᆯ지라諸氏가此를自審ᄒᆞ고此를自思ᄒᆞ미雙肩이自重ᄒᆞ고中心이自熱ᄒᆞ리로다向日留學生監督部內의서卒業生祝賀會를開設ᄒᆞ여슴時에諸氏의演說ᄒᆞᆫ概意를傳聞ᄒᆞᆫ즉人民社會上事業에各自從事ᄒᆞ야國家의大公益大勝利를發表ᄒᆞ기로矢言ᄒᆞ얏다ᄒᆞ니諸氏의自崇自望은既己揣度ᄒᆞᆫ바어니와一般同胞의平日崇望ᄒᆞᆷ도

亦此에不過ᄒᆞ리로다然ᄒᆞᆫ則諸氏를向ᄒᆞ야今日我國의民情時勢에適當히施設ᄒᆞᆯ手段如何를質問코자ᄒᆞ노니大槪民智의明闇과時機의慘舒가各各懸殊ᄒᆞ야所學ᄒᆞᆫ學術로直截橫斷ᄒᆞ야箭箭中紅ᄒᆞ기는萬無ᄒᆞᆯ理라必也叅酌을精美히ᄒᆞ고損益을圓滿히ᄒᆞ여야對症投劑를可期ᄒᆞ리니諸氏의默契가果然左를執ᄒᆞᆷ이有ᄒᆞᆯ는지先行其言ᄒᆞ기는難ᄒᆞ도다嗚呼라今日我國이國家의名稱은雖有ᄒᆞ나國家의權利는無ᄒᆞ며人民의形質은雖有ᄒᆞ나人民의義務는無ᄒᆞᆫ지라法律도我의所有ᄒᆞᆫ法律이아니요政治도我의所有ᄒᆞᆫ政治가아니요甚至於諸般公益實業界ᄭᆞ지라도我의所有가絶無ᄒᆞᆫ즉諸氏가設或孟德斯鳩의法律과伯倫知理의政治와斯蜜亞丹의自由實業과를包括兼有ᄒᆞ여슬지라도何方面으로始ᄒᆞ야能히着手ᄒᆞ며能히結果ᄒᆞᆯ能力이有ᄒᆞᆫ가此에到ᄒᆞ야一大疑難ᄒᆞᆫ問題가生出ᄒᆞᆷ이로다諸氏가率皆日本에多年留學ᄒᆞ얏슨즉日本의例를憑証ᄒᆞ야今日我國을能히縱橫ᄒᆞᆯ境遇가不及ᄒᆞᆷ은灼見明知ᄒᆞ야슬터인지泰西列國의文明程度로比倣ᄒᆞ기天壤이懸絶ᄒᆞᆷ은已無可論일지라噫彼列强은先輩의偉績을賴ᄒᆞ야根基가鞏固ᄒᆞ고政府가善良ᄒᆞ야後來學生이各其國民分子의責任을盡ᄒᆞ야先業을罔墜ᄒᆞ고時勢를利用ᄒᆞ야天然ᄒᆞᆫ秩序로進步ᄒᆞ는故로法律을學ᄒᆞᆫ者는但히法律을益加硏究ᄒᆞ며政治를學ᄒᆞᆫ者는但히政治를益加硏究ᄒᆞ며實業을學ᄒᆞᆫ者는但히實業을益加硏究ᄒᆞ야惟一ᄒᆞᆫ目的을是守ᄒᆞ야도羣材과己合ᄒᆞᆫ大工塲이라罅缺을塡補無餘ᄒᆞ려니와今日諸氏는百

病의一醫요十盲의一箚과如ᄒᆞᆫ지라許多ᄒᆞᆫ天職을兼負疊荷ᄒᆞ얏슨즉其至重且大ᄒᆞᆷ이他國學士의單純ᄒᆞᆫ職務에比할바ㅣ아니라然ᄒᆞ나若是히重大ᄒᆞᆫ負荷를諸氏가巨細畢張ᄒᆞᆯ力이不及ᄒᆞᆯ지라必也合羣團体의力을求ᄒᆞ야精神을結集ᄒᆞ고義務를共修ᄒᆞᆫ然後에야事業을成就ᄒᆞ리니盖此合羣團体의方法은平日學術의研究ᄒᆞᆫ바ㅣ아니요臨時敏活ᄒᆞᆫ容人接物의手段에在ᄒᆞᆫ것이로다若叩此求響이라도不捷應ᄒᆞ고叩彼求響이라도不捷應則乃勃然怒之曰我民族이無可爲矣라ᄒᆞ면此ᄂᆞᆫ諸氏의妄自暴棄니不亦謬乎아又或與內地長老幼少로立談坐語에閉門自守의膠見이不合時勢ᄒᆞᆯ境界가十常八九에至ᄒᆞ리니此에對ᄒᆞ야我長爾短을較ᄒᆞ며我智爾愚를爭ᄒᆞ면此ᄂᆞᆫ諸氏의妄自尊大니不亦謬乎아國家의燎眉現症을憂憤ᄒᆞ야熱火의性으로唇焦舌弊ᄒᆞ도록號召公衆ᄒᆞ야도不惟不從이라乃謗訕之譏嘲之ᄒᆞᆯ弊도不無ᄒᆞ리니于是에諸氏가絕望念이生ᄒᆞ야或山林에走入ᄒᆞ야自分의安樂을是圖치아니면我의所好를從ᄒᆞ야升斗의祿으로畢生을是求ᄒᆞ면此ᄂᆞᆫ諸氏의妄自菲薄이니不亦謬乎아嗚乎諸氏가平日社會의推崇과期望을被受ᄒᆞᆷ이如何ᄒᆞᆫ地位에到ᄒᆞ며諸氏의自期自望ᄒᆞ든바ㅣ如何ᄒᆞᆫ境遇에在ᄒᆞ얏든가今에諸氏가競爭線이集注ᄒᆞᆫ國에立ᄒᆞ고存亡絕續이間不容髮ᄒᆞᆫ時에處ᄒᆞ야千數百年以來賢哲로더부러可히挑戰ᄒᆞᆯ더이요十數國大政治家로더부러可히爭衡ᄒᆞᆯ지니엇지區區ᄒᆞᆫ鄕曲의一二學究로더부러甲乙을肯爭ᄒᆞ며名聲을誇賣ᄒᆞ리오諸氏의滿盈ᄒᆞᆫ實學이

如此히恣肆ᄒᆞ기는當初無有ᄒᆞᆫ理로預筭ᄒᆞ나一團体中에設或一個人이라도偶然ᄒᆞᆫ差失을當ᄒᆞ면俗論이譁然訾謷曰前日推崇期望ᄒᆞ든留學生의行動이乃如是而己라ᄒᆞ야全部團体의名譽를汙損ᄒᆞ며全國文明의前途ᄅᆞᆯ障碍ᄒᆞ리니僚友의相勉이最可瞿然ᄒᆞᆯ者이나諸氏가俱是同一ᄒᆞᆫ靑年이오同一ᄒᆞᆫ學問이요同一ᄒᆞᆫ目的인즉其行動에互相隣離치아니ᄒᆞᆯ줄도亦其預筭ᄒᆞ리로다嗚乎라老大ᄒᆞᆫ意太利가瑪志尼等三傑의力으로少年을再變ᄒᆞ얏슨즉今十一學士가我國에輩出ᄒᆞ얏는지라少年大韓되기ᄅᆞᆯ엇지預期치아니리요俄羅斯의專制로도民黨의組織이學生에由ᄒᆞ엿고普魯士의敗轍로도法軍의逐ᄒᆞᆷ이學生에由ᄒᆞ얏슨즉學問의力은證古叅今에昭然不誣ᄒᆞᆯ뿐더러今日諸氏가全國學生界에宗匠과領袖의椅子ᄅᆞᆯ占領ᄒᆞᆫ지라赤幟ᄅᆞᆯ一麾ᄒᆞ면風起水涌ᄒᆞ기는原定ᄒᆞᆫ理니此機를利用ᄒᆞ야民族의自由精神을喚醒ᄒᆞ며獨立思想을皷吹ᄒᆞ야社會道德의基礎ᄅᆞᆯ次第確立ᄒᆞ면國家政治의基礎가聯翩追因ᄒᆞ야法律也ㅣ實業也ㅣ가稍稍히我의所有가되리니學士諸氏가아니면此ᄅᆞᆯ誰가更히猷爲ᄒᆞ리요嗚呼라國家의將興ᄒᆞᆷ도諸氏요國家의將亡ᄒᆞᆷ도諸氏라其諸氏의如何行動을拭目待之ᄒᆞ거니와竊又思顧컨ᄃᆡ諸氏가其心에猶或曰吾輩의行動을吾輩가己有先見이요海外文明歷史ᄅᆞᆯ講磨心得이己久어는人의勸告ᄅᆞᆯ何待ᄒᆞ며且不經의空談을吻吻漫叫ᄒᆞ얏다고批評이或無ᄒᆞᆯ는지도不知ᄒᆞ나不佞이亦國民의一部分이라國家에對ᄒᆞᆫ一片孤忱이不能自己ᄒᆞᆷ으로諸氏ᄅᆞᆯ向

ᄒᆞ야崇拜가如此ᄒᆞ고希望이又如此ᄒᆞ고顯祝이又如此ᄒᆞ노라

懽迎出瀛留學生諸君渡國

于岡生

今日我大韓帝國의前途를論ᄒᆞᄂᆞᆫ者ㅣ類皆外國에留學ᄒᆞᄂᆞᆫ青年學士의게在ᄒᆞ다在ᄒᆞ다謂홈이果然이로다諸氏ᄂᆞᆫ我安土重遷ᄒᆞᄂᆞᆫ國民中에産出ᄒᆞ야天下의大勢와海外의風潮를豁然先眼ᄒᆞ야不肯作一株之守ᄒᆞ며不肯安一枝之捿ᄒᆞ야西으로千年鰈域의鄕國을離ᄒᆞ야東으로萬里鯨濤의滄溟을渡ᄒᆞ야我의人에不及ᄒᆞ며人이我보다勝ᄒᆞᆫ者를是學是勉ᄒᆞ니二十文章司馬의南遊로可與並駕요九萬雲霄大鵬의直上으로可與同翼이로다不以萬苦千辛으로挫其志焉ᄒᆞ니孟賁夏育이不足以勇也오惟以人一己百으로篤其學焉ᄒᆞ니郭泰賈彪가何敢獨冠歟아壯哉라諸氏여壯哉라諸氏여實我國將來의警鍾을釁ᄒᆞᆯ바도諸君의熱血이오已頹의大厦를支홈에도諸君이棟樑이로다言諸君之胷部컨ᄃᆡ可以呑巡洋艦也오觀諸君之氣槩컨ᄃᆡ可以凌飛空車也라今諸君之來에有二大喜存焉ᄒᆞ니英齡高才로遠涉以學ᄒᆞ야使彼外人으로知青邱之多産聰俊ᄒᆞ니此其一喜也오新世空氣를滿吸以歸ᄒᆞ야使我同胞로醒其黑洞之晏寢迷夢ᄒᆞ니此其一喜也라議者ㅣ或曰我國이數年以來로教育을擴張ᄒᆞ며學問을發達ᄒᆞᆫ다ᄒᆞ나實業이尙屬不振ᄒᆞ야鐵艦을製造홈도未之聞矣오大砲를製造홈도未之見矣어니何以禦外며何以衛內오ᄒᆞ야縱有外國留學生이日加月增이라도吾

不取라ᄒᆞ니此ᄂᆞᆫ不揣我國之程度而虛張白談者也라今日我國之情形을察ᄒᆞ건ᄃᆡ國家와臣民이如何ᄒᆞᆫ關係가有ᄒᆞᆷ을不知ᄒᆞᄂᆞᆫ者ㅣ居多ᄒᆞ며臣民이國家에如何ᄒᆞᆫ義務가有ᄒᆞᆷ을不知ᄒᆞᄂᆞᆫ者ㅣ不少ᄒᆞ니當此之時ᄒᆞ야億萬艘의鐵艦과千百門의大砲가有ᄒᆞᆫ들將用於何地乎아今에諸氏ᄂᆞᆫ櫛風沐雨於天涯ᄒᆞ며忍酸耐寒於客中ᄒᆞ야國家에身을獻ᄒᆞᆯ目的과臣民의職을盡ᄒᆞᆯ思想으로如彼其東出ᄒᆞ니我國의鐵艦이될者도諸君이오大砲가될者도諸君이니我國은雖無鐵艦而實有鐵艦也오雖無大砲而實有大砲也라余ᄂᆞᆫ一腐敗者라曾無所學ᄒᆞ야不能扶邦國於傾覆之際ᄒᆞ며不能救生靈於塗炭之中ᄒᆞ니一生이라도無所益矣오一死라도無所損矣로ᄃᆡ但我國의前途가留學諸君에在ᄒᆞᆷ을心自喜之ᄒᆞ야敢此一段鄙說로一以表今日懽迎諸君之意ᄒᆞ며一以望內地同胞之與諸君同歸ᄒᆞ노라

敎育勸奬이如植木培養

會員 李聖基

今有一園於此ᄒᆞ니松栢杉檜等建屋의材와香梨蜜柑等珍果의品을無不力農이되但히植木만法ᄃᆡ로ᄒᆞ고培養의道를闕ᄒᆞ면其可乎아大凡植物이라ᄒᆞᄂᆞᆫ것은何種을勿論ᄒᆞ고其栽植ᄒᆞᄂᆞᆫ法도人의게在ᄒᆞ거니와但其栽植만法ᄃᆡ로ᄒᆞ고自然ᄒᆞᆫ年事에任放ᄒᆞ면就中에矮曲霾腐燥澁의不完全ᄒᆞᆫ病弊가不無ᄒᆞ야비록豐稔의秋를當ᄒᆞ야도能히良質의屋材와美品의果類를收取키難ᄒᆞᆯ지라於是에農林家의培養法을施ᄒᆞ야其根을護ᄒᆞ

고其幹를貞케ᄒᆞ며其矮小ᄒᆞᆫ者를茁長케ᄒᆞ고其屈曲ᄒᆞᆫ者를平直케ᄒᆞ며腐敗霾蝕의病이有ᄒᆞᆫ者에ᄂᆞᆫ防腐殺菌의液을注滌ᄒᆞ고根燥枝澁의虞가有ᄒᆞᆫ者에ᄂᆞᆫ肥料滋養의水를灌漑ᄒᆞ야雨露가均適ᄒᆞ고風暘이調和ᄒᆞ면秋入庭柯에百顆圓圓이無非珍味의良果요木葉盡脫에滿園葱葱이盡是棟樑의大材를成ᄒᆞᆯ지라豈不美哉아現我學園의靑年을敎育ᄒᆞ야人材를培養ᄒᆞᆷ도卽後日建屋의具와珍品의果를營ᄒᆞᄂᆞᆫ者라今에吾儕ᄂᆞᆫ法ᄃᆡ로栽植ᄒᆞᄂᆞᆫ恩을既蒙ᄒᆞ고繼又熱心으로培養ᄒᆞᄂᆞᆫ澤을均被ᄒᆞ야萬一腐黴燥澁의病을能脫ᄒᆞ고茁長平直의前進을不圖ᄒᆞ면엇지彼園中의森立ᄒᆞᆫ樹木만如ᄒᆞ리요宜協心齊進ᄒᆞ야國家의棟樑과獨立의結果를期必ᄒᆞᆯ지어다植木園이何處오ᄒᆞ면西北道各學校가是也ㅣ요培養家ᄂᆞᆫ云誰오ᄒᆞ면本學會主務諸先生이是也ㅣ라不佞은年淺材庸ᄒᆞ고學識이素昧ᄒᆞ나但以農家生長으로曾前에父兄의植木業을從事ᄒᆞ야農林培養에實驗의成蹟을觀ᄒᆞᆫ비有ᄒᆞ더니一自學校就業ᄒᆞᆫ以來로敎育의薰陶를漸賴ᄒᆞ야半豹의管見을略得ᄒᆞᆫ故로本會月報를繼續接讀ᄒᆞᆫ以來로興起感嘆의私를不勝ᄒᆞ야玆에一言을敢述ᄒᆞ야大方家의高評을望ᄒᆞ노라

衛生部

失氣及假死의救急法 (前號續)

簡齋生

(第一)刺戟呼吸法　此法은鳥羽나或藁莖等을用ᄒᆞ야患者의鼻口粘膜面을搔攪ᄒᆞ야反射機能을起케ᄒᆞ여呼吸의挽回를促ᄒᆞ고

併히患者의頭部及胷部에强劇의水線을反覆瀑滌ᄒᆞ되每回에直히布片等을用ᄒᆞ야淨拭乾燥케ᄒᆞᆷ이可ᄒᆞᆷ

(第二)空氣吹入胷側壓搾呼吸法　此法은先히患者의鼻를把鎖ᄒᆞ고術者의口를用ᄒᆞ야患者의口內에直接으로空氣를吹入ᄒᆞ고或은(加帝的兒)를用ᄒᆞ야間接으로空氣를吹入ᄒᆞ되直히胷側을壓迫ᄒᆞ여再히其空氣를搾出ᄒᆞᆷ으로以ᄒᆞ야呼吸을營케ᄒᆞᆷ

(第三)「마루샤루하루」氏의人工呼吸法

此法ᄂᆞᆫ患者를伏臥케ᄒᆞᆫ後에前額을手로支ᄒᆞ고術者의手掌을用ᄒᆞ야患者의胷側及背部를平等壓迫ᄒᆞᄂᆞᆫ事를大約二秒時를以ᄒᆞ야呼氣를營케ᄒᆞ며更히患者를一側에回轉ᄒᆞ고二秒時의吸氣를營케ᄒᆞᆫ後에又直히舊位에復ᄒᆞ야更히前法을反覆繼施ᄒᆞᆷ

但步法은一分時間大約十五回反覆ᄒᆞᆷ을乃至一時間待續ᄒᆞ되同時에松針、刷毛等으로四肢의皮膚를刺戟ᄒᆞᆷ은猶其奏效의一分을補助ᄒᆞᆷ

(第四)「지루우에스데루」氏의人工呼吸法

此法은患者를仰臥케ᄒᆞ되胷部ᄂᆞᆫ高ᄒᆞ고頭部ᄂᆞᆫ胷部보담稍히低位에置게ᄒᆞᆫ後에術者ᄂᆞᆫ其頭邊에坐ᄒᆞ야患者의兩膊에其肘部를握ᄒᆞ고此를頭部의兩側에伸展擧上ᄒᆞᆷ을二秒時間에以ᄒᆞ야吸氣를營케ᄒᆞᆫ後其膊을下降ᄒᆞ고仍히胷側을壓迫ᄒᆞᆷ을更히二秒時間에以ᄒᆞ야呼氣를營케ᄒᆞ되如此反覆ᄒᆞᆷ을一分時間에大約十五回를營ᄒᆞ고其持續時間은亦前者와同一ᄒᆞᆷ

第三及第四의人工呼吸法은世에稱用ᄒᆞᄂᆞᆫ비되나施術ᄒᆞᆯ當時에若患者가上肢軟部의

大負傷이나或骨折症等이有홈에於ᄒᆞ야는此法을適用홈이不可ᄒᆞᆫ故로如此ᄒᆞᆫ時에는左의二法을施홈이便宜홈

(第五)「다기스슈레루」氏의人工呼吸法
此法은患者를水平位에仰臥케ᄒᆞ고頭部를少히高位에置ᄒᆞᆫ後에術者는患者의腰部에跨立ᄒᆞ야兩手로患者의骨盤弓部를左右로把握ᄒᆞ고力을極ᄒᆞ야此部를高擧홈을大約二秒時間에吸氣를營ᄒᆞᆫ後에舊位에降ᄒᆞ고腹壁을壓迫홈을又大約二秒時에呼氣를營ᄒᆞ야斯와如히整然反覆홈을一分時間에大約十五回를營ᄒᆞ되半乃至一時間持續홈이通例요但此際에腹壁을弛緩케ᄒᆞ기爲ᄒᆞ야膝兩關節部에共히其屈曲位를取ᄒᆞ는事가必要홈

(第六)「후라스하루」氏의人工呼吸法 此法은患者를仰臥케ᄒᆞᆫ後에長五尺許의布片幅四五寸에折褶ᄒᆞᆫ者를取ᄒᆞ야其一緣는胷廓의右로븟터左에繞ᄒᆞ고他의一緣는胷廓의左로부터右에匝ᄒᆞ되左右가共히乳房의部位에繞匝케ᄒᆞ고交互對側에其引挽홀兩端을絞ᄒᆞ야此에二人의術者가患者의兩側에在ᄒᆞ야各其兩手에布片의兩端을握ᄒᆞ고兩側이一齊牽引ᄒᆞ기를大約二秒時間에胷壁을壓搾ᄒᆞ야呼氣를營케ᄒᆞ고仍히布片을弛緩ᄒᆞ기를又大約二秒時間에胷廓을舊位에復ᄒᆞ야吸氣를營케ᄒᆞ야如斯히整然反覆홈을是亦一分時間에大約十五回를營ᄒᆞ되半乃至一時間持續홈이通例요施術ᄒᆞ는場所에若二人의術者가欠缺홀時에는布片의一端을他의固定體에縛ᄒᆞ고他의一端을握ᄒᆞ야前과如히緩急을整然히ᄒᆞ야呼吸을營

케ᄒᆞᆷ이可ᄒᆞᆷ

凡人工呼吸術을施ᄒᆞᆯ際에患者의舌을口外에牽出ᄒᆞᄂᆞᆫ事가最必要ᄒᆞᆫ件에屬ᄒᆞᆷ

傳染病預防法

大凡傳染性이有ᄒᆞᆫ病은何如ᄒᆞᆫ病種을勿論ᄒᆞ고總히其病菌이患者의排泄物이나及其殘遺의食物、器皿、衣服等과如ᄒᆞᆫ者와又空氣의媒介로種種傳染ᄒᆞᄂᆞᆫ者니以上의數件에特히注意消毒ᄒᆞ야病素의媒路를絕緣ᄒᆞ며互相의通涉을戎嚴ᄒᆞᆯ바ᄂᆞᆫ不必再論이어니와如或患者의家族이나親友가되야他의看護人이無ᄒᆞ고但自己의關係가誠謝絕키不得ᄒᆞᆯ境遇가有ᄒᆞᆯ時에ᄂᆞᆫ不得不其免疫性의預防法을實用치아니ᄒᆞᆷ이不可ᄒᆞᆯ지라今에免疫性預防法을左에摘要槪論ᄒᆞᆷ

(免疫性預防法) 此法은其看護人된者ㅣ數日을極히嚴重審愼ᄒᆞᄂᆞᆫ間에先히患者의排泄物(衄血、吐痰、汗泌、大便、小便等)이나食料殘餘物을糜粥等品에和ᄒᆞ야犢牛나家豚의게飼與ᄒᆞ얏다가滿三日을過ᄒᆞᆫ後에此犢牛나家豚을宰殺ᄒᆞ여其肉을患者의看護人이食ᄒᆞ면此健人도患者와同種의輕微ᄒᆞᆫ病症을暫時間患ᄒᆞ나決코危險의弊ᄂᆞᆫ無ᄒᆞᆯ거시요仍又快復ᄒᆞᆫ後에ᄂᆞᆫ更히此同種의傳染病에罹ᄒᆞᆯ虞가無ᄒᆞᆫ免疫性이確有ᄒᆞᆷ

今에其一端無疑의証據를論ᄒᆞᆯ진ᄃᆡᆫ近日牛痘의法은卽人痘苗를犢牛의게載種採還ᄒᆞᆫ者라此를再히人의게種ᄒᆞᆷ에至ᄒᆞ야其感疫性이如彼輕減ᄒᆞ니此를由ᄒᆞ야觀ᄒᆞ건ᄃᆡᆫ大抵人類의傳染性病毒을獸類에載種ᄒᆞ얏다가返來ᄒᆞᆫ者ᄂᆞᆫ其特殊ᄒᆞᆫ輕減의差가有ᄒᆞᆷ이明瞭ᄒᆞᆷ

農業의改良

耕世生

我國의富源을開發ᄒᆞ야國利民福을增進ᄒᆞ는ᄃᆡ第一最大急務는實로農業振興에在ᄒᆞ도다何者오工商業은現今外勢의逼迫을受ᄒᆞ야束手纏足이되얏거니와至若農業ᄒᆞ야는元來土地肥沃ᄒᆞ고氣候適度ᄒᆞᆯᄲᅮᆫ不啻라아즉改良ᄒᆞ며開墾ᄒᆞᆯ餘地가多ᄒᆞᆫ國을憂ᄒᆞ며同胞를愛ᄒᆞ는者는急急히此에注意ᄒᆞ야陸續着手ᄒᆞᆯ지어다此의目的을達ᄒᆞ는捷徑은實際로改良의模範을示ᄒᆞ야써農民을誘導啓發ᄒᆞᆷ에在ᄒᆞ니窃惟컨ᄃᆡ農業의改良은精細ᄒᆞᆫ注意로써正確ᄒᆞᆫ根據를基ᄒᆞ야熱誠으로奬勵를加ᄒᆞ지아니ᄒᆞ면其目的을達ᄒᆞ기頗히困難ᄒᆞᆯ지라然이나事의緩急이有ᄒᆞ고物의難易가有ᄒᆞᆫ즉善히各地方의風土氣候와農民程度를鑑察ᄒᆞ야急히其易로븟터始ᄒᆞᆯ지라大抵其改良의主要를槪述ᄒᆞ면

一、我國農業은아즉個人經濟를免치못ᄒᆞ야物産共通의途가發達치못ᄒᆞᆫ故로作物의分配가適當치못ᄒᆞ야生産上의損失이不少ᄒᆞ니將來交通機關의發達을從ᄒᆞ야氣候土質의適否를鑑ᄒᆞ야適所에適應ᄒᆞᆫ作物을配置ᄒᆞ야써生産力을增加ᄒᆞᆯ者오

二、農作物의種類가善良치못ᄒᆞᆫ故로其産額만些少ᄒᆞᆯᄲᅮᆫ아니라品質도ᄯᅩᄒᆞᆫ鄙劣ᄒᆞ니此의改良을急히圖謀치아니치못ᄒᆞᆯ者오

三、氣候와土質에鑑ᄒᆞ야新作物을外國에셔輸入ᄒᆞ야新産物을增加ᄒᆞᆯ者오

四、農産의豐裕치못ᄒᆞᆫ一大原因은肥料의

缺乏에在ᄒᆞ니急히其供給의方法을探究ᄒᆞ야써普及을圖謀ᄒᆞᆯ者오

五、水利의施設이不完全홈을爲ᄒᆞ야生産力이多大히阻碍되고또時時로不意의災害를蒙ᄒᆞ야生産이減少ᄒᆞ니適宜ᄒᆞᆫ程度로써漸次改善을加ᄒᆞ야生産의安固와增加를圖ᄒᆞᆯ者오

六、土地利用의途가不完全ᄒᆞ야有用의地를放棄ᄒᆞᆫ者多ᄒᆞ니此의利用方法을講ᄒᆞ야生産의增加를圖ᄒᆞᆯ者오

七、家畜家禽並히其製造에關ᄒᆞᆫ事業도改良增殖의餘地가頗多ᄒᆞᆫ즉一般資本家로ᄒᆞ야곰實行케ᄒᆞ면巨大ᄒᆞᆫ利益을産出ᄒᆞᆯ지라就中養鷄養豚等은最히容易ᄒᆞᆫ거신즉雖貧民이라도飼養ᄒᆞᆯ지니急히其改良을圖ᄒᆞᆯ者오

八、養蠶도我國氣候關係上에最히適當ᄒᆞᆫ즉普及히桑樹培栽養蠶製絲等을速히改良發達케ᄒᆞᆯ지오

九、農家의副業이生産上에重要ᄒᆞᆫ關係가有홈을不拘ᄒᆞ고我國에서ᄂᆞᆫ毫末도此에注意치아니ᄒᆞ니此도또ᄒᆞᆫ將來大奬勵를加ᄒᆞᆯ者라

以上諸欠点은我國農業上影響의最大ᄒᆞᆫ者라此等改良이能히其目的達홈을得ᄒᆞ면生産의倍加ᄂᆞᆫ決코難事가아닌줄로信ᄒᆞ노니當局諸公과斯業의有志者ᄂᆞᆫ國家의前途와國民의將來의將來를憂愛ᄒᆞ야千萬發憤ᄒᆞ야急히此等改良에着手ᄒᆞᆯ지여다

雜爼

以農立國에其基址가尤固　野隱生譯

法國碩學士刻內氏曰無農之民은不完備ᄒᆞᄂᆞ니安全鞏固者ᄂᆞᆫ農業所立之國이是라農民은國土를思홈이尤深切ᄒᆞᆯ故로古諺에云ᄒᆞ되農民은帝王의所賴오國家의忠僕이라盖農民은惟順柔ᄒᆞ며貴保守ᄒᆞ며慣於篤信ᄒᆞ며無惑於利害ᄒᆞ고一朝에行其所信에至ᄒᆞ면亦甚勇也니라

夫義勇忠實ᄒᆞ야奉公於國家者ᄂᆞᆫ利害를考思ᄒᆞᄂᆞᆫ者의所能이아니라棄財殺身을不可求之於輕巧之民이니農民은乘意氣ᄒᆞ면能히棄財殺身ᄒᆞ야奉於國家ᄒᆞᄂᆞ니故로國이苟欲其基址安固ᄒᆞᆯ진ᄃᆡ多數善良ᄒᆞᆫ農民을不得不賴ᄒᆞᆯ지니라

生業이易險於危機者ᄂᆞᆫ莫若商務ᄒᆞ니商之盛衰ᄂᆞᆫ一懸於需要之消長이오制商機者ᄂᆞᆫ常在於人이라世之需要物品者ᄂᆞᆫ情勢가時時變轉ᄒᆞ고商家ᄂᆞᆫ恒有同業競爭者라故로制商機之要ᄂᆞᆫ巧改方略ᄒᆞ야以應其變홈이在ᄒᆞ니商家ᄂᆞᆫ必有策商略之人이라若忽失其人ᄒᆞ야不得其繼承者면家產이必傾ᄒᆞ고或使有其人이라도一錯其商機ᄒᆞ면亦不能無失墜라諺에云ᄒᆞᆫᄃᆡ巨商이無二代라ᄒᆞ니觀之於實際ᄒᆞ면富商之子가忽破而流離ᄒᆞ고或落魄ᄒᆞ야伍於乞丐之徒者가亦非無之ᄒᆞ니商之難於安泰를略可知矣라

工業家ᄂᆞᆫ亦有時失其顧客ᄒᆞ며或受同業爭競之弊者라古時에ᄂᆞᆫ工業의規模가甚少ᄒᆞ야家家恃鍊熟而行之故로一失鍊手ᄒᆞ면家業이自廢絕ᄒᆞ고且工業이未盛ᄒᆞ고人의需要其生產者가甚少ᄒᆞ니若同業爭競者가過多ᄒᆞ면亦或受其弊라於是에營工業者가限定其家數及人員ᄒᆞ야戒令勿濫造라야始免

免其爭競之弊ᄒᆞ더니라

今世工業은其用大機械와及備大工塲者가不僅須於熟鍊之工手라又宜簡選才識卓絶者ᄒᆞ야以充管理之職이니盖管理가不得其人ᄒᆞ면而工塲이至失墜者ㅣ往往有之라然이나管理之才와鍊熟之工은不必爲難得이오獨可憂者ᄂᆞᆫ在爭競之弊ᄒᆞ니凡文明之邦은於民業之自由競爭에不可加以禁遏이니라

故로工業의利益이多ᄒᆞᆫ者ᄂᆞᆫ人人이競經營之ᄒᆞ니其生産過饒之至에ᄂᆞᆫ爭競以低價ᄒᆞ야遂招損缺者가不少ᄒᆞ니所謂生産過饒者가爲今世工業界之大憂ㅣ니라

生産過饒의弊ᄂᆞᆫ其因端이有二ᄒᆞ니生産이徒加多ᄒᆞ고需要가不隨增이一也오生産이常同ᄒᆞ되需要가頓減이二也라供給이已逾於需要之數ᄒᆞ면價格이必大低落ᄒᆞ야使其生産之業으로不免損缺ᄒᆞ고甚者ᄂᆞᆫ工塲이閉鎖ᄒᆞ고大工塲이破産ᄒᆞᄂᆞᆫᄃᆡ至ᄒᆞ야其影響於經濟界가亦頗大ᄒᆞ고若多數工塲이閉鎖ᄒᆞ면多數勞工이忽失其職ᄒᆞ야購買物品之力이亦自減이라於是에供給諸品之工業이亦致生産過饒之弊ᄒᆞ야更使多數勞工으로失其職ᄒᆞᄂᆞ니可知一種工業의灾厄이流其弊於工業界之全體ㅣ니라

且大工業과銀行은必有貸借之關係라銀行은於金融界에所通脉絡이亦頗繁ᄒᆞᆫ故로工塲破産者ᄂᆞᆫ其害가不能不及於多數銀行ᄒᆞᄂᆞ니銀行이已破綻ᄒᆞ면人之托貯財者가感覺不安ᄒᆞ야其貯存之數를多引去ᄒᆞ니於是에衆羣이集於銀行門前ᄒᆞ야還付金幣를競求ᄒᆞ니遂使銀行으로一時停休其業에至ᄒᆞ

ᄂᆞᆫ지라銀行停業이多ᄒᆞ면其弊가廣히諸種民業에波及ᄒᆞᄂᆞ니此를稱曰經濟界恐慌이라凡國有工業頗盛大者가時時不免於恐慌은猶農業之遭凶歉也니라

恐慌之時에受其弊最大ᄂᆞᆫ奢侈品을製作ᄒᆞᄂᆞᆫ工業에在ᄒᆞ니盖人人이其購買力을減홈에ᄂᆞᆫ節用이必始於奢侈品이라窮困이愈甚ᄒᆞ면節用이愈急ᄒᆞ야生活必需의數品을除ᄒᆞᆫ外ᄂᆞᆫ一概로排斥을被홈의至ᄒᆞᄂᆞ니若最貧으로仰他救恤者ᄂᆞᆫ不能自購必需品이니라然이나觀之於全國民衆ᄒᆞ면爲數가不甚多ᄒᆞᆫ故로恐慌極烈之際에僅免其弊者ᄂᆞᆫ少數必需品을産出ᄒᆞᄂᆞᆫ業務而已오其餘ᄂᆞᆫ多陷於閉鎖之厄이니라

工業의競爭은世界各國을涉ᄒᆞ야激烈을漸加ᄒᆞ니若生産過饒之弊와優勝劣敗之數가亦常爲其所不免ᄒᆞᄂᆞ니可知工業이亦有危險之虞로다

農業은雖逢凶歉ᄒᆞ나苟有若干貯藏이면足防一時之急이오新穀이漸稔ᄒᆞ면復繼守其常業이易易ᄒᆞᆫ지라占世交通未開之時에ᄂᆞᆫ偶逢凶歉ᄒᆞ면忽見饑饉之灾어니와今世에ᄂᆞᆫ交通이頗便ᄒᆞ야穀類가易輸進ᄒᆞᄂᆞ니苟有財力充實이면懷貨幣而餓死者가有홈을不見ᄒᆞᆯ지라凶歉이一過ᄒᆞ면農民操業이亦如常ᄒᆞ니工業界恐慌에比ᄒᆞ면其避險의難易가非可同日論이니라

夫大凶歉者ᄂᆞᆫ固所罕見이니不必多言이오觀之於常時ᄒᆞ면農家ᄂᆞᆫ未嘗有同業爭競之情이라其伎倆優俊者가其伎倆拙劣者를未嘗凌殘ᄒᆞ고其耕良土者가其耕瘠土者를未嘗傷害라巧手與拙手와肥土與瘠土가均

因於時之利不利者ᄂᆞᆫ是爲農業常情이라但時不利ᄒᆞ면拙技者와耕瘠土者가受其弊ᄒᆞᆷ이較速ᄒᆞᄂᆞ니如此ᄂᆞᆫ固非爭競使然이라近年에ᄂᆞᆫ大農의用資金이頗多ᄒᆞ고經營이亦非容易나然이나商工諸業에比ᄒᆞ면尤安泰ᄒᆞ고若小農은專衣食於勞力ᄒᆞᆷ으로業務經營이甚易ᄒᆞ고技術이亦不難習慣ᄒᆞ야老幼婦女가見而狃之에可知其概要라如是ᄒᆞᆷ으로雖失其主業之人이라도亦未遽破其産이니是大異於工商諸業이니라

小農의經業頗小者ᄂᆞᆫ可目以勞手니勞手가在商工界者ᄂᆞᆫ以一人之力으로養一家數口ᄒᆞ미其婦女幼童이雖或幇助나爲力이微小ᄒᆞ고農務의聯手齊辦은借老幼婦女之力이甚多ᄒᆞ니假令失家主라도未遽曠廢也니라

農業은人生必需의物料를産出ᄒᆞᄂᆞᆫ者니恒常危機에陷ᄒᆞᆷ을不憂ᄒᆞᆯ지라若果實은僅有香味ᄒᆞ야適於人之賞玩ᄒᆞ고花卉ᄂᆞᆫ只樂人目ᄒᆞ고烟草와茶ᄂᆞᆫ亦不過充於人之嗜好니農業이是等娛樂之料의産出을主ᄒᆞᄂᆞᆫ者ᄂᆞᆫ未必無危險之虞라故로生産이非必需品者면宜兼栽培穀類ᄒᆞ야備於不時之災厄이니라

農業安泰者ᄂᆞᆫ莫若穀農이니果樹及工藝植物은未可專栽라主栽穀類ᄒᆞ고兼種藝貴種植物者가足致富榮이니라

國家興亡의機ᄂᆞᆫ莫危於戰爭이오生産의受害於兵爭者ᄂᆞᆫ莫甚於商工ᄒᆞ니國以商工立者ᄂᆞᆫ一朝有爭亂ᄒᆞ면諸業이不免傾衰ᄒᆞᄂᆞᆫ故로商工之民은常嫌忌兵事者가居多ᄒᆞ되農民은因兵戰ᄒᆞ야失其産者ㅣ恒少ᄒᆞ고其愛國土가尤甚切ᄒᆞᆫ故로勢不得已에至ᄒᆞ면

未必辭進戰ᄒᆞᄂᆞ니夫兵者ᄂᆞᆫ凶器오戰者ᄂᆞᆫ不祥이나然이나國이偏避兵爭者ᄂᆞᆫ亦無由雄飛於世界라保國者ᄂᆞᆫ不可以不恃其民之義奮心이니商國之民이最乏於義奮心ᄒᆞ고工國이亦稍有其弊ᄒᆞ나至於農國ᄒᆞ야ᄂᆞᆫ元氣가最旺盛ᄒᆞ야可知其國礎之堅矣니라

民俗의大關鍵

劉元杓

蜜啞子ㅣ白晝閒坐러니門外에轎影이翩翩ᄒᆞ며有一女子ㅣ淺淡素衣로信步而入ᄒᆞ야恭敬納拜ᄒᆞ고席側에危坐ᄒᆞᄂᆞᆫ지라蜜啞子ㅣ疑恠不已ᄒᆞ야擧目視之ᄒᆞ니年過二十이요玉顔朱唇에眉目이淸秀ᄒᆞ야操潔ᄒᆞᆫ狀態가士族家婦女也ㅣ라敬而問曰婦人은誰家女子로有何事故ᄒᆞ야失禮不敬이胡至此極乎아該女子ㅣ如冤如恨之狀으로拱手對曰本人은南村居權姓女子로十二歲에出嫁ᄒᆞ야十四에夫亡ᄒᆞ고紅顔薄命이父母膝下에셔歲月을虛送ᄒᆞᆫ者ㅣ八年今日이온ᄃᆡ閑中日月을消遣末由ᄒᆞ와國文新聞을課日購覽이온바嚮日雜報에金判書之外孫洪叅判之寡女가李侍從의再娶婦人으로行醮納幣ᄒᆞ야備禮成婚云則金判書ᄂᆞᆫ我國에華門甲族이요院老重臣일ᄲᅮᆫ不啻라當今改革時代에百度更張이無非去舊刱新인즉舊婦舊郞의行醮納幣ᄒᆞ야再嫁再娶함이新婦新郞의行醮納幣ᄒᆞ야初嫁初娶ᄒᆞᆷ으로孰優孰劣의差異가無ᄒᆞ온즉挽近世上에事與物이無非占未所有者이옴기此雖四千載未有之擧ㅣ나新世界에特色으로一種良俗이될줄노果然自負暗喜ᄒᆞ얏더니其後新聞紙에李氏家에

長老와兒少가不欲以嫡婦嫡母로待之云云則婚書紙에何以定約이온지人間天地에是何惡聲耶아手中新聞紙가不覺自墮이옵고哀冤愴慟이十倍於崩城之日이온거시當初에此等新異혼消息을寧使未聞者ㅣ면已어니와既是千萬念外에警世晨鍾을得聞할뿐더러大族巨室에서發起提挒홈으로一般靑孀界에重天再生之人들이洪李兩氏의德業을崇拜호야再醮成婚의嚆矢됨을萬年記念할줄로알아삽더니無情一雷가薦福碑를打碎호온지라到今호야는苟支殘縷가生不如死ㅣ라鴻毛一命을斷送泉臺호야寧欲無知옵기有志社會에一次瀝血鳴冤코져不顧猥越호고今玆衷訴호나니다호며不勝悲泣호난지라蜜啞子ㅣ聞罷에毛骨이竦然호야不勝慘憫而起敬對曰大抵今我同胞內에如是靑孀이不知其多少어니와一生抱恨호야百年終老케함이一則政府之失也요二則吾輩之過也ㅣ라今以政府之失과吾輩之過를詳言之호리라去甲午年에國家에서政法을改革維新할싀政府議案에寡女改嫁之條가有혼지라伊時에本人이亦以意見書로議案十條를內閣에提呈할싀第二條에有曰今見議案에寡女改嫁之條가有혼즉人世에廣蕩혼鴻典이올지라雖然이나人情과事態에極度極處를甚不周察而遽有是典이온지大盖人心之不齊가亦物之情也ㅣ라彼女子의心性情을周察호오면或貞或醜호야乃無揆一本으로雖慈母嚴父라도莫能一致者인즉今此恩典이恐或爲水上捺印일가호나이다何爲其然고貞女則雖有此典이라도必不改節이요醜女則雖無此典이라도曾自毀節也ㅣ니

今日鴻典이有何實效哉아大抵人情을窮究考審則非貞非醜之閒에或拘於體面而趑趄不決者와或碍於家聲而停止未行者가每常十中八九也ㅣ라此日蕩典이意外遽下則非貞非醜者ㅣ幸幸然相起曰是乃國法所在也ㅣ니依據的確이라ᄒᆞ야卽欲行之할식亦何自求佳偶ᄒᆞ야百年偕老哉아捿屑踪跡이若非綴於娼樓則落於酒肆者ㅣ不尠矣리니爲父爲兄者ㅣ忍何目睹而安於心哉아然則反不如使其父母로躬親周章ᄒᆞ야從善區處케ᄒᆞ되家內에紅顔靑孀을不得留養게ᄒᆞᄂᆞᆫ法則一條를制定頒下할거시요且以父母之心으로言之라도紅顔靑孀을眼前에留置함이孰非不忍이리요만은此亦拘於世風ᄒᆞ고關於事體ᄒᆞ야忍此不忍者ㅣ라此際에此等望外之典이頒下則孰不快於心而幸於事哉리요少無拘碍於世範ᄒᆞ야爭成大同之俗而另求好男子ᄒᆞ야光明配送할지니此豈非完實之典耶아雖然이나此間에些有欠節ᄒᆞ니何者오國法에靑孀을不得留養於家內則女子中에或者貞孝雙全者ㅣ有ᄒᆞ야烈不欲失節而改嫁ᄒᆞ고孝不欲使其父母로抵罪者ㅣ면或者自斃者ㅣ亦此不無뿐不是라節亦不同ᄒᆞ야天挺貞烈은已無可言이어니와我國自來風氣가所謂妾也者ᄂᆞᆫ擧皆潘奔寡行者로家族이賤待ᄒᆞ고鄕黨이遐棄ᄒᆞ며生子에不得淸宦ᄒᆞ고死歸에亦莫合葬故로如干守分之女ᄂᆞᆫ不欲爲妾於人者也ㅣ라然則今日國法維新之地에一事二事를不可不人情의極度를窮究硏核할지라以愚見으로言之ᄒᆞ면男子ㅣ喪配爲鰥而再娶할時에閨秀와作婚ᄒᆞᄂᆞᆫ風俗을嚴禁永杜而已로다若使男子로

年少喪配爲鰥而不得再娶於閨秀之地가되면勢不得己ᄒᆞ야卜妾乃己者也요妾既不齒於正室之班則宗嗣繼續을將何爲之哉아自然判書之寡女와叅判之鰥子가各其德同勢敵을相逐ᄒᆞ야行媒議婚ᄒᆞ야納幣親迎할ᄉᆡ雖曰彼此再婚이나年紀之敵과門地之同을各自取擇ᄒᆞ야再醮行禮가될지라然則彼此再婚으로執初執再之別이無ᄒᆞ야人生天地에同等ᄒᆞᆫ天權을保管ᄒᆞᆯ뿐不是라苟如是면雖有德行不足者라로族奸之變과淫奔之亂이亦此絶少ᄒᆞ야國風이肅正ᄒᆞ고民紀가頓整ᄒᆞᆯ지니今此議案에男子ㅣ不得再娶於閨秀란一條를立款ᄒᆞ소서ᄒᆞᆫ者ㅣ有之矣려니伊時政府에서採用치아니ᄒᆞ얏ᄉᆞᆫ즉是는政府之失也요天降生民之地에至公無私히男女의게身權을均是同給ᄒᆞ얏것만男子는喪妻爲舊郎ᄒᆞ야再醮於新婦ᄒᆞ고女子는喪夫爲舊婦ᄒᆞ야舊郎의게도猶不得再嫁行醮者는無他라民法과民俗이不立ᄒᆞ야此等人倫大事를尙無底定ᄒᆞ야天權을如是自損케ᄒᆞᆫ者ㅣ니是는吾輩之過也ㅣ라我國哲學家之言에法不生俗이면俗不生法이라ᄒᆞᆫ지라近日各般社會에政黨民黨이國法民法을研究制定中인즉早晚에文明良法이煥然成俗ᄒᆞ야公平世界를作成ᄒᆞᆯ지니望須寬抑ᄒᆞ야無損天齡ᄒᆞᆯ지어다該女子ㅣ收涙再拜曰今日에女子本分을若是毁傷ᄒᆞ고格外擧措가至此駭怪ᄒᆞ얏ᄉᆞ오니非但名教內에罪人이라倫理界에悖類라ᄒᆞ리로소이다ᄒᆞ고拜辭而去ᄒᆞᆫ지라惟願今我同胞에兄弟姊妹는本人의今此所經歷ᄒᆞᆫ意見書를再三閱覽ᄒᆞ시고千萬窮究ᄒᆞ시와紅顏靑孀의百年身世을

善良計筭ᄒᆞ야當今維新世界에天賜ᄒᆞᆫ身權을維持ᄒᆞ며自賦ᄒᆞᆫ天福을享有케ᄒᆞ심을顒祝萬萬

男女學生의早婚을宜戒

會員 柳景馥

夫婚娶ᄂᆞᆫ人生前途의大關係가有ᄒᆞᆫ者라故로曰二姓之合이오百福之源이라ᄒᆞ니其可不嚴密愼重也哉아肆昔三代之際에女子ᄂᆞᆫ二十而嫁와男子ᄂᆞᆫ三十而有室ᄒᆞ얏고近日列邦之法에男子ᄂᆞᆫ三十이요女子ᄂᆞᆫ二十이면自由相婚이盖由是也라嗚呼라我大韓帝國은粤自檀箕以來로
列祖神聖이繼繼相承ᄒᆞ야禮樂典章이冠乎東方터니夫何挽近以來로世級이日降ᄒᆞ고習俗이漸渝ᄒᆞ야百度俱廢에衆瘼이蝟集ᄒᆞ니可勝嘆哉아今에其最惡ᄒᆞᆫ弊의一端을先擧ᄒᆞ야論ᄒᆞᆯ진ᄃᆡ卽早年婚娶에셔尤甚ᄒᆞᆫ者ㅣ無ᄒᆞ도다大抵婚娶의目的은生殖發育과家族成立에基因ᄒᆞᆫ거시어ᄂᆞᆯ近日我國의一般婚娶ᄒᆞᄂᆞᆫ習慣을觀ᄒᆞᆯ지ᄃᆡ財産이稍饒ᄒᆞᆫ者ᄂᆞᆫ其男女의幼兒가十歲만才過ᄒᆞ면例議婚娶ᄒᆞ되若二十歲에幾近ᄒᆞ면輒曰晩時라ᄒᆞ고甚者ᄂᆞᆫ八九歲에結婚式을擧ᄒᆞ야曰夫曰婦의名稱을妄加ᄒᆞ니如此ᄒᆞᆫ黃口小兒輩에對ᄒᆞ야所謂自立搆戶의責任을問ᄒᆞᆯ비無ᄒᆞᆷ은更論을不要ᄒᆞ거니와以此毛血未成之男女로早解情慾ᄒᆞ야未滿二十에使之生産케ᄒᆞ니所謂其親其兒之氣力體質이俱不完健ᄒᆞ야難免虛弱淸脆ᄂᆞᆫ理所固然이라譬如未熟之子種을播諸春分前土地則其結實也ㅣ完乎아否乎아朱紫陽所謂後世人生이必

特別廣告

本會月報의發行이今至十八號인ᄃᆡ代金收合이極히零星ᄒᆞ와繼刊ᄒᆞ기極窘ᄒᆞᆯ뿐不是라況本會館及學校建築에經用浩繁은一般會員과僉紳士의知悉ᄒᆞ시ᄂᆞᆫ바이니義務를特加ᄒᆞ시와遠近間購覽ᄒᆞ시ᄂᆞᆫ僉員은迅速送交ᄒᆞ시고本會員은月捐金도幷計朔送致ᄒᆞ시와會務와校況을日益進就케ᄒᆞ심을千萬切盼

本學會告白

多夭者ㅣ正以此也라若其智愚未分의幼年男女는固無足責이어니와其爲父母者가亦安忍爲此耶아是以로頃於隆熙元年八月에大詔渙降ᄒᆞ사男年滿十七과女年滿十五己上者로始許嫁娶라ᄒᆞ셧스니此云男年十七과女年十五者ㅣ豈卽爲準成年之期耶是固深的古今에期使誘導化域也라仰念聖意之繾綣에凡我臣民이孰不凜遵奉行也哉아就其中惟我學生男女는尤極十分相戒ᄒᆞ야由來早婚의習慣에注意勿染홈이可ᄒᆞ도다試觀ᄒᆞ라昨日의成童處女로學校의優等班에居ᄒᆞ던者ㅣ今日成婚後劣等席에退落ᄒᆞᄂᆞᆫ者ㅣ比比皆然ᄒᆞ니甚哉라情慾의害人前程이여自古及今에天地間腐敗人物을幻生ᄒᆞᆫ者ㅣ太半此情慾의誘起ᄒᆞᆫ者ㅣ아닌가況我青年諸君은前途의責任이重大ᄒᆞᆫ者라엇지彼의碌碌ᄒᆞᆫ腐敗人物을甘作ᄒᆞ리오婚娶ㅣ事는卽生殖의發育과家族의成立에關ᄒᆞᆫ者이니果其全廢로敢言키는難ᄒᆞ나吾儕는目下危急의秋를當ᄒᆞᆫ者라更尤他日에比ᄒᆞᆯ비아니니各其第一步의目的되는學問智識을滿足ᄒᆞᆯ地點에達ᄒᆞ기ᄭᆞ지는雖父母가或勸之誘之ᄒᆞ며鄕人이或嘲之笑之라도自己의立志를確定ᄒᆞ야早婚의男女를勿作ᄒᆞᆫ然後에야將來의偉大ᄒᆞᆫ事業을可圖ᄒᆞᆯ지로다

我國의富

我國은統計의書籍이無ᄒᆞ야國富를知得코져ᄒᆞ나材料의缺乏홈을恨ᄒᆞ얏더니近日에日本人高橋秀臣氏가近年에統監府와農商工部等의調查를據ᄒᆞ야韓國의富라云ᄒᆞᄂᆞᆫ小冊子를編著ᄒᆞ얏기로自國事를外國人의

계學得ᄒᆞᄂᆞᆫ羞耻를冒ᄒᆞ고大略을揭載ᄒᆞ야實地調査의叅考件을作코져ᄒᆞ노라

一、土地의富力　拾七億六千六百九十四萬八千七百三十一圓

二、家屋及倉庫其他建造物의富力　壹億壹千七百六十萬圓

三、家財及美術品의富力　貳千六百二十二萬圓

四、家畜其他動物의富力　四千三百二十六萬五千六百二十五圓

五、鑛業의富力　壹億五千萬圓

六、水産의富力　壹億一千萬圓

七、電氣瓦斯及水豆馬車의富力　壹佰萬圓

八、船艦의富力　貳百七十萬五千圓

九、金銀貨幣及金銀塊의富力　七百八十七萬六千圓

十、諸社會銀行事業의富力　貳佰二十二萬二千五百圓

十一、諸貨物及商品의富力　壹億一千九百十一萬五千二百二十五圓

十二、鐵道電信電話의富力　七千六百八十萬圓

十三、圖書文庫의富力　貳拾伍萬圓

十四　港灣河川의富力　壹億萬圓

總計貳拾五億貳千四百萬三千八十一圓

備考　人口一人에對ᄒᆞ야富力平均約貳百圓

人口一人에對ᄒᆞ야所得平均約貳拾圓

附世界의富及各國의富

統計家의筭ᄒᆞᆫ바를據즉世界의富ᄂᆞᆫ土地家

屋及諸般物品을幷ᄒᆞ야約八千億인ᄃᆡ其中第一位를点ᄒᆞᆫ富國은美國이오次ᄂᆞᆫ英國이라今에其重ᄒᆞᆫ者를擧ᄒᆞ면左와如ᄒᆞ니

一、美國의富　一千八百八十六億萬圜

二、英國의富　一千一百八十億萬圜

三、佛蘭西의富　九百六十億萬圜

四、獨逸의富　八百億萬圜

五、露西亞의富　六百四十億萬圜

六、日本의富　一百二十五億萬圜

植物學의槪要

葉

一葉의作用

植物의葉이大槪春夏間에繁茂하고秋冬間에枯死ᄒᆞᆷ은春夏에ᄂᆞᆫ氣候溫暖ᄒᆞ며濕氣適宜ᄒᆞ야葉의働作에最當ᄒᆞ고秋冬은寒冷이亟烈ᄒᆞ야葉의勸作에不適ᄒᆞᆷ이니然則葉은此溫暖ᄒᆞᆫ時期에如何ᄒᆞᆫ必要動作이有ᄒᆞᆫ가植物軆의數多ᄒᆞᆫ器關은必要處가皆有ᄒᆞ나特히葉은植葉生育에直接關係가有하야吾人에譬ᄒᆞ면消化機關卽胃腸과如ᄒᆞᆫ지라我等의胃腸의作用이不善ᄒᆞ면三牲을日服ᄒᆞᆯ지라도生長이不能ᄒᆞ야衰弱을不免ᄒᆞᆯ지라如此히植物도葉이無ᄒᆞ면如何ᄒᆞᆫ肥沃ᄒᆞᆫ土地에生ᄒᆞ야도發育치못ᄒᆞ나니茶桑等과如ᄒᆞᆫ者ᄂᆞᆫ恒常赤禿ᄒᆞ도록摘取ᄒᆞᆷ으로他樹와如히生育이不能ᄒᆞ나니라

如此히葉에有無로植物의生死을定ᄒᆞ며葉의多少로植物發育을定ᄒᆞᆷ으로植物이一葉을缺損ᄒᆞ면新葉을壹生ᄒᆞ야此를補ᄒᆞᄂᆞᆫ能力이有ᄒᆞ며數多ᄒᆞᆫ葉을枝上에常備ᄒᆞᄂᆞ니

라

葉의作用은決코單純ᄒᆞᆷ이아니나其中重大ᄒᆞᆫ者는三에不過ᄒᆞ니同化作用蒸騰作用呼吸作用이是라

第一同化作用

同化作用은三者中最重要ᄒᆞᆫ作用이니卽根으로吸收ᄒᆞᆫ地中液體와茎葉으로吸收ᄒᆞᆫ大氣中炭酸瓦斯로原料을作ᄒᆞ야植物의一日不可缺ᄒᆞᆫ滋養品卽(澱粉)을造成ᄒᆞ는働作이니故로葉을胃膓에比ᄒᆞᆷ이無理ᄒᆞᆷ이아니로다

植物體는根茎葉의自身을勿論ᄒᆞ고澱粉의變形ᄒᆞᆫ物質로組成ᄒᆞᆫ者인故로同化作用의盛衰로植物体生長의比例을作ᄒᆞ나니라

大抵澱粉이라云ᄒᆞ는物質은白色의粉이니穀類馬鈴薯甘藷等은皆塊形의澱粉에不過

ᄒᆞ며又葛根에도多量의澱粉을含有ᄒᆞ나니藥局에서賣ᄒᆞ는葛粉은葛根을碎磨ᄒᆞ야製ᄒᆞᆫ者라

如斯히穀物馬鈴薯等은皆同化作用에結果로製成ᄒᆞᆫ澱粉이植物全體를組立ᄒᆞ고殘餘가有ᄒᆞᆫ時는種子나或根의適當ᄒᆞᆫ處에運搬貯藏ᄒᆞ야來春에種子의發芽며根으로新芽의發生ᄒᆞᆯ時伸長ᄒᆞ고植物體를作ᄒᆞᆯ原料에使用케ᄒᆞ는者ㅣ니라

澱粉은植物에게만對ᄒᆞ야必要滋養品이될뿐아니라又動物에도一日不可缺ᄒᆞᆯ食料에供ᄒᆞ나니吾等이植物性의食物을嗜ᄒᆞᆷ은專히澱粉을爲ᄒᆞᆷ이며至於小動物鳥虫에도植物種子等을專主ᄒᆞ는者ㅣ多ᄒᆞᆫ故로材木等과書籍等에生虫ᄒᆞᆷ도亦是此澱粉을爲ᄒᆞᆷ이라

前述ᄒᆞᆷ과如히澱粉은水와炭酸瓦斯와如ᄒᆞᆫ簡單ᄒᆞᆫ原料로製造ᄒᆞᄂᆞᆫ者나動物을如何ᄒᆞᆫ原料을用ᄒᆞᆯ지라도澱粉을製造커不能ᄒᆞ며且炭酸瓦斯와如ᄒᆞᆫ者ᄂᆞᆫ動物이呼吸을作用ᄒᆞᆯ時呼出ᄒᆞᄂᆞᆫ有害ᄒᆞᆫ氣體ᄅᆞᆯ植物은反히此로取ᄒᆞ야生物一般의有用ᄒᆞᆫ滋養品에變化ᄒᆞᄂᆞ니此ᄂᆞᆫ植物에獨一無二ᄒᆞᆫ最上技能이며此点外에도地球上에ᄂᆞᆫ植物이寸時을缺키難ᄒᆞᆷ은炭酸瓦斯을驅除ᄒᆞᆷ이니若植物이炭酸瓦斯을驅除ᄒᆞᄂᆞᆫ同化作用이無ᄒᆞ면全地球上의炭酸瓦斯ᄂᆞᆫ非常ᄒᆞᆫ多量을占ᄒᆞ야다가畢竟에ᄂᆞᆫ空氣의名字ᄅᆞᆯ難保ᄒᆞᄂᆞᆫ境遇에至ᄒᆞ리니然則空氣中酸素ᄅᆞᆯ吸收ᄒᆞ야生命을保ᄒᆞ든動物은何境에至ᄒᆞᆯ가

同化作用은炭酸瓦斯ᄅᆞᆯ驅除ᄒᆞᆯ뿐아니라酸素ᄅᆞᆯ呼出ᄒᆞᄂᆞᆫ作用이니元來酸素ᄂᆞᆫ空氣中一成分으로서動物生命을保全ᄒᆞᆫ다ᄒᆞᆷ은何오大抵動物이如何ᄒᆞᆫ食物이든지齒로서咀嚼ᄒᆞ야胃에送ᄒᆞ면胃ᄂᆞᆫ此을收ᄒᆞ야胃液과混合消化ᄒᆞ야液汁을成ᄒᆞ야胃部中肺臟에送ᄒᆞ며肺臟은此胃로從來ᄒᆞᄂᆞᆫ液汁과氣管으로吸收ᄒᆞᄂᆞᆫ空氣中酸素와化合ᄒᆞ야動物의最緊要ᄒᆞᆫ血液을成ᄒᆞ야全體에送ᄒᆞ고炭素ᄂᆞᆫ呼出ᄒᆞᆷ이니此論은頗히植物의範圍ᄅᆞᆯ越ᄒᆞ야生理學界에入ᄒᆞ야스나酸素가動物에必要ᄒᆞᆷ을知ᄒᆞᆯ지며酸素ᄅᆞᆯ呼出ᄒᆞᄂᆞᆫ殖物中의同化作用의必要ᄅᆞᆯ可知로다

試觀ᄒᆞ라吾等이窒塞ᄒᆞᆫ小室과羣集ᄒᆞᆫ間에在ᄒᆞ면心氣가不好ᄒᆞ다가繁盛ᄒᆞᆫ林樹間에往ᄒᆞ면爽快ᄒᆞᆷ을不勝ᄒᆞᄂᆞ니此亦酸素動物에必要된好證이니人衆ᄒᆞᆫ都會에ᄂᆞᆫ多葉ᄒᆞᆫ植物을護養ᄒᆞᆷ이衛生上第一方法이라且同

化作用은如何히酸素를形成ᄒᆞᄂᆞᆫ가前述ᄒᆞᆷ과如히葉이澱粉을製造키爲ᄒᆞ야炭酸瓦斯를吸取ᄒᆞ야葉綠體에至ᄒᆞ야ᄂᆞᆫ葉緣体ᄂᆞᆫ日光의力을借ᄒᆞ야此를分解ᄒᆞ야炭素ᄂᆞᆫ澱粉製造의原料를作ᄒᆞ고酸素ᄂᆞᆫ呼出ᄒᆞ야動物의게恩惠를施ᄒᆞᄂᆞ니然則動物의呼吸作用(酸素를吸取ᄒᆞ고炭素呼出ᄒᆞᆷ)과植物의同化作用(炭素를吸用ᄒᆞ고酸素를呼出ᄒᆞᆷ)과正反對를成ᄒᆞ며又此를稱ᄒᆞ야動植循環이라ᄒᆞᄂᆞ니如此히互相施恩ᄒᆞ며互相受益ᄒᆞᆷ은天然의妙理라可驚ᄒᆞᆯ비아니리오

實驗

澱粉卽葛粉等를買ᄒᆞ야小碗(보속이)에入ᄒᆞ고注水ᄒᆞ면乳白色의汁液이되엿다가小頃則白粉은沈澱ᄒᆞ고水ᄂᆞᆫ更히透明体를成ᄒᆞᄂᆞᆫ若此를熱케ᄒᆞ면白汁은透明의粘氣有ᄒᆞᆫ糊狀을成ᄒᆞᄂᆞ니此ᄂᆞᆫ澱粉이冷水에溶解치아니ᄒᆞᄂᆞᆫ湯水로熱케ᄒᆞ면汲水膨脹ᄒᆞ야糊狀을成ᄒᆞᄂᆞᆫ性質이有ᄒᆞᆫ證이로다

傷處等에塗ᄒᆞᄂᆞᆫ水藥卽요지움징기(沃度丁幾)라云ᄒᆞᄂᆞᆫ茶色의藥을求ᄒᆞ야 洋藥局에在ᄒᆞᆷ) 混水ᄒᆞᆫ葛粉에加ᄒᆞ면忽然이青色으로變ᄒᆞᄂᆞ니此ᄂᆞᆫ澱粉이沃度丁幾를遭ᄒᆞ면青色을呈ᄒᆞᄂᆞᆫ性質이有ᄒᆞᆫ故라此變色ᄒᆞᆷ을利用ᄒᆞ야澱粉의有無를識別ᄒᆞᄂᆞ니例를擧ᄒᆞ면本邦製白紙에沃度丁幾를塗ᄒᆞ면青色를呈ᄒᆞᄂᆞ니此亦紙의原料ᄂᆞᆫ澱粉인故며次에布帛紙木等에沃度丁幾를塗ᄒᆞ야澱粉의有無를識別ᄒᆞ라

第二蒸騰의作用

蒸騰作用이라ᄒᆞᆷ은根으로吸取ᄒᆞᆫ水를上昇케ᄒᆞ야太半을葉面에서水蒸氣로發散케ᄒᆞ

는作用을云홈이니根에셔吸水홈도亦此作用을爲홈이라吾人의常見ᄒᆞ는洋燈의心에火를點ᄒᆞ면石油가不絶上昇ᄒᆞ야燃燒를保ᄒᆞ다가燈火를滅ᄒᆞ면石油의上昇도亦止홈과如ᄒᆞ야太陽의熱를受홀時는地中의水를多量으로吸收ᄒᆞ야葉面蒸發를作ᄒᆞ다가雨天或日暮를當ᄒᆞ면此作用은自然活潑치못ᄒᆞᄂᆞ니다

然則蒸騰作用은植物에對ᄒᆞ야如何ᄒᆞᆫ必要가有ᄒᆞᆫ가全혀根으로多量의水를吸收홈을爲홈이나且多量의水를吸收홈은또ᄒᆞᆫ如何ᄒᆞᆫ必要가有ᄒᆞᆫ가吾人의一次研究홀비로다

大抵植物은動物과如히口와齒가無홈으로固形體를食키不能홈으로一迂遠ᄒᆞᆫ方法을用치아니면餓死를不免홀지라彼水라云ᄒᆞ는物質을如何ᄒᆞᆫ者를勿論ᄒᆞ고大槪溶解ᄒᆞ는性質이有홈으로地中에在ᄒᆞᆫ水도亦地中에可溶홀物質를溶解ᄒᆞ야水와混居홀지라故로植物은蒸騰作用을營ᄒᆞ야水를吸收홈도實은此水中에溶解된種種의物質를吸收ᄒᆞ야養料를作코져홈이오多量의水를吸收홈도水에溶解된物質이極히少量인고로多量의養料를求ᄒᆞ기爲홈이며無用되는多量의水는如何히處置홀가若水를變形케아니코葉面或根莖等으로流出케ᄒᆞ면死力으로終日勞働ᄒᆞ야所得ᄒᆞᆫ養料는또ᄒᆞᆫ水에溶解된ᄃᆡ로水를從ᄒᆞ야流出ᄒᆞ리니此를防止코져홈에는不得不前述홈과如히吸收ᄒᆞᆫ水를葉面에送ᄒᆞ야太陽의力으로水蒸으로變形케ᄒᆞ야大氣中에放散ᄒᆞᄂᆞ니然則前者水의溶解된養料는全에氣體된水를從키不能홈으로葉에留在ᄒᆞ야澱紛等과結合ᄒᆞ야植物

體의諸部分을構成ᄒᆞᄂᆞᆫ成分을作ᄒᆞᄂᆞ니此葉은水濾器라云ᄒᆞᆷ이亦可ᄒᆞ도다

故로葉의多ᄒᆞ고廣ᄒᆞᆷ으로植物體의發育이良好ᄒᆞᆷ을知得ᄒᆞᄂᆞ니椿杉松等의葉은多ᄒᆞᄂᆞᆫ葉身이極細ᄒᆞᆷ으로生長이頗遲ᄒᆞ고白菜南苽蓮等은葉이廣大ᄒᆞᆷ으로生長이頗速ᄒᆞ니라

實驗

葉付ᄒᆞᆫ枝를折ᄒᆞ야充水ᄒᆞᆫ玻璃瓶에挿置ᄒᆞ면水ᄂᆞᆫ漸漸縮小ᄒᆞᄂᆞ니此ᄂᆞᆫ植物의水를吸ᄒᆞᄂᆞᆫ證이오次에其葉에水를手巾으로拭去ᄒᆞ고紙間에暫置ᄒᆞ면其紙ᄂᆞᆫ濕氣를帶ᄒᆞᄂᆞ니此ᄂᆞᆫ葉이水蒸氣를發散ᄒᆞᄂᆞᆫ證이니라

前述과如히葉有ᄒᆞᆫ枝를透明된白玻璃瓶에挿ᄒᆞ고水平된處에線를劃ᄒᆞ야幾時를室內에置ᄒᆞ고次에前과同ᄒᆞᆫ時間을晝間太陽의熱를受ᄒᆞᄂᆞᆫ處에置ᄒᆞ야蒸氣發散의多少를比較ᄒᆞ라

第三 呼吸의作用

世界上如何ᄒᆞᆫ者를勿論ᄒᆞ고生活ᄒᆞ야在ᄒᆞᆫ者ᄂᆞᆫ總히寸時라도呼吸를不營ᄒᆞ면死ᄒᆞᄂᆞ니葉은活潑히活動ᄒᆞᄂᆞᆫ生活器官인故로生活持續의目的으로呼吸를營ᄒᆞ며此呼吸作用은葉에만限ᄒᆞᆷ이아니라莖根도多少의呼吸를營ᄒᆞᄂᆞ植物全體로論ᄒᆞ면葉이大部分를占有ᄒᆞᆷ으로ᄯᅩ呼吸作用도最히顯著ᄒᆞᄂᆞ니라

葉의呼吸作用은吾等과如히空氣中酸素를取ᄒᆞ야葉內의物質를酸化케ᄒᆞ고其結果로炭酸瓦斬를生ᄒᆞ야此를葉外吐出ᄒᆞᄂᆞᆫ作用이라

大抵葉은何等必要가有ᄒᆞ야酸素를吸入ᄒᆞ

蒸氣機關이運轉홈에눈石炭를酸化卽燃燒

눈가

케ᄒᆞ야多量의熱를起케ᄒᆞ야此熱로原動力에使用홈과同ᄒᆞ게葉은同化作用及其他生活作用를營홈에눈必然多量의力을費홀지니此力은卽石炭를燃홈과如히葉內의物質를酸化ᄒᆞ야得홀者ㅣ며葉內의物質를酸化홈은前述부터酸素를不用코눈末由니

吾人이運動又눈勞働홀時눈多力를消費홈으로恒常呼吸를激烈케홈를人人이經歷ᄒᆞᆫ뷔다植物도此와如히發育이盛홀時눈呼吸作用이活潑ᄒᆞ다가冬節를當ᄒᆞ면極히微弱ᄒᆞᄂᆞ니라

石炭를燃홀時눈强ᄒᆞᆫ熱를生ᄒᆞ며吾人이呼吸홀時눈體溫을生홈과如히植物도呼吸을作홀時눈少量의熱을生ᄒᆞᄂᆞ普通吾人의所見으로눈熱의有無知得키難ᄒᆞ나此熱血動物又눈石炭等과如히酸化作用이不盛ᄒᆞ고又葉面이大홈으로一便의冷却이甚ᄒᆞᆫ故니葉內에눈現著ᄒᆞᆫ熱이有ᄒᆞ니라

實驗

植物의運動이發芽時와開花時에最盛ᄒᆞ니運動이盛ᄒᆞ면呼吸이盛ᄒᆞ고呼吸이盛ᄒᆞ면酸化가盛ᄒᆞ고酸化가盛ᄒᆞ면熱이多홀지라故로發芽코ᄌᆞᄒᆞ눈多數種子를器에盛置ᄒᆞ얏다가其中에手를入ᄒᆞ면溫氣를感홀것이오

且蓮花等과如ᄒᆞᆫ大ᄒᆞᆫ花의開코ᄌᆞ홀時花蕾中에手를入ᄒᆞ면또ᄒᆞᆫ溫氣를感ᄒᆞᄂᆞ니此눈植物體에熱이有ᄒᆞᆫ證이로다

詞藻

畫題二則 謙谷

踈而白者子卿之髮。禿而落者漢使之節。北漢風雪。中原日月 蘇武雪髻圖

寂寂青燈夜。蕭蕭白耳翁。月明庭樹冷。童子立秋風。 歐陽修秋聲圖

別紅友叙懷 于岡

君我相隨二十秋。一朝强別意悠悠。花前苦負三春色。客裡還添萬古愁。堪歎塵世情何薄。可笑浮生事不休。後約丁寧何處是。自由鍾下好相酬。

人物考

朴大德傳

成川丫坡村에隱居行義로號合江先生者는

朴公大德이니字는士華로其先은密陽人이라公이自幼로厚重舒遲ᄒᆞ야老成長者와如ᄒᆞ더라年甫十歲에値歲旱ᄒᆞ야水田이將涸일ᄉᆡ父ㅣ命往于田ᄒᆞ야飭家丁防堤어ᄂᆞᆯ公이辭曰水利는公物이니獨專其利가可乎잇가ᄒᆞᆫᄃᆡ父ㅣ奇而止之ᄒᆞ다公이事親至孝ᄒᆞ야家雖貧而甘旨無闕ᄒᆞ고愉惋의色이常滿於容ᄒᆞ며與兄弟로盡其友愛ᄒᆞ니鄕里가化之라芝山先生曺好益이謫居江東ᄒᆞᆷ을聞ᄒᆞ고執贄請學ᄒᆞ야自小學四書로至洛閩諸賢書ᄒᆞ야親受奥旨에靡不貫通ᄒᆞ니於是에絶意擧業ᄒᆞ고專心道學ᄒᆞ다値壬辰之亂ᄒᆞ야大駕西幸ᄒᆞ실ᄉᆡ芝山이以朝命으로爲召募官ᄒᆞ야每事를必諮於公ᄒᆞ고壯勇者五百人을募ᄒᆞ야官軍를援助ᄒᆞ니時에賊勢가鴟張ᄒᆞ야人莫敢攖ᄒᆞ는ᄃᆡ獨芝山의所募義勇軍

이往來抄擊ᄒᆞ야殺獲이甚히多ᄒᆞ니賊이畏之러라一日은芝山이陷於賊中ᄒᆞ니公이躍馬衝突ᄒᆞ야扶護而還ᄒᆞ고壯士李稀稷이爲賊所傷ᄒᆞ야踣於路傍이어ᄂᆞᆯ公이掖而上馬ᄒᆞ고自己ᄂᆞᆫ徒行以從ᄒᆞ니라轉鬪南下에義聲이日振ᄒᆞ니觀察使閔聖徽ㅣ褒列以聞ᄒᆞ야特除濬源殿叅奉ᄒᆞ되辭不就ᄒᆞ다芝山이自亂後로還于嶺南ᄒᆞ야永川에卜居ᄒᆞ니公이千里往從ᄒᆞ야服事愈勤ᄒᆞ더니及其喪에致哀三年而歸ᄒᆞ고芝山의夫人許氏ㅣ歿于芝山謫所ᄒᆞ니雖亂離之際나公이竭誠經紀ᄒᆞ야葬之如禮ᄒᆞ고又芝山의倡學西州ᄒᆞᆫ功을紀念ᄒᆞ야與同志로成川鶴嶺에書院을建ᄒᆞ야俎豆ᄒᆞ고好學之誠이老而罙篤ᄒᆞ야子孫과門徒를對ᄒᆞ야敎誨不倦ᄒᆞ더라公이雖優遊田里ᄒᆞ야無意於世ᄒᆞ나西路人民의賦役이甚夥ᄒᆞᆷ을憫歎ᄒᆞ야大同法으로써一鄕에試ᄒᆞ니民甚便之러라公이有田數十畝ᄒᆞ야他人의割畔을被ᄒᆞ야將盡ᄒᆞᆷ에至ᄒᆞ얏ᄂᆞᆫᄃᆡ公이見之ᄒᆞ고謂從者曰此處에舊有吾家田이러니今也에無로다ᄒᆞ니其人이聞而慙之ᄒᆞ야卽歸其田ᄒᆞ니라嘗於路傍에有人이醉臥雪中ᄒᆞᆷ을見ᄒᆞ고使人으로負入村舍ᄒᆞ야戒主人善護러니翌日에醉者가來言曰公이何處에脫我衣오ᄒᆞ거ᄂᆞᆯ公이笑而不辨ᄒᆞ고所着衣를解ᄒᆞ야與ᄒᆞ니其性德의渾厚가若是ᄒᆞ며一日은渡江ᄒᆞᆯ시大雨之餘에江流가迅急ᄒᆞ야一葉扁舟가顚覆에瀕ᄒᆞ니舟中人이皆倉黃失色호ᄃᆡ公은獨凝然不動ᄒᆞ고夜行에虎를遇ᄒᆞ야人皆辟易호ᄃᆡ公은神色이自若ᄒᆞ니虎가俛首而逝ᄒᆞᆫ지라此ᄂᆞᆫ公의涵養이純熟ᄒᆞ야定力이確固ᄒᆞᆷ을可見ᄒᆞᆯ지로

다府使와道伯이公의行義를屢薦ᄒᆞ야特히陞資ᄒᆞ고潛谷金相國堉이公의德行과學向을筵薦ᄒᆞ야嘉善을陞ᄒᆞ다享年이九十二歲라旣歿이西州人士가鶴翎書院을建ᄒᆞ야瞻慕의意를表彰ᄒᆞ다

會事要錄

隆熙二年八月一日下午四時에通常會를壽洞本校內에開ᄒᆞ고會長鄭雲復氏陞席ᄒᆞ다臨時司察은柳東說氏로臨時書記는吳錫裕氏로會長이自辟ᄒᆞ다書記가點名ᄒᆞ니出席員이三十九人이러라

會計員朴景善氏가七月度會金收入額과用下明細書를報告ᄒᆞ미仍受可決ᄒᆞ다本會會計文簿調査委員太明較金明濬氏의報告를公布ᄒᆞ미錯誤가無ᄒᆞᆷ으로仍受可決ᄒᆞ다評議員朱東瀚氏辭免請願를公佈ᄒᆞ며許免ᄒᆞ기로可決되다

本會總務金允五氏의再次請願과本校校長李鍾浩氏辭免請願書를評議會議決로封還ᄒᆞᆷ을公佈ᄒᆞ다

本校校長李鍾浩氏의五月度經費明細書를報告ᄒᆞ미仍受可決되다

載寧郡左栗右栗兩面人士五十三人의入會請願과支會請願書를公佈ᄒᆞ미崔在學氏動議ᄒᆞ기를該郡兩面人士의熱心敎育과實地精況은本會總務의擔保書가有ᄒᆞ니除視察認許ᄒᆞ자ᄒᆞ미李達元氏再請으로可決되다

崔在學氏動議ᄒᆞ기를評議員朱東瀚氏許免ᄒᆞᆫ代三人을公薦選定ᄒᆞ자ᄒᆞ미柳東作氏再請으로可決되야劉禮均氏가從多數被選ᄒᆞ다李甲氏特請ᄒᆞ기를本校內測量器械購入

事ᄂᆞᆫ校長任委ᄒᆞᄌᆞᄒᆞ미異議가無ᄒᆞ다時干이盡ᄒᆞ미閉會ᄒᆞ다

弔崔君時健文

本會員龍川郡東明學校校主崔時健氏ᄂᆞᆫ敎育界熱心人으로不幸히時氣傳染에罹ᄒᆞ야本年八月　日竟至長逝ᄒᆞ니得年이纔二十二라遠近聞者가莫不惜其年惜其志而本會僉員尤其痛悼不已ᄒᆞ야爲文而哭ᄒᆞ노라

嗚呼哀哉以吾崔君而遽止于是者命耶抑藥餌無靈而然耶或其凶音非眞而虛耶夫吾黨中靑年志士非吾崔君耶愛國男子非吾崔君耶敎育界偉人非吾崔君而誰耶家勢素封而絶豪華之染年方英妙而邁老成之識樂善好義恤窮濟困於君猶屬細節至若傾家貲建學校敎育人才將發展我公益扶植我國力發憤忘食勤勵不息日見其進步何遽一朝棟之摧樑之折耶莊周有言曰直木先伐甘井先渴何造物者之爲心若是其回遹靡定冥漠難諶歟將欲得奪之孰如勿與將欲敗之孰如勿生何天之賦予斯人也厚於忠厚慈惠之性而嗇於其年優於高尙遠大之志而短於其命歟使吾崔君爲險慝爲貪吝爲放辟邪侈禍于家凶于國害于同胞者天其壽之耶惟其爲善爲吉爲有志福于家禎于國利益于同胞者故得年止于二十有二耶噫吾韓今日抱國家思想擔國民義務熱心公益事業如吾崔君者須得千百其人然後將來進步庶有期望乃不容留一個崔君於斯世謂之何哉吾儕哭君不特哭其年哭其家哭吾朋友之私而爲東明學校哭也爲有志社會哭也爲國家及同胞哭也瞻望西雲

有淚如雨而已嗚呼哀哉

會計員報告 第二十一號

十六圜三十二錢 會計員任置條

三十六圜八十七錢 月報代金收入條郵稅幷

五百三十圜 韓一銀行貯蓄金中推來條

合計五百八十三圜十九錢

第二十一回新入會員入會金收納報告

田成齊　鄭聖熙　金鎭初　劉壎榮
金浚圭　盧基昌　池熙銓　池熙文
南九熙　安周觀　李仕興　南辰元
李龍熙　金履鉉　趙亨爀　南廷善
田宅保　李汝天　南廷夏　金秉彦

金參鉉　史泰均　李昌夏　崔成九
朴文樞　趙泰元　朴昌倫　金然昊
李宗珪　李鍾聲　李鍾文　吳東勳
劉　燻　李健膺　李在正　金基瓛
金夏榮　金　烈　鄭益朝　張龍源
安龍三　金基弘　劉　燦　吳鳳昊
張龍雲　朴相駿　金錫龍　林仁奭
林祐敦　康鳳薰

各一圜式

合計五十圜

第二十一回月捐金收納報告

金鎭初　一圜 自七月至三年四月十朔條

姜華錫　六十錢 自四月至九月六朔條

李澤奎 一圜 自元年十二月至二年九月十朔條

合計二圜六十錢

第二十一回寄附金收納報告

崔昌立 一百圜

金應善 五十圜

尹致旿 十圜 贊成員

張義澤 五圜 學校義捐三十圜中

合計一百六十五圜

第二回建築費義捐金收納報告

玄昇奎 一百圜

柳東説 五十圜 三百圜中

張鳳周 十圜 五十圜中再來

張樂臣 十圜 三十圜中

姜華錫 五圜 三十圜中再來條

崔潤植 三圜

崔時健 一百圜

金熙璧 三圜

金洮炳 三十圜 一百圜中

吳相翊 二十圜

吳奎殷 三十圜 一百圜中再來條

會計員報告

朴聲欽 十圜
丁佐鎭 三圜
鄭鎭弘 四十圜 一百圜中
吳錫祐 十五圜 三十圜中
合計四百二十九圜
以上五五共合一千二百二十
九圜七十九錢內

第二十一回用下報告 自七月十五日至八月十五日

三圜六十二錢五里 洋紙封套白紙印札紙小筆洋火墨價幷
二十圜 募金委員李東暉旅費再次支出條
五圜五十錢 五里郵票一千一百枚價

八十五圜 各事務員總務會計主筆書記七月朔月銀條
八圜 下人七月朔月給條
一千圜 會館建築費中再次給條
九十錢 三錢郵票三十枚價
十七圜 二十號月報印刷金畢給條
九十三錢 美國永興定州三處月報送時小包費條
五十圜 會票一千枚價畢給條
二十圜 二十一號月報一千五百部印刷金中先給條
合計一千二百十圜九十五
錢五里除
在十八圜八十三錢五里 會計員任置

韓一銀行貯蓄都合金三百四十圜也

正誤
定州郡會員趙龍鎬氏鎬字는以錫字로改定喜

官報摘要

誕辰及紀念慶節月日을陽曆으로左ᄀᆞᆺ치定ᄒᆞᆷ이라

隆熙二年七月二十二日奉

勅 宮內府大臣閔丙奭 布達

大皇帝陛下

太皇帝陛下

皇 后陛下

皇太子殿下誕辰及紀念慶節月日을陽曆으로左와如히定ᄒᆞᆷ

一乾元節 三月二十五日

一萬壽聖節 九月八日

一坤元節 九月十九日

一千秋慶節 十月二十日

一開國紀元節 八月十四日

一繼天紀元節 十月十二日

一卽位禮式日 八月二十七日

一廟社誓告日 十一月十八日

前號法令摘要을未完ᄒᆞ고此森林法을特히謄載ᄒᆞ야一般同胞의게供覽케ᄒᆞ오니一切注意ᄒᆞ시오

法律 隆熙二年一月二十一日

朕이林林法에關ᄒᆞᆫ件을裁可ᄒᆞ야玆에頒布케ᄒᆞ노라

森林法

第一條 森林은其所有者에依ᄒᆞ야此ᄅᆞᆯ分ᄒᆞ되 帝室林、國有林、公有林及私有林으로ᄒᆞᆷ

山野ᄂᆞᆫ森林에準ᄒᆞ야本法을適用ᄒᆞᆷ

第二條 國有森林山野의賣却、讓與、交換

又ᄂᆞᆫ貸付及國有森林産物의賣却이關ᄒᆞᆫ規定은勅令으로써定ᄒᆞᆷ

讓國土保安又ᄂᆞᆫ國有森野의經營上國有保存의必要되ᄂᆞᆫ森林山野ᄂᆞᆫ此ᄅᆞᆯ賣却、讓與、交換又ᄂᆞᆫ貸付ᄒᆞᆯ事ᄅᆞᆯ得치못ᄒᆞᆷ

第三條　農商工部大臣은造林者와其收益을分收ᄒᆞᄂᆞᆫ條件으로써國有森林山野에部分林을設定ᄒᆞᆷ을得ᄒᆞᆷ

第四條　部分林의樹木은國과造林者의共有로ᄒᆞ고其持分은收益分收部分에均케ᄒᆞᆷ

部分林設定前으로브터生存ᄒᆞᆫ樹木은國의所有로ᄒᆞᆷ

第五條　農商工部大臣은左에記載ᄒᆞᆫ箇所ᄅᆞᆯ保安林에編入ᄒᆞᆷ을得ᄒᆞᆷ

一　土地壞崩流出防備에必要ᄒᆞᆫ箇所
二　飛砂防備에必要ᄒᆞᆫ箇所
三　水害風害潮害防備에必要ᄒᆞᆫ箇所
四　頹雪墜石의危險을防備ᄒᆞᆷ에必要ᄒᆞᆫ箇所
五　水源涵養에必要ᄒᆞᆫ箇所
六　魚附에必要ᄒᆞᆫ箇所
七　航行目標에必要ᄒᆞᆫ箇所
八　公衆衛生에必要ᄒᆞᆫ箇所
九　壇　廟　社　殿　宮　陵　園又ᄂᆞᆫ名所或은舊跡風致에必要ᄒᆞᆫ箇所

第六條　保安林을盡伐ᄒᆞ고又ᄂᆞᆫ開墾ᄒᆞᆷ을不得ᄒᆞᆷ

第七條　農商工部大臣은保安林의伐木을禁止ᄒᆞ고又ᄂᆞᆫ制限ᄒᆞᆷ을得ᄒᆞᆷ

第八條　保安林에編入ᄒᆞᆷ으로써損害ᄅᆞᆯ蒙ᄒᆞᆫ森林所有者ᄂᆞᆫ其伐木을禁止된境遇에

生ᄒᆞᆫ直接損害에限ᄒᆞ야補償을請求ᄒᆞᆷ을得ᄒᆞᆷ

但國有林又ᄂᆞᆫ帝室林에付ᄒᆞ야ᄂᆞᆫ此限에在치아니ᄒᆞᆷ

前項에補償은保安林編入에依ᄒᆞ야直接의利益을蒙ᄒᆞᆯ者가其責에在ᄒᆞᆷ

第九條 農商工部大臣은保安林編入의原因이消滅ᄒᆞ거나又ᄂᆞᆫ公益上特別의事由가有ᄒᆞᆫ時ᄂᆞᆫ此를解除ᄒᆞᆷ을得ᄒᆞᆷ

第十條 農商工部大臣은保安의必要가有ᄒᆞᆫ森林山野所有者에게其造林及保護를命ᄒᆞᆷ을得ᄒᆞ며所有者가前項에依ᄒᆞ야命令事項을不遵ᄒᆞᆯ時ᄂᆞᆫ農商工部大臣은此를行ᄒᆞ고其費用을徵收ᄒᆞ며或은部分林에編入ᄒᆞᆷ을得ᄒᆞᆷ

前項部分林에編入ᄒᆞᆫ者ᄂᆞᆫ本法第三條及

第四條의規定을適用ᄒᆞᆷ

第十一條 森林에害虫이發生ᄒᆞ거나又ᄂᆞᆫ發生ᄒᆞᆯ慮가有ᄒᆞᆯ時ᄂᆞᆫ其森林所有者ᄂᆞᆫ卽時此를驅除預防ᄒᆞᆷ이可ᄒᆞᆷ

前項境遇에農商工部大臣은害虫의驅除又ᄂᆞᆫ預防의必要가有ᄒᆞᆫ處置를該森林所有者의게命令ᄒᆞᆷ을得ᄒᆞᆷ

所有者가前項의命令을不遵ᄒᆞᆯ時ᄂᆞᆫ農商工部大臣은此를行ᄒᆞ고其費用을徵收ᄒᆞᆷ을得ᄒᆞᆷ

第十二條 農商工部大臣의許可가無ᄒᆞ면森林山野의開墾ᄒᆞᆷ을不得ᄒᆞᆷ

第十三條 所有者의許諾을受치아니ᄒᆞ면森林山野에墳墓入葬ᄒᆞᆷ을不得ᄒᆞᆷ

第十四條 地方官又ᄂᆞᆫ警察官吏의許可를受치아니ᄒᆞ면森林山野에入火ᄒᆞᆷ을不得ᄒᆞᆷ

第十五條　森林에其主副産物를窃取ᄒᆞᆫ者는刑法第六百二條及第六百三條에準ᄒᆞ야處罰ᄒᆞᆷ

第十六條　他人의森林山野ᄅᆞᆯ開墾ᄒᆞ거나又는此에放火ᄒᆞᆫ者는刑法第六百六十九條但書에準ᄒᆞ야處罰ᄒᆞᆷ

第十七條　他人所有에屬ᄒᆞᆫ森林樹木을傷害ᄒᆞᆫ者와森林을爲ᄒᆞ야設ᄒᆞᆫ標識ᄅᆞᆯ移轉ᄒᆞ거나又는毁壞ᄒᆞᆫ者及第六條第十二條乃至第十四條의規定又는第七條命令에違背ᄒᆞᆫ者는禁獄又는一圜以上二百圜以下罰金에處ᄒᆞᆷ

第十八條　本法을施行ᄒᆞᆷ에必要ᄒᆞᆫ命令은農商工部大臣이此ᄅᆞᆯ定ᄒᆞᆷ

附則

第十九條　森林山野의所有者는本法施行日로브터三個年以內에森林山野의地積及面積의略圖ᄅᆞᆯ添付ᄒᆞ야農商工部大臣에게申告ᄒᆞ되期間內에申告치아니ᄒᆞᆫ者는總히國有로見做ᄒᆞᆷ

第二十條　森林法發布以前에在ᄒᆞ야國有森林山野에植樹의許可ᄅᆞᆯ受ᄒᆞ야其效力이尙且存續ᄒᆞᆫ者는本法施行日로브터一個年內에部分林의設定을農商工部臣에게請願ᄒᆞ야認證을受ᄒᆞ時는第四條의規定에依ᄒᆞ야部分林을設定ᄒᆞᆫ者로看做ᄒᆞᆷ

前項의期日內에請願치아니ᄒᆞᆫ者는植樹의許可와其效力을失ᄒᆞᆷ

第二十一條　森林法發布以前에在ᄒᆞ야國有森林의伐木或은森林山野貸下의許可ᄅᆞᆯ受ᄒᆞ야其效力이尙且存續ᄒᆞᆫ者는本法施行日브터一個年以內에農商工部大臣

에게請願ᄒᆞ야認證을受ᄒᆞᆷ이可ᄒᆞᆷ
前項의期日內에請願치아니ᄒᆞᆫ時ᄂᆞᆫ伐木又ᄂᆞᆫ貸下의許可와其効力을失ᄒᆞᆷ
第二十二條 本法은頒布日로브터施行ᄒᆞᆷ

○部令

隆熙二年三月五日

農商工部所管國有森林山野部分林規則을左갓치定ᄒᆞᆷ

農商工部令第六十三號

國有森林山野部分林規則

第一條 森林法第三條에依ᄒᆞᆫ部分林에設定은本則의定ᄒᆞᆫ바에依ᄒᆞᆷ.
第二條 部分林의設定地域은五町（一町三千步）以下됨을不得ᄒᆞᆷ
第三條 部分林의存續期間은百年을超過ᄒᆞᆷ을不得ᄒᆞᆷ
前項의期限은此를更願ᄒᆞᆷ을得ᄒᆞᆷ
第四條 部分林은伐期前에此를伐採ᄒᆞᆷ을不得ᄒᆞᆷ
伐期ᄂᆞᆫ部分林設定ᄒᆞᆫ翌年브터喬林은卄年이오矮林은五年以內됨을不得ᄒᆞᆷ
第五條 部分林의收益分收比例ᄂᆞᆫ議商工部大臣이此를定ᄒᆞᆷ
造林者의分收比例ᄂᆞᆫ十分에九를超過ᄒᆞᆷ을不得ᄒᆞᆷ
第六條 部分林設定後天然으로生育ᄒᆞᆫ樹木은部分林의樹木으로看做ᄒᆞᆷ
第七條 根株ᄂᆞᆫ特別ᄒᆞᆫ規定이有ᄒᆞᆫ境過를除ᄒᆞᆫ外에ᄂᆞᆫ國의所有로ᄒᆞᆷ
第八條 部分林을設定코져ᄒᆞᄂᆞᆫ者ᄂᆞᆫ第一號樣式의請願書에第二號樣式의造林設計書及第三號樣式의造林預定圖를添付

ᄒᆞ야農商工部大臣에게提出ᄒᆞ야許可ᄅᆞᆯ受ᄒᆞᆷ이可ᄒᆞᆷ

第九條 農商工部大臣이部分林의設定을許可ᄒᆞᆯ時ᄂᆞᆫ第四號樣式의許可証을下附ᄒᆞᆷ

前項의許可証을受ᄒᆞᆫ者ᄂᆞᆫ一週間以內에第五號樣式에誓約書ᄅᆞᆯ提出ᄒᆞᆷ이可ᄒᆞᆷ

第十條 農商工部大臣은第六號樣式의國有森林山野部分林帳簿ᄅᆞᆯ調製ᄒᆞ야部分林을登錄ᄒᆞᆷ

第十一條 造林者ᄂᆞᆫ部分林設定의許可ᄅᆞᆯ受ᄒᆞᆫ日로브터五十日以內로第七號樣式의境界票ᄅᆞᆯ設建ᄒᆞᆷ이可ᄒᆞᆷ

第十二條 造林者ᄂᆞᆫ左記ᄒᆞᆫ事項에關ᄒᆞ야部分林을保護ᄒᆞᆯ義務가有ᄒᆞᆷ

一 火災의預防及消防

二 盜伐、誤伐、騙賣、侵墾其他加害行爲의預防及防禦

三 有害動植物의預防及驅除

四 境界票와其他標識의保存

五 天然生穉樹의保存

第十三條 造林者ᄂᆞᆫ左와如ᄒᆞᆫ境遇에ᄂᆞᆫ卽時農商工部大臣에게申告ᄒᆞᆷ이可ᄒᆞᆷ

一 部分林의植樹、補植保育其他造林에必要ᄒᆞᆫ行爲ᄅᆞᆯ設코져ᄒᆞᆯ時

二 事業設計에基ᄒᆞ야其一個年分又ᄂᆞᆫ全部의植樹ᄅᆞᆯ終ᄒᆞᆯ時

三 部分林又ᄂᆞᆫ其木、竹에異狀이生ᄒᆞᆫ時

四 郡分林의樹木數에變更이生ᄒᆞᆫ時

五 採取ᄒᆞᆯ主產物의搬出을終ᄒᆞᆫ時

六 部分林에管理人或은看守人을置ᄒᆞᆯ

時又는此ᄅᆞᆯ變更ᄒᆞᆯ時

七 造林者의氏名住所ᄅᆞᆯ變更ᄒᆞᆯ時

第十四條 造林者가部分林에管理人又는看守人을置ᄒᆞᆯ時는部分林存續期間內에部分林又는其接近ᄒᆞᆫ國有森林山野에셔地域을撰定ᄒᆞ야農商工部大臣의許可ᄅᆞᆯ得ᄒᆞ야百町步에一戶의比例로써一戶에對ᄒᆞ야一町步以內의耕作地ᄅᆞᆯ設ᄒᆞᆷ을得ᄒᆞᆷ

前項耕作地는無料로貸付ᄒᆞᆷ

第十五條 造林者는左에記載ᄒᆞᆫ産物ᄅᆞᆯ採取ᄒᆞᆯ權利가有ᄒᆞᆷ

一 下草、落葉、及落枝

二 樹實、及菌蕈類

三 喬森을植樹ᄒᆞᆫ後伐期四分一以內의年數에在ᄒᆞ야保育ᄒᆞ기爲ᄒᆞ야伐採ᄒᆞᆫ樹木枝條

第十六條 造林者가伐期에達ᄒᆞᆫ部分林을伐採코ᄌᆞᄒᆞᆯ時는第八號樣式의請願書ᄅᆞᆯ農商工部大臣에게提出ᄒᆞ야許可ᄅᆞᆯ受ᄒᆞᆷ이可ᄒᆞᆷ

第十七條 造林者가第十五條에依ᄒᆞ야物産을採取코ᄌᆞᄒᆞᆯ時는同條第一號乃至第二號의物件에는其意ᄅᆞᆯ農商工部大臣에게報明ᄒᆞ며其第三號의物件에在ᄒᆞ야는農商工部大臣의許可ᄅᆞᆯ受ᄒᆞᆷ이可ᄒᆞᆷ

第十八條 部分林의收益은其樹木의賣却代金으로써分收ᄒᆞᆷ

國에셔伐期後에樹木을保存ᄒᆞᆯ必要가有ᄒᆞᆫ時는材積으로써分收ᄒᆞ되此境遇에는造林者와立會ᄒᆞᆫ後其分收ᄒᆞᆯ樹木을指定ᄒᆞᆷ

第十九條　前條第一項의境遇에樹木의賣却은農商工部大臣이此ᄅᆞᆯ行ᄒᆞᆷ

造林者은國에分收部分에對ᄒᆞᆫ代金을上納ᄒᆞᆫ後特賣ᄅᆞᆯ受ᄒᆞᆷ을得ᄒᆞᆷ

第二十條　第十八條第二項의境遇에ᄂᆞᆫ造林者ᄂᆞᆫ農商工部大臣이指定ᄒᆞᆫ期間內에其分收樹木의搬出을終ᄒᆞᆷ이可ᄒᆞᆷ

前項의搬出期間은三年에超過ᄒᆞᆷ을不得ᄒᆞᆷ　但農商工部大臣은不得已ᄒᆞᆫ事由가有ᄒᆞᆷ으로認定ᄒᆞᆯ時ᄂᆞᆫ一年을勿過ᄒᆞᆯ範圍內에서搬出期間을伸長ᄒᆞᆷ을得ᄒᆞᆷ

搬出期間內에搬出을終치못ᄒᆞᆫ樹木은國有의所有에歸ᄒᆞᆷ

第二十一條　部分林에損害ᄅᆞᆯ加ᄒᆞᆫ第三者에게賠償으로得ᄒᆞᆫ金額은分收比例에依ᄒᆞ야此ᄅᆞᆯ分收ᄒᆞᆷ

第二十二條　天災其他避치못ᄒᆞᆯ事變에依ᄒᆞ야部分林設定의許可가無效된境遇에在ᄒᆞ야ᄂᆞᆫ現存ᄒᆞᆫ樹木은分收比例에依ᄒᆞ야此ᄅᆞᆯ分收ᄒᆞᆷ

造林者가不得已ᄒᆞᆫ事由가有ᄒᆞ야部分林設定의廢止ᄅᆞᆯ請願ᄒᆞ야農商工部大臣이此ᄅᆞᆯ許可ᄒᆞᆯ境遇에도亦前項과同ᄒᆞᆷ

第二十三條　造林者가部分林을讓與ᄒᆞ거나典當에供ᄒᆞ며又ᄂᆞᆫ他人에게貸付ᄒᆞ며或은事用케ᄒᆞᆯ時ᄂᆞᆫ第九號樣式의請願書ᄅᆞᆯ農商工部大臣에게提出ᄒᆞ야許可ᄅᆞᆯ受ᄒᆞᆷ이可ᄒᆞᆷ

第二十四條　造林者의權利ᄂᆞᆫ相續ᄒᆞᆷ을得ᄒᆞᆷ

相續ᄒᆞᆷ을因ᄒᆞ야造林者의權利ᄅᆞᆯ得ᄒᆞᆫ者ᄂᆞᆫ相續者된証明書ᄅᆞᆯ添付ᄒᆞ야農商工部

大臣에게報明홈이可홈

第二十五條　農商工部大臣은如左ᄒᆞᆫ境遇에ᄂᆞᆫ部分林設定의許可를繳銷ᄒᆞᆷ을得홈

一　詐僞又ᄂᆞᆫ錯誤에依ᄒᆞ야許可를與ᄒᆞᆫ事를發見ᄒᆞᆫ時

二　植樹期間의時期로브터一個年以內에事業에着手치아니ᄒᆞᆫ時와又ᄂᆞᆫ看手後相當ᄒᆞᆫ事由가無ᄒᆞ고預定ᄒᆞᆫ進行을不行ᄒᆞᆯ時

三　植樹를終ᄒᆞᆫ後五年을過ᄒᆞ야도成林ᄒᆞᆯ所望이無ᄒᆞᆫ時

四　第五條、第十六條、第十七條의規定에違背ᄒᆞᆯ時又ᄂᆞᆫ第十二條義務를履行치아니ᄒᆞᆫ時

五　造林者가其部分林에關ᄒᆞ야犯罪ᄒᆞᆫ時

第二十六條　部分林設定의許可를繳銷ᄒᆞᆯ時ᄂᆞᆫ設定日로브터貸地料를徵收ᄒᆞ고現存ᄒᆞᆫ樹木은國의所有로홈

但許可繳銷의原因이造林者의責에歸치아니ᄒᆞᆯ時ᄂᆞᆫ第二十二條의例에依홈

前項의規定은第十四條의耕作地에도此를適用홈

第二十七條　國有森林山野部分林帳簿及圖面의謄本又ᄂᆞᆫ抄本의下付를受코ᄌᆞᄒᆞᄂᆞᆫ者ᄂᆞᆫ一件에對ᄒᆞ야金十錢의比例로써收入印紙를貼用ᄒᆞ야農商工部大臣에게請願홈이可홈

第二十八條　部分林을他目的에使用ᄒᆞ거나又ᄂᆞᆫ第二十三條의規定에違背ᄒᆞᆯ時ᄂᆞᆫ農商工部大臣은造林者를五十圓以下의過料에處홈을得홈

第二十九條　第十一條及第十三條의規定違背홀時와又는第二十四條第二項의規定에違背홀時는農商工部大臣은造林者又는相續者를十圜以下의過料에處흠을得흠

附　則

第三十條　森林法第二十條에依ᄒᆞ야植樹許可의認証을受코ᄌᆞᄒᆞ는者는第一號乃至第三號樣式에準ᄒᆞ야請願書를農商工部大臣에게提出흠이可흠

農商工部大臣이前項의請願을受理ᄒᆞ야適當흠으로認홀時는第四號樣式에準ᄒᆞ야認定을給與흠

第三十一條　本令은頒布日로브터此를施行흠

（樣式은次出）

光武十年十二月一日捌刊

主筆	朴殷植
編輯兼發行人	金達河
印刷人	李達元
印刷所	普成社
發行所	漢城中部校洞二十九統二戶 西北學會
發賣所	皇城中署布屏下廣學書舖
	皇城小安洞 大韓書林
	皇城尙洞 博文書館
	皇城罷朝橋 中央書舖

會員注意

會費送交	會計員	漢城中部校洞二十九統二戶 西北學會館內 朴景善
	受取人	西北學會
原稿送付	編輯人	漢城中部校洞二十九統二戶 西北學會館內 金達河
	條件 用紙	從便
	期限	每月十日內

◎定價

一冊	金十錢	(郵費 一錢)
六冊	金五十五錢	(郵費 六錢)
十二冊	金一圓	(郵費 十二錢)

◎廣告料

半頁	金五圓
一頁	金十圓

會員注意

一 本會月報를購覽커나本報에廣告를揭載코져ᄒᆞ시ᄂᆞᆫ 僉君子ᄂᆞᆫ西北學會庶務室노申請ᄒᆞ시압

一 本報代金과廣告料ᄂᆞᆫ西北學會會計室노送交ᄒᆞ시압

一 先金이盡ᄒᆞᄂᆞᆫ時에ᄂᆞᆫ封皮上에捺印으로証明ᄒᆞᆷ

一 本報를購覽코져ᄒᆞ시ᄂᆞᆫ 僉君子ᄂᆞᆫ住址統戶를昭詳記送于西北學會庶務室ᄒᆞ시압

一 論說詞藻等을本報에記載코져ᄒᆞ시ᄂᆞᆫ 僉君子ᄂᆞᆫ西北學會會館內月報編輯室노寄送ᄒᆞ시압

廣告

本人이實業을務圖ᄒᆞ기爲ᄒᆞ야和洋雜貨商店을設ᄒᆞ고
商號ᄂᆞᆫ隆昌號라稱ᄒᆞ며外國商品을直輸入ᄒᆞ와學校及
紳士用品의各色帽子、洋服諸具、筆硯、雨傘、洋靴、加房、手袋、
閔忠正公記念筆甬及盃와此外에도千百物品이無不具
備ᄒᆞ와廉價放賣ᄒᆞ오며各學校一般學員의게對ᄒᆞ야ᄂᆞᆫ
同情을表ᄒᆞ기爲ᄒᆞ야元定價票內에廉減酬應ᄒᆞᆯ터이오
니 僉君子ᄂᆞᆫ陸續來購ᄒᆞ시옵

漢城中署寺洞十四統八戶

雜貨商 **韓景烈** 告白

光武十年十二月一日
明治三十九年十二月一日
第三種郵便物認可

西北學會月報

隆熙二年十月一日發行(每月一日一回發行)
(第一卷第五號)

發行所 西北學會

隆熙二年十月一日西北學會月報第一卷第五號要目

特別廣告

本會月報의發行이今至十八號인ᄃᆡ代金收合이極히零星ᄒᆞ와繼刊ᄒᆞ기極窘ᄒᆞᆯ뿐不是라況本會館及學校建築에經用浩繁은一般會員과僉紳士의知悉ᄒᆞ시ᄂᆞᆫ바이니義務를特加ᄒᆞ시와遠近間購覽ᄒᆞ시ᄂᆞᆫ僉員은迅速送交ᄒᆞ시고本會員은月捐金도幷計朔送致ᄒᆞ시와會務와校況을日益進就케ᄒᆞ심을千萬切盼

本學會告白

論說

肅川郡葛山洞農會設立에對ᄒᆞ야百拜祝賀ᄒᆞᆷ

余友金君鎭初ᄂᆞᆫ農學士라海外留學에今既卒業ᄒᆞ고言歸梓里ᄒᆞ야思有以試其所學者러니日者에寄書于余ᄒᆞ야曰肅川郡吹里面十五洞人士가互相協力ᄒᆞ야小學校를設立ᄒᆞᄂᆞᆫ中이요就中葛山洞은農會를組織ᄒᆞ야農法을改良ᄒᆞ야實業을發達케ᄒᆞ기로目的을삼고新聞雜誌縱覽所와國文夜學校를置ᄒᆞ며厠間을改良ᄒᆞ야居地를淸潔케ᄒᆞ며會員所有空地에植木ᄒᆞ기로今日부터着手ᄒᆞ야明春ᄭᆞ지期限ᄒᆞ고若其期限을過ᄒᆞ야植木지아니ᄒᆞᆫ者가有ᄒᆞ면該所有空地ᄂᆞᆫ會中에서着手ᄒᆞ야植木ᄒᆞ기로規則을決定ᄒᆞ얏다ᄒᆞ미

余가此擧에對ᄒᆞ야不覺蹶然而起ᄒᆞ야百拜祝賀ᄒᆞ노니孰謂吾韓이文明을不能이며孰謂吾韓이富强을不能가此葛山洞農會發起로觀ᄒᆞ라我同胞의淳良ᄒᆞᆫ原質과靈敏ᄒᆞᆫ覺性이如此ᄒᆞ니엇지文明富强의事業을做得지못ᄒᆞ리요但由來貪虐官吏의壓迫을受ᄒᆞ며割剝을被ᄒᆞ야自由營業을不敢生意ᄒᆞᆯ뿐더러或其嗇衣節食으로生産이稍饒ᄒᆞᆫ者가有ᄒᆞ면不道不法의官吏輩들이不孝不悌等惡名을勒加ᄒᆞ야鞭扑之下에流血이浪藉ᄒᆞ고囹圄之中에生命이自盡ᄒᆞ니薄田十頃이禍家之資가되고耕牛一隻이殃身之物이되ᄂᆞᆫ지라但以苟且生活에朝夕捱過로爲其幸

福ᄒᆞ고殖産經營에饒足生活은相戒不敢ᄒᆞ니所以로日本法學士梅謙次郎氏가我國情形을視察ᄒᆞ고論ᄒᆞ야曰韓國之民은不可不懈惰요韓國之山은不可不禿이라홈이果是實際語라噫彼貪虐官吏輩ᄂᆞᆫ非但虔劉我同胞生命이라草木禽獸가皆被其毒ᄒᆞ야如彼其蕭條憔悴ᄒᆞ얏스니强盜强盜라云ᄒᆞ나貪虐官吏가一等强盜오逆賊逆賊이라云ᄒᆞ나貪虐官吏가第一逆賊이아닌가

然이나泰西人이云ᄒᆞ되惡政府ᄂᆞᆫ但히愚民頭上에在ᄒᆞᆫ것이라ᄒᆞ니我同胞의智識이開發ᄒᆞ고團軆가成立되면官吏의侵虐을蒙受치아니ᄒᆞᆯ能力도有ᄒᆞ거니와而況今日은時局이變遷ᄒᆞ얏스니彼輩의氣焰은自然屛息된지라我同胞가엇지此機會을因ᄒᆞ야團體를成ᄒᆞ고敎育及殖産等事에奮勵做去ᄒᆞ야

二

家族의幸福을享有ᄒᆞ며國民의資格을完全케ᄒᆞ기로目的을삼지아니ᄒᆞ리오

而況農民社會ᄂᆞᆫ天下의最良ᄒᆞᆫ社會라天然的質樸性이有ᄒᆞᆷ으로奢侈心이無ᄒᆞ고勤勉性이足ᄒᆞᆷ으로懈惰心이少ᄒᆞ며國家을爲ᄒᆞ야忠義를奮ᄒᆞ고社會에處ᄒᆞ야敦睦을表ᄒᆞᄂᆞᆫ者ᄂᆞᆫ農民同胞라且夫我韓은農業國이라農法을改良ᄒᆞ야農業이進步되면國家의文明富强을指日可期니此ᄂᆞᆫ余가葛山洞農會에對ᄒᆞ야百拜祝賀ᄒᆞᄂᆞᆫ바로니惟我全國內의農民同胞ᄂᆞᆫ擧皆觀感於玆ᄒᆞ며興起於玆ᄒᆞᆯ지어다

教育部

敬告我平北諸友

石井居士

嗟乎라現世界에文明風潮가日以普及ᄒᆞ고敎育程度가日以發展ᄒᆞᆷ으로智力競爭이愈甚劇烈ᄒᆞ야其能勇銳前進者ᄂᆞᆫ優勝의利ᄅᆞᆯ得ᄒᆞ고其或趑趄退後者ᄂᆞᆫ劣敗의禍ᄅᆞᆯ蹈ᄒᆞᄂᆞᆫ것이現在歷史에不啻明若觀火이거ᄂᆞᆯ噫我韓人은久在黑洞洞裏ᄒᆞ야囈語가支離ᄒᆞ고霧眼이矇矓ᄒᆞ야殆히疾雷가破山ᄒᆞ되聾者의不聞과如ᄒᆞ며旭日이騰空ᄒᆞ되眇者의不覩와如ᄒᆞ니豈不萬萬寒心哉아幸히我西北同胞가稍能感覺於是ᄒᆞ며奮發於是ᄒᆞ야志士ᄂᆞᆫ扼腕而提倡ᄒᆞ고富翁은捐金而不惜ᄒᆞ야學校設立이在在相望ᄒᆞ야敎育程度가實노長足進步의勢가有ᄒᆞ되就中平北各郡에學校가尤盛ᄒᆞ야義州龍川鐵山等地로觀ᄒᆞ면少者ᄂᆞᆫ七八十處오多者ᄂᆞᆫ一百三四十處에至ᄒᆞ니豈不盛哉며豈不壯哉리오

然이나該地各校情況에對ᄒᆞ야實地觀察이有ᄒᆞᆫ友人의報道ᄅᆞᆯ據ᄒᆞᆫ즉多少不完全의缺點이有ᄒᆞ니盖其各處紳士가學校ᄅᆞᆯ發起ᄒᆞᆯ同時에互相聯合의力으로以치아니ᄒᆞ고各自分立의態로以ᄒᆞ야甲洞이一校ᄅᆞᆯ設ᄒᆞ면乙洞이一校ᄅᆞᆯ設ᄒᆞ야基本金은能히幾個年을維持ᄒᆞᆯ者無ᄒᆞ고敎師ᄂᆞᆫ高明ᄒᆞᆫ學士ᄅᆞᆯ延聘ᄒᆞᆫ者가少ᄒᆞ고敎科ᄂᆞᆫ完美ᄒᆞᆫ書籍을辦備ᄒᆞᆫ者가缺ᄒᆞ니幾個學校ᄅᆞᆯ除ᄒᆞᆫ外ᄂᆞᆫ完全ᄒᆞᆫ學校로認定ᄒᆞᆯ者가無ᄒᆞ다ᄒᆞ니大抵吾人의事業이新舊沿革ᄒᆞᄂᆞᆫ時代ᄅᆞᆯ當ᄒᆞ야或其不完全不規則의態度가有ᄒᆞᆫ것은固然ᄒᆞᆫ勢나今日敎育事業은吾家의所愛ᄒᆞᄂᆞᆫ子弟ᄅᆞᆯ培養ᄒᆞ야國家의無窮ᄒᆞᆫ基礎ᄅᆞᆯ建立ᄒᆞᄂᆞᆫ機關이니엇지十分完全ᄒᆞ며長久維持ᄒᆞᆯ方針ᄅᆞᆯ

不圖ᄒᆞ리오

其聯合과分離의利害ᄂᆞᆫ傍人의說明이無ᄒᆯ지라도自可洞知ᄒᆯ바라幾個洞里가聯合의力으로學校ᄅᆞᆯ設ᄒᆞ얏스면長久히維持ᄒᆯ基本金도辦備키不難ᄒᆞ고高明ᄒᆞᆫ敎師도延聘ᄒᆞ며完美ᄒᆞᆫ敎科도設備ᄒᆞ야子弟ᄅᆞᆯ敎育ᄒᆷ이十分良好ᄒᆯ지어ᄂᆞᆯ乃其互相分離ᄒᆷ으로基本이不贍ᄒᆞ고高明ᄒᆞᆫ敎師와完美ᄒᆞᆫ書籍이無ᄒᆞ야子弟敎育에缺點이太多ᄒᆞ니寧不可歎이리오且學問程度로言ᄒᆞ면少數學生의講習ᄒᆷ이多數學生의講習을不及ᄒᆞᄂᆞ니盖學問者ᄂᆞᆫ聞見이廣ᄒᆞ여야知識이增ᄒᆞ고競爭心이有ᄒᆞ여야勤勉心이生ᄒᆞᄂᆞ니是故로世界各國의著名ᄒᆞᆫ學校ᄂᆞᆫ學生의數가數萬名에達ᄒᆞᆫ者도有ᄒᆞᆫ지라今에幾個洞里가合力設校ᄒᆞ엿스면多數學生의講習으로智識의交換과工夫의競爭ᄒᆞᄂᆞᆫ效力이有ᄒᆯ지어ᄂᆞᆯ今其分立으로學生의講習이少數에止ᄒᆞ니엇지聞見을開廣ᄒᆞ며志氣ᄅᆞᆯ增長ᄒᆷ이有ᄒᆞ리오以上諸種의利害로言ᄒᆯ지라도現在에分立ᄒᆞᆫ學校ᄅᆞᆯ更히團合의方針으로必要ᄒᆞᆫ改良을不容少緩이어니와況今私立學校令頒布之下에維持ᄒᆯ基本과完全ᄒᆞᆫ規模가無ᄒᆞ면廢止ᄅᆞᆯ不免ᄒᆯ터이니惟我諸友ᄂᆞᆫ迅速히團合의方針으로完全ᄒᆞᆫ學校ᄅᆞᆯ建置ᄒᆞ야良好ᄒᆞᆫ敎育을實施ᄒᆯ지어다以若奮發心과勇敢力으로旣己獻身於敎育界ᄒᆞ엿스니百尺竿頭에更進一步ᄒᆞ야前日分立의狹少ᄒᆞᆫ意見을一切滌除ᄒᆞ고一層團合의公平ᄒᆞᆫ意見을主張ᄒᆞ야幾個洞里가同心協力ᄒᆞ야完全精美의基礎ᄅᆞᆯ建立ᄒᆞ기로切切顒祝ᄒᆞ노라

衛生部

食物論及防腐法　會員　金基雄

人의衛生이樹의培養홈과如ᄒᆞ니適宜ᄒᆞᆫ肥料을用ᄒᆞ야其根을培ᄒᆞ며蛄虫에毒을除ᄒᆞ야其枝葉을保ᄒᆞ여야良質에材와充實의果을得홀지오適當ᄒᆞᆫ食品을供ᄒᆞ야其血을補ᄒᆞ며疾病에源을防ᄒᆞ야其身體을保ᄒᆞ여야敏活ᄒᆞᆫ精과健康ᄒᆞᆫ族을成홀지라故로泰西에文明ᄒᆞᆫ諸國은衛生의法이早早發達ᄒᆞ야國民에氣質이健壯ᄒᆞ고社會에精神이敏活ᄒᆞ야廣大ᄒᆞᆫ思想으로廣大ᄒᆞᆫ業을做ᄒᆞ고活潑ᄒᆞᆫ膽力으로活潑ᄒᆞᆫ事을成ᄒᆞ야活潑ᄒᆞᆫ鼓을鳴ᄒᆞ며廣大ᄒᆞᆫ福을享ᄒᆞ거ᄂᆞᆯ今에我國은姑未然ᄒᆞ야國民에氣質이弱ᄒᆞ고精神이疲ᄒᆞ며膽力이拙ᄒᆞ고思想이劣ᄒᆞ야莫大ᄒᆞᆫ事業을幾失ᄒᆞ고非常ᄒᆞᆫ困難이迫頭홀ᄲᅮᆫ不是라聾聾跛啞의生産之禍와癲癎瘋癩의夭死之慘이比比種種ᄒᆞ니嗚呼라是民은是國之本이어ᄂᆞᆯ是民이如是ᄒᆞ니是國奈也오爲身之心도慘矣어니와爲國之誠이極切이로다曰我同胞여保身之心과愛國之誠이孰無ᄒᆞ리오마ᄂᆞᆫ衛生一法이旣未普及ᄒᆞ여스니保身의念은有ᄒᆞ나保身에果을得키難ᄒᆞ고保身에果을其旣不得인된愛國에誠은有ᄒᆞ나愛國에事ᄂᆞᆫ做키難홀지라故로愛國의士ᄂᆞᆫ반다시今日衛生에發達치못홈으로써患ᄒᆞᄂᆞᆫ비라然而衛生에法을實施코져홀진된食物에關係와防腐에法을爲先知解홈이必要ᄒᆞᆫ故로左에食物論及防腐法을略述ᄒᆞ노니庶幾爲 國民衛 生에萬 一之有補 일샤ᄒᆞ노

라

食物論

一、滋養素　人의身體을構成ᄒᆞᆫ成分은蛋白質、水、膠類、脂肪、鑛物性、鹽、類니此等은生活中連續히分解利用됨으로適當ᄒᆞᆫ食物을供ᄒᆞ야一邊으로其身體에消耗을補ᄒᆞ며一邊으로其生長을助ᄒᆞᆯ지라故로上에述ᄒᆞᆫ바五種은滋養素라稱ᄒᆞᄂᆞ니라

一、蛋白質의作用、　蛋白質은組織蛋白質과循環蛋白質二種으로區別ᄒᆞ니組織蛋白質은諸般機關에減耗ᄒᆞᆷ은補ᄒᆞᄂᆞᆫ者오循環蛋白質은液에缺乏ᄒᆞᆷ을補코져ᄒᆞ야連續循環ᄒᆞᄂᆞ니其營養을掌ᄒᆞᆫ者라

蛋白質에分解ᄂᆞᆫ人에生活의機能과

體溫을保ᄒᆞᄂᆞᆫ者라其分解에量은排泄의尿量으로써知ᄒᆞᆯ지니食物을過食ᄒᆞᆫ則蛋白質에分解가增加됨으로身體가反히瘠ᄒᆞᆷ을致ᄒᆞᆯ지니라

二、水의作用　水分은身體中最多ᄒᆞᆫ成分이니其作用은如次ᄒᆞ니라

(甲)食物中可溶性、滋養素을溶解ᄒᆞᆷ

(乙)溶解ᄒᆞᆫ物質을體內諸部에送致ᄒᆞᆷ

(丙)分解消費에由ᄒᆞ야生ᄒᆞᆫ不用物을血液及腎臟에由ᄒᆞ야尿中으로排泄ᄒᆞᆷ

(丁)各物質에化學的變化을誘起ᄒᆞᆷ

體內水分은呼吸、發汗、糞尿、으로每

日多量排泄ᄒᆞᄂᆞ니라

三、脂肪의作用、人에게脂肪을消耗케ᄒᆞᄂᆞᆫ量이多ᄒᆞ니血液循環에因ᄒᆞ야供給된酸素ᄂᆞᆫ脂肪에作用ᄒᆞ야燃燒을起ᄒᆞᄂᆞᆫ故로體溫을保ᄒᆞᄂᆞᆫ者라此脂肪은其蛋白質에分解ᄒᆞᆷ을防ᄒᆞ야損失을少케ᄒᆞ니饑餓中에도生命을能保ᄒᆞᆷ은脂肪이有ᄒᆞᆷ으로졔라(饑餓中에ᄂᆞᆫ脂肪이漸漸消耗ᄒᆞ나니脂肪이畢耗則生命이亦盡)然이나多量에脂肪을取ᄒᆞᆫ則消化機에過勞을與ᄒᆞ야食物을善消키不能ᄒᆞᆫ故로肝臟作用에도勞을貽ᄒᆞ나니라

四、炭水化合物의作用、炭水化合物도蛋白質에分解을減少케ᄒᆞ고又脂肪에消耗을保護ᄒᆞᄂᆞᆫ故로脂肪物을少取ᄒᆞᆯ時ᄂᆞᆫ炭水化合物을多取ᄒᆞᆷ이可ᄒᆞ니라然ᄒᆞ나過食ᄒᆞ면害가ᄯᅩᄒᆞᆫ有ᄒᆞ니卽糖類을多食ᄒᆞ면醱酵을起ᄒᆞ야乳酸、酪酸、其他有機物을作ᄒᆞ야下痢을成ᄒᆞ고澱粉의過食은腸胃에機能과膽汁에分泄을防害ᄒᆞ나니라

五、鑛物質의作用 鑛物質은體力을保持ᄒᆞ나니筋肉、血液、胃液、膽汁、等中에多少石炭을含有ᄒᆞ되就中加里燐酸은最多ᄒᆞᆫ量이라血液、腦漿等갓치最主要ᄒᆞᆫ物質에ᄂᆞᆫ其含量이最多ᄒᆞ니라

六、食塩에作用 塩은食欲을亢進케ᄒᆞ고消化ᄒᆞᆫ營養素에吸收을促ᄒᆞ고又蛋白質을溶解ᄒᆞ야血液循環을增케ᄒᆞᄂᆞ니故로每日適量의食塩을要

ᄒᆞᆯ지니라

二、標準食物의例

(甲)牛乳一合　味噌(된장)五匁、野菜五五匁、肉六〇匁、白米四合

滋養素　蛋白質九五、七五瓦、脂肪一、八五瓦、炭水化合物四五五五瓦、營養率五、五

(乙)鷄卵二個　味噌五匁、野菜五〇匁、魚肉六五匁、白米四合

滋養素　蛋白質一〇二瓦、脂肪一九、二五瓦、炭水化合物四四七五瓦、營養率四、九

(丙)豆腐　二五匁、豆類一八瓦、魚肉二五匁、脂肪、或油一匁、鷄肉三〇匁、味噌一〇匁、白米四合

滋養素　蛋白質一〇一、五五瓦、脂肪一

九、五五瓦、炭水化合物四三五瓦、營養率四、八

三、獸肉撰擇法

(甲)肉色이過히淡紅ᄒᆞᆫ者ᄂᆞᆫ病肉이오反此ᄒᆞ야紫色은屠肉이아니라乃斃死하야血液을含ᄒᆞ고乾燥ᄒᆞᆫ者나又急性熱病에罹ᄒᆞᆫ者니皆用ᄒᆞ기不可ᄒᆞ니라

(乙)筋肉間脂肪中을經過ᄒᆞᆫ細靜脈管으로大理石狀斑文을現ᄒᆞᆫ者ᄂᆞᆫ良肉이니라

(丙)強固ᄒᆞ고彈力이有ᄒᆞ야此에指를觸ᄒᆞ야도潤치안코汁液이酸性을有ᄒᆞᆫ者ᄂᆞᆫ良肉이어니와反此ᄒᆞ야柔軟ᄒᆞ고濕潤ᄒᆞ야脂肪或膠와如ᄒᆞ고又濕潤ᄒᆞᆫ羊皮紙와如ᄒᆞᆫ者ᄂᆞᆫ惡肉이니라

(丁)良肉은殆臭氣가無ᄒᆞ며或臭氣가少

有ᄒᆞ더라도不快을感ᄒᆞᆷ이無ᄒᆞ되反此ᄒᆞ야病肉은病屍體臭氣을發ᄒᆞ며又藥과近似ᄒᆞᆫ臭氣을放ᄒᆞᄂᆞ니此을試ᄒᆞᆯ려면先히肉을細片으로切ᄒᆞ야熱湯에注加浸漬ᄒᆞ면雖微臭라도發ᄒᆞᄂᆞ니라

(戊)良肉은一日間經ᄒᆞ면表面이乾燥ᄒᆞ되惡肉은濕潤或液으로變ᄒᆞᄂᆞ니라

(己)肉을煮ᄒᆞᆯ際에其量이極히縮小ᄒᆞᄂᆞᆫ者ᄂᆞᆫ不良ᄒᆞᆫ者니라

四、防腐法各論　一般ᄡᆞ구데리아(微菌)가其繁殖을呈ᄒᆞ려면不可不左의條件을適用ᄒᆞᆯ지라

溫度　100°C−400°C　(C字ᄂᆞᆫ攝氏寒暖計의名稱)

活物ᄡᆞ구데리아ᄂᆞᆫ体温370°C內外가最適當ᄒᆞᆷ

水分　液狀又濕潤을要ᄒᆞᆷ

空氣　嫌氣ᄡᆞ구데리아以外ᄂᆞᆫ皆空氣에觸ᄒᆞᆷ을要ᄒᆞᆷ

有機物質　動植物의屍體或生活體

窒素　最貴重ᄒᆞᆫ滋養素

此等을反對ᄒᆞ려면下法에依ᄒᆞ야其腐敗을防ᄒᆞᆷ

(甲)乾燥　水分을除去ᄒᆞᆷ

(乙)沸煮或冷藏　溫度을不適케ᄒᆞᆷ

(丙)罐詰　沸煮或密閉ᄒᆞ야空氣의不觸케ᄒᆞᆷ

(丁)燻製

(戊)酒精浸

(己)醋浸

(庚)塩浸

(辛)砂糖浸

(壬)加藥浸

綠礬、明礬、無水亞硫酸、昇汞、石炭酸、石灰乳、漂白粉、過滿俺、酸加里、水楊酸、요오、等이니라

民業振興의私見

耕世生

熟熟히我國實業界를視察ᄒᆞᆫ의農工商이共히遺利를擧ᄒᆞᆯ餘裕가不少ᄒᆞ도다就中農業은先히水利를便히ᄒᆞ며耕地를整理ᄒᆞ며旱害虫害의患을除ᄒᆞ고深耕肥培로써生産力을增加ᄒᆞ고其餘業을修ᄒᆞᆷ이最要의急務이니其方法手段은蔬水事業殖林計劃溜池增設害虫驅除等을實行ᄒᆞᆷ에在ᄒᆞ고其次ᄂᆞᆫ餘業의發達과農産物의改良과農業機關의活動을可히企圖치아니치못ᄒᆞᆯ지오工業은製産者의技術鍛練과製産品의意匠發達과需用者의嗜好如何를調査ᄒᆞᆷ이最大急務이니其方法은組合團体의一致活動을計ᄒᆞ고商業者와密接ᄒᆞᆫ聯絡을通ᄒᆞ야內로ᄂᆞᆫ製品을精良케ᄒᆞ고外로ᄂᆞᆫ社會의進運을追伺ᄒᆞ야趨向에投合ᄒᆞᆷ을務圖ᄒᆞ야內外의視察을不怠ᄒᆞ야써時勢에相當ᄒᆞᆫ供給과利益을收ᄒᆞᄂᆞᆫ方法을夙夜로講究圖謀ᄒᆞᆯ지오商業은資本信用智能三者가俱備ᄒᆞ야商賣의組織을一定히ᄒᆞᆷ이最大急務이니其方法手段은金融機關의行動을活潑히ᄒᆞ야資本의流轉活動을計ᄒᆞ야營業의正實ᄒᆞᆷ을務圖ᄒᆞ야對物興盛을對人興盛의域에達ᄒᆞ게ᄒᆞ야써信用証劵의發行을謀ᄒᆞ고또需給을察ᄒᆞ야商機를勿誤ᄒᆞ고運輸交通機關을利用ᄒᆞ야有無의媒介任務를完全히ᄒᆞ야專히販路의擴張

을計ᄒᆞ고永久의利益을享受홈을可히圖謀치아니치못홀지라其他各面洞에ᄂᆞᆫ基本財產의貯蓄增殖을企劃ᄒᆞ고土地所有金錢貸借等所謂財의偏重偏輕을豫防ᄒᆞ야專히自治의基礎를確立ᄒᆞ고ᄯᅩ郡에셔ᄂᆞᆫ運輸交通機關의設備를務圖ᄒᆞ야種種奬勵勸誘의途를講ᄒᆞ야써事物의改善發達을促進ᄒᆞ며各業을通히統轄ᄒᆞ고專히其利益得失을討究ᄒᆞ되先覺은後覺을覺케ᄒᆞ고先進은後進을進케ᄒᆞ야全郡을指導ᄒᆞ야其方針目的을勿誤ᄒᆞ야永遠히該郡의幸榮保持홈을可히務圖치아니치못홀지라是獨該郡에만幸榮될뿐아니라實로國家의幸榮을保全ᄒᆞᄂᆞᆫ者라

一、種苗園設置

各道郡에將來施設홀事業이비록頗多ᄒᆞ되就中가장急要ᄒᆞᆫ것은種苗園의設置라夫種苗의良否ᄂᆞᆫ品質과收量에至大ᄒᆞᆫ關係가有홈은贅言을不俟ᄒᆞ고僉皆知悉ᄒᆞᄂᆞᆫ바라特히果樹及山林樹等은穀菽蔬菜와異ᄒᆞ야短期로其成果를可히見치못ᄒᆞ고栽植後數年或은十數年間多額의資金을投ᄒᆞ고ᄯᅩ永遠을期ᄒᆞ니純良精選의種苗를求치아니치못홀지라만일一旦種苗의選擇이誤ᄒᆞ면他日必然噬臍의悔가有ᄒᆞ리다方今各道郡面洞에셔果樹栽培의必要를認치안음이無ᄒᆞ고ᄯᅩ植林事業을企圖치안음이無ᄒᆞ나良好ᄒᆞᆫ種苗를得ᄒᆞ기困難ᄒᆞ야往往內外奸商의게欺ᄒᆞᄂᆞᆫ者ㅣ有ᄒᆞᆫ故로아즉其實行을見ᄒᆞᄂᆞᆫᄃᆡ至ᄒᆞ지못ᄒᆞ얏스니其遺憾ᄒᆞᆫ바엇지의그여말ᄒᆞ리오今에速히其需用者의便宜와供給上敏達을計ᄒᆞ지안으면다시何日에其實行을見ᄒᆞ랴各道郡產業發達上에其影響ᄒᆞ

는바尠少치아니ᄒᆞ니速히玆에種苗園을設置ᄒᆞ고其急用을供給ᄒᆞ야써各道郡産業의發達增進ᄒᆞᆷ을期ᄒᆞᆯ지어다

二、農會組織

農産은生産의主幹이되야農業의盛衰如何가國家消長에至大ᄒᆞᆫ關係를及ᄒᆞ니是의發達을企劃ᄒᆞᆷ은實로焦眉의急務이라故로奬勵勸誘의聲이四方에喧傳ᄒᆞ고學校를設ᄒᆞ며試驗場을置ᄒᆞ며農會를組織ᄒᆞ는言이接隣入聞ᄒᆞ나아즉實行ᄒᆞ는者ㅣ稀少ᄒᆞᆯ뿐不啻라屢屢히農會를非難ᄒᆞ야成立을妨害ᄒᆞ는者가有ᄒᆞ다ᄒᆞ니實로慨歎을不堪ᄒᆞ갯도다於是에當局者와當事者는農會의主旨를鑑察ᄒᆞ고其成立을圖謀ᄒᆞ야利用運轉의法을講ᄒᆞ며矯弊改善의實行을期ᄒᆞᆯ지라其事業이비록廣汎ᄒᆞ나急務中의急務되는事項을左에揭ᄒᆞ면

一、農業敎育의奬勵普及을企圖ᄒᆞᆯ事
二、農談會又는農事講習會를開設ᄒᆞᆯ事
三、作物病虫害의驅除豫防을奬勵ᄒᆞᆯ事
四、農産物의共進會品評會又는交換會를開設ᄒᆞᆯ事
五、耕地整理事業의實施를誘導ᄒᆞᆯ事
六、餘業副産의改良發達을勸奬ᄒᆞᆯ事
七、山林事業의改善發達을企圖ᄒᆞᆯ事
八、精選ᄒᆞᆫ種苗의配布를務ᄒᆞᆯ事
九、産業組合及貯蓄組合等의設置를奬勵ᄒᆞᆯ事
十、農事統計를完備ᄒᆞ게ᄒᆞᆯ事
十一、農事改良上建議又는諮問에應ᄒᆞᆯ事

三、蠶絲協會設立

我國은元來農業國으로風土가蠶絲業에適

當ᄒᆞ야多少의經驗이有ᄒᆞ면漸次飼育의戶數를增加ᄒᆞᆯ傾向이有ᄒᆞ나아즉飼育法에全昧ᄒᆞ야往往失敗에歸ᄒᆞᄂᆞᆫ者ㅣ多ᄒᆞ니이엇지顧慮치아니ᄒᆞ리오또蠶絲業에對ᄒᆞᆫ勞力은비록壯丁의手를不要ᄒᆞ고老幼婦女의適好事業으로ᄒᆞ야도充分히大利를得ᄒᆞᆯ지니當局者와當事者ᄂᆞᆫ速히各道郡에蠶絲協會를設立케ᄒᆞ고左記의要項을企劃ᄒᆞᆯ지어다

一、每年各郡에서三名乃至五名의養蠶傳習生을選拔ᄒᆞ야京城農商工部養蠶講習所에入學케ᄒᆞ야卒業後ᄂᆞᆫ一個年乃至二個年間을義務로各面洞短期講習會의講師가되게ᄒᆞ고또飼育期에ᄂᆞᆫ巡回指導케ᄒᆞᆯ事

二、各道郡蠶糸協會에入會者를多數勸誘ᄒᆞ야協會를强固케ᄒᆞ고蠶糸業의改良을奬勵ᄒᆞᆯ事

三、種類의一定ᄒᆞᆷ을計劃ᄒᆞ기爲ᄒᆞ야自家用蚕種의製造ᄂᆞᆫ嚴禁ᄒᆞ고蠶種檢查法을勵行ᄒᆞᆯ事自家用蠶種製造의弊ᄂᆞᆫ病毒蔓延의原因이되고種類의雜駁을來ᄒᆞ야드듸여能히製糸의一定ᄒᆞᆷ을見치못ᄒᆞ니라

四、蠶糸協會費又ᄂᆞᆫ郡費로써善良ᄒᆞᆫ桑苗를配布ᄒᆞ야適地에續續植付케ᄒᆞᆯ事

是를配布치아니ᄒᆞ고各自放任ᄒᆞᆯ時ᄂᆞᆫ種類의選定만一樣치못ᄒᆞᆯ뿐아니라早中晩의割合이誤ᄒᆞ고또增殖이容易치안는故로桑苗를廉價로配布ᄒᆞ야普及히畦畔邸宅의空地를利用ᄒᆞ야每戶에付植케ᄒᆞ야小養蠶家의戶數를加ᄒᆞ면別段勞費를不要ᄒᆞ고家計를救助ᄒᆞᆷ이不少ᄒᆞᆯ지라

五、共同殺蛹乾燥場을設置ᄒᆞᆯ事

目下各地의養蠶家는殺蛹時期를誤ᄒᆞ며乾燥의適度를失ᄒᆞ야糸質을損ᄒᆞᆷ이甚ᄒᆞ니速히適當ᄒᆞᆫ共同場을設ᄒᆞ고一定히殺蛹乾燥ᄒᆞᆷ을要ᄒᆞᆯ지라

六、共同揚返場을設置ᄒᆞᆯ事

每戶의座繰를一場에聚集ᄒᆞ야揚返으로荷造販賣ᄭᆞ지共同히ᄒᆞᆯ時는多額의同一製糸를産出ᄒᆞ고또興盛上에裨益ᄒᆞᆫ바不少ᄒᆞᆯ지라

雜俎

警告我遊學生諸君

會員 桂奉瑀

學生乎學生乎여韓天을天ᄒᆞ고韓地를地ᄒᆞ는學生諸君이여韓語를語ᄒᆞ고韓衣를衣ᄒᆞ는學生諸君이여使我二千萬神聖種族으로樂園의無限福祿을享有ᄒᆞᆷ도學生諸君의게係ᄒᆞᆫ바아니며使我二千萬神聖種族으로地獄의無限苦楚를呌號ᄒᆞᆷ도學生諸君의게在ᄒᆞᆫ바아닌가諸君은我韓를爲ᄒᆞ야生出ᄒᆞᆫ者이며我韓은諸君을待ᄒᆞ야興旺ᄒᆞᆯ者ㅣ니諸君乎諸君乎여諸君은不屈不撓ᄒᆞ며不渝不回의大膽力을善養之善勵之ᄒᆞ야國家를愛ᄒᆞ야生ᄒᆞ며國家를愛ᄒᆞ야殉ᄒᆞᆯ지어다同胞를爲ᄒᆞ야歌ᄒᆞ며同胞를爲ᄒᆞ야哭ᄒᆞᆯ지어다吾人이以此而諸君을信仰ᄒᆞ며吾人이以此而諸君을拜望ᄒᆞᄂᆞ니諸君은知乎否乎아知之어든其肩를顧ᄒᆞ라如茶如錦의三千里江山을擔負ᄒᆞ얏스며其項을仰ᄒᆞ라列祖列宗의四千載歷史를戴着ᄒᆞ얏도다況二十世紀의世界는强者가弱者의血을爭吮ᄒᆞ며優者

가劣者의肉을擇食ᄒᆞᄂᆞ니如此히烈劇慘劇的時代를際ᄒᆞ야千年塚中의腐敗冥頑物을可以恃之乎아南山捷徑의獻媚奔走者를可以恃之乎아曰否否라驅之以此等無機的人物ᄒᆞ야欲進於文明之界線인ᄃᆡ捕風捉影의妄想과無異ᄒᆞᆯ지라蔽一言ᄒᆞ고生我者도諸君이오死我者도諸君이니諸君은爲干爲櫓ᄒᆞ야尸行肉走의宦欲家를殄滅ᄒᆞ며諸君은爲鐸爲鍾ᄒᆞ야醉死夢生의守舊家를警醒ᄒᆞ라上帝께서一切衆生의게語ᄒᆞ샤ᄃᆡ汝의所欲之物을吾悉畀汝ᄒᆞ리니當納其代價라ᄒᆞ시니獨立의門에願入ᄒᆞᄂᆞᆫ諸君이여獨立의價値를貯藏ᄒᆞ며自由의磬을願敲ᄒᆞᄂᆞᆫ諸君이여自由의價値를蓄積ᄒᆞᆯ지어다千百年以前의未有ᄒᆞᆫ今日과千萬年以後에未易ᄒᆞᆫ今日이여一去而不復來며一失而難再得이니諸君諸君아大眼光을放ᄒᆞ며大勇力을鼓ᄒᆞ야獨一無二ᄒᆞᆫ國民地位를占有케ᄒᆞ라白頭山下에第二世尹瓘이됨도今日諸君이熱心攻學ᄒᆞᆷ에在ᄒᆞ며鴨綠江邊에第二世楊萬春이됨도今日諸君이着力磨文ᄒᆞᆷ에在ᄒᆞ니勿以一時之危慘으로沮喪其心ᄒᆞ라安而危危而安은公例之事이니甘之如薺ᄒᆞᆯ재이오勿以一時之困苦로退縮其步ᄒᆞ라甘而苦苦而甘은天演之道이니愛之若金ᄒᆞᆯ지어다耿耿寒燈에睡魔가侵我어든蘇秦의股를刺ᄒᆞ며蕭蕭弊榻에懶症이敵我어든蔡澤의臂를嚙ᄒᆞ야良金美玉이湧之如泉이라도勿移其初心ᄒᆞ며朱印華章이積之如陵이라도勿奪其素志ᄒᆞ며名花美酒가誘我惑我라도勿易其貞介ᄒᆞ며强虎貪狼이㤼我嚇我라도勿失其精神ᄒᆞ고千蹶而千起ᄒᆞᄂᆞᆫ猛着力과萬死而

萬生ᄒᆞᄂᆞᆫ奮發心을到底히培養ᄒᆞ야二千萬의巨艦이되야太平洋의航海權을專擅ᄒᆞ며二千萬의長城이되야貝兒山에勝利碑를永竪ᄒᆞᆯ지어다況諸君의父母가諸君을如何히信望ᄒᆞᄂᆞᆫ가抽靑對白에孜孜傾心ᄒᆞ야汝光汝國ᄒᆞ라ᄒᆞ며諸君의叔伯이諸君을如何히崇仰ᄒᆞᄂᆞᆫ가閱蠹拾螢에汲汲注意ᄒᆞ야汝顯汝祖ᄒᆞ라ᄒᆞ고且吾人도諸君을信之愛之ᄒᆞ야某校가興旺이라ᄒᆞ면輒曰此가吾의生門方인가某君이卒業이라ᄒᆞ면輒曰此가吾의救世主인가ᄒᆞ야日日懷之時時祝之ᄒᆞ노니嗚呼라諸君이여諸君이國家及同胞의게對ᄒᆞᆫ責任이何如히重大ᄒᆞᆫ지深思之强勉之어다我學生諸君이여

祝賀農林學校

劉汶鍾

天下之事ㅣ有可以祝之者ᄒᆞ며有可以賀之者ᄒᆞ야華山에壽富多男을請ᄒᆞᆷ도祝也며田舍에甌窶汚邪를願ᄒᆞᆷ도祝也로ᄃᆡ非余의所祝者오七年大旱에甘雨가方降ᄒᆞᆷ도可賀며三年道傍에家屋이新成ᄒᆞᆷ도可賀로ᄃᆡ非余의所賀者라但余의所祝賀者ᄂᆞᆫ全國中에實業學校를廣設ᄒᆞ야講殖産之理ᄒᆞ며明利用之道ᄒᆞ야國家의富源을開發ᄒᆞ고人民의幸福을增加ᄒᆞ야自由의權利와自立의思想으로世界上文明ᄒᆞᆫ民族과並駕同進ᄒᆞᆷ이是라現今全國實業界程度가可히祝ᄒᆞᆷ즉ᄒᆞᆫ가可히賀ᄒᆞᆷ즉ᄒᆞᆫ가祝賀의心은雖有ᄒᆞ나祝賀ᄒᆞᆯ地가無ᄒᆞ니是可哀也며是可痛也로다盖實業이라名稱ᄒᆞᄂᆞᆫ者ㅣ有三ᄒᆞ니曰農業商業工業이니槪言ᄒᆞ면商이라稱ᄒᆞᄂᆞᆫ者ᄂᆞᆫ

商學를不究홈으로物品之經理와貨幣之方法을全然不知ᄒᆞ야市井이蕭條ᄒᆞ고港浦가寂寥ᄒᆞ야輸出入之權利를皆讓於外國ᄒᆞ니不足祝賀者也며工이라稱ᄒᆞᄂᆞᆫ者ᄂᆞᆫ工學을不講ᄒᆞ야鈍材庸質로巧不可以成器ᄒᆞ고功不可以磨骨ᄒᆞ야機器之異妙와製造之善良을一任於他人ᄒᆞ니非可祝賀者也며農이라稱ᄒᆞᄂᆞᆫ者ᄂᆞᆫ農學을不明ᄒᆞ야殖産之理와開墾之功을不能生意ᄒᆞ야良田沃土가陳荒을反作ᄒᆞ고嘉木脩林이童濯을故作ᄒᆞ니非可祝賀者也라嗚呼痛矣라國의富强홈과民의開發홈이此實業三者에不外이거ᄂᆞᆯ更히何를由ᄒᆞ야祝賀를希望홀가大抵實業의如是未開ᄒᆞᆫ原因을苟究ᄒᆞ면懶惰成習으로依賴를專主ᄒᆞ고仕宦慾望으로勞働을賤視ᄒᆞᄂᆞᆫ惡弊陋習에出홈이라邇來人士가不耕不織ᄒᆞ고遊衣遊食ᄒᆞᄂᆞᆫ者ㅣ甚多ᄒᆞ야仕宦一路로爲平生之大計ᄒᆞ고爲一身之依托ᄒᆞ야爵祿之利만是圖ᄒᆞ고恒産之心은全無ᄒᆞ야農工商業ᄒᆞᄂᆞᆫ者를一勞働一奴隷者로待之홈으로彼亦實業을賤以知之ᄒᆞ고勞以視之ᄒᆞ야纔有生活之豫備면閒暇遊逸홀줄로知ᄒᆞ고勞働은期於不肯ᄒᆞ야大約二千萬人中에營業ᄒᆞᄂᆞᆫ者ㅣ十居四焉ᄒᆞ고遊食ᄒᆞᄂᆞᆫ者十居六焉ᄒᆞ니實業의希望을從何而求得哉아何幸時勢가漸遷ᄒᆞ고民智가開發ᄒᆞ야國富則我富ᄒᆞ고國貧則我貧ᄒᆞ고國存則我存ᄒᆞ고國亡則我亡홀줄로知ᄒᆞ야其公益之猷謨와力行之運動이比前日逈殊而就中最奮發勇進의狀態를呈ᄒᆞᄂᆞᆫ者ㅣ西路人士라平南各坊에私校之多設은更不加論이어니와特異ᄒᆞᆫ바磁器會社와造紙會社植物會舘이各

有一所而其宏壯之樣과興旺之風이使人으로聞之破膽ᄒᆞ고見之開眼이러니近又該道觀察이道內人士와共同協議로義金捐集ᄒᆞ야農林學校를設立ᄒᆞᆫ다니可히祝賀ᄒᆞᆯ만ᄒᆞ도다先祝之以國家之將興將振ᄒᆞ고次賀之以百姓之不飢不寒ᄒᆞ노라偉哉라平南紳士同胞여壯哉라平南紳士同胞여檀箕之餘土와檀箕之餘民으로四千載之下에更欲定山川之治며三千年之後에復如有井田之敎로다原夫我國이自檀箕以來로農業을崇尙ᄒᆞᄂᆞᆫ國이라民産의業이農耕을不事ᄒᆞᄂᆞᆫ者ㅣ甚尠ᄒᆞ야貴族達官으로붓터士와工과商이或他事業을營ᄒᆞᆯ지라도一邊은農事를務ᄒᆞ니所以로我國에政治經濟도是를依ᄒᆞ야維持ᄒᆞ고商業工業도是를依ᄒᆞ야副業이될ᄲᅮᆫ이라此도急急히皆做去ᄒᆞᆯ바어니와最急務者ㅣ是農業也로다一般識時者ᄂᆞᆫ一切注意ᄒᆞ야全國十三道에各一農學校를組織ᄒᆞ야改良模範의實際로一般農民을誘導啓發ᄒᆞ야産業을增殖ᄒᆞ며國力을振興ᄒᆞᆷ이豈非今日之義務哉아或者ㅣ有言曰自上古以來로農學校無ᄒᆞ여도或泰平ᄒᆞ며或富强ᄒᆞ야漢倉에陳陳之粟도紅焉ᄒᆞ고周野에楚楚之茨도靑焉ᄒᆞ야使民으로衣之食之住之ᄒᆞ야旣暖旣飽旣安이어니農學校가於我에何有益焉이리오欲學稼ᄂᆞᆫ듸問之老農ᄒᆞ고欲爲圃ᄂᆞᆫ듸問之老圃라ᄒᆞ야嘐嘐然啞啞然ᄒᆞ야視農校를如越人之視秦ᄒᆞ야百方沮戱ᄒᆞ며萬般毁斥ᄒᆞ니此ᄂᆞᆫ不學無識ᄒᆞᆫ一愚蠢人이라似此人之은尤當勸輪之ᄒᆞ며啓導之ᄒᆞ야殖産의理를講究ᄒᆞᆫ然後에야農業의發達ᄒᆞᆷ을可期ᄒᆞᆯ지니嗟我全國同胞여同一ᄒᆞᆫ民族이

며同一ᄒᆞᆫ土地로特히平南同胞만國民의義務를擔當ᄒᆞ엿는가平南農林學校를模倣之ᄒᆞ고効則之ᄒᆞ야罔俾平南同胞로獨專美於祝賀어다嗟我十三道同胞여

人物考

韓禹臣傳

韓禹臣의字는夏卿이오號는靜安이니其先은清州人으로家居順安ᄒᆞ야雖數世不顯이나代有謹厚ᄒᆞ야食報於公ᄒᆞ니公이生而聰俊ᄒᆞ야不與凡兒嬉戲ᄒᆞ고天性이孝悌ᄒᆞ야五歲에能修子弟業ᄒᆞ고有一童子가攘鄰鷄ᄒᆞ야要與之共食이어늘公이正色却之ᄒᆞ니見者ㅣ奇之러라七歲志學ᄒᆞ야受業于鄉先生ᄒᆞᆯ시每釋經義에必究其源本ᄒᆞ더라一日은指庭松曰枝雖百千이나本則一也라ᄒᆞ니自其幼時로所得於心者가如此ᄒᆞ도다蓋其天禀이甚高ᄒᆞ고心氣가溫雅ᄒᆞ야無疾言遽色ᄒᆞ고恭儉寡慾ᄒᆞ야不以榮利로易其操ᄒᆞ고於古人書에無所不悅ᄒᆞ야至老에未嘗少懈ᄒᆞ고奉祭祀에必盡誠敬ᄒᆞ고日晨에謁家廟ᄒᆞ야非疾病이면不敢廢ᄒᆞ고早孤ᄒᆞ매事偏母至孝ᄒᆞ야在側에甞愉愉洞洞ᄒᆞ야不設惰容ᄒᆞ고家甚清貧ᄒᆞ나滫瀡之養이必盡誠力ᄒᆞ고事其兄及待宗族이皆極其友敬敦睦ᄒᆞᆷ으로事聞于朝ᄒᆞ야以孝旌閭ᄒᆞ다十八에登進士ᄒᆞ고三十一에及第釋褐ᄒᆞ고陞六品ᄒᆞ야出守洪原에政簡訟平ᄒᆞ야吏民이懷之라民家失火ᄒᆞ야延及倉庫ᄒᆞ니公이將次罷免을當ᄒᆞ매一郡人民이爭捐米粟以補其欠ᄒᆞ니其見愛於民이如此라其後에歷通川蔚

珍高原三郡ᄒᆞ야皆有聲績ᄒᆞ고內除ᄂᆞᆫ工曹佐郞禮曹正郞成均司藝掌樂院僉正을歷ᄒᆞ다時에儒臣鄭曄洪瑞鳳이於筵中에交口薦公ᄒᆞ야請置臺省ᄒᆞ되當局者의取捨이出於其所好惡흠으로其議가遂寢ᄒᆞ고遷內資寺正ᄒᆞ다疾篤에語人曰吾ㅣ旅食京師ᄒᆞ야離鄕이已久로ᄃᆡ欲歸未遂ᄂᆞᆫ不忍便訣　聖明ᄒᆞ야以至今日이로다遂輿疾以歸ᄒᆞ야終于鄕第ᄒᆞ니享年이七十四라臨歿에無一言及家事ᄒᆞ고乃口占一絶曰志學古人行不篤誠明事業竟昏昏一遭歸盡安吾命只恨年來道未聞이라ᄒᆞ니郎其發於性情者也라瀛海君金起宗氏가撰公墓文曰噫라今之進退人이不在賢不肖ᄒᆞ고專在地閥ᄒᆞ니若使公으로生於關以南이면必聲駕一世ᄒᆞ야爲人模範이오歷敭華貫ᄒᆞ고致位公卿이特公餘事로ᄃᆡ惜乎라系出遐遠ᄒᆞ야世多不知公ᄒᆞ고知公者도亦不能大用이로다云ᄒᆞ니라

謹於微와無我라ᄂᆞᆫ演論

謙谷

本人이氣短辭拙ᄒᆞ야平日會席에發言을不能ᄒᆞ얏스나本會前塗의發展을爲ᄒᆞ야顒祝ᄒᆞ고研究ᄒᆞᆫ바有ᄒᆞ야僉位會員께一次忠告을陳코져흠이久矣로소이다然이나所言이頗히張皇ᄒᆞ기로文字로記述ᄒᆞ야會長閣下에委托ᄒᆞ야仰佈ᄒᆞ오니留神聽納ᄒᆞ시기을切望ᄒᆞ옵ᄂᆞ이다年來我國에各種社會가接踵而興ᄒᆞ얏스나一個도完全ᄒᆞᆫ基礎가成立되고正大ᄒᆞᆫ目的을發表된것은尙未得見ᄒᆞᆫ中에我西北學會가善爲做去（잘되여간다ᄂᆞᆫ）ᄒᆞᆫ다ᄂᆞᆫ公評이有ᄒᆞ오나名譽之下에誹

謗이隨之ᄂᆞᆫ固然ᄒᆞᆫ理오且世人의稱譽ᄅᆞᆯ得ᄒᆞᆯ수록責任이愈重ᄒᆞ고憂慮가愈切ᄒᆞᆫ것이오本人이本會前塗을對ᄒᆞ야如何히做去ᄒᆞ면完全ᄒᆞᆫ基礎ᄅᆞᆯ成立ᄒᆞ고正大ᄒᆞᆫ目的을發表ᄒᆞᆯ가ᄒᆞ야殆히晝不食夜不眠ᄒᆞ고其方針을研究ᄒᆞ얏삽ᄂᆞ니다或權變手段으로多數會員을組合ᄒᆞ면何如ᄒᆞᆯ가或慷慨激烈ᄒᆞᆫ言論으로一切衆心을皷動ᄒᆞ면何如ᄒᆞᆯ가ᄒᆞ얏ᄉᆞ나權變手段은一時籠絡ᄒᆞᄂᆞᆫ風力은有ᄒᆞ나長久히公衆의信仰을得지못ᄒᆞᄂᆞᆫ것이오慷慨激烈ᄒᆞᆫ言論도一時皷動ᄒᆞᄂᆞᆫ能力은有ᄒᆞ나時勢에對ᄒᆞ야不好ᄒᆞᆫ影響을取得ᄒᆞ기가或易ᄒᆞᆫ것시라然則무삼方針으로完全ᄒᆞᆫ基礎ᄅᆞᆯ成立ᄒᆞ고正大ᄒᆞᆫ目的을發表ᄒᆞᆯ깃ᄂᆞᆫ뇨區區ᄒᆞᆫ淺見으로二個方針을思得ᄒᆞᆫ바有ᄒᆞ니此ᄅᆞᆯ理論이라謂ᄒᆞᆯ지나事實上에도根本이될덧ᄒᆞ외다其方針은維何오一曰謹於微오一曰無我니다謹於微ᄂᆞᆫ何也오天下事가皆微小ᄒᆞᆫ原因으로大結果가生ᄒᆞᄂᆞ니善ᄒᆞᆫ結果도微小ᄒᆞᆫ原因으로由ᄒᆞ야無限히大ᄒᆞᆫᄃᆡ至ᄒᆞ고惡ᄒᆞᆫ結果도微小ᄒᆞᆫ原因으로無限히大ᄒᆞᆫᄃᆡ至ᄒᆞᄂᆞ니其明證을擧言ᄒᆞ리다大抵我國의社會란名稱이挽近始有ᄒᆞ엿ᄉᆞ나其實은本朝幾百年間에最大社會가有ᄒᆞ얏ᄉᆞ니曰士林社會라本朝立國規模이特別ᄒᆞᆫ三大權利이有ᄒᆞ니一曰政丞의權利오一曰臺諫의權利오一曰士林의權利라政丞의權利ᄂᆞᆫ何如오ᄒᆞ면大臣筵奏ᄂᆞᆫ君上이聽從치아니미無ᄒᆞ시고六曹判書와內外百官을進退黜陟ᄒᆞᄂᆞᆫ權이有ᄒᆞ얏ᄂᆞ니다於是乎相權의偏重을制限ᄒᆞ기爲ᄒᆞ야臺諫과士林의게政府大僚ᄅᆞᆯ論駁ᄒᆞᄂᆞᆫ權利ᄅᆞᆯ與ᄒᆞ니此ᄂᆞᆫ

大小相維ᄒᆞ야偏重偏輕의弊가無케ᄒᆞᆷ이외다然ᄒᆞ나大臣과臺諫이皆自士林中出身인故로士林의權利가尤爲特殊ᄒᆞ얏소是故로成均館齋生들이國政을論ᄒᆞ다가不合ᄒᆞ면卷堂出齋ᄒᆞ야礴石峴을逾ᄒᆞ야南大門에出ᄒᆞᆫ다ᄒᆞ면自　上으로動駕ᄒᆞ사諸生을挽留入齋케ᄒᆞ셧고館儒가伏閤上䟽ᄒᆞ면各廛市民이錦方席을供納ᄒᆞ얏스니當時士林社會가若是其高尙ᄒᆞᆫ地位에居ᄒᆞ엿소所以로日本人이著述ᄒᆞᆫ萬國史記에도我國歷史를評ᄒᆞ야曰朝鮮은士論을主張ᄒᆞ야儒通이一發ᄒᆞ면四方人士가京城에馳集ᄒᆞ야國政을論斷ᄒᆞ야往往히政府大權을移動ᄒᆞ니五百年享國이此를賴ᄒᆞ얏다ᄒᆞ얏ᄂᆞ니다我朝에第一文化隆盛ᄒᆞ고治敎休明ᄒᆞᆫ時代ᄂᆞᆫ　世宗朝와成宗朝인ᄃᆡ成宗朝儒臣에佔畢齋金宗

直氏ᄂᆞᆫ嶺南善山郡人이라德行文學으로士林의領袖가되야士論과國論을主張ᄒᆞ다가燕山朝卽位初에佔畢齋가棄官歸鄕ᄒᆞ거ᄂᆞᆯ或人이問之曰　新君이聰明ᄒᆞ신ᄃᆡ先生이左右에在ᄒᆞ야君德을輔導ᄒᆞᆯ지어ᄂᆞᆯ何故로如此히去就를決ᄒᆞᄂᆞ뇨佔畢齋曰新君의氣象을瞻ᄒᆞ미如吾老物은得保首領키難ᄒᆞ깃다ᄒᆞ고卽日下鄕ᄒᆞ얏스니佔畢齋의先見之明이無ᄒᆞ다謂치못ᄒᆞ깃스나畢竟　燕山朝에政治가濁亂ᄒᆞ야小人柳子光輩가士林에게積憾이有ᄒᆞ야一網打盡ᄒᆞᆯ毒謀를行ᄒᆞᆯ식佔畢齋著述中에弔義帝文一篇이有ᄒᆞ니子光輩가此로써　世祖를譏斥ᄒᆞ얏다고誣獄을大起ᄒᆞ야一代士林盡行逮捕ᄒᆞ야杖殺或流竄ᄒᆞ고佔畢齋의墓를屈ᄒᆞ야碎骨飄風ᄒᆞ얏스니此ᄂᆞᆫ戊午士禍라ᄒᆞᄂᆞ니다盖此事變

은小人輩가士林의淸議를嫉視ᄒᆞᆷ으로由ᄒᆞ얏스나其藉口之端은吊義帝文一篇으로問題를삼아士林을撲滅ᄒᆞ얏스니또ᄒᆞᆫ微小ᄒᆞᆫ問題로非常ᄒᆞᆫ大禍가起ᄒᆞ얏다ᄒᆞ깃고　中宗朝에趙靜庵光祖氏ᄂᆞᆫ天禀이卓越ᄒᆞ야近於生知ᄒᆞᆫ大賢이라　中宗朝에際遇를被ᄒᆞ야堯舜君民으로己任을삼을ᄉᆡ大司憲을拜ᄒᆞᆫ지三日에國民이道不拾遺ᄒᆞ얏고且先生의風神容貌가出類拔萃ᄒᆞ야每常出門ᄒᆞ면男女老少가滿街塡道ᄒᆞ야先生의容貌을爭瞻ᄒᆞ얏ᄂᆞ니다于時靜庵門徒가皆一代善流라靜庵의道가可히行ᄒᆞᆯ機會가有ᄒᆞ미全國輿論이咸曰堯舜之治를不日可興ᄒᆞᆫ다ᄒᆞᄂᆞᆫᄃᆡ是時南袞沈貞輩ᄂᆞᆫ皆勳戚之臣이오亦文人才士라靜庵派에依附코져ᄒᆞᄂᆞᆫ靜庵門徒가攻斥이太甚ᄒᆞ야容接을不得케ᄒᆞ고或路上에서도南袞을見ᄒᆞ면輒罵之曰南小人南小人이라云ᄒᆞ니南袞이以此大憾ᄒᆞ야靜庵이賢人인줄로知ᄒᆞ고靜庵의道가行ᄒᆞ면東方에堯舜之治가興ᄒᆞᆯ줄도知ᄒᆞ나自己平生을顧念ᄒᆞ니靜庵派와ᄂᆞᆫ勢不兩立이라於是에一網打盡ᄒᆞᆯ毒計를抱ᄒᆞ고凶黨을締結ᄒᆞ야日夜로闕內에入ᄒᆞ야浸潤之譖으로全國人心이趙某에게輻湊ᄒᆞᆫ다ᄒᆞ야　上心을搖惑케ᄒᆞ고末乃蜜로禁苑樹面에走肖王三字를書ᄒᆞ니羣虫이聚食에字樣이宛然ᄒᆞᆫ지라君上을引導ᄒᆞ야觀覽ᄒᆞ시게ᄒᆞ고趙某의黨을亟行處置치아니ᄒᆞ면大變이在卽ᄒᆞᆫ줄노上心을恐動ᄒᆞ니於是神武門內에鞫庭을夜設ᄒᆞ고靜庵以下一般士流를盡行逮捕ᄒᆞ야當夜로拷殺코져ᄒᆞᄂᆞᆫᄃᆡ鄭相公光弼氏ᄂᆞᆫ德望이夙著ᄒᆞᆫ大臣이라事變을聞ᄒᆞ고直夜人

闕ᄒᆞ야叩頭力爭ᄒᆞ니僅得減死定配ᄒᆞᆫ지라於是에全國人民이莫不奔走呼冤ᄒᆞ야至於皮匠柳匠老婆田夫等이皆棄其所業ᄒᆞ고來集闕下ᄒᆞ야伸辨을乞ᄒᆞᄂᆞ無效가되고其後鄭光弼氏도流竄을被ᄒᆞ고靜庵以下諸賢이皆賜藥을受ᄒᆞ얏ᄂᆞ니다盖此事變은靜庵門下에新進少年들이銳氣가太過ᄒᆞ야勳戚邊奸臣輩를攻擊이太甚ᄒᆞ야容身을不得케ᄒᆞᆷ으로一代善流가魚肉의慘을被ᄒᆞ고我東方에堯舜之治를興치못ᄒᆞ게ᄒᆞ얏스니엇지千古歷史에痛恨ᄒᆞᆫ事가아니리오　宣祖朝에至ᄒᆞ야文化가更振ᄒᆞ고諸賢이輩出ᄒᆞᆫ中에東西黨派가始起ᄒᆞ얏ᄂᆞ니다西人派의領袖는沈義謙氏오東人派의領袖는金孝元氏인딕沈氏는西村에居ᄒᆞᆫ故로西人派라ᄒᆞ고金氏는東村에居ᄒᆞᆫ故로東人派라ᄒᆞ얏소盖沈義謙은雖戚臣이나士林을愛ᄒᆞ고扶護ᄒᆞᆫ功이有ᄒᆞᆷ으로名望이有ᄒᆞ고金孝元은文學凡節로士林中名望이有ᄒᆞᆫ지라伊前에戚臣尹元衡의勢焰이熾盛ᄒᆞᆯ時에金孝元이尹家에出入ᄒᆞ야留宿도ᄒᆞ얏더니一日은沈義謙氏가尹氏邸에往見ᄒᆞᆫ즉舍廊에寢具가有ᄒᆞᆫ지라誰人의寢具뇨問ᄒᆞᆫ딕曰金孝元의寢具라ᄒᆞ니沈氏가大鄙之ᄒᆞ야曰焉有士子而留宿勢家者乎아ᄒᆞ얏더니厥後에金孝元氏의名望이漸高ᄒᆞ야吏曹銓郎의擬望을被ᄒᆞ니吏曹銓郎은國初以來로　英祖朝까지三百餘年間第一淸宦이라文學行誼에一毫欠點이有ᄒᆞ면銓郎의擬望을不得ᄒᆞ고銓郎을經歷ᄒᆞ면平步로卿相의位를致ᄒᆞᄂᆞᆫ故로當時士大夫가皆修身養望ᄒᆞ야登科ᄒᆞᆫ後에十年을不調라도오직銓郎一窠로準的을삼앗ᄂᆞ니

다至是ᄒᆞ야金孝元이銓郎의望을被ᄒᆞ니沈義謙氏가論駁曰金某가曾往勢家에留宿ᄒᆞᆫ行爲가有ᄒᆞᆫ즉엇지銓郎을擬望ᄒᆞ리오ᄒᆞ니金孝元은曰沈是戚臣으로엇지朝政에干豫가有ᄒᆞ나ᄒᆞ야互相論斥ᄒᆞ니當時士林中名譽를希慕ᄒᆞᄂᆞᆫ者는多數히金孝元을左袒ᄒᆞ니다於是에黨派가分爭ᄒᆞ야朝論이潰裂ᄒᆞ니當時栗谷先生의至公血誠으로도此를調停코저ᄒᆞ다가不得ᄒᆞ고栗谷도驅逐을被ᄒᆞ야鄕第로退歸ᄒᆞ얏ᄂᆞ니다盖此沈金兩人의微小ᄒᆞᆫ感情으로四百年朋黨之禍를釀成ᄒᆞ야國事를不顧ᄒᆞ고國勢을不振케ᄒᆞ얏스니以此觀之ᄒᆞ면社會上微小ᄒᆞᆫ感情이엇지大可畏者가아니리오東西黨派가起ᄒᆞᆫ以後로朝廷과士林間言論이惟是東西是非뿐이더니是時에日本關白平秀吉이强大ᄒᆞᆫ兵力을準備ᄒᆞ야將次東洋全局을蹂躪ᄒᆞ고倂呑ᄒᆞᆯ思想이有ᄒᆞ야明國을侵略코저ᄒᆞᆯ석先히我國을圖謀ᄒᆞ기로使臣玄蘇等을遣ᄒᆞ야來聘ᄒᆞ니其實은我의形勢를偵探ᄒᆞᆷ이오我國이使臣洪允吉金誠一을遣ᄒᆞ야答聘ᄒᆞ니또ᄒᆞᆫ彼의情形을偵探코저ᄒᆞᆷ이라及其使事를竣ᄒᆞ고復命ᄒᆞ미自上으로平秀吉의爲人을問ᄒᆞ신ᄃᆡ洪允吉은曰眼光이如電ᄒᆞ니非凡ᄒᆞᆫ人物이라ᄒᆞ고金誠一은曰凡常人物이니無能爲者라ᄒᆞ며上이又日本의動靜을問ᄒᆞ신ᄃᆡ洪允吉은曰大事가將有ᄒᆞ리라ᄒᆞ고金誠一은曰大事가必無ᄒᆞ리라ᄒᆞ엿스니盖此兩人이俱是一代名流로ᄃᆡ洪은西人派오金은東人派라黨派의私로各其意見을主張ᄒᆞ니于是西人은洪을左袒ᄒᆞ고東人은金을左袒ᄒᆞ야言論을徒事ᄒᆞ고大敵을防禦ᄒᆞᆯ方略은

講及지아니ᄒᆞ다가畢竟壬辰四月에日本水陸大兵二十萬이壓於境上ᄒᆞ니釜山에下陸ᄒᆞᆫ지十餘日을不過ᄒᆞ야都城을直犯ᄒᆞ니大駕가蒼黃히西路로播遷ᄒᆞ실ᄉᆡ鰲城府院君李恒福氏가都承旨로執燭前導ᄒᆞ얏스니其時土崩瓦解之狀이何如ᄒᆞ얏소然則壬辰兵禍가在於當日에固所不免之勢나如彼其土崩瓦解ᄒᆞ야三京이淪沒ᄒᆞ고八路가蹂躪된것은洪金兩人의黨派感情으로互相是非만ᄒᆞ고預히防禦의大計를不圖ᄒᆞᆫ緣故라謂ᄒᆞᆯ지니此도個人의微小ᄒᆞᆫ感情으로國家의劇烈ᄒᆞᆫ禍患을不顧ᄒᆞᆷ이라ᄒᆞ깃고忠武公李舜臣氏가敵國의反間으로元均輩의譖搆가有ᄒᆞ야幾陷不測에僅得減死充軍ᄒᆞ엿스니於是日人이丁酉의再擧가有ᄒᆞ야水陸並進에三南이陷沒ᄒᆞ얏소此도一二個小人의猜忌心으로國家의萬里長城을自壞코져ᄒᆞ엿스니千載之下에豈不凜然寒心이리오當時八年亂離中에朝廷臣僚가一邊으로日人을防禦ᄒᆞᆫ다一邊으로明兵을接應ᄒᆞ는ᄃᆡ奔走不暇ᄒᆞ야黨派競爭이少息ᄒᆞᆫ지라是以로宣祖大王ᄭᅴ옵서龍灣行朝에在ᄒᆞ실時에作詩戒朝臣曰痛哭關山月傷心鴨水風朝臣今日後那復言西東가ᄒᆞ셧스니此는自上으로朋黨의禍를深戒ᄒᆞ셧스나朝臣腦髓中에는黨派根株가終是不絕ᄒᆞᆫ지라適會히平秀吉이死ᄒᆞ마日兵이撤歸ᄒᆞ야疆域이稍靖ᄒᆞ니東西黨爭이復起ᄒᆞ얏소於是領相柳成龍氏는東西를打破ᄒᆞ리라ᄒᆞ야南人一派를組成ᄒᆞ고元老李山海氏는東西南을打破ᄒᆞ리라ᄒᆞ야北人一派를組成ᄒᆞ니此는四色黨派가角立並峙ᄒᆞᆫ바니니다　光海朝에至ᄒᆞ야北

人派가當局用事ᄒᆞ니東西南三色은勢力이全墜ᄒᆞ엿더니

仁祖朝反正功臣이多出於西人派ᄒᆞᆫ故로西人이當局ᄒᆞ고東人이亦稍進ᄒᆞ니北人은大衰ᄒᆞ야至今不振ᄒᆞ얏ᄂᆞ니다自是로東西南三色이互相角勝에互相進退ᄒᆞ더니 肅宗朝에至ᄒᆞ야老少論派가又起ᄒᆞ니老論領袖ᄂᆞᆫ宋尤菴이오少論領袖ᄂᆞᆫ尹明齋라尤菴은年老ᄒᆞᆫ故로曰老論이오明齋ᄂᆞᆫ年少ᄒᆞᆫ故로曰少論이라老少分黨의原因을言ᄒᆞ면尤菴은四朝元老오一國士林의領袖라明齋ᄂᆞᆫ尤菴門下에三十年을受業ᄒᆞᆫ人으로其父親美邨의行狀은朴玄石게請求ᄒᆞ고碑文은尤菴게請求ᄒᆞ니盖行狀과碑文의體格은其人의歷史ᄅᆞᆯ叙述ᄒᆞ고結辭에ᄂᆞᆫ讚揚ᄒᆞᄂᆞᆫ立論이有ᄒᆞᆫ것인ᄃᆡ尤菴이美村의碑文을撰述ᄒᆞ미初次에歷史ᄅᆞᆯ叙述ᄒᆞ고結辭에讚揚ᄒᆞᄂᆞᆫ句語ᄂᆞᆫ純然히朴玄石의撰述ᄒᆞᆫ狀中讚揚ᄒᆞᆫ結辭ᄅᆞᆯ取用ᄒᆞ고結局에曰吾友朴和叔이玄石의字云이라ᄒᆞ엿스니明齋가大不愜於心ᄒᆞ야更히改撰ᄒᆞ기ᄅᆞᆯ屢請ᄒᆞ나尤菴이終是不許ᄒᆞ니於是에三十年師弟의誼을絶ᄒᆞ고黨派ᄅᆞᆯ分ᄒᆞ야互相攻擊이甚於水火ᄒᆞ니其影響이朝廷과士林에遍及ᄒᆞ야家家義理와人人言論이惟是老少黨論이라其權利競爭ᄒᆞᄂᆞᆫ結果로魚肉士林ᄒᆞ고危及宗社ᄒᆞᆫ事變이屢有ᄒᆞ엿소此ᄂᆞᆫ碑文一篇의微小ᄒᆞᆫ問題로國家及士林間에非常ᄒᆞᆫ慘禍가屢屢發現ᄒᆞ얏스니엇지千古奇變이아니리오以上歷史로觀ᄒᆞ건ᄃᆡ我國에最大ᄒᆞ고最好ᄒᆞᆫ士林社會가皆微小ᄒᆞᆫ感情과微小ᄒᆞᆫ事件으로終乃大潰裂과大競爭이有ᄒᆞ얏스니眞可懼可畏

ᄒᆞᆫ것이오先輩의時代로言ᄒᆞ면純然히道德學問을崇尙ᄒᆞᄂᆞᆫ時代나如彼其缺裂ᄒᆞᆫ結果가有ᄒᆞ얏거던況乎今日은道德이全墜ᄒᆞᆫ時代에如干通常知識과通常力量으로完全ᄒᆞᆫ好社會를成立ᄒᆞ기가大段히難ᄒᆞᆯ줄노認ᄒᆞ오惟我僉位會員은舊時代社會의失敗ᄒᆞᆫ所以를鑑戒ᄒᆞ야十分注意ᄒᆞ야謹愼做去ᄒᆞ기를切願ᄒᆞᄂᆞ니다微小ᄒᆞᆫ感情과微小ᄒᆞᆫ事件이社會全體에別로히關係가無ᄒᆞ다謂치勿ᄒᆞ시오小感情이大感情이되ᄂᆞᆫ것이오小事件이大事件이되ᄂᆞᆫ것이니다　僉位會員은惟其公平正大ᄒᆞ고忠厚信實ᄒᆞᆫ心地로會員間에或過失이有ᄒᆞ면從容規戒ᄒᆞ야務歸得當ᄒᆞ고或過當ᄒᆞᆫ辭色으로些小ᄒᆞᆫ感情이라도惹起치勿ᄒᆞ야本會의光明正大ᄒᆞᆫ目的을到達ᄒᆞ여봅시다萬若本會前途가今日期望에或違反ᄒᆞᆷ이有ᄒᆞ면吾人身世ᄂᆞᆫ何如며國家前途ᄂᆞᆫ何如ᄒᆞ깃소恒常重大ᄒᆞᆫ目的에注意ᄒᆞ면些小ᄒᆞᆫ層節은自然渙釋ᄒᆞᄂᆞᆫ것이오又一個方針의無我란問題로써說明ᄒᆞ리다

大抵人類의爭端은恒常彼我關係로發生ᄒᆞᄂᆞ니吾人團體上과事業上에我라ᄂᆞᆫ一字가腦中에在ᄒᆞ면矜伐心과猜妬心과陰害心이生ᄒᆞᄂᆞ니矜伐心은我의事業만矜伐ᄒᆞᄂᆞᆫ것이오猜妬心과陰害心은他人의事業을猜妬ᄒᆞ고陰害ᄒᆞᄂᆞᆫ것이니近日各社會情況을觀察ᄒᆞ건ᄃᆡ甲이一個團體를組織ᄒᆞ야機關을主張ᄒᆞ면乙이自量호ᄃᆡ我가何必彼의機關을服從ᄒᆞ리오ᄒᆞ야別로一個團體를成ᄒᆞ고甲이一個事業을經營ᄒᆞ면乙이自量호ᄃᆡ我가何必彼의事業을輔佐ᄒᆞ리오ᄒᆞ야別로一個事業을經營ᄒᆞ니所以로全國內에一個도

全ᄒᆞᆫ社會와完全ᄒᆞᆫ事業이無ᄒᆞᆫ바니다如彼其淺陋ᄒᆞᆫ識見과偏狹局量으로社會上에處ᄒᆞ야大談曰余가國家을擔任ᄒᆞᆫ다教育을熱心ᄒᆞ다ᄒᆞᄂᆞᆫ것이自己의名譽를取得ᄒᆞᄂᆞᆫ經營에不過ᄒᆞᆷ이니眞可笑ᄒᆞ고可嘆ᄒᆞᆯ事로다大人胷中에야엇지名譽二字가有ᄒᆞ깃소又或何許人은外樣으로난社會上과事業上에熱心ᄒᆞᄂᆞᆫ듯ᄒᆞ나中情은實로冷談ᄒᆞᆫ者가有ᄒᆞ니또ᄒᆞᆫ奇怪ᄒᆞᆫ心事로다從古以來로大事業을成就ᄒᆞᆫ人物은皆至公無我ᄒᆞᆫ心法으로以ᄒᆞ얏ᄂᆞ니忠武公李舜臣氏의心跡을想狀ᄒᆞ야보시오明將陳璘이水軍을率ᄒᆞ고我國을救援ᄒᆞᆯ時에陳璘은原來齷齪苛酷ᄒᆞᆫ人物이오明兵이또ᄒᆞᆫ我民을苛待ᄒᆞᄂᆞᆫ行爲가有ᄒᆞᆷ으로當時童謠에曰日人은如櫛ᄒᆞ고明人은如篦子라ᄒᆞ니다忠武公이至誠으로明將을待遇ᄒᆞ고敵軍과戰勝ᄒᆞᆫ後에ᄂᆞᆫ敵의俘虜將卒과鹵獲ᄒᆞᆫ軍需品을皆陳璘의게歸ᄒᆞ니是以로明廷에셔東征將士의功을論ᄒᆞᆯ석陳璘의功이優等에居ᄒᆞᆫ지라由是로陳璘이大感服ᄒᆞ야忠武公을敬之如父師ᄒᆞ고自己의將卒로ᄒᆞ야곰皆忠武公의節制를受케ᄒᆞ니自是로明兵이或不法行爲가有ᄒᆞ면忠武公이皆以軍法處置ᄒᆞ미明兵이不敢肆虐ᄒᆞ야人民이安堵ᄒᆞ얏고陳璘이馳奏于朝曰李統制ᄂᆞᆫ經天緯地之才와補天浴日之功이有ᄒᆞ다ᄒᆞ얏스니此ᄂᆞᆫ忠武公의至公無我ᄒᆞᆫ心法으로自己의功을他人의게讓ᄒᆞᆫ故로中興大業을成ᄒᆞᆫ것이니惟我僉位會員도個個胷中에我라ᄂᆞᆫ一字를不有ᄒᆞ고無我ᄒᆞᆫ心法으로名譽ᄂᆞᆫ他人의게歸ᄒᆞ고難事ᄂᆞᆫ自己가擔着ᄒᆞ여야將來好事業을成就ᄒᆞ깃소以上二個

方針에對ᄒᆞ야留神聽納ᄒᆞ야實心做去ᄒᆞ시기를十分切願ᄒᆞ옵ᄂᆞᆫ이다又本會前途에對ᄒᆞ야可히實地的으로履行ᄒᆞᆯ事가有ᄒᆞ오나天下事가循序도有ᄒᆞ고機會도有ᄒᆞᆫ故로姑不發論ᄒᆞ거니와日後該案件을提出ᄒᆞ야實行ᄒᆞ면本會의發展ᄒᆞᄂᆞᆫ影響과我同胞의幸福을貽ᄒᆞᄂᆞᆫ方針이有ᄒᆞᆯ덧ᄒᆞ와日後에可否를取決ᄒᆞ야履行ᄒᆞᆯ터이오니僉位會員은本會前途에對ᄒᆞ야雖或難事가有ᄒᆞᆯ지라도少勿疑慮ᄒᆞ시고益益加勉做去ᄒᆞ시기를切切顒祝ᄒᆞ옵나니다

會事記要

隆熙二年九月五日下午二時에通常總會를壽洞本學校內에開ᄒᆞ고會長鄭雲復氏陞席ᄒᆞ다

書記가點名ᄒᆞ니出席員이五十九人이러라

書記가前會會錄을朗讀ᄒᆞᄆᆡ錯誤가無ᄒᆞᆷ으로仍受ᄒᆞ다

一、會計員朴景善氏가八月度會金收入額과用下明細書를報告ᄒᆞᄆᆡ仍受可決ᄒᆞ다

一、龍川昌明學校調查委員金明濬氏가該校情況를報告ᄒᆞᄆᆡ金允五氏本會句管鄕約契田畓의所出을認許호ᄃᆡ該校에셔田畓証明書를本會에上送ᄒᆞ야永爲保管케ᄒᆞᄌᆞᄒᆞᄆᆡ李達元氏再請으로可決되다

一、德源府元山港南九熙氏等의支會請願과李東暉氏擔保書를公佈ᄒᆞᄆᆡ依規認許ᄒᆞ기로可決되다

一、寧邊郡支會第一号報明書와任員의氏名를公佈ᄒᆞ다

一、殷山文品學校公函을公佈ᄒᆞ미金明濬氏動議ᄒᆞ기를鄕約契錢은旣爲劃付該校則該郡守의게公函ᄒᆞ야補用케ᄒᆞᄌᆞᄒᆞ매李達元氏再請으로可決되다

一、載寧郡文昌學校校長李豐喜氏等이本會館建築費二十圜義捐ᄒᆞ신公函을公佈ᄒᆞ다

一、江西闡天義塾公函을公佈ᄒᆞᆫ後金義善氏가該校情況을說明ᄒᆞ미朴殷植氏特請ᄒᆞ기를該校規則를自本會로製定ᄒᆞᄌᆞᄒᆞ미異議가無ᄒᆞ다

一、金明濬氏動議ᄒᆞ기를本會에셔所轄ᄒᆞᆫ各支校에對ᄒᆞ야一年春秋兩期로學校의情況과學徒의增減과任員의變遷과財政의出納을一一히報告ᄒᆞ고且支會와支校의任員을一年一次式京城本會內에會同ᄒᆞ야學事에關ᄒᆞᆫ事項과會務에關ᄒᆞᆫ事項을爛議發展ᄒᆞ고現今學校令이頒布되여스니今番本會報에揭載ᄒᆞ야使各學校로供覽케ᄒᆞᄌᆞᄒᆞ매金泜炳氏再請으로可決되다

一、本會內에會員盧基昌氏를會醫로選定ᄒᆞ고一般會員과學生이有病ᄒᆞᆫ時에義務로診察表情ᄒᆞᆫ事을公佈ᄒᆞ다

一、柳東說氏說明ᄒᆞ기를西道人浮浪之類가京城에來留ᄒᆞ야藉稱西北學會會員ᄒᆞ고往往히不正當ᄒᆞᆫ行爲가有ᄒᆞ야會體을損傷케ᄒᆞᄂᆞ니會中에셔特히注意ᄒᆞ야相當히戒諭ᄒᆞᄌᆞᄒᆞ매會長이會中에公佈ᄒᆞ다

一、評議員朴殷植氏가本會前途에對ᄒᆞ야謹於微와無我라ᄒᆞᄂᆞᆫ問題로快愉히演論ᄒᆞ다時干이盡ᄒᆞ미閉會ᄒᆞ다

載寧都文昌學校校長李豐喜氏等이本會舘建築에義捐ᄒᆞᆫ公函全文이如左홈

敬啓者人이斯世에生ᄒᆞ야偉大ᄒᆞᆫ事業을欲立할진ᄃᆡ學識과團合을必資할찌니敎育이無하면엇지學識이開發ᄒᆞ며社會가無하면엇지團合을固結ᄒᆞ리오而況我韓의現今國勢가若是岌嶪하기는敎育이未達ᄒᆞ고社會가不完ᄒᆞᆫ所以러니何幸

貴學會가漢城中央에特然崛起ᄒᆞ야西北人士의一大標準을建作ᄒᆞ얏스미於是乎八域之內가風動影從ᄒᆞ야學校星羅ᄒᆞ고社會林立ᄒᆞ니猗歟我東方의文明基礎요獨立機關이라一代偉業이엇지此의加ᄒᆞᆫ者有하리요鄙等도亦以西陬一分子로會末에猥叅ᄒᆞ야瞻仰이已久터니今於

貴校舘宏大建築之役에對ᄒᆞ야欽頌이愈深ᄒᆞ고奮感이尤切ᄒᆞ와二十圜金을忘些仰呈ᄒᆞ오니

照亮領納ᄒᆞ시와俾補萬　之費를伏望홈

會計員報告 第二十二號

十八圓八十三錢五里 會計員任置條

六十四圓七錢 月報代金收入條郵稅幷

二百四十圓 韓一銀行貯蓄金中推來條

合計三百二十二圓九十錢五里

第二十二回新入會員入會金收納報告

柳之茂 柳來弼 李仁俊 元鎬默

李春秀 金光俊 全坰龍 全亨範
全義順 安錫翁 李陽秀 李基秀
崔仁燮 洪炳翰 張樞正 金應漢
許 乙 崔泰德 金明元 李在傑
鄭鳳韶 黃元禎 許 益 李根宅
李淳弼 尹奎烈 崔孝濬 李 鎰
李求震 申泰鏞 崔雲鏞 吳明龜
崔浚定 桂昌璂 金景默 金弘基
田福永 鄭球和 金炳源 金炳濤
朴秉綬 桂膺奎 都永萬 金興律
韓南淑 李應元 裴永湜 張世瑀
高鏞達 金鴻程 金斗源 鄭東鶴
都相殷 金鼎三 周鳳翱 安壽鳳
周寬弘 金元洽 金東俊 張洛道
禹大敬 康炳斗 玄子翼 趙鎭穆
車秉洪 崔廷俊 金淳玉 李在夏

金炳呂 高奭初 孔文澤 李炳建
金鼎三 玄河鎭 李寅高 玄龍基
玄熙旭 玄基衡 吳泰亨 李德庸
李炳賢 玄熙彦 崔炳釆 金朋植
玄鵬胤 李完植 金昌洛 金麟晛
李德弼 高基燮 李基炳 許 雲
李珉斗 金秀河 金俊榮 劉季順
康宰健 車大賢 尹國燦 張箕洽
尹秉憲 張文煥 權永鎬 金聲弼
梁昌鎬 劉漢烈 邊基瑚 金重烈
崔齊極 李東浩 林始英 尹承鍊
梁君翊 劉學烈 崔成律 鄭載容
文秉祚 金在寬 桂奉瑀 韓觀國
李正根 金泰熙

各一圜式

合計一百二十二圜

第二十二回月捐金收納報告

楊大祿 一圜 自十一年四月至二年一月十朔條

吳錫裕 一圜十錢 自二月至十二月十一朔條

金亨燮 一圜二十錢 自元年九月至二年八月十二朔條

崔昌立 一圜二十錢 自一月至十二月十二朔條

金泰淳 六十錢 自十一年一月至三月三朔條

金泰淳 九十錢 自十一年四月至元年十二月九朔條

姜興周 九十錢 自元年九月至二年五月九朔條

宋榮泰 一圜 自六月至三年三月十朔條

金秉熹 五十錢 自四月至八月五朔

安 灝 一圜三十錢 自元年九月至二年九月十三朔條

金龍珠 一圜十錢 自二月至十二月十一朔條

田錫元 一圜 自三月至十二月十朔條

金瓚洙 八十錢 自十一年五月至十二月八朔條

金正民 二圜 自三月至三年十二月二十朔條

崔孝濬 一圜 自八月至三年五月十朔條

安廷協 一圜 自一月至十月十朔條

梁鳳濟 四十錢 自九月至十二月四朔條

金斗源 四十錢 自九月至十二月四朔條

合計十七圜四十錢

第二十二回寄附金收納報告

咸泳澤　三十圜　學校義捐條
崔齊崗　五圜

合計三十五圜

第三回建築費義捐金收納報告

太明軾　一百圜
金基賢　二圜　五圜中
池基榮　一百圜
全亨淳　一圜
韓景烈　三十圜
李忠健　三十圜
李台健　三十圜
李基疇　一圜
文昌學校　二十圜
安　灝　一圜
吳奎殷　二十圜　一百圜中三次來
柳東說　五十圜　三百圜中再來
崔時應　三圜
金子明　三圜
金秉燾　一圜

會計員報告

合計三百九十二圜

以上五共合八百八十九

圜三十錢五里內

三圜八十錢五里 洋紙封套小筆白紙洋火墨價幷

一圜 安灦入會金疊入條還給條

一圜 龍川東明學校校主崔時健賻儀條

二百圜 會舘建築費中三次給條

四十七圜 二十一號月報印刷費畢給條

三十圜 本學校費校長李鍾浩處支出條

五十圜 大皇帝陛下卽位紀念慶祝費府民會送條

五圜五十錢 五里郵票一千一百枚價

一圜三十二錢 三錢郵票四十四枚價

八十三錢 美國各處月報送時小包費條

三百八十四圜八十六錢 會舘所用錸物價不足額美國鄭在寬處換送條

六圜二十五錢 春期官私立聯合運動時永柔學生点心條

二圜二十錢 本學校一學期試驗時賞品物價

五圜二十錢 三和運動會寄附物品價

四圜七十八錢 安州春期運動會寄附物品價

五圜六十錢 本校講師敎授各種敎科書價條

三十圜 二十二号月報印刷費中先給條

八十五圜 各事務員總務會計主筆書記八月朔月銀條

八圜 下八八月朔月給條

合許八百七十二圜三十四錢五里除在十六圜九十六錢會計員任置韓一銀行貯蓄都合一百圜也

國債報償義捐金收入廣告（第六回）

義州州內面舊城洞人民等 二十三圜

車瑞業 五圜

官報摘要 隆熙二年九月一日

私立學校令에對ᄒᆞ야一般教育家ᄂᆞᆫ特別考覽ᄒᆞ시기爲ᄒᆞ야謄載

勅令第六十二號

私立學校令

第一條 私立學校ᄂᆞᆫ別段의規定이有ᄒᆞᆫ者ᄅᆞᆯ除ᄒᆞᆫ外에總히本令規定에依ᄒᆞᆷ이可ᄒᆞᆷ

第二條 私立學校ᄅᆞᆯ設立코져ᄒᆞᄂᆞᆫ者ᄂᆞᆫ左의事項을具ᄒᆞ야學部大臣의認可ᄅᆞᆯ受ᄒᆞᆷ이可ᄒᆞᆷ

一 學校의目的名稱及位置

二 學則

三 校地校舍의平面圖

四 一個年收支豫算

五 維持方法

但基本財產又ᄂᆞᆫ寄附金에對ᄒᆞ야ᄂᆞᆫ證憑書類ᄅᆞᆯ添附ᄒᆞᆷ이可ᄒᆞᆷ

六 設立者學校長及教員의履歷書

七 教科用圖書名

前項第四號ᄅᆞᆯ除ᄒᆞᆫ外各號의事項에異動을生ᄒᆞᆫ時ᄂᆞᆫ學部大臣의게報告ᄒᆞᆷ이可ᄒᆞᆷ

但承繼者又ᄂᆞᆫ新任者의報告에ᄂᆞᆫ履歷書ᄅᆞᆯ添附ᄒᆞᆷ이可ᄒᆞᆷ

私立學校의開校及廢止ᄂᆞᆫ設立者가學部大臣의게報告ᄒᆞᆷ이可ᄒᆞᆷ

第三條 前條의學則에ᄂᆞᆫ左의事項을規正ᄒᆞᆷ이可ᄒᆞᆷ

一 修業年限及學年에關ᄒᆞᆫ事項

二 學科目及其程度와每週教授時數에

關ᄒᆞᆫ事項
三 學員或學徒의定員
四 入學者의資格과其他入學退學에關ᄒᆞᆫ事項
五 授業料及入學料等에關ᄒᆞᆫ事項
六 其他學校에셔必要로認ᄒᆞᄂᆞᆫ事項

第四條 私立學校ᄂᆞᆫ其名稱上에私立二字를冠홈이可홈

第五條 私立學校에셔學校長을置홈이可홈

學校長은學校를代表ᄒᆞ야校務를掌理홈

第六條 私立學校에셔用ᄒᆞᄂᆞᆫ敎科用圖書ᄂᆞᆫ學部의編纂ᄒᆞᆫ者이나又ᄂᆞᆫ學部大臣의檢定을經ᄒᆞᆫ者中으로擇홈이可홈

私立學校에셔前項以外의圖書를敎科用圖書로用코자ᄒᆞᄂᆞᆫ時ᄂᆞᆫ學部大臣의認可를受홈이可홈

第七條 私立學校에ᄂᆞᆫ左의帳簿를備홈이可홈
一 學籍簿及出席簿
二 職員名簿
三 會計에關ᄒᆞᆫ帳簿

第八條 左의各號의一에該當ᄒᆞᆫ者ᄂᆞᆫ私立學校의設立者學校長又ᄂᆞᆫ敎員됨을得지못홈
一 禁獄以上의刑에處ᄒᆞ얏던者
但特赦復權된者ᄂᆞᆫ此限에不在홈
二 懲戒處分에依ᄒᆞ야免官에處ᄒᆞ고一個年을經치아니ᄒᆞᆫ者
但懲戒를免ᄒᆞᆫ者ᄂᆞᆫ此限에不在홈
三 敎員許狀還收의處分을受ᄒᆞ고二個年을經치니아ᄒᆞᆫ者

四 性行不良으로認ᄒᆞᄂᆞᆫ者

第九條 私立學校의設備授業及其他事項에對ᄒᆞ야不適當ᄒᆞᆷ으로認ᄒᆞᆫ時ᄂᆞᆫ學部大臣은此의變更을命ᄒᆞᆷ을得ᄒᆞᆷ

第十條 左의境遇에ᄂᆞᆫ學部大臣은私立學校의閉鎖ᄅᆞᆯ命ᄒᆞᆷ을得ᄒᆞᆷ

一 法令의規程에違背ᄒᆞᆫ時

二 安寧秩序ᄅᆞᆯ紊亂ᄒᆞ거나又ᄂᆞᆫ風俗을壞亂ᄒᆞᆯ慮가有ᄒᆞᆫ時

三 六個月以上規定의授業을爲치아니ᄒᆞᄂᆞᆫ時

四 第九條에依ᄒᆞ야學部大臣의與ᄒᆞᆫ命令에違背ᄒᆞᆫ時

第十一條 設立認可ᄅᆞᆯ受치아니ᄒᆞ고學校의事業을爲ᄒᆞᄂᆞᆫ者에對ᄒᆞ야學部大臣은其事業의禁을命ᄒᆞᆷ이可ᄒᆞᆷ

第十二條 私立學校長은每年五月末日現在에依ᄒᆞ야職員姓名、擔當學科目、學年別、學員學徒在籍者數及出席者數、教科用圖書名及會計의狀況에關ᄒᆞᆫ報告書ᄅᆞᆯ調製ᄒᆞ야翌月內로學部大臣에게報告ᄒᆞᆷ이可ᄒᆞᆷ

第十三條 地方官은學部大臣의指揮ᄅᆞᆯ承ᄒᆞ야其所管內의私立學校ᄅᆞᆯ監督ᄒᆞᆷ

第十四條 本令에依ᄒᆞ야學部大臣에게提出ᄒᆞᄂᆞᆫ文書ᄂᆞᆫ所轄地方官을經由ᄒᆞᆷ이可ᄒᆞᆷ

第十五條 本令은書堂에適用치아니ᄒᆞᆷ

附則

第十六條 本令은隆熙二年十月一日노븟터施行ᄒᆞᆷ

第十七條 既設ᄒᆞᆫ私立學校ᄂᆞᆫ其設立認可

를受ᄒᆞᆫ與否를不問ᄒᆞ고總히本令施行日노브터六個月以内에本令規定에準ᄒᆞ야學部大臣의認可를受ᄒᆞᆷ이可ᄒᆞᆷ

朕이學會令에關ᄒᆞᆫ件을裁可ᄒᆞ야玆에頒布케ᄒᆞ노라

勅令第六十三號

學會令

第一條 本令에學會라稱ᄒᆞᆷ은名稱의如何ᄒᆞᆷ을不問ᄒᆞ고教育學藝의普及發達을圖ᄒᆞᆷ을目的으로ᄒᆞᄂᆞᆫ團體를謂ᄒᆞᆷ

第二條 學會를設立코자ᄒᆞᄂᆞᆫ者ᄂᆞᆫ其請願書에設立者의履歷書及左의事項을記載ᄒᆞᆫ會則을添付ᄒᆞ야學部大臣의認可를受ᄒᆞᆷ이可ᄒᆞᆷ

一 目的

二 名稱

三 事業

四 事務所의位置

五 會員의資格

六 入會及退會에關ᄒᆞᆫ事項

七 任員選定에關ᄒᆞᆫ事項

八 經費收支及資産에關ᄒᆞᆫ事項

九 支會를設立ᄒᆞᄂᆞᆫ者ᄂᆞᆫ名稱、位置其他支會에關ᄒᆞᆫ事項

學會를解散ᄒᆞᆫ時ᄂᆞᆫ卽時學部大臣에게報告ᄒᆞᆷ이可ᄒᆞᆷ

第三條 會則을變更코자ᄒᆞᄂᆞᆫ時ᄂᆞᆫ學部大臣의認可를受ᄒᆞᆷ이可ᄒᆞᆷ

第四條 學會에ᄂᆞᆫ會長을置ᄒᆞᆷ이可ᄒᆞᆷ

會長은學會를代表ᄒᆞ야會務를掌理ᄒᆞᄂᆞᆫ者로ᄒᆞᆷ會長의新任及退任은每度學部大臣에게報告ᄒᆞᆷ이可ᄒᆞ되新任者의報告에

는履歷書를添付ᄒᆞᆷ이可ᄒᆞᆷ
第五條　學會에는營利事業을爲ᄒᆞ거나又는政事에關涉ᄒᆞᆷ을得지못ᄒᆞᆷ
第六條　學會는其事務所에會員名簿及資產原簿를備ᄒᆞ야會員의異動及財產의狀況을明記ᄒᆞᆷ이可ᄒᆞᆷ
第七條　會長은每年一月에其前年의財產及會務의狀況과會員數를學部大臣의게報告ᄒᆞᆷ이可ᄒᆞᆷ
第八條　學會에서本令又는設立認可의條件에違背ᄒᆞ거나其他公益을害ᄒᆞᆷ으로認ᄒᆞᆯ行爲가有ᄒᆞᆫ時는學部大臣은其認可를繳消ᄒᆞ는事를得ᄒᆞᆷ
第九條　設立認可를受치아니ᄒᆞ고學會로認ᄒᆞᆯ事業을爲ᄒᆞ는者에對ᄒᆞ야는學部大臣은其禁止를命ᄒᆞᆷ이可ᄒᆞᆷ
第十條　地方官은學部大臣의指揮를承ᄒᆞ야所管內의學會를監督ᄒᆞᆷ
第十一條　本令에依ᄒᆞ야學部大臣에게提出ᄒᆞ는文書는事務所所在地所轄地方官을經由ᄒᆞᆷ이可ᄒᆞᆷ
地方長官이前項文書를受ᄒᆞᆫ時는意見을附ᄒᆞ야提呈ᄒᆞᆷ이可ᄒᆞᆷ

附則

第十二條　本令은隆熙二年十月一日브터施行ᄒᆞᆷ
第十三條　既設ᄒᆞᆫ學會는其設立認可의受ᄒᆞᆷ과否ᄒᆞᆷ을不問ᄒᆞ고總히本令施行日로브터二個月以內에本令規定에準ᄒᆞ야學部大臣의認可를受ᄒᆞᆷ이可ᄒᆞᆷ

學部訓令第二號　道府郡

光武十年學政刷新時를當ᄒᆞ야私立學校에

關ᄒᆞ야法令을制定치아니ᄒᆞᆫ所以ᄂᆞᆫ盖其當時에教育上狀態를鑑ᄒᆞ야姑其自然의發達에委홈이可홈으로認홈인ᄃᆡ爾來時運의趍向이頓然히向學心의勃興을促ᄒᆞ야到處學校의新設을競ᄒᆞ야日惟不足의狀을呈ᄒᆞ니是固奎運隆興의徵象이라洵甚可慶이나但其實況을顧察컨ᄃᆡ其內容이不備ᄒᆞ고其組織이不完全ᄒᆞ야毫末도教育機關됨즉ᄒᆞᆫ實質을具備치못ᄒᆞᆫ者ㅣ有ᄒᆞ고甚或基礎가鞏固치못ᄒᆞ야朝興夕廢ᄒᆞᄂᆞᆫ者ㅣ不尠ᄒᆞ니若使此로其自然의推移에一任ᄒᆞ면流弊의所及이可測키難홈에至ᄒᆞ리니是乃及今ᄒᆞ야私立學校令이頒布된所以라雖然이나本令은私立學校를徒爲檢束ᄒᆞ랴ᄂᆞᆫ것이아니오私立學校로完全ᄒᆞᆫ者ᄂᆞᆫ此를益益奬勵ᄒᆞ고弊가有ᄒᆞᆫ者ᄂᆞᆫ此를矯正ᄒᆞ야提撕誘掖ᄒᆞ야各其自然의目的를遂케홈은本令의精神이니今回에別로頒布ᄒᆞᆫ學部令第十四號私立學校補助規程及學部令第十五號公立私立學校誌定規程等도實로此趣旨를表現ᄒᆞᆫ者에不外홈이라

要之컨ᄃᆡ私立學校ᄂᆞᆫ教育普及홈과將又世教補益홈에資ᄒᆞᄂᆞᆫ비不尠ᄒᆞᆫ故로其存在홈을藐視키不可ᄒᆞ거든況教育에關ᄒᆞᆫ國家에施設이尙且未洽ᄒᆞᆫ今日이리오雖然이나世界風潮를趨ᄒᆞ야濫率히設立을企劃ᄒᆞ며又外觀의紛飾만務ᄒᆞ고教育의本旨를沒却ᄒᆞᄂᆞᆫ者ᄂᆞᆫ小則人子를賊ᄒᆞ고大則國家의進運을阻害홀虞가有홈으로認ᄒᆞᄂᆞᆫ故로本大臣은徒其校數을多케홈보다寧히一般內容을完備케홈을切望不己ᄒᆞᄂᆞᆫ비라其地方官의職에在ᄒᆞᆫ者ᄂᆞᆫ此趣旨를善體ᄒᆞ야監督의方

法을愈치말기를期ᄒᆞᆷ이可ᄒᆞᆷ

本大臣은玆에私立學校令頒布에際ᄒᆞ야施行上注意ᄒᆞᆯ事項의一斑을示ᄒᆞ노라

一 私立學校令은私立學校에對ᄒᆞᆫ一般法이되ᄂᆞᆫ故로特種의私立學校에關ᄒᆞ야別로法令의規定이有ᄒᆞᆫ者에就ᄒᆞ야ᄂᆞᆫ各其法令에依ᄒᆞᆷ은固無更論이어니와其法令에規定이無ᄒᆞᆫ事項에關ᄒᆞ야ᄂᆞᆫ總히私立學校令에勾管을受ᄒᆞᆷ이可ᄒᆞ니例之컨ᄃᆡ私立普通學校又ᄂᆞᆫ私立高等學校에在ᄒᆞ야ᄂᆞᆫ爲先普通學校令又ᄂᆞᆫ高等學校令에依ᄒᆞᆷ이可ᄒᆞ나該令에規定이無ᄒᆞᆫ事項에就ᄒᆞ야ᄂᆞᆫ私立學校令에依ᄒᆞᆷ이可ᄒᆞᆫ類니地方官은能히此關係를知悉ᄒᆞ야執行上에遺漏가無키를期ᄒᆞᆷ이可ᄒᆞᆷ

二 私立學校設立의要項은同令第二條에規定ᄒᆞ얏ᄂᆞᆫᄃᆡ就中最重要ᄒᆞᆫ事項을擧ᄒᆞ면學校의目的、學則及維持方法이니學校의目的은其性質을闡明케ᄒᆞᆷ이오學則中에規定ᄒᆞᄂᆞᆫ修業年限 學科目及其程度並入學資格等은其學校의種類及程度를識別ᄒᆞᄂᆞᆫ標準이오又維持方法은財源의有無와基礎의確否를知得ᄒᆞᄂᆞᆫ資料ㅣ니無非學校設立의要素될만ᄒᆞᆫ者ㅣ라且學則에就ᄒᆞ야ᄂᆞᆫ記載例를定ᄒᆞ야公示ᄒᆞ깃스니此ᄂᆞᆫ學校로ᄒᆞ야곰學則編製上參考에資키爲ᄒᆞᆷ이오반다시此를墨守케ᄒᆞᄂᆞᆫ趣旨ᄂᆞᆫ아니니此를誤解가無케ᄒᆞᆷ을要ᄒᆞᆷ

三 私立學校의閉鎖處分은監督의最終手段이라事體가甚히重大에屬ᄒᆞᆫ故로此를行事ᄒᆞᆷ은固非所望이나苟或公安風俗을害ᄒᆞᆯ虞가有ᄒᆞᆫ者와法令或命令에違背ᄒᆞᆫ者와或許久히授業을休止ᄒᆞᆫ者와如ᄒᆞᆫ것은看過치못ᄒᆞᆯ者인故此를處分ᄒᆞᆷ은實노不得已에出ᄒᆞᆷ이라地方官은能히其旨를體ᄒᆞ야若是等事項에該當ᄒᆞᆫ者가有ᄒᆞ거든其事實를精査ᄒᆞ야速히本大臣에게報告ᄒᆞ야處分의機宜를勿謬ᄒᆞᆷ을期ᄒᆞᆷ이可ᄒᆞᆷ

四 私立學校令頒布後에ᄂᆞᆫ總히本令에依ᄒᆞ야設立認可를受ᄒᆞᆷ은固無更論이어니와尙且既設ᄒᆞᆫ學校에對ᄒᆞ야도曾往에認可를受ᄒᆞᆫ與否를不問ᄒᆞ고本令에依ᄒᆞ야반다시認可를更請ᄒᆞᆯ지니若本令에依ᄒᆞ야認可를受ᄒᆞᆫ者가아니면將來其存在를認치아니ᄒᆞ며若認可를經치아니ᄒᆞ고學校로認할만ᄒᆞᆫ事業을爲ᄒᆞᄂᆞᆫ者에對ᄒᆞ야ᄂᆞᆫ其事業의禁止를命ᄒᆞᆷ은法令에規定ᄒᆞᆫ바라雖然이나如斯ᄒᆞᆫ境遇에ᄂᆞᆫ一應當事者에게通告ᄒᆞ야本令의規定에依ᄒᆞ도록戒諭ᄒᆞᆷ은行政上處置에得當ᄒᆞᆫ者라ᄒᆞᆷ

五 從來私立學校에셔提出ᄒᆞᄂᆞᆫ文書ᄂᆞᆫ或地方官을經由ᄒᆞᆷ도有ᄒᆞ고或本部에卽呈ᄒᆞᆷ도有ᄒᆞ야其處理가區區에涉ᄒᆞ얏스나自今으로ᄂᆞᆫ總히地方官을經由ᄒᆞ기로定ᄒᆞ얏시니是ᄂᆞᆫ地方官의責任을重케ᄒᆞ고又其監督을有

效케ᄒᆞ라ᄂᆞᆫ趣旨에出홈이라

六 地方官이經由文書를受理ᄒᆞᆫ時ᄂᆞᆫ其分明히法令에適合치아니ᄒᆞᆫ文書에就ᄒᆞ야ᄂᆞᆫ訂正又ᄂᆞᆫ改作을命홈은固是無妨이나地方官이擅恣로此를却下ᄒᆞ거나又ᄂᆞᆫ處分을施홈과如ᄒᆞᆫ舊習은將來斷然히此를廢止홈이可ᄒᆞ고若其事件에關ᄒᆞ야意見이有ᄒᆞᆫ時ᄂᆞᆫ進達ᄒᆞᆯ際에此를副申홈이可ᄒᆞ며尙且學校設立請願에對ᄒᆞ야ᄂᆞᆫ地方長官이特히其意見을具陳홈이可ᄒᆞ되就中土地家屋의取得又ᄂᆞᆫ財源의設定等事ᄂᆞᆫ大概紛雜의事情이此에伴生ᄒᆞ야其眞相을知키難ᄒᆞᆫ者有ᄒᆞ니是等은特히事實을詳査ᄒᆞ고且証憑書類等을提供케홈이可홈

七 私立學校監督에就ᄒᆞ야ᄂᆞᆫ從來地方官의權限이分明치아니ᄒᆞ얏스나本令은特히明文으로써此를ᄒᆞᆫ지라故로地方官은道府郡의費用으로設立ᄒᆞᆫ公立學校에就ᄒᆞ야ᄂᆞᆫ自爲其管理者ᄒᆞ고私人의費用으로設立ᄒᆞᆫ學校에就ᄒᆞ야ᄂᆞᆫ自爲其管理者ᄒᆞ고私人의費用으로設立ᄒᆞᆫ學校에就ᄒᆞ야ᄂᆞᆫ監督地位에立ᄒᆞᄂᆞ니從來와如히地方官으로셔私立學校의設立이나又ᄂᆞᆫ學校長이된은公立學校와私立學校의分界를不明케ᄒᆞ며且監督者와被監督者의地位를混同ᄒᆞ야法令의精神을貫徹키不能ᄒᆞᆫ虞가有ᄒᆞ니自今으로此를避홈을要홈

八 我國子弟의敎養을目的ᄒᆞᆫ私立學校

로셔設立者가外國人이면其東洋人이든지西洋人이든지勿論ᄒᆞ고私立學校令에依ᄒᆞ야自願請認치아니ᄒᆞ면學部에셔此를監督ᄒᆞᄂᆞᆫ責任을擔負키難ᄒᆞ미此學校에對ᄒᆞ야保護奬勵를與ᄒᆞᆫ道를求ᄒᆞᆷ도亦難ᄒᆞᆫ지라雖然이나均是我國子弟를教育ᄒᆞᄂᆞᆫ機關으로如斯ᄒᆞᆫ事가有ᄒᆞ면學校本然의目的을達키에不便ᄒᆞᆷ이尠치아니ᄒᆞ리니此種學校ᄂᆞᆫ반다시私立學校令에依ᄒᆞ야認可를請ᄒᆞ기에至ᄒᆞᆷ이可ᄒᆞ며本大臣도此를歡迎ᄒᆞᆷ에固所不吝ᄒᆞᄂᆞᆫ비니地方官도此旨를須體ᄒᆞ야措置得宜ᄒᆞ야遺憾이無키를期ᄒᆞᆷ이可ᄒᆞᆷ

現今私立學校에對ᄒᆞ야通弊로認ᄒᆞᆯ

点이不尠ᄒᆞ니今其改善을最急히ᄒᆞᆯ者를擧ᄒᆞ건ᄃᆡ大槪如左ᄒᆞ니地方官은特히此点에向ᄒᆞ야注意를加ᄒᆞ야使學校로健全ᄒᆞᆫ發達을遂케ᄒᆞᆷ에努力ᄒᆞᆷ이可ᄒᆞᆷ

一 私立學校의施設이居多히先進國의外形을摹倣ᄒᆞᆷ이急ᄒᆞ고內容을充實ᄒᆞᆷ에踈ᄒᆞᆫ狀를呈ᄒᆞ니安히學科의多ᄒᆞᆷ을貪ᄒᆞ고程度의高ᄒᆞᆷ을誇ᄒᆞ야教授訓鍊을等閑에附ᄒᆞᆷ은徒히輕佻浮薄의風을釀生ᄒᆞ고教育의目的을達ᄒᆞᄂᆞᆫ途가아니니宜須外觀의粉飾을去ᄒᆞ고內容充實에致力ᄒᆞ야着實有用ᄒᆞᆫ人物을養成ᄒᆞ기에努力ᄒᆞᆷ이可ᄒᆞᆷ

一 產業의振興發達은富國의基礎인ᄃᆡ我國現狀은特히此로써最大要務를做치아니못ᄒᆞᆯ故로教育도亦此에所重을置ᄒᆞ야實業思想을普及케ᄒᆞ고實業上의知識技能을養成ᄒᆞᆷ은上下가크게努力ᄒᆞᆯ비라然이나不幸히國內에此種學校가乏ᄒᆞᆯ뿐아니라實業에關ᄒᆞᆫ科目을加設ᄒᆞᆷ도未多ᄒᆞ며尙且民俗이學問으로써單이就官의階梯를作ᄒᆞ고實業을賤히ᄒᆞ며勤務를厭ᄒᆞᄂᆞᆫ風이未祛ᄒᆞ야稍히教育을受ᄒᆞᆫ者ᄂᆞᆫ反其家業을忌ᄒᆞᄂᆞᆫ傾向이有ᄒᆞ니實로家國을爲ᄒᆞ야極爲慨然ᄒᆞᆫ바라地方官은此意를諒ᄒᆞ야隨

機臨事ᄒᆞ야民心을善爲開導ᄒᆞ며學校當事者의게誨喩ᄒᆞ야教育의効果로써利用厚生의道에副케ᄒᆞᆷ이可ᄒᆞᆷ

一 私立學校로서從來維持의基礎될만ᄒᆞᆫ財源을究치아니ᄒᆞ고輕率히其設立을企畫ᄒᆞ야或寄附金을强請ᄒᆞ며或은財源의所屬을爭ᄒᆞᄂᆞᆫ者가其數을枚擧키不遑ᄒᆞ니如斯ᄒᆞᆫ者ᄂᆞᆫ世人으로ᄒᆞ야곰學校의眞相을疑케ᄒᆞ야反히向學心을阻碍ᄒᆞᄂᆞᆫ結果를來케ᄒᆞ니將來其弊風을防止ᄒᆞ기에努力ᄒᆞᆷ을要ᄒᆞᆷ

一 教育으로ᄒᆞ야곰政治以外에特立케ᄒᆞᆷ은學政上必要ᄒᆞᆫ事ㅣ라

然이나往往學校로政治機關으로利用코져ᄒᆞ는者ㅣ有ᄒᆞ며又所定課程을閑却ᄒᆞ고現時政治上社會上의問題를提來ᄒᆞ야討究論議케ᄒᆞ는者ㅣ有ᄒᆞ니前者의不可ᄒᆞᆷ은固不須論이오後者도亦學校本然의目的을沒却ᄒᆞᆷ인故로深戒ᄒᆞᆷ이可ᄒᆞ니盖學生된者는專心一意ᄒᆞ야力을其學業에注ᄒᆞᆯ것이어ᄂᆞᆯ彼政論에叅加ᄒᆞ고又時事에關與ᄒᆞ는等事는修學時代에斷然히此를避케아니치못ᄒᆞᆯ지니不然則學生으로ᄒᆞ야곰課業에對ᄒᆞᆫ誠意를自缺ᄒᆞ고放漫自制치못ᄒᆞ야맛ᄎᆞᆷ니其本分을失케ᄒᆞ는弊에陷ᄒᆞᆯ지라

一 私立學校로서學生에게斷髮의必要를勸告ᄒᆞᆷ은不可ᄒᆞᆷ이無ᄒᆞ거니와此를強制ᄒᆞ야就學上의疑懼를買ᄒᆞ며又衣服을清潔케ᄒᆞᆷ은嘉尙ᄒᆞ거니와服裝을一定ᄒᆞ야冗費를增케ᄒᆞ며或喇叭를吹ᄒᆞ고鉦鼓를鳴ᄒᆞ야徒히世人耳目을惹ᄒᆞ며又兵式訓鍊或戶外運動에熱中ᄒᆞ야所定課業을放擲ᄒᆞ야甚ᄒᆞᆫ者는妄히大規模의運動會를開ᄒᆞ야數日或十數日의課業을廢止ᄒᆞ는事等은近來에最多히睹ᄒᆞ는배라此等은實로敎育에普及을害ᄒᆞ고又其本旨를愆ᄒᆞ는者이니此를學校

에周悉警告ᄒᆞ야其弊風을除去ᄒᆞ기에努力ᄒᆞᆷ이可ᄒᆞᆷ

學部令第三號

教育의要ᄂᆞᆫ使人으로爲人의道를知케ᄒᆞ며社會의幸福을增進케ᄒᆞᆷ인故로此를實施ᄒᆞᆷ에不可不時勢의變遷을隨ᄒᆞ야實地에適用케ᄒᆞᆯ지라書堂의教育은我國舊制에屬ᄒᆞ야其沿革이雖久ᄒᆞ나但依然히尙古의風에泥ᄒᆞ고開明의事物에疎ᄒᆞ야單히漢文學의肄習을事ᄒᆞ고處世上必要의知識技能을與ᄒᆞ기에努力치아니ᄒᆞ야使學童으로唯其精力을徒勞ᄒᆞ고歲月를徒銷ᄒᆞᆷ에終ᄒᆞ니此ᄂᆞᆫ人을利케ᄒᆞ고世를益케ᄒᆞᄂᆞᆫ所以의道가아니라或者書堂廢止의議를唱ᄒᆞᆷ도盖亦無恠나然ᄒᆞ나書堂은新教育의普及을隨ᄒᆞ야不廢自廢에歸ᄒᆞᆯ지라唯現今我國教育上施設이尙未完全ᄒᆞᆫ時에多數의書堂을一時廢止ᄒᆞ면許多의兒童으로忽然히其修學의途를失ᄒᆞᄂᆞᆫ結果가生ᄒᆞ리니是亦經斷키不能ᄒᆞᆯ지라書堂으로其授業을廢止케아니ᄒᆞᆯ진대又其現狀으로委置ᄒᆞᆷ은不忍ᄒᆞ나使書堂으로其事情의可得ᄒᆞ기ᄭᆞ지ᄂᆞᆫ其施設를新式的改良을加ᄒᆞ야導近實用케ᄒᆞᆷ이機宜에適合ᄒᆞᆷ으로信ᄒᆞ야本大臣은玆에書堂에對ᄒᆞᆫ管理上要項數件을擧ᄒᆞ야示ᄒᆞ노니地方官은此趣旨를善體ᄒᆞ야指導監督의方策을勿愆ᄒᆞ기를期ᄒᆞᆷ이可ᄒᆞᆷ

一 書堂所在地에普通教育의設置가有ᄒᆞᆫ境遇에ᄂᆞᆫ其地方子弟로普通學校에入學ᄒᆞᆯ年齡에達ᄒᆞᆫ者ᄂᆞᆫ爲先普通學校에入學케ᄒᆞᆷ을常例로ᄒᆞ야書堂에서其普通學校에入學ᄒᆞᆷ을妨碍ᄒᆞ거나又ᄂᆞᆫ普

通學校에轉學홈을抗拒ᄒᆞ는等事가無홈을要홈

二 但其地에普通學校의設置가無ᄒᆞ거나又는有ᄒᆞ야도設備上에收容홀餘地가無ᄒᆞᆫ境遇에는此例에依홈을不要홈

書堂에서課ᄒᆞ는學科는漢文으로爲主ᄒᆞ나國의處世上必要홈은決코漢文에不讓홀지라故로書堂中其事情의拘碍됨이無홀者의게對ᄒᆞ야는國語를加設홈을勸奬홈이可홈

三 漢文教授의實況을觀ᄒᆞᆫ즉音讀에만努力ᄒᆞ고其意義를解得케ᄒᆞ는事가無ᄒᆞᆫ事가居多ᄒᆞ니如斯ᄒᆞ면智識啓發과德性涵養에資홈이無ᄒᆞ야修習多年이라도所得이甚少홀지니自今以後는智德開進上에留意ᄒᆞ야教授方法을改良케홈을要홈

四 一般書堂은學童의體育에留意치아니ᄒᆞ고專히古來習慣을株守ᄒᆞ야黎明으로브터日暮에至ᄒᆞ기ᄭᆞ지端坐하야學習에勞力케ᄒᆞ는바從來와如히漢文音讀에만專工ᄒᆞ면或不可치아니ᄒᆞ다謂ᄒᆞ깃스나苟其教授의目的을智德開進上에置ᄒᆞ야心意의作用을複雜케홀時는長時間에學習은學童의心身을害ᄒᆞ는慮가不無ᄒᆞᆫ즉教授時間은學童의身體와腦力에鑑照ᄒᆞ야適當히減縮케홈을要홈

五 學童의規律及風儀에對ᄒᆞ야도一般書堂은此를輕視홈과如ᄒᆞᆫ바自今以後는管理薰陶上에留意ᄒᆞ야年少時代에善良ᄒᆞᆫ習慣을養홈에用力케홈이可홈

書堂에教室과其他設備의完全ᄒᆞᆫ者가殆無ᄒᆞᆫ바就中狹隘ᄒᆞᆫ室內에多數ᄒᆞᆫ學童을雜居케ᄒᆞ야採光換氣와其他衛生上의注意를缺ᄒᆞᄂᆞᆫ等事ᄂᆞᆫ發育期에在ᄒᆞᆫ兒童의身體를害ᄒᆞᆷ이不尠ᄒᆞᆫ즉教室의規模가狹小ᄒᆞᆫ書堂에서ᄂᆞᆫ學童으로ᄒᆞ야곰交替出入케ᄒᆞ며窓戶를開放ᄒᆞ야採光通風을滿足히ᄒᆞ고內外를洒掃ᄒᆞ야淸潔整頓을期케ᄒᆞᆷ을要ᄒᆞᆷ

部令

私立學校補助規程을左갓치定ᄒᆞᆷ

學部令第十四號

私立學校補助規程

第一條　私立學校로左의各號에該當ᄒᆞᆫ者에對ᄒᆞ야學部大臣이必要로認ᄒᆞᄂᆞᆫ時ᄂᆞᆫ豫算範圍內에서其經費를補助ᄒᆞᆷ

一　普通學校令에依ᄒᆞ야設立ᄒᆞᆫ者又ᄂᆞᆫ普通學校의敎科課程에準據ᄒᆞᄂᆞᆫ者

二　相當ᄒᆞᆫ敎員及設備가有ᄒᆞᆫ者

三　設立後二個年을經ᄒᆞᆫ者
但特別ᄒᆞᆫ事情이有ᄒᆞᆫ者ᄂᆞᆫ此限에不在ᄒᆞᆷ

四　成績佳良ᄒᆞᆫ者

第二條　補助를受코자ᄒᆞᄂᆞᆫ時ᄂᆞᆫ學校長이左의事項을記載ᄒᆞᆫ書類를添付ᄒᆞ야學部大臣에게申請ᄒᆞᆷ이可ᄒᆞᆷ

一　學校의沿革

二　學徒의定員及學年別在籍者數及出席者數

三　卒業者의員數及卒業後의狀況

四　一個年收支豫算

但前年度豫算額及此에對ᄒᆞᆫ比較增減을明記ᄒᆞᆷ이可ᄒᆞᆷ

五　維持方法

但基本財産又ᄂᆞᆫ寄附金等에對ᄒᆞ야ᄂᆞᆫ其明細

六　敎授用器具器械標本目錄

前項의補助申請書ᄂᆞᆫ前年十二月末日을限ᄒᆞ야提出ᄒᆞᆷ이可ᄒᆞᆷ

但特別ᄒᆞᆫ事情이有ᄒᆞᆫ者ᄂᆞᆫ此限에不在ᄒᆞᆷ

第三條　補助ᄒᆞᆯ期間은一個年以內로ᄒᆞᆷ

補助를受ᄒᆞᄂᆞᆫ學校에셔連續ᄒᆞ야補助를受코져ᄒᆞᄂᆞᆫ時ᄂᆞᆫ前條에依ᄒᆞ야申請ᄒᆞᄂᆞᆫ節次를行ᄒᆞᆷ이可ᄒᆞᆷ

第四條　補助를受ᄒᆞᄂᆞᆫ學校에셔收支豫算及維持方法을變更코져ᄒᆞᄂᆞᆫ時ᄂᆞᆫ學部大臣의認可를受ᄒᆞᆷ이可ᄒᆞᆷ

第五條　補助를受ᄒᆞᄂᆞᆫ學校ᄂᆞᆫ翌年二月末日을限ᄒᆞ야前年度決算書를學部大臣에게提出ᄒᆞᆷ이可ᄒᆞᆷ

第六條　補助를受ᄒᆞᄂᆞᆫ學校에ᄂᆞᆫ左의帳簿를備ᄒᆞ야財産及出納의狀況을明記ᄒᆞᆷ이可ᄒᆞᆷ

一　資産原簿

二　出納簿

三　豫算決算에關ᄒᆞᆫ帳簿

第七條　補助金은四回에分ᄒᆞ야交付ᄒᆞᆷ

但特別ᄒᆞᆫ事情이有ᄒᆞᆫ者此限에不在ᄒᆞᆷ

第八條　補助를受ᄒᆞᄂᆞᆫ學校로左의各號의一에該當ᄒᆞᆫ時ᄂᆞᆫ學部大臣은其補助를廢止ᄒᆞᄂᆞᆫ事도有ᄒᆞᆷ

一　本規程及學部大臣의命令에違背ᄒᆞᆫ

時
二 諸帳簿에不正ᄒᆞᆫ記載를ᄒᆞ거나或은
會計의不整理ᄒᆞᆫ時
三 三個月以上休校ᄒᆞᆫ時
四 學校의成蹟이不良홈으로認ᄒᆞᆫ時
五 學校을廢止ᄒᆞ거나又ᄂᆞᆫ學校의閉鎖
를被命ᄒᆞᆫ時
第九條 前條에依ᄒᆞ야補助를廢止ᄒᆞᆫ時ᄂᆞᆫ
補助金金額을排月計筭ᄒᆞ야廢止ᄒᆞᆫ翌月
以後에屬ᄒᆞᆫ額을還納케홈
第十條 普通學校程度가아닌學校라도學
部大臣이特히必要가有홈으로認ᄒᆞᄂᆞᆫ時
ᄂᆞᆫ本規程을準用ᄒᆞ야其經費를補助ᄒᆞᄂᆞᆫ
事도有홈
第十一條 本規程에依ᄒᆞ야學部大臣에게
提出ᄒᆞᄂᆞᆫ文書ᄂᆞᆫ所轄地方官을經由홈이

可홈
地方長官이前項의文書를受ᄒᆞᆫ時ᄂᆞᆫ意見
을附ᄒᆞ야提呈홈이可홈
附則
第十二條 本規程은隆熙二年十月一日브
터施行홈
第十三條 本規程施行時에現에補助를受
ᄒᆞᄂᆞᆫ學校에對ᄒᆞ야ᄂᆞᆫ隆熙二年十二月末
日ᄭᆞ지本規程을適用치아니홈

公立私立學校認定에關ᄒᆞᆫ規程을左와갓치
定홈
學部令第十五號
公立私立學校認定에關ᄒᆞᆫ規定
第一條 公立私立學校로文官任用令第三
條第三號의認定을受코져ᄒᆞᆫ時ᄂᆞᆫ學校長

이左의事項을具ᄒᆞ야學部大臣의게申請ᄒᆞᆷ이可ᄒᆞᆷ

一、學校의沿革

二 學員定員及學年別在籍者數及出席者數

三 卒業者의員數及卒業後의狀況

四 一個年收支豫算

五 維持方法

但基本財産又ᄂᆞᆫ寄附金等에對ᄒᆞ야ᄂᆞᆫ其明細

六 敎授用器具器械標本目錄

第二條 學部大臣이認定할만ᄒᆞᆫ學校ᄂᆞᆫ左의各號에該當ᄒᆞᆫ者에限ᄒᆞᆷ

一 開校後二個年以上을經過ᄒᆞ고成績이佳良ᄒᆞᆫ者

二 管理及維持方法이確實ᄒᆞ고所定學科를敎授ᄒᆞᆷ에足ᄒᆞᆯ相當ᄒᆞᆫ敎員及設備가有ᄒᆞᆫ者

三 修業年限、入學規定、學科課程、每週敎授時數等을考査ᄒᆞ야官立高等學校와同等以上으로認할만ᄒᆞᆫ者

第三條 高等學校令施行規則第十四條、第十九條、第二十五條、及第三十一條의規定은認定을受ᄒᆞᆫ學校에此를准用ᄒᆞᆷ

第四條 認定을受ᄒᆞᆫ學校에ᄂᆞᆫ左의表簿를備ᄒᆞᆷ이可ᄒᆞᆷ

一 敎科用圖書分配表

二 職員出勤簿、履歷書、擔任學科目及時間表

三 資産原簿、出納簿、豫算決算에關ᄒᆞᆫ帳簿

第五條 認定을受ᄒᆞᆫ學校에서入學者又ᄂᆞᆫ

卒業者가有ᄒᆞᆫ時는學校長이其員數를學部大臣에게報告ᄒᆞᆷ이可ᄒᆞᆷ

前項卒業者報告의境遇에는其前學年卒業者의卒業後狀況을幷ᄒᆞ야報告ᄒᆞᆷ이可ᄒᆞᆷ

第六條　認定을受ᄒᆞᆫ學校는入學試驗及學年試驗의期日을一個月以前에學部大臣에게報告ᄒᆞᆷ이可ᄒᆞᆷ

第七條　學部大臣은必要로認ᄒᆞᆫ時는官吏를派遣ᄒᆞ야認定을受ᄒᆞᆫ學校의試驗에立會케ᄒᆞ며又는試驗問題及其答案을査閱케ᄒᆞᆷ이可ᄒᆞᆷ

前項境遇에試驗問題又는方法中又適當ᄒᆞᆷ으로認ᄒᆞᆫ者가有ᄒᆞᆫ時는當該官吏는其變更을命ᄒᆞᆷ을得ᄒᆞᆷ

第八條　認定을受ᄒᆞᆫ學校로本規程에違背ᄒᆞ거나又는成績不良ᄒᆞᆷ으로認ᄒᆞᆫ時는學部大臣은將來에對ᄒᆞ야其認定을繳消ᄒᆞ는事도有ᄒᆞᆷ

第九條　本規程에依ᄒᆞ야學部大臣에게提出ᄒᆞᆯ文書는所轄地方官을經由ᄒᆞᆷ이可ᄒᆞᆷ

地方長官이前項의文書를受ᄒᆞᆫ時는意見을附ᄒᆞ야提呈ᄒᆞᆷ이可ᄒᆞᆷ

附則

第十條　本規程은隆熙二年十月一日로부터施行ᄒᆞᆷ

敎科用圖書檢定規程을左와如히定ᄒᆞᆷ

隆熙二年八月二十八日

學部大臣李載崑

學部令第十六號

敎科用圖書檢定規程

第一條　教科用圖書의檢定은其目的ᄒᆞᄂᆞᆫ學校의學員學徒用又ᄂᆞᆫ教員用에適ᄒᆞᆷ을認定ᄒᆞᆷ이라

第二條　圖書ᄅᆞᆯ發行ᄒᆞ든지又ᄂᆞᆫ發行코져ᄒᆞᄂᆞᆫ者者ᄂᆞᆫ其檢定을學部大臣에게請願ᄒᆞᆷ을得ᄒᆞᆷ

外國에서發行ᄒᆞᄂᆞᆫ圖書ᄂᆞᆫ發行者가本規程에依ᄒᆞ야其檢定을學部大臣에게請願ᄒᆞᆷ을得ᄒᆞ되此境遇에ᄂᆞᆫ韓國內에代理人을置ᄒᆞᆷ이可ᄒᆞᆷ

第三條　檢定請願者ᄂᆞᆫ第一號書式의願書檢定料及圖書或其稿本二部ᄅᆞᆯ提出ᄒᆞᆷ이可ᄒᆞᆷ

檢定料ᄂᆞᆫ圖書一種에對ᄒᆞ야其目的ᄒᆞᄂᆞᆫ學校一種마다該圖書定價의二十倍와等ᄒᆞᆫ額으로ᄒᆞᆷ

第四條　檢定을受ᄒᆞᆫ後에圖書의名稱、册數、定價、目的ᄒᆞᄂᆞᆫ學校幷學科의種類及圖書의內容을變更ᄒᆞᆫ時ᄂᆞᆫ檢定의効力을失ᄒᆞᆷ

第五條　前條境遇에更히檢定을請願ᄒᆞᄂᆞᆫ者ᄂᆞᆫ第二號書式의願書及圖書或其稿本二部ᄅᆞᆯ學部大臣에게提出ᄒᆞᆷ이可ᄒᆞᆷ

但定價ᄅᆞᆯ增加ᄒᆞᆫ時ᄂᆞᆫ第三條第二項에準ᄒᆞ야其差額을納付ᄒᆞᆷ이可ᄒᆞᆷ

第六條　檢定料ᄂᆞᆫ收入印紙로써納付ᄒᆞᆷ이可ᄒᆞᆷ

檢定料ᄅᆞᆯ納ᄒᆞᆫ後에ᄂᆞᆫ何等事由가有ᄒᆞ야도此ᄅᆞᆯ還付치아니ᄒᆞᆷ

第七條　檢定ᄒᆞᆫ圖書ᄂᆞᆫ學部에서官報에其名稱册數、定價、目的ᄒᆞᄂᆞᆫ學校幷學科學員學徒用又ᄂᆞᆫ教員用의區別發行及檢定

年月日并該圖書에署名ᄒᆫ著譯者及發行者의住所姓名을公告ᄒᆷ이可ᄒᆷ

第八條　圖書發行者ᄂᆫ圖書에著名ᄒᆫ著譯者又ᄂᆫ發行者의住所姓名에變更이有ᄒᆫ時ᄂᆫ其事項을學部에報告ᄒᆷ이可ᄒᆷ

前項의報告가有ᄒᆫ時ᄂᆫ學部에셔此를官報에公告ᄒᆷ

第九條　檢定을受ᄒᆫ圖書에ᄂᆫ每册에見키易ᄒᆫ處에第七條記載ᄒᆫ事項을揭載ᄒᆷ이可ᄒᆷ

第十條　稿本으로써檢定을受ᄒᆫ者ᄂᆫ發行後三日以內에該圖書二部를學部에納付ᄒᆷ이可ᄒᆷ

前項의圖書가其紙質印刷又ᄂᆫ製册이粗惡ᄒᆞ야教科用圖書에不適當ᄒᆷ으로認ᄒᆞᄂᆫ時相當히變更ᄒᆷ을命ᄒᆷ이有ᄒᆷ

第十一條　左의各號에一에該當ᄒᆫ時ᄂᆫ學部大臣이圖書의檢定을繳消ᄒᆷ이有ᄒᆷ

一　第八條第一項、第九條又ᄂᆫ第十條第一項의規定에違背ᄒᆫ時

二　第十條第二項의變更命令에從치아니ᄒᆫ時

三　檢定을受ᄒᆫ圖書로學部의納付ᄒᆫ圖書보다紙質印刷又ᄂᆫ製册이粗惡ᄒᆫ時

第十二條　檢定을受치아니ᄒᆫ圖書又ᄂᆫ檢定의効力을失ᄒᆫ圖書에學部檢定其他此와類ᄒᆫ文字를記載ᄒᆞ야發行ᄒᆫ者ᄂᆫ五圜以上五拾圜以下의罰金에處ᄒᆞ며其情을知ᄒᆞ고受託販賣ᄒᆫ者도亦同ᄒᆷ

附則

第十三條　本規程은頒布日로부터施行ᄒᆷ

第十四條 本規程施行前에檢定혼圖書는本規程에依호야檢定혼者로看做홈

第十五條 本規程施行前에檢定을受혼圖書로셔既爲發行혼것은其發行者가本規程施行日로부터九十日以內에第九條의揭載事項을印刷혼圖書二部를學部에納付홈이可홈

前項期日內에 圖書를 納付치 아니혼者는將來에對호야該圖書檢定의効力을失홈

(第一號書式)

(印紙貼付幷消印) 教科用圖書檢定願

圖書의名稱	卷冊의卷名部數	定價	目的호는學校幷學科의種類	學員學徒用又는教員用의區別	發行年月日 稿本에依호야檢定을請호는境遇에는本欄記入을不要홈	著譯者及發行者의住所姓名

右圖書의檢定을受코져호야該圖書(又는稿本)二部幷檢定料金幾圓을添附호야玆에請願호옵나이다

年 月 日

住所

發行者 姓名 (印)

學部大臣 閣下

(第二號書式)

(印紙貼付幷消印) 敎科用圖書檢定願

圖書의名稱	卷册의卷名部數	定價	目的ᄒᆞᄂᆞᆫ學校學員學徒用又ᄂᆞᆫ敎員用의區別幷學科의種類	發行年月日變更의要領 稿本에依ᄒᆞ야檢定을請ᄒᆞᄂᆞᆫ境遇에ᄂᆞᆫ本欄記入을不要홈

右ᄂᆞᆫ何年何月檢定을受ᄒᆞ얏ᄉᆞ온바變更發行ᄒᆞᄋᆞᆸ기(ᄒᆞ깃ᄉᆞᆸ기)檢定을受코져ᄒᆞ야該圖書 又ᄂᆞᆫ稿本)二部(幷定價增加에對ᄒᆞᆫ差額金幾圜)을添附ᄒᆞ야玆에請願ᄒᆞᄋᆞᆸ나이다

住所

年 月 日 發行者 姓名 印

學部大臣 閣下

告示

學部告示第六號

今回 勅令第六十二號로私立學校令이頒布되얏슴으로各學校에ᄂᆞᆫ반다시學則의制定을要ᄒᆞᆯ지라學則에記載ᄒᆞᆯ事項은同令第

三條에列舉되얏슨즉當事者는此에基因ᄒᆞ야任意編成ᄒᆞᆷ은固無更論이어니와從來一般學校에서는學則의制定이無ᄒᆞᆫ者도有ᄒᆞ고又는有ᄒᆞ야도不完全ᄒᆞᆫ者가有ᄒᆞᆫ故로今에學則의標準을依ᄒᆞ야其編成上의參考에資ᄒᆞᆷ은便利不尠ᄒᆞᆷ으로認ᄒᆞ야玆에私立學校學則記載例ᄅᆞᆯ左와如히示ᄒᆞᆷ

隆熙二年八月二十八日

學部大臣 李載崑

私立學校學則記載例

第一章 總則

第一條 本校는初等普通教育을施ᄒᆞᆷ으로써目的ᄒᆞᆷ（又는男子에게必要ᄒᆞᆫ高等普通教育을施ᄒᆞᆷ으로써 ⋮ 實業上의智識技能을養成ᄒᆞᆷ으로써 ⋮ 의類）

第二條 本校는私立某學校라稱ᄒᆞᆷ

第三條 本校는何道何郡何面何洞에設置ᄒᆞᆷ

第四條 本校에本科（補習科又는何科）ᄅᆞᆯ置ᄒᆞᆷ

第五條 本校의學徒定員은幾名으로ᄒᆞᆷ

第二章 修業年限、學年及休業日

第六條 修業年限은本科幾年（何科幾年）으로ᄒᆞᆷ

第七條 學年은每年四月 日에始ᄒᆞ야翌年三月三十一日에終ᄒᆞᆷ

（左에學期ᄅᆞᆯ設ᄒᆞ는學校의學期規定例ᄅᆞᆯ示ᄒᆞᆷ）

學年을分ᄒᆞ야三學期로ᄒᆞ니第一學期는四月一日부터八月三十一日ᄭᆞ지로ᄒᆞ고第二學期는九月一日부터十二月三十一日ᄭᆞ지로ᄒᆞ고第三學期는翌年一月一日

부터三月三十一日ᄭᆞ지로ᄒᆞᆷ

第八條 休業日을左와如히定ᄒᆞᆷ但特別ᄒᆞᆫ事情이 有ᄒᆞᆫ時ᄂᆞᆫ臨時休業ᄒᆞᄂᆞᆫ事도有ᄒᆞᆷ

一 乾元節 三月二十五日

一 開國紀元節 八月十四日

一 卽位禮式日 八月二十七日

一 繼天紀元節 十月十二日

一 廟社誓告日 十一月十八日

一 日曜日

一 春季休業 何月何日브터何月何日ᄭᆞ지

一 夏季休業 何月何日브터何月何日ᄭᆞ지

一 冬季休業 何月何日브터翌年何月何日ᄭᆞ지

第三章 學科課程及授數時間

第九條 學科目及其程度와每週敎授時數ᄂᆞᆫ左와如ᄒᆞᆷ

學科課程에關ᄒᆞ야法令規定이有ᄒᆞᆫ學校卽普通學校에셔ᄂᆞᆫ普通學校令施行規則高等學校에셔ᄂᆞᆫ高等學校令施行規則의定ᄒᆞᆫ學科課程表에依ᄒᆞᆷ이可ᄒᆞᆷ

左에此等學校令에據치아니ᄒᆞᆫ私立學校의學科課程一例ᄅᆞᆯ示ᄒᆞᆷ

一 普通學校程度의學校에屬ᄒᆞᆫ者

學年 敎科目	每週敎數時數	第一學年	每週敎授時數	第二學年	每週敎授時數	第三學年	每週敎授時數	第四學年

修身	人道實踐의方法	仝上	仝上	仝上
國語	日常須知의文字及普通文의讀法書法綴法	仝上	仝上	仝上
漢文	近易ᄒᆞᆫ漢字漢文	仝上	仝上	仝上
日語	會話及口語文의讀法、書法、綴法	仝上	仝上	仝上
筭術	數法、書法、通常의加減乘除	通常의加減乘除	通常의加減乘除小數의讀法、書法及加減乘除	仝上及分數度量衡貨幣及時의計筭
地理歷史			本國地理歷史의大要	本國歷史本國及外國地理의大要
理科			動物、植物、礦物自然의現像	簡易ᄒᆞᆫ物理化學上의現像人身生理衛生의大要
圖畫	簡易ᄒᆞᆫ諸般形體	仝上	仝上	仝上
體操	遊戲、普通體操	仝上	仝上	仝上
手藝	運針法、編物、刺繡	通常衣服의縫法、裁法、繕法	仝上	仝上

唱歌		單音唱歌		仝上		仝上		仝上
手工		簡易혼細工		仝上		仝上		仝上
農業						農業의大要		仝上
商業						商業의大要		仝上
計								

二 高等學校程度의學校에屬혼者

學年 教科目	每週教授時數	第一學年	每週教授時數	第二學年	每週教授時數	第三學年
修身		實踐道德		仝上		仝上
國語漢文		講讀、文法、作文、習字		仝上		仝上
日語		讀法、譯解、會話、書取、習字		讀法、會話、繙譯、書取、作文、文法		仝上
歷史		本國歷史		仝上		外國歷史

地理		本國地理		外國地理		仝上及地文
數學		算術		筭術、代數		代數、幾何、簿記
博物		動植物		鑛物生理衛生		仝上及地質
物理化學		物理		物理化學		仝上
法制經濟						現行法規及經濟의大要
圖畫		自在畫		自在畫、用器畫		仝上
音樂		單音唱歌		仝上		複音唱歌
體操		普通體操		普通體操兵式體操		仝上
農業				實業要項農業大意		仝上
商業				實業要項商業大意		仝上

工業	實業要項工業大意
計	全 上

第十條 授業은上午何時브터下午何時〃지로ᄒᆞᆷ但季節에依ᄒᆞ야變更ᄒᆞ는事도有ᄒᆞᆷ

第四章 入學、在學及退學

第十一條 入學期는學年初로ᄒᆞᆷ但時宜에依ᄒᆞ야臨時入學을許ᄒᆞ는事도有ᄒᆞᆷ

第十二條 入學을許ᄒᆞᆯ者는左의各號에該當ᄒᆞᆫ者로ᄒᆞᆷ

一 身體健全

二 品行方正

三 年齡幾歲以上

四 學力

第十三條 入學志願者는保証人이聯署ᄒᆞᆫ入學請願書에履歷書를添付ᄒᆞ야學校長에게呈出ᄒᆞᆷ이可ᄒᆞᆷ

第十四條 保証人은學徒의尊親屬이나或은此에代ᄒᆞ야監督의責에任할만ᄒᆞᆫ者로ᄒᆞᆷ

第十五條 退學코ᄌᆞᄒᆞ는時는其理由를詳具ᄒᆞ야保証人이聯署ᄒᆞᆫ後에學校長에게報告ᄒᆞᆷ이可ᄒᆞᆷ

第十六條 左의各號에一에該當ᄒᆞᆫ者는退學을命ᄒᆞᆷ이可ᄒᆞᆷ

一 性行不良ᄒᆞ야改悛의所望이無ᄒᆞᆷ으

로認ᄒᆞᄂᆞᆫ者

二 學力이劣等ᄒᆞ야成業에所望이無ᄒᆞᆷ
으로認ᄒᆞᄂᆞᆫ者

三 連續一個年以上欠席ᄒᆞᄂᆞᆫ者

四 正當ᄒᆞᆫ事由가無ᄒᆞ고連續一個月以
上欠席ᄒᆞᆫ者

第五章 成績考査及卒業

第十七條 學徒의成績을考査ᄒᆞᆷ에ᄂᆞᆫ時間을豫定치아니ᄒᆞ고平素의授業時間中에셔便宜ᄒᆞᆫ方法에依ᄒᆞ야此를行ᄒᆞᆷ

(高等學校程度의 學校의 試驗規定例를示ᄒᆞᆷ)

學員의成績을考査ᄒᆞᆷ에ᄂᆞᆫ平素의學業及試驗의成績에依ᄒᆞ야行ᄒᆞᆷ

試驗을分ᄒᆞ야學期試驗及學年試驗으로ᄒᆞᆷ學期試驗은學期中에履修ᄒᆞᆫ學科에就ᄒᆞ야第一及第二學期末에此를施行ᄒᆞᆷ

學年試驗은其學年中에履修ᄒᆞᆫ學科에就ᄒᆞ야學年末에此를施行ᄒᆞᆷ

第十八條 學徒의成績을表ᄒᆞᆷ에ᄂᆞᆫ十點을定點으로ᄒᆞ야各科目四點以上總平均六點以上을合格의標準으로ᄒᆞᆷ

第十九條 一學年間에在ᄒᆞᆫ學徒學業의成績과平素의操行에依ᄒᆞ야修了或은卒業을判定ᄒᆞᆷ

第二十條 學校長은最終學年試驗에及第ᄒᆞᆫ者에게卒業証書를授與ᄒᆞᆷ

補習科를修了ᄒᆞᆫ者에게ᄂᆞᆫ修業證書를授與ᄒᆞᆷ

第六章 學費(學費를徵收ᄒᆞᄂᆞᆫ學校의例)

第二十一條 授業料ᄂᆞᆫ一個月金幾何로ᄒᆞ야每月何日ᄭᆞ지納付ᄒᆞᆷ이可ᄒᆞᆷ

第二十二條　疾病或正當ᄒᆞᆫ事由에因ᄒᆞ야欠席이全月以上에涉ᄒᆞᆫ者에게對ᄒᆞ야ᄂᆞᆫ特히授業料ᄅᆞᆯ免除ᄒᆞᄂᆞᆫ事도有홈

第二十三條　夏季休業이나其他臨時休業이一個月以上에涉ᄒᆞᆫ時ᄂᆞᆫ授業料ᄅᆞᆯ徵收치아니홈

第二十四條　授業料納付期日을過ᄒᆞ고도納付치아니ᄒᆞᄂᆞᆫ時ᄂᆞᆫ該學徒ᄅᆞᆯ除名ᄒᆞᄂᆞᆫ事도有홈

第七章　賞罰

第二十五條　學術이優等ᄒᆞ고品行이方正ᄒᆞᆫ者ᄂᆞᆫ此ᄅᆞᆯ表彰ᄒᆞ고又ᄂᆞᆫ賞品을授與홈

第二十六條　學徒가學徒된本分에背ᄒᆞᆫ者ᄂᆞᆫ其輕重을隨ᄒᆞ야處罰홈

第二十七條　處罰을分ᄒᆞ야戒飭停學及黜學으로홈

第八章　職員

第二十八條　本校에左의職員을寘홈

學校長　一人

敎員　若干人

書記　一人

第二十九條　學校長은學校ᄅᆞᆯ代表ᄒᆞ야校務ᄅᆞᆯ掌理홈

敎員은學徒의敎育에從事홈

書記ᄂᆞᆫ學校長의命을承ᄒᆞ야庶務會計에從事홈

光武十年十二月一日刱刊

會員注意

會費送交	會計員 漢城中部校洞二十九統二戶 西北學會館內 朴景善
	受取人 西北學會
原稿送付	編輯人 漢城中部校洞二十九統二戶 西北學會館內 金達河
	條件 用紙 從便 / 期限 每月十日內

主筆 朴殷植

編輯兼發行人 金達河

印刷人 李達元

印刷所 普成社

發行所 漢城中部校洞二十九統二戶 西北學會

發賣所 皇城中署布屛下廣學書舖

皇城小安洞 大韓書林

皇城尙洞 博文書館

皇城罷朝橋 中央書舖

◎定價

一冊 金十錢(郵費 一錢)

六冊 金五十五錢(郵費 六錢)

十二冊 金一圜(郵費 十二錢)

◎廣告料

半頁 金五圜

一頁 金十圜

會員注意

一本會月報ᄅᆞᆯ購覽커나本報에廣告ᄅᆞᆯ揭載코져ᄒᆞ시ᄂᆞᆫ 僉君子ᄂᆞᆫ西北學會庶務室노申請ᄒᆞ시압

一本報代金과廣告料ᄂᆞᆫ西北學會會計室노送交ᄒᆞ시압

一先金이盡ᄒᆞᄂᆞᆫ時에ᄂᆞᆫ封皮上에捺印으로証明ᄒᆞᆷ

一本報ᄅᆞᆯ購覽코져ᄒᆞ시ᄂᆞᆫ 僉君子ᄂᆞᆫ住址統戶ᄅᆞᆯ昭詳記送于西北學會庶務室ᄒᆞ시압

一論說詞藻等을本報에記載코져ᄒᆞ시ᄂᆞᆫ 僉君子ᄂᆞᆫ西北學會會館內月報編輯室노寄送ᄒᆞ시압

光武十年十二月一日
明治三十九年十二月一日 第三種郵便物認可

隆熙二年十一月一日發行(每月一日一回發行)
(第一卷第六號)

西北學會月報

發行所 西北學會

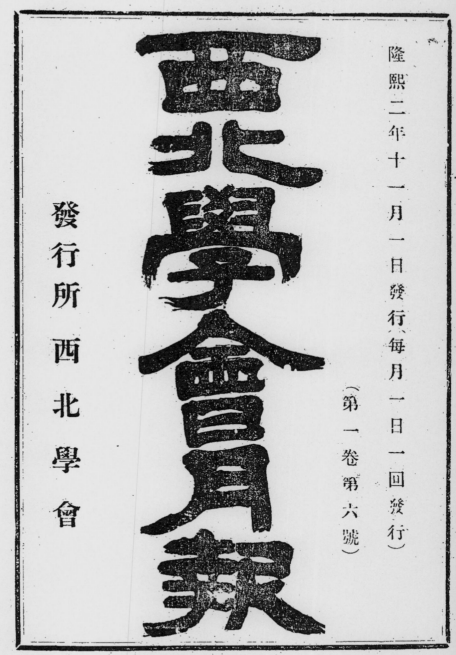

隆熙二年十一月一日西北學會月報第一卷第六號要目

別報

森林法에對ᄒᆞᆫ議案

本會員金基雄氏ᄂᆞᆫ大韓醫院學生이라過般夏期休學ᄒᆞᆯ際에歸覲의行을緣ᄒᆞ야地方人民의情況을目擊ᄒᆞᆫ바有ᄒᆞᆫ지라一日은會席에서議案을提出ᄒᆞ야曰現在森林法을實施ᄒᆞᄂᆞᆫ日을當ᄒᆞ야我國民된者가別般注意ᄒᆞ고十分勵精ᄒᆞ야晝夜로汲汲用力ᄒᆞᆯ지라도不及의歎이有ᄒᆞᆯ가恐ᄒᆞᆯ지어ᄂᆞᆯ今回本人이西道에往ᄒᆞ야地方情形을觀察ᄒᆞ미尙此風氣가未開ᄒᆞ고醉夢이不醒ᄒᆞ야黑洞洞裏에東西를不分ᄒᆞᄂᆞᆫ態度라野談巷議에互相酬酌ᄒᆞ야曰近日所謂森林法이何者이며拓植會社가何者인고此ᄂᆞᆫ無他라法令을憑藉ᄒᆞ고民土를測量ᄒᆞ야稅錢을增收ᄒᆞᆷ의不過라ᄒᆞ고其中粗解事理者ᄂᆞᆫ曰此若實施면令飭이必有ᄒᆞᆯ터인ᄃᆡ尙今令飭이無聞ᄒᆞ니此其疑點이라我國民된者ᄂᆞᆫ第待官令이可也라고云云ᄒᆞᆯ而已라大抵官吏된者ᄂᆞᆫ部令이有ᄒᆞ면刻卽布諭ᄒᆞ야一民도不知之弊가無케ᄒᆞᄂᆞᆫ것이職分에關ᄒᆞ야一日이라도少緩치못ᄒᆞᆯ者이어ᄂᆞᆯ所謂官吏들도部令의詞意를全然未解ᄒᆞ야看作弁髦ᄒᆞ고漫不頒布ᄒᆞ니如彼官吏下에在ᄒᆞᆫ人民이야尤何可責이리요噫라法令은必施乃已요期限은有定無退인ᄃᆡ官吏가若是怠慢ᄒᆞ고人民이若是蒙昧ᄒᆞ니一日二日昏夢中度了ᄒᆞ다가畢竟實施가되ᄂᆞᆫ期限에ᄂᆞᆫ土地森林의所有權이其將安歸오念及于此에萬萬寒心이라本學會에

셔該部令을國文으로解釋ᄒᆞ야新聞에揭載도ᄒᆞ며冊子을印出ᄒᆞ야一般國民으로ᄒᆞ야곰公同觀覽케ᄒᆞ야國民에義務을遵行케ᄒᆞ며生命財産에關ᄒᆞᆫ所有權을保有케ᄒᆞᆷ이可ᄒᆞᆯ뜻ᄒᆞ니다評議員金明濬氏曰森林法이發布된以後에地方官吏의頒布가未有ᄒᆞᆫ것은但히西道만然ᄒᆞᆷ이아니라余가向日畿內某郡에往ᄒᆞ니該郡守은曾往海外에留學ᄒᆞ엿다ᄂᆞᆫ人이요農商工部에셔近十年從仕ᄒᆞ던經歷으로도該部令에對ᄒᆞ야尙今頒布가無ᄒᆞᆫ즉其他官吏야又何可論이며該郡으로言ᄒᆞ면都城百里內에在ᄒᆞᆫ區域이로ᄃᆡ一般人民이部令의如何을都不聞知커던况遐遠地方이리요本會ᄂᆞᆫ政界에干預가無ᄒᆞ고農商工部에提醒ᄒᆞᄂᆞᆫ權限이無ᄒᆞ나惟是學理的으로該部令을解釋ᄒᆞ야本會報에逐號揭載ᄒᆞ야我西北人民으로得以覽悉履行케ᄒᆞᆷ이可ᄒᆞ니다

評議員崔在學氏曰本人이業己森林法에對ᄒᆞ야國文으로解說ᄒᆞᆫ冊子가有ᄒᆞ니此로써逐號揭佈ᄒᆞ면十分方便ᄒᆞ다ᄒᆞ매滿座一致로可決ᄒᆞᆫ지라該解說을逐號揭載ᄒᆞ려니와本記者가報舘에執役ᄒᆞᆫ지有年에我同胞을對ᄒᆞ야大聲疾呼와苦言悲懇이無日不嘔吐心血ᄒᆞ야可謂筆秃舌獘矣라比年以來로窃自思惟ᄒᆞ기을我同胞의知識程度가稍有開進ᄒᆞ야前日과ᄂᆞᆫ判然不同ᄒᆞᆯ줄노揣度ᄒᆞ고信認ᄒᆞᆷ이有ᄒᆞ얏더니今에金基雄氏의議案을接ᄒᆞᆫ즉心膽이俱碎ᄒᆞ고涕淚가交迸ᄒᆞᆷ을自不能覺이로다嗚呼라我同胞여旭日이升空에有目者皆覩ᄒᆞ며疾雷가破山에有耳者皆聞ᄒᆞᄂᆞ니我同胞ᄂᆞᆫ目도無ᄒᆞ고耳도無ᄒᆞᆫ

가何其頑迷不醒이至此之甚고我邦舊來에朝令이不信ᄒᆞ야頒佈만有ᄒᆞ고實施가無ᄒᆞᆷ으로朝鮮公事三日이라ᄂᆞᆫ俗諺이有ᄒᆞ얏스나今日은不然ᄒᆞ야何許法令이던지制定頒佈ᄒᆞᆫ以上에ᄂᆞᆫ必施乃已오至若森林法ᄒᆞ야ᄂᆞᆫ生命財産에大關係가有ᄒᆞᆫ者인ᄃᆡ我同胞가若是其不識不知로囈語가朦朧ᄒᆞ니來頭生活이何如ᄒᆞᆫ境遇에至ᄒᆞ깃난가右森林法의解說文字을逐號閱覽ᄒᆞ야刻期遵行ᄒᆞ기로十分注意ᄒᆞᆯ지어다

教育部

祝賀大成學校

謙谷

大凡國家와社會에對ᄒᆞ야其進化如何를知코져ᄒᆞᆯ진ᄃᆡ教育程度를察ᄒᆞᆯ것이오教育如何를知코져ᄒᆞᆯ진ᄃᆡ學校程度를察ᄒᆞᆯ지라年來我韓人士가時局의觀念과風潮의漸被로以ᄒᆞ야各處學校가稍稍興起ᄒᆞᄂᆞᆫ中에西道가居多ᄒᆞ야頗히勇往奮發의狀態가有ᄒᆞᆷ으로吾儕가爲之一致賛成ᄒᆞ고一例祝賀ᄒᆞᄂᆞᆫ바이라

然이나現今我韓에教育程度가尙屬萌芽時代라西道各處에學校로言ᄒᆞ면殆히千數에達ᄒᆞ엿슬지나大抵皆幼穉ᄒᆞᆫ程度로規模의精美와科目의完備와基礎의鞏固ᄒᆞᆫ者를槪乎難見인즉教育의幼穉ᄒᆞᆫ것을可知오學校의教育이幼穉ᄒᆞᆫ즉社會의進化가幼穉ᄒᆞᆫ것을亦可知矣니必也惟一精美ᄒᆞᆫ學校가標置於其中ᄒᆞ야完全ᄒᆞᆫ教育을施ᄒᆞ고完全ᄒᆞᆫ模範을示ᄒᆞ여야一般學界에良好ᄒᆞᆫ結果가有ᄒᆞᆯ줄노思量ᄒᆞ고希望ᄒᆞ얏더니

乃者尹致旲李鍾浩安昌浩三氏가有見乎此ᄒᆞ야三道中央에就ᄒᆞ야大成學校를建立ᄒᆞ야遠近學生으로ᄒᆞ야곰指南을貪ᄒᆞ야循序를得케ᄒᆞ니其規模의精美와科目의完備홈이實노各校의模範을作홀지니吾儕가此를爲ᄒᆞ야祝賀홈은一般學界에前茅됨을爲ᄒᆞ야祝賀홈이오社會의福音이됨을爲ᄒᆞ야祝賀홈이니念哉어다主務諸氏여勉哉어다贊成諸公이여勗哉어다受業諸君이여大成二字의名義를常常顧念ᄒᆞ야大成事業의目的을期期到達홀지어다頌曰

粤昔檀箕 啓我大東 綿歷四千 遺澤無窮
現世文化 革故鼎新 奮勇先登 惟我西人
關河千里 塾舍相望 如彼美木 日見方長
爰立一校 三道中央 展也大成 名實允臧
丹峯屹屹 浿水洋洋 文明基礎 於萬無疆

告我海西同胞

東京遊客 金源極

海西一路는我國의形勝ᄒᆞᆫ江山이라高麗四太師가此地에서倔起ᄒᆞ엿고栗谷李先正과文憲崔先生이遺馥ᄒᆞᆫ地인즉其傳來의風韻과承襲의文學이固有適別ᄒᆞᆫ지라如此히固有ᄒᆞᆫ學術로今日二十世紀活動ᄒᆞᄂᆞᆫ時局을遭迎ᄒᆞ야損益의文質을加和ᄒᆞ면萬國舞臺에共進ᄒᆞ야一体爭衡ᄒᆞ며我二千萬民族의赤幟를首揭홀것이어늘胡爲乎諸位儒家는故紙를墨守ᄒᆞ고陳談을是尙ᄒᆞ야溫故知新의思想이缺乏ᄒᆞ니迂己甚矣로다同一農家로ᄃᆡ春犂夏鋤가各有其時ᄒᆞ고同一行旅로ᄃᆡ陸車海航이各隨其便은何也오誠以犂鋤가交換ᄒᆞ고車航이倒錯ᄒᆞᆫ즉勢不相濟也ㅣ明矣라今此異形殊色의人類가複雜ᄒᆞ고腥風

血雨의景色이愁慘ᄒᆞᆫ天演場中의서太平無事ᄒᆞᆫ時에樽俎間揖讓ᄒᆞ는儀文과君其修德의忠諫을操守코자ᄒᆞ니是는把鋤而欲耕其田이오乘車而欲渡其海로다孔子ㅣ不云乎아有文事者는必有武備라ᄒᆞ며又曰行夏之時ᄒᆞ며乘殷之輅ᄒᆞ며服周之冕이라ᄒᆞ니此大聖人所以時中之道어ᄂᆞᆯ諸君이言必稱孔子之道로ᄃᆡ所志所行이與霄壤背馳ᄒᆞ니聖門의罪人을烏能免乎리오假使孔子로今日에復起라도六洲五洋의界況은不得不一次轍環이오電流理化의學術은不得不一次涉獵ᄒᆞ야取其所長ᄒᆞ고棄其所短ᄒᆞᆯ것은瞭然ᄒᆞᆫ理라不幸이今日諸君에典見을因ᄒᆞ야聖學의廣大ᄒᆞᆫ範圍가區區狹小ᄒᆞᆫ譏嘲를傍觀者에게反受ᄒᆞ니吾儒의所恥가此에過ᄒᆞᆯ者ㅣ無ᄒᆞ도다

繼自今日로亟亟改圖ᄒᆞ야天經地義의不二ᄒᆞᆫ道德과時宜世變에適合ᄒᆞᆫ學術을先修ᄒᆞ야一般社會의木鐸을作ᄒᆞᆯ지어다就中에新思潮가彭脹ᄒᆞᆫ同胞가種種ᄒᆞ야基督宗敎를崇信ᄒᆞ는力이完全無缺ᄒᆞ다ᄒᆞᆷ은最可稱道ᄒᆞᆯ만ᄒᆞ도다東西兩半球를一視ᄒᆞ는平和思想도此에無過ᄒᆞ며坑塹에陷落ᄒᆞᆫ兄弟를代贖ᄒᆞᆯ道塗도此에無過ᄒᆞ다ᄒᆞ노니何也오泰西列邦에許多ᄒᆞᆫ宗敎家의獨立主義를鼓唱ᄒᆞ며文明偉績을成立ᄒᆞᆫ者는姑難枚擧이나近日我同胞中에目擊耳提ᄒᆞᆫ者로論ᄒᆞᆯ지라도申包胥의秦庭號哭과張子房의博浪椎聲이接踵而起ᄒᆞ야天下萬國으로ᄒᆞ야곰驚膽寒骨케ᄒᆞ얏스니壯哉라宗敎의實力이로다然ᄒᆞᆫ則吾海西敎友同胞中에未來의英雄烈士가如林如海ᄒᆞᆯ줄로認知ᄒᆞ나更히一辭를

瀆陳ᄒᆞ노니一般敎友中에間或迷信ᄒᆞᄂᆞᆫ同胞가不無ᄒᆞ야天國만是誦ᄒᆞ고肉身棲留ᄒᆞᆫ家國을客館으로視ᄒᆞ며宗敎範圍外에敎育을異邦學校로視ᄒᆞ며宗敎範圍外에團體를異邦社會로視ᄒᆞ니宗敎의本領宗旨가何嘗若是리오諸公의所見과如ᄒᆞᆯ진ᄃᆡ再造英國ᄒᆞᆫ克林威爾가宗敎思想에缺裂ᄒᆞ다ᄒᆞᆯ지오獨立米洲ᄒᆞᆫ華盛頓林肯이宗敎思想에違反ᄒᆞ엿다ᄒᆞᆯ지니始終如此ᄒᆞ면永生의福樂은雖曰可貴나厭世悲觀의譏嘲를難免ᄒᆞ리로다嗚呼라彼泰西列國의宗敎家行動을槩探ᄒᆞᆫ즉一邊으로福音을講討ᄒᆞ야道德을養成ᄒᆞ고一邊으로政治法律을研究ᄒᆞ야兩立不偏ᄒᆞᆷ으로其國이富强ᄒᆞ고其國이文明ᄒᆞ야能使人信仰ᄒᆞ고能使人畏服이라信仰其文明故로宗敎가愈光ᄒᆞ고畏服其富强故로宗敎가愈尊이며以其信仰焉畏服故로今日世界萬國에宗敎가亦能盛行일지라若云天賜期會ᄒᆞᆫ然故로今日에宗敎가若是盛行이라ᄒᆞᆯ지면古今天下에人爲的事業은絶無ᄒᆞ리니不亦謬乎아嗚呼라敎友諸氏여宗敎上에道德을爲先培養ᄒᆞ고國家社會上의義務를次第로服從ᄒᆞᆯ지어다現今海西靑年이內京外國에留學ᄒᆞᄂᆞᆫ者ㅣ多數ᄒᆞᆷ은我全國中에甲乙노屈指ᄒᆞᆯ지라嗚呼諸位靑年도舊日儒家의學術과今日宗敎의信力을槪涉ᄒᆞᆷ이不無ᄒᆞ나特別히父母家鄕을遠別ᄒᆞ고鯨波鰐浪을冒涉ᄒᆞ야非常ᄒᆞᆫ艱苦를備嘗ᄒᆞᆷ은正히漆髮의恨과杞人의憂를抱ᄒᆞᆷ이로다然ᄒᆞ나儒家의同胞諸位와敎友의同胞諸氏가一心奮發ᄒᆞ야社會上公益事業과敎育上普及義務를擴張치아이면如干ᄒᆞᆫ小部分學生으로

九牛의一毛를未免ᄒᆞᆯ지라所以로不侫이狂愚를不辭ᄒᆞ고呶呶若吽ᄒᆞ야紹介를自請ᄒᆞ오니惟我海西同胞여

衛生部

呼吸生理의概要

呼吸의目的　彼의酸化作用에必要ᄒᆞᆫ分量의酸素을體內에輸入ᄒᆞ며新陳代謝機를因ᄒᆞ야形成ᄒᆞᆫ炭酸을體外에排除홈에在ᄒᆞ니就其中肺臟은該機能을가장活潑히營ᄒᆞᄂᆞᆫ者라

外呼吸及內呼吸　甲은外氣와呼吸器（肺及皮膚）의血液瓦斯間에成ᄒᆞᆫ바의瓦斯交換을云홈이요乙은大循環의毛細管血液과身體組織間에起ᄒᆞᆫ바의 瓦斯의 交換을云홈

呼吸의員數　大人에ᄂᆞᆫ一分時間에十二乃至十六이요或은二十四回를筭ᄒᆞ니此를平均數로計ᄒᆞ면脈博四에當ᄒᆞ야呼吸一回의比例가되나其數도亦左의數件에關ᄒᆞ야差異가有홈

（一）身體의位置　諸般의體位에於ᄒᆞ야一分時間에大人의呼吸數를筭홈이臥ᄒᆞᆯ時에ᄂᆞᆫ十三回요坐ᄒᆞᆯ時ᄂᆞᆫ十九回요立ᄒᆞᆯ時에ᄂᆞᆫ二十三回의成蹟을得홈

（二）年齡三百人에就ᄒᆞ야一分時間呼吸數를測ᄒᆞᆫ成蹟이左와如홈

年齡	呼吸數
一　　歲	四十四
五　　歲	二十六
十五乃至二十歲	二十

二十乃至二十五歲　十八、七
二十五乃至三十歲　十六
三十乃至五十歲　十八、一

(三)動作　二乃至四歲의小兒는一分時間에起立에는三十二回요睡眠에는二十四回며其他身體를勞働ᄒᆞᆯ時에는心悸를先ᄒᆞ야早速히呼吸數를增加ᄒᆞᆷ

(四)溫熱　炎熱空氣中에住ᄒᆞ든지或은熱病을因ᄒᆞ야血温이亢進ᄒᆞᆯ時에는呼吸이其數를增ᄒᆞ면往往困難ᄒᆞᆫ形狀을現ᄒᆞᆷ이有ᄒᆞᆷ

呼息及吸息　吸息은呼息에比ᄒᆞ면其時間이稍短ᄒᆞ야其兩息間의比例는「지뷰손」氏說을據ᄒᆞᆫ즉成年男子에는六과七이요女子、小兒、老人에는六과八乃至六과九라ᄒᆞ며但呼吸兩息의時間이同一ᄒᆞ든지呼息時가吸息時보다短ᄒᆞᆷ은例外에屬ᄒᆞᆷ.

口呼吸及鼻呼吸　安靜ᄒᆞᆫ呼吸運動을營ᄒᆞᆷ의鼻腔이清淨ᄒᆞᆯ時에는恒常口門을閉鎖ᄒᆞ야呼吸을營ᄒᆞ며鼻、咽頭의腔內를通過ᄒᆞ느니此時를當ᄒᆞ야鼻의機能은(一)吸息ᄒᆞᆯ際에預히空氣를溫煖케ᄒᆞ야冷空氣의肺刺戟을防禦ᄒᆞ느니「푸로히」氏의說을據ᄒᆞᆫ즉中等溫時에體溫과空氣溫의差異는大約九分의五를溫煖케ᄒᆞᆫ다云ᄒᆞ고(二)吸入氣에水蒸氣를飽和케ᄒᆞ야其乾燥를減少ᄒᆞ며肺臟의內面을刺戟지아니케ᄒᆞ고(三)空氣中에混ᄒᆞᆫ바의塵埃를粘液面에附着케ᄒᆞ야毦毛上皮를因ᄒᆞ야再次로此를排除ᄒᆞ고尙히鼻分泌物은或分裂菌(脾脫疽菌)에對ᄒᆞ야消毒作用을致ᄒᆞᆷ으로써鼻呼吸은傳染病感染의危險을預防ᄒᆞ고(四)有害物을混和ᄒᆞᆫ汚穢空氣를嗅神經에依ᄒᆞ야覺知ᄒᆞ고但口

를開ᄒᆞ야呼吸을營ᄒᆞᆯ時에ᄂᆞᆫ空氣毫라도鼻腔을通過ᄒᆞᆷ이無ᄒᆞᆷ

呼吸的瓦斯交換에影響을及ᄒᆞᄂᆞᆫ差異

(一)年齡　炭酸의排泄은身體의發育이高度에達ᄒᆞ기ᄭᆞ지ᄂᆞᆫ漸次增加ᄒᆞ며體力의衰弱을從ᄒᆞ야再次減少ᄒᆞ고且幼年에在ᄒᆞ야ᄂᆞᆫ酸素의吸攝이炭酸의排泄보담多量이나爾他의年齡에在ᄒᆞ야ᄂᆞᆫ兩者의比例ㅣ尙히倂行ᄒᆞᄂᆞ니左의年齡을從ᄒᆞ야二十四時間에排泄ᄒᆞᄂᆞᆫ炭酸과吸攝ᄒᆞᄂᆞᆫ酸素의量이如左ᄒᆞᆷ

年齡	炭酸	酸素
八歲	四四三五瓦	三七五五瓦
十五歲	七六六五瓦	六七二五瓦
十六歲	九五〇五瓦	八〇九五瓦
十八乃至二十歲	一〇〇三五瓦	八五四五瓦
廿乃至二十四歲	一〇七四五瓦	九一四五瓦
四十乃至六十歲	八八八五瓦	七五七五瓦
六十乃至八十歲	八一〇五瓦	六八九五瓦

小兒ᄂᆞᆫ炭酸의排泄이大人에比ᄒᆞ면少ᄒᆞ나此를同等의體重에就ᄒᆞ야筭ᄒᆞᆯ時ᄂᆞᆫ小兒에在ᄒᆞ야ᄂᆞᆫ大約二倍의多量이增加ᄒᆞᆷ

(二)男女　男子ᄂᆞᆫ女子에比ᄒᆞ면八歲以上으로高老에至ᄒᆞ기ᄭᆞ지ᄂᆞᆫ炭酸의排泄이三分의一이多ᄒᆞ며春期發動時에ᄂᆞᆫ其差ㅣ更大ᄒᆞ야二分의一에至ᄒᆞ고女子에在ᄒᆞ야ᄂᆞᆫ炭酸의排泄이月經閉止後에至ᄒᆞ야增加ᄒᆞ고高老에及ᄒᆞ야ᄂᆞᆫ再次減少ᄒᆞ며姙娠中은其分娩期에進ᄒᆞᆷ을從ᄒᆞ야益益增加ᄒᆞᆷ

(三)體格　大槪筋骨이壯大活潑ᄒᆞᆫ者ᄂᆞᆫ筋肉이薄弱弛緩ᄒᆞᆫ者에比ᄒᆞ면酸素의吸攝及炭酸의排泄이增加ᄒᆞᆷ

(四)日夜의變化　睡眠中은炭酸의排泄이減少ᄒᆞ야其量이四分의一에至ᄒᆞ니此는褥中에在ᄒᆞ야平等의溫煖을暗室中에受ᄒᆞ고筋肉을休憩ᄒᆞ야食餌를不取홈에基因홈早朝에褥을離ᄒᆞ면呼吸이深且速ᄒᆞ야自此一時에炭酸의排泄을增加ᄒᆞ나其次는漸漸減少ᄒᆞ며中食時에至ᄒᆞ야는更히增加ᄒᆞ야極度에至ᄒᆞ고後에再次減少ᄒᆞ며夕食後에는更稍增加홈

(五)周圍溫度의關係　冷血動物은周圍의溫度上昇홈을從ᄒᆞ야體溫이亢進ᄒᆞ는故로此를寒冷時에比ᄒᆞ면炭酸을排泄홈이多ᄒᆞ나溫血動物에在ᄒᆞ야는體溫이周圍溫에變化ㅣ有홈을從ᄒᆞ야炭酸의排泄이不同홈으로若體溫이沈降홀時에는減少ᄒᆞ며亢進홀時에增加ᄒᆞ고變化치아니홀時에는周圍의溫이減少홈을準ᄒᆞ야反射性亢奮을因홈으로體中의酸化作用이旺盛ᄒᆞ야呼吸의數及深을增加ᄒᆞ는故로酸素의吸攝及炭酸의排泄이增多ᄒᆞ고寒冷時에不隨意的筋運動은瓦斯交換에甚히影響이有홈으로急히冷所로溫所에移홀時에는炭酸의排泄이甚히減少ᄒᆞ며急히溫所로冷所에轉홀時에는此에反홈을見홈

(六)筋動作　筋動作은炭酸의排泄을增加ᄒᆞᄂᆞ니譬컨ᄃᆡ步行時에는安臥時에比ᄒᆞ면炭酸의排泄이三倍나多홈에至홈

(七)食物攝取　食物을攝取홀時는炭酸排泄의量이甚히增加ᄒᆞ고其增加는大槪食物의分量을準홈으로써晝食後半時乃至一時에最多ᄒᆞ며但食物이胃에降ᄒᆞ야酸素消耗의增加를致ᄒᆞ는所以는消化管의筋動作과

消化腺(如唾液腺類)의發溫機가尿素를形成ᄒᆞᄂᆞᆫ所致로蛋白質中에炭素의一分이燃燒ᄒᆞ야炭酸되ᄂᆞᆫ此二件에在ᄒᆞᆷ

(八)呼吸의緩數及深淺　此呼吸의緩數及深淺은体中의酸化作用에向ᄒᆞ야ᄂᆞᆫ感應을及ᄒᆞᆷ이毫無ᄒᆞ나己爲產出ᄒᆞᆫ炭酸의排泄은呼吸의員數及深、淺에關係가大有ᄒᆞ야呼吸數ㅣ增加ᄒᆞ고其深이變化ㅣ無ᄒᆞ거나或은呼吸이深ᄒᆞ야其數ㅣ同一될時에ᄂᆞᆫ炭酸의排泄이增加ᄒᆞ나然而此를瓦斯交換의量에比較ᄒᆞᆯ時ᄂᆞᆫ反히減少ᄒᆞᆷ을見ᄒᆞᆷ

(九)明處의棲息　此에一明證을據ᄒᆞ야論ᄒᆞᆯ진ᄃᆡ蛙哺乳動物及鳥類를明所에置ᄒᆞᆯ時ᄂᆞᆫ炭酸의排泄及酸素의消耗가顯然增加ᄒᆞᆷ

(十)氣壓의變化　此의變化에도多少의關係ㅣ有ᄒᆞ니卽緻密ᄒᆞᆫ空氣의吸入은僅히增加ᄒᆞᆷ

皮膚의呼吸

健康人의二十四時間에皮膚로失ᄒᆞᄂᆞᆫ바ᄂᆞᆫ體重六十七分의一에至ᄒᆞ니此를肺로失ᄒᆞᄂᆞᆫ量에比ᄒᆞ면一倍或은其比例가三과二와如ᄒᆞ니라然而此失量中炭酸은八、九乃至十五요其餘ᄂᆞᆫ盡히水蒸氣에屬ᄒᆞ며且皮膚로酸素를吸攝ᄒᆞᆷ은其量이或은排泄ᄒᆞᄂᆞᆫ炭酸의容量과同ᄒᆞ며或은此보담稍稀ᄒᆞ다云ᄒᆞᆷ皮膚로排泄ᄒᆞᄂᆞᆫ炭酸의量은肺로排泄ᄒᆞᄂᆞᆫ量의殆히二百二十分의一에至ᄒᆞ며酸素의攝取ᄂᆞᆫ肺吸攝量의百八十分의一에至ᄒᆞᆷ으로써皮膚의呼吸機ᄂᆞᆫ甚히弱少ᄒᆞᆷ

「로ㅣ리ㅣ구」氏의說을據ᄒᆞᆫ즉皮膚ᄂᆞᆫ炭酸及水分의排泄이日夜에셔變化ㅣ有ᄒᆞᆯ뿐아니라消化、皮膚刺戟、肺呼吸障害、皮膚多

血等을因ᄒᆞ야增進ᄒᆞᆫ다云홈
其他水陸動物에在ᄒᆞ야ᄂᆞᆫ皮膚呼吸이活潑ᄒᆞ야炭酸의排泄總量이三分의二乃至四分의三을皮膚로排泄ᄒᆞ고特히冬蛙에更多ᄒᆞ야其皮膚ᄂᆞᆫ肺臟에比ᄒᆞ면尤極緊要ᄒᆞᆫ呼吸器로代用홈

雜 俎

植物學大要 前四号續

二、葉의構造

大凡吾人의目擊ᄒᆞᄂᆞᆫ바如何ᄒᆞᆫ機關을勿論ᄒᆞ고一定ᄒᆞᆫ作用을營홈에ᄂᆞᆫ必然코適當ᄒᆞᆫ構造가有ᄒᆞᆯ지니比컨ᄃᆡ滊船은滊船의構造가有ᄒᆞ고滊車ᄂᆞᆫ滊車의構造가有ᄒᆞᄃᆡ若陸地에交通ᄒᆞᄂᆞᆫ滊車로滊船의構造를有ᄒᆞ면一行千里ᄂᆞᆫ姑舍ᄒᆞ고一日十里를難達ᄒᆞᆯ지며水上에運行ᄒᆞᄂᆞᆫ滊船으로滊車의構造를有ᄒᆞ면大洋을往來키ᄂᆞᆫ勿論ᄒᆞ고海塵에浸沒ᄒᆞᆯ지니葉도前述과如히作用을營코져홈에ᄂᆞᆫ또ᄒᆞᆫ適當ᄒᆞᆫ構造가有ᄒᆞᆯ바ᄂᆞᆫ不待辯論ᄒᆞᆯ바라故로玆에葉의構造及作用의關係을暫論ᄒᆞ리라

第一、葉이平扁ᄒᆞᆫ일

葉은杉葉과松葉等을除ᄒᆞᆫ外에ᄂᆞᆫ大槪薄ᄒᆞ고廣ᄒᆞ니如斯히平扁홈은葉이種種의作用上에關係가大有ᄒᆞᆫ지라作用中에ᄂᆞᆫ同化、蒸騰、呼吸等何를勿論ᄒᆞ고皆葉의內外에瓦斯体를出入홈에不外ᄒᆞ니然則表面의廣濶홈으로最適라云ᄒᆞᆯ지라若葉이圓柱形이나或球狀이면造成ᄒᆞᄂᆞᆫ原料ᄂᆞᆫ多ᄒᆞ고作用을營ᄒᆞᄂᆞᆫ表面은少ᄒᆞᆯ이니故葉은平扁홈으로써適宜ᄒᆞᆫ構造라ᄒᆞᄂᆞ니라

第二、葉의色

葉은總히綠色이니此綠色은葉의作用에如何ᄒᆞᆫ關係가有ᄒᆞᆫ가

葉의綠色을有ᄒᆞᆷ은葉內에葉綠素라稱ᄒᆞᄂᆞᆫ一種色素가有ᄒᆞᆷ이라此色素ᄂᆞᆫ無數ᄒᆞᆫ小粒體中에浸在ᄒᆞ야葉綠體가되니此體中에ᄂᆞᆫ日光의力을藉ᄒᆞ야同化作用을營ᄒᆞᄂᆞᆫ者라譬컨ᄃᆡ葉綠體ᄂᆞᆫ一製造所면葉綠素ᄂᆞᆫ技師가되야機械의原動力으로日光을使用ᄒᆞ야水와炭酸의原料ᄅᆞᆯ變化ᄒᆞ야澱粉을製造ᄒᆞ나니라

第三、瓦斯體의出入口

葉이作用을營ᄒᆞᆷ에ᄂᆞᆫ空氣에接ᄒᆞᆫ面이大키爲ᄒᆞ야平扁ᄒᆞᄂᆞᆫ但只此平扁ᄒᆞᆷ으로ᄂᆞᆫ瓦斯의交換이充分치못ᄒᆞᆯ지라何故오葉의表面에ᄂᆞᆫ表皮라云ᄒᆞᄂᆞᆫ瓦斯ᄅᆞᆯ不通케ᄒᆞᄂᆞᆫ薄膜이覆在ᄒᆞᆷ이라故로瓦斯의出入을爲ᄒᆞ야小孔이穿在ᄒᆞ니此ᄅᆞᆯ氣孔이라稱ᄒᆞ며此氣孔은一分四方面中에幾百의多數가散布ᄒᆞ니라

氣孔은開閉키能ᄒᆞᆫ者ㅣ니葉內에水가多ᄒᆞᆯ時ᄂᆞᆫ廣開ᄒᆞ야水蒸氣ᄅᆞᆯ盛히發散ᄒᆞ며葉內에水가小ᄒᆞᆯ時ᄂᆞᆫ少閉ᄒᆞ야水의不足됨을免케ᄒᆞ다가極히少量될時에ᄂᆞᆫ全閉ᄒᆞ야蒸氣의發散을防ᄒᆞᄂᆞ니라

第四 葉의向方

莖은日光을受치못ᄒᆞ면同化作用을營키不能ᄒᆞᆫ고로可成的其面을日光의來ᄒᆞᄂᆞᆫ方向을一向ᄒᆞᆷ이通則이라（葱等과如히葉이地에直立ᄒᆞᆫ者ᄂᆞᆫ例外）日光은上方을從來ᄒᆞᄂᆞᆫ故로葉은皆上을向ᄒᆞᄂᆞ니雖橫枝의葉이라도其葉은羽狀과如히左右로列着ᄒᆞ야表

面은向天ᄒᆞ고裏面은向地ᄒᆞ며又多數ᄒᆞᆫ枝葉이重複ᄒᆞ야互相葉陰을成ᄒᆞᆯ境遇에ᄂᆞᆫ葉柄을細長케ᄒᆞ나니此ᄂᆞᆫ風力을藉ᄒᆞ야上葉을動케ᄒᆞ야間隙을乘ᄒᆞᆫ下葉々지日光을受케ᄒᆞᆷ이오若枝葉이太多ᄒᆞ야右方針을施키難ᄒᆞᆯ時에ᄂᆞᆫ下에在ᄒᆞᆫ葉이枯死ᄒᆞᄂᆞ니種種樹木中에特히杉林이尤極ᄒᆞᄂᆞ니라

葉은以上과如ᄒᆞᆫ搆造를有ᄒᆞ야固有ᄒᆞᆫ作用을全完케ᄒᆞᄂᆞᆫᄃᆡ今에直葉의部分을觀察ᄒᆞ면通常左와如ᄒᆞᆫ三部에區別ᄒᆞᄂᆞ니라

一葉片　平扁ᄒᆞ고綠色이니最緊切ᄒᆞᆫ部分

二葉柄　葉片을支ᄒᆞᄂᆞᆫ柄

三托葉　葉柄左右에在ᄒᆞᆫ小葉

葉片의外形은植物種類에因ᄒᆞ야各各一定ᄒᆞᆫ形狀을有ᄒᆞᆷ으로吾人은葉一枚만見ᄒᆞ야도何植物됨을判斷ᄒᆞᄂᆞ니라

一枚의葉으로葉片이多數ᄒᆞᆯ時ᄂᆞᆫ此를複葉이라稱ᄒᆞ고各小片을小葉이라稱ᄒᆞ며藤葉과如히中央軸의兩軸을小葉이羽狀으로列着ᄒᆞᆫ者를羽狀複葉이라稱ᄒᆞ며麻葉과如히葉柄一點에서數多小葉이射出ᄒᆞᆫ者를掌狀複葉이라稱ᄒᆞᄂᆞ니라

葉片에ᄂᆞᆫ脉理가有ᄒᆞ니堅强ᄒᆞᆫ筋이葉片의骨이되야葉을支保ᄒᆞᄂᆞᆫ同時에物質의通路를作ᄒᆞᄂᆞᆫᄃᆡ桃葉과如히細大ᄒᆞᆫ脉理가網目과如ᄒᆞᆫ時에此를網狀脉이라稱ᄒᆞ고且中央에大筋을中肋이라稱ᄒᆞ며又葉과如히脉이皆葉基로葉端을向ᄒᆞᆫ者를平行脉이라稱ᄒᆞᄂᆞ니라

托葉은普通成長ᄒᆞᆫ葉에對ᄒᆞ야必要가無ᄒᆞ나葉이幼穉ᄒᆞᆯ時에ᄂᆞᆫ寒氣와虫害를被키易

ᄒᆞᆫ故로托葉이左右로此를保護ᄒᆞ며葉片이光分成長ᄒᆞᆫ後에ᄂᆞᆫ托葉이大槪脫落ᄒᆞᄂᆞ니라

實驗

一植物의葉을水에浸ᄒᆞ야도葉은一面에濡치아니코水滴이處處에附ᄒᆞᆯᄲᅮᆫ이니此ᄂᆞᆫ葉面에臘質이有홈이오葉이如此히臘質을有ᄒᆞ야水에不濡ᄒᆞᄂᆞᆫ性質을具홈은眞作用을營홈에必要ᄒᆞᆫ者ㅣ니若水가容易히濡浸ᄒᆞ면葉面에氣孔이閉ᄒᆞ야瓦斯出入을妨홈이라

二日光이不透ᄒᆞᄂᆞᆫ處에種子를發芽케ᄒᆞ면何時든지葉은綠色이되지아니코淡黃色을有ᄒᆞᄂᆞ니此理ᄂᆞᆫ葉綠素ᄂᆞᆫ日光이無ᄒᆞ면形成치아니홈을依홈이라

三葉을水中에何時ᄭᆞ지浸置ᄒᆞ야도水ᄂᆞᆫ綠色되지아니ᄒᆞ나酒精中에入ᄒᆞ면二、三時를經ᄒᆞᆫ後에酒精은綠色으로變ᄒᆞ고葉은白色으로變ᄒᆞᄂᆞ니此ᄂᆞᆫ葉綠素라ᄒᆞᄂᆞᆫ色素가水에ᄂᆞᆫ溶解치아니ᄒᆞᄂᆞ酒精에容易ᄒᆞ게溶解ᄒᆞᄂᆞᆫ證이라

(附)腊葉製造

植物은實驗의學問인故로植物專門家ᄂᆞᆫ勿論이오縱令普通人이라도路傍인原野나或深山等에셔美花珍草을見ᄒᆞ면此를直時에採取홈이多ᄒᆞᆫ지라然이나往往時間을經ᄒᆞ야枯死ᄒᆞ면抛棄ᄒᆞᄂᆞ니此ᄂᆞᆫ無上의殺風景의運動이라千辛萬苦로成育된草花에對ᄒᆞ야無情홈이甚ᄒᆞᆫ지라비록專門家가아니라도永久히保存ᄒᆞ야紀念을作ᄒᆞᆯᄲᅮᆫ아니라我國은從來로農業國이라人人이皆植物의智識이有ᄒᆞᆯ지나實驗이無ᄒᆞ고ᄂᆞᆫ遂志키不能

ᄒᆞᆫ지라故로今에簡單ᄒᆞᆫ標品製法을紹介ᄒᆞᆷ이라

植物의乾燥케ᄒᆞ야製ᄒᆞᆫ標本을腊葉이라稱ᄒᆞᄂᆞ니此ᄂᆞᆫ生植物을紙間에挿ᄒᆞ야壓搾ᄒᆞ야乾케ᄒᆞᆫ것이라

專門家의腊葉製造에ᄂᆞᆫ種種의心力을費ᄒᆞ나普通人에ᄂᆞᆫ別로히苦心ᄒᆞᆯ者아니오簡單ᄒᆞᆷ이好ᄒᆞ니라今에生植物을紙間에挿ᄒᆞ야板과板間에入ᄒᆞ고重量이有ᄒᆞᆫ石으로壓搾ᄒᆞᄂᆞ니此를紙間에挿ᄒᆞᆷ은植物의水氣를紙로吸케ᄒᆞᆷ인故로濕氣를善吸ᄒᆞᄂᆞᆫ(壓紙)等을用ᄒᆞᆷ이必要ᄒᆞᄂᆞ若適當ᄒᆞᆫ者ㅣ無ᄒᆞ면新聞紙等도無妨ᄒᆞ며次에石을壓挿ᄒᆞᆷ은水氣를速急히紙에移케ᄒᆞ야葉皺가無히乾燥케ᄒᆞᆷ을爲ᄒᆞᆷ이며初次에ᄂᆞᆫ植物體內에水氣가多量됨으로紙ᄂᆞᆫ卽時濡濕ᄒᆞᄂᆞ니若此濡濕ᄒᆞᆫ紙間에植物을永久히置ᄒᆞ면此植物은腐敗ᄒᆞᆯ念慮가無ᄒᆞᆫ지라然則幾回든지腊葉되기ᄭᆞ지乾燥ᄒᆞᆫ紙를換置ᄒᆞᆷ이必要ᄒᆞ며且換置ᄒᆞᄂᆞᆫ度數가多ᄒᆞᆷ을從ᄒᆞ야植物은容易히乾燥ᄒᆞᄂᆞ니라又植物을日光으로乾燥ᄒᆞᆷ이尤極早速ᄒᆞ고尤極便利ᄒᆞᄂᆞ其代에葉皺를作ᄒᆞᆯ뿐아니라葉色을褐色으로變ᄒᆞᄂᆞᆫ故로美麗ᄒᆞᆫ腊葉을作코자ᄒᆞᆷ에ᄂᆞᆫ日氣適當ᄒᆞᆫ時에紙間에挿置ᄒᆞᄂᆞᆫ法을用ᄒᆞᆷ이最上이며且壓搾에用ᄒᆞᄂᆞᆫ石은適當ᄒᆞᆫ重量이아니면不可ᄒᆞ니若過重ᄒᆞ면植物體를潰崩ᄒᆞ야組織을害ᄒᆞᆯ것이오過輕ᄒᆞ면腊葉이平扁치못ᄒᆞ고葉雛가多生ᄒᆞ며此孔에花色이變ᄒᆞᄂᆞ니此等妨害를除禦ᄒᆞᆷ에困難ᄒᆞ니前述ᄒᆞᆫᄃᆡ로紙를換置ᄒᆞᄂᆞᆫ度數가多ᄒᆞ면色을保存ᄒᆞᄂᆞ니라

研究用腊葉을製ᄒᆞᆷ에는如左ᄒᆞᆫ注意을要ᄒᆞᆷ

一、標本의大는新聞一페지의二分의一쯤됨이適當ᄒᆞᆷ

二、標本은花、葉、莖、根을具備ᄒᆞᆫ者를要ᄒᆞᆫᄃᆡ果實이나種子가有ᄒᆞ면尤宜ᄒᆞ니라

三、花의色을生時에記憶ᄒᆞ기爲ᄒᆞ야記載ᄒᆞᆷ이可ᄒᆞᆷ

四、標本마다産地、採集年月日、採集者의人名其他參考의必要ᄒᆞᆫ者를紙片에記入ᄒᆞᆷ이可ᄒᆞᆷ

五、標本을形成ᄒᆞᆫ者는厚ᄒᆞᆫ白紙에貼付保存ᄒᆞᆷ이可ᄒᆞᆷ

六、腊葉을濕치아니토록箱中에置ᄒᆞᆷ이可ᄒᆞ며又虫害를防키爲ᄒᆞ야樟腦等을幷置ᄒᆞᆷ이可ᄒᆞᆷ

種子의發芽

春節을當ᄒᆞ면樹木에芽가長ᄒᆞ면花가開ᄒᆞᆯ뿐아니라冬間에는一本草가無ᄒᆞ든原野나或路傍에雜草叢生ᄒᆞᄂᆞ니此는土壤에混在ᄒᆞ얏든草의種子가發育ᄒᆞᆷ이니如斯히種子로幼植物의生ᄒᆞᆷ을種子의發芽라稱ᄒᆞᄂᆞ니라蓋種子라ᄒᆞᄂᆞᆫ者는一個最幼ᄒᆞᆫ植物을云ᄒᆞᆷ이오發芽라ᄒᆞᆷ은此物幼植物이生長ᄒᆞᆷ에不過ᄒᆞᆷ이니此幼植物을胚라稱ᄒᆞ고尙此外에胚의養分될物質이其周圍에貯藏ᄒᆞ얏스니此는卽胚乳라此胚乳는種子에依ᄒᆞ야有無의別이有ᄒᆞ다ᄒᆞ야胚乳를有ᄒᆞᆫ者를有胚乳種子라稱ᄒᆞ고無ᄒᆞᆫ者를無胚乳種子라稱ᄒᆞᄂᆞᆫ凡胚乳라ᄒᆞᄂᆞᆫ者는前說과如히種子의養分인故로胚乳가發育ᄒᆞᆷ에는胚乳種子라稱ᄒᆞᄂᆞᆫ者는胚乳를胚의內部에貯藏ᄒᆞᆫ者ㅣ라故로無胚乳種子는幾皆膨大ᄒᆞᄂᆞ니라

祝賀西北學報

穩城 崔齊崗

秋天이寥廓ᄒᆞ고秋月이晴姸이라石圃子ㅣ攬白山之靄雲ᄒᆞ고吸豆滿之淸風ᄒᆞ야散步逍遙에怡然自適타가忽接天來福音이從彼日下帝城ᄒᆞ니卽我西北學報라夫我西北學會ᄂᆞᆫ緣何而起者오ᄒᆞ면我父老의昏夢을覺醒코져홈이오我靑年의敎育을發展코져홈이오我祖國의精神을培養코져홈이오我社會의體力을團結코져홈이오我同胞의生命을濟活코져홈이니其忱誠의懇篤과其趣旨의光明과其目的의宏大가果何如也오故로此報를讀ᄒᆞᄂᆞᆫ者ㅣ면世界의大勢를可以觀察이오時務의必要를可以硏究오敎科의學理를可以參攷오實業의種類를可以博采오朝家의法令을可之解得이니誠迷津의寶筏이오暗室의明燭이니誰가此에對ᄒᆞ야懽迎ᄒᆞ며崇拜ᄒᆞ며玩索ᄒᆞ며佩服지아니ᄒᆞ리오石圃子ㅣ於是乎感淚一掬으로五圜金을齎呈ᄒᆞ야圭撮의補을仰效ᄒᆞ오니鑑此微忱을千萬至禱ᄒᆞ옵ᄂᆞ이다

不可無一言

會員羅錫琪

言不可以必無요亦不可以必有라桑龜無言이면漁者之禍을何憂며豐于無舌이면禪俗之病이何及가故로夫子言ᄒᆞ샤ᄃᆡ古者言之不出은恥躬之不逮라ᄒᆞ시고又曰我於辭命則不能이라ᄒᆞ시니以若夫子之誾誾侃侃으로有何辭命之不能일가만은必如是云者은恐夫世人之所行이恒不及其所言이라然즉國君이一言으로興邦ᄒᆞ고一言으로喪邦ᄒᆞᆫ다ᄂᆞᆫ것도實非過語요惟口ᄂᆞᆫ出好ᄒᆞ며興戎

ᄒᆞᆫ다ᄒᆞᆷ이豈其妄論이리오昔에何遠은人이自己에一妄言으로써告ᄒᆞ면一縑을謝ᄒᆞ고南容은白圭詩을讀ᄒᆞ미三復其章ᄒᆞ니古人愼言之重이如此이거늘今之新進胥小輩ᄂᆞᆫ言호되當此維新時代ᄒᆞ야言之敷演이能詖動天下之耳目ᄒᆞ며洗滌天下之心腸이라ᄒᆞ야誠行實踐은一段도不有ᄒᆞ고但以風說海談으로揚揚搖頭에少不顧避ᄒᆞ니自己에貽禍을於是焉搆ᄒᆞ며他人에鼻笑을於是焉招라若此之人은反不如無言之爲快로다然則一言도終不可有乎아曰不然ᄒᆞ다亦不可以必無라法國亞歷山得大帝之師가臨死에語其帝曰汝ㅣᄒᆞᆫ번言ᄒᆞ며ᄒᆞᆫ번行ᄒᆞ미心先數二十六字而後에發ᄒᆞ라ᄒᆞ니西人이至今稱之爲名訓이라今日에不可無一言者ᄂᆞᆫ何也오曾前我韓全球에談孔讀孟ᄒᆞ던腐敗俗儒가先聖의雅訓을一不恪遵ᄒᆞ고다만麟楦驢腸으로擎跽曲膝ᄒᆞ야終日所言이外套만是尙ᄒᆞ니當此國勢岌嶪之秋ᄒᆞ야有何一半分效力가不勝憤惋ᄒᆞ야以死獻誠은僅見閔忠正崔勉菴數人而已라然이나國勢之艱危엔無所裨益이지만世界에義名을公播ᄒᆞ야能聳動人心ᄒᆞ니亦可謂一快로다是以로有志紳士가盱衡時局ᄒᆞ고動必曰現今急務ᄂᆞᆫ教育德慧ᄒᆞ고發達材能ᄒᆞ야以收桑楡之晩功이爲可라ᄒᆞ고京鄕間所創公私立學校가指固不可勝僂로다余가近日에周覽漢城中央各學校ᄒᆞ니政法學理化學衛生學書數學諸條가目的이盡美ᄒᆞ고學士之跨卓依案ᄒᆞ야霧攢雲集者ㅣ容色이可觀이로다만ᄂᆞᆫ此人士가究竟에能敵愾王室ᄒᆞ며收復國權ᄒᆞᆯ資地가될지抑他日에一級宦路을梯得ᄒᆞ며幾

圓月俸을鈎取코져홈이안인지此ᄂᆞᆫ余에所一言으로質問ᄒᆞᄂᆞᆫ비라未知커니와余의此言이亦非妄想謊論ᄒᆞ야徒獲多言之咎인지西儒彌勒約翰의言이有ᄒᆞᄃᆡ人羣之進化가莫要於思想自由言論自由出板自由라ᄒᆞ니以自由之思想으로發自由之言論者何碍而不爲리오惟願學界僉員은勿以人微言賤으로歸之烏有ᄒᆞ고實心修治ᄒᆞ야諸般學程에勇往直透를如形之有影과聲之有響ᄒᆞ야言行相符즉登山에採玉이無難이며入海에探珠가亦易라將來偕偕ᄒᆞᆫ士子도此人이오賽賽ᄒᆞᆫ王臣도此人이라余ㅣ故로曰一言不可無者ᄂᆞᆫ言顧行行顧言으로爲吾人之所必要라ᄒᆞ노라

江西命新學校趣旨如左

李禧濤

大凡天下事物이有新有舊ᄒᆞ니新者ᄂᆞᆫ色狀이鮮明ᄒᆞ고舊者ᄂᆞᆫ形質이凋廢ᄒᆞᄂᆞᆫ지라所以로新物이恒常舊物을替用ᄒᆞ여야永遠히一新홈을保有ᄒᆞᆯ지라日月並明ᄒᆞ며寒暑交代ᄒᆞ야天道를成ᄒᆞ고山澤相間ᄒᆞ며原濕迭與ᄒᆞ야地勢를作ᄒᆞ니天地도不能以一物로永新이라人事에對ᄒᆞ야도改絃易轍이確有明証ᄒᆞ니文武並用은國家治亂을維持ᄒᆞᄂᆞᆫ方針이오剛柔相濟ᄂᆞᆫ人事成敗를管轄ᄒᆞᄂᆞᆫ機關이라人叅三才ᄒᆞ야諸般新舊事物을發明ᄒᆞᄂᆞᆫ智識은何에在ᄒᆞ뇨曰學問이라我邦이自檀箕開國以來로迄今四千餘載에文化盛衰가隨代不一이어니와至若本朝ᄒᆞ야ᄂᆞᆫ列聖相承에諸賢踵出ᄒᆞ야洙泗道源과濂洛文波가洋溢全國ᄒᆞ야家必有塾ᄒᆞ고黨皆有庠

ᄒᆞ니於戲盛矣로다但近來에文弊隨出ᄒᆞ야諸般敎育이日趨暗黑窣窣地ᄒᆞ니甚切憫然이라現今은廿世紀進化時代인데泰西哲學家가創立新法ᄒᆞ며開發新智ᄒᆞ야大有西化東漸之勢ᄒᆞ니培根笛卡兒의改革舊哲學과路得의改革舊宗敎와斯密敦의改革舊生計學과歌白尼의改革舊曆筭學等이是라所以로近來에漢城內外와及各地方의創新學校가指不勝僂而本郡은處在關西首善之地ᄒᆞ야新學開進이尤爲世人所稱賞이더니今春에本郡守姜鴻大氏ㅣ莅政以後에熱心敎界ᄒᆞ야創建學校가乃至五十餘所인데本里紳士禹廷贊李挺植洪鍾榮李禧洙姜在倫崔競烈諸氏가義務熱誠으로鳩財營工ᄒᆞ야完成一校ᄒᆞ고名之曰命新學校라ᄒᆞ니盖取其命維新之義也라然則斯校의셔新學問으로新少年을敎育ᄒᆞ야我大韓萬億年舊邦에命을日新케ᄒᆞᆷ을千萬頂祝ᄒᆞ노라

人物考

執庵黃順承傳

執庵黃順承의字는得運이니其先은齊安人이라世居平壤ᄒᆞ야曾祖承旨胤後는以文行으로顯ᄒᆞ고祖進士戴堯는隱居養親ᄒᆞ야除寢郞ᄒᆞ되不起ᄒᆞ니兩世가皆以孝로聞이러니公은天性이篤實ᄒᆞ야勇於爲善ᄒᆞ고有所執守ᄒᆞ야確然不回ᄒᆞ니鄕里婦孺가皆稱以因執黃公故로公이亦自號執庵ᄒᆞ니라公이五歲에隣人이有饋以新果者어늘辭而不食曰父母ㅣ未嘗ᄒᆞ시고家廟에未薦이라ᄒᆞ니人이謂孝子之家에孝子復出이라ᄒᆞ니라自幼로方長을不折ᄒᆞ고蟻封을不履ᄒᆞ니仁孝

之德이卽其天性이라家計가甚貧ᄒᆞᄃᆡ滫瀡之供을竭力營辦ᄒᆞ야躬執刀俎에不任僮僕ᄒᆞ고朝夕粥飯을必親炊ᄒᆞᆫ後에敢進ᄒᆞ고又手自燃薪ᄒᆞ야房室의溫涼을得宜케ᄒᆞ고昏定後에ᄂᆞᆫ立於戶外ᄒᆞ야必安寢而後에退ᄒᆞ고親疾에指ᄅᆞᆯ斷ᄒᆞ며糞을嘗ᄒᆞ며或親吮其癰ᄒᆞ고每夜에稽顙禱天ᄒᆞ야不令傍人知之케ᄒᆞ더라及其父憂ᄅᆞᆯ丁ᄒᆞ야ᄂᆞᆫ平壤慈化山花原洞에安葬ᄒᆞ고山中에齋室을置ᄒᆞ야永慕齋라名ᄒᆞ고讀書其中ᄒᆞ니遠近學者들이信從者ㅣ衆이러라鄉里에或不孝不悌와不義之事ᄅᆞᆯ行ᄒᆞᆫ者ㅣ有ᄒᆞ면皆公이聞知ᄒᆞᆯ가恐畏ᄒᆞ며或祭器ᄅᆞᆯ市에鬻ᄒᆞᄂᆞᆫ者ㅣ有ᄒᆞ면人이輒曰此物이華美ᄒᆞ니必是黃孝子의家藏이라ᄒᆞ고購以還之ᄒᆞ니果然黃孝子의見失ᄒᆞᆫ者라感伏橋가先山往來路에在ᄒᆞ니公이見其石樣ᄒᆞ매古人墓前故物이라傷之ᄒᆞ야曰此ᄂᆞᆫ孝子慈孫의用心ᄒᆞᆫ바니吾何忍踐—之리오後에有盜兒가聚橋傍이라가黑夜에涉水而行者ᄅᆞᆯ見ᄒᆞ고曰此必黃固執先生이라ᄒᆞ야相戒勿犯ᄒᆞ고且爲之護送ᄒᆞ엿다더라公이嘗於祭後에村人이餕餘藥果ᄅᆞᆯ來乞ᄒᆞᄂᆞᆫ者ㅣ有ᄒᆞ거ᄂᆞᆯ公이手ᄅᆞᆯ盥ᄒᆞ고新紙로裹ᄒᆞ야拜跪而授ᄒᆞ고仍曰爾有母遺어ᄂᆞᆯ繄我獨無라ᄒᆞ고泣數行下ᄒᆞ니於此一事에其衆善이具備ᄒᆞᆷ을可見이오又於路中에生蟹ᄅᆞᆯ持ᄒᆞᆫ者ㅣ有ᄒᆞ거ᄂᆞᆯ買取ᄒᆞ야水中에放ᄒᆞ얏더니其人이錢을得ᄒᆞ고公의過去ᄒᆞᆷ을待ᄒᆞ야更히取去ᄒᆞᆫ者가有ᄒᆞ고嘗於齋室에夜寢ᄒᆞ다가衣袴ᄅᆞᆯ亡失ᄒᆞ고도終是不言ᄒᆞᆫ것은下隷에게致疑ᄅᆞᆯ不忍ᄒᆞᆷ이니人或其迂ᄅᆞᆯ傳笑ᄒᆞ나亦其仁愛의一端이오每出入에旋

門을過ᄒᆞ면下馬ᄒᆞ고都門과府城을望見ᄒᆞ면下馬ᄒᆞ고人의墳墓를過ᄒᆞ거나婦女를過ᄒᆞ면下馬ᄒᆞᄂᆞᆫ故로騎馬ᄒᆞᆯ時가絶少ᄒᆞ더라陶庵李公縡薦其行誼于朝ᄒᆞ고道臣의啓薦과大臣의筵陳이前後相續ᄒᆞ니於是에敬陵參奉을始除ᄒᆞ매或이勸以不就ᄒᆞ거ᄂᆞᆯ公曰吾雖衰老ᄒᆞ야祿仕를不堪이나釣名이亦我所耻라事君事親이道則一也니吾嘗致力於松楸ᄒᆞ얏스니獨不效誠於陵寢乎아卽起應命ᄒᆞ다公이性好種樹ᄒᆞ야每常根培條達者를見ᄒᆞ면爲之喜悅ᄒᆞ니是以로先山松栢의幾萬株가皆公手種이라望之蔚蒼ᄒᆞ야雖百里之外라도皆公의先山인줄을知了ᄒᆞ더니及其寢園에在ᄒᆞ야ᄂᆞᆫ芒鞋登山ᄒᆞ야省視一遍을日以爲常ᄒᆞ되惡草ᄂᆞᆫ鋤之ᄒᆞ고嘉木은植之ᄒᆞ야或枝條被傷者를見ᄒᆞ면怛然若己恫ᄒᆞ니村民이感其至誠ᄒᆞ야斧斤이不敢近ᄒᆞ고或有犯者면必流涕而撻之ᄒᆞᄂᆞᆫ지라時에虫災가起ᄒᆞ야四山松樹가幾盡ᄒᆞ되惟獨敬陵樹木이依舊蒼蒼ᄒᆞ니或이言ᄒᆞ기를烏鵲이羣聚ᄒᆞ야啄虫而去之云이러라又陵外對案의滿月峯이濯濯ᄒᆞᆷ으로써憂慮ᄒᆞ야加意護養ᄒᆞ니數年之間에草木이茂盛이라人이謂ᄒᆞ되陵官擧職은前後未有라ᄒᆞ더라繕工監奉事로遷ᄒᆞ야ᄂᆞᆫ明將楊鎬의碑閣修改之役을分差ᄒᆞᆫ지라碑가直北路傍에在ᄒᆞ야一間短簾이不蔽風雨ᄒᆞ거ᄂᆞᆯ公이嘆曰南望松坡에丹閣이崔嵬ᄒᆞ거ᄂᆞᆯ此碑가乃如許耶아遂上疏ᄒᆞ야請大其屋制ᄒᆞ야追慕紀念의意를表ᄒᆞ되萬一彼虜의威喝이有ᄒᆞ면願擧臣ᄒᆞ야以塞其禍라ᄒᆞᆫᄃᆡ朝議가難之ᄒᆞ야言雖不行이나識者韙之ᄒᆞ더라典牲署直長으로

轉ᄒᆞ매公曰犧牲은用之宗廟社稷山川者니可不敬歟아上以覆簷ᄒᆞ며下以舖板ᄒᆞ며淨拭溷穢ᄒᆞ고日必朝服으로監其籩豆러라秩滿에將陞六品일ᄉᆡ公曰吾年이宜去라ᄒᆞ야不就講而自罷ᄒᆞ고假裝方西歸러니偶得感疾ᄒᆞ야卒于署傍里舍ᄒᆞ니方其疾也에一代公卿의醫問이絡繹ᄒᆞ고其歿也에賻遺가相續ᄒᆞ야俾無憾於送終ᄒᆞ니라後에自朝家로士林의請과道臣의狀을採ᄒᆞ야司憲府持平을贈ᄒᆞ다公이嘗謁農岩金先生(昌協)于三淵ᄒᆞ야講學ᄒᆞ얏더니及農岩이卒ᄒᆞᆷ이奔哭ᄒᆞ고心喪三年ᄒᆞ며又遂庵權先生(尙夏)을拜ᄒᆞ니先生이嘆曰從吾遊者ㅣ多矣로되堅確自守는無如黃君이라ᄒᆞ니라

會事記要

隆熙二年十月三日下午三時에通常會를開ᄒᆞ고副會長姜玧熙氏陞席書記가點名出席員이八十九人이러라

會計員朴景善氏가九月度會金收入額과用下明細書를報告ᄒᆞᆷ이仍受可決ᄒᆞ다

堤川郡李熙直氏의寄付ᄒᆞ신畓證出委員金明濬氏의辭免請願을公佈ᄒᆞᆷ이果有實病이기可受ᄒᆞ다

李達元氏動議ᄒᆞ기를堤川畓證明이緊急ᄒᆞ니委員을選定ᄒᆞᄌᆞᄒᆞᆷ이可決되야委員은金允五氏被選ᄒᆞ다

總務金允五氏辭免請願을公佈ᄒᆞᆷ이吳相奎氏動議에封還ᄒᆞᄌᆞᄒᆞᆷ이可決되다

吳相奎氏動議에總務의堤川往還日子가多日이될테이니這間總務事務는李達元氏로代辦ᄒᆞᄌᆞᄒᆞᆷ이可決되다

肅川郡支會請願書를公佈ᄒᆞ미李達元氏動議ᄒᆞ기를李甲氏擔保書가有ᄒᆞ니除視察認許ᄒᆞᄌᆞᄒᆞ미可決되다

嘉山郡支會請願書를公佈ᄒᆞ미金基東氏動議ᄒᆞ기를朴殷植氏擔保書가有ᄒᆞ니除視察認許ᄒᆞᄌᆞᄒᆞ미可決되다

鐵山郡支會請願書를公佈ᄒᆞ미金基東氏動議ᄒᆞ기를吳奎殷氏擔保書가有ᄒᆞ니除視察認許ᄒᆞᄌᆞᄒᆞ미李達元氏再請으로可決되다

永興郡支會第一號報明書를公佈ᄒᆞ다

載寧郡支會第一號報明書를公佈ᄒᆞ다

德源府支會第一號報明書를公佈ᄒᆞ다

高原郡支會請願書를公佈ᄒᆞ미金基東氏動議ᄒᆞ기를李東暉氏擔保書가有ᄒᆞ니除視察認許ᄒᆞᄌᆞᄒᆞ매可決되다

文川郡支會請願書를公佈ᄒᆞ미李達元氏動議ᄒᆞ기를李東暉氏擔保書가有ᄒᆞ니除視察認許ᄒᆞᄌᆞᄒᆞ미可決되다

金基雄氏議案內開에森林法을解釋ᄒᆞ야一般人民의게供覽知得케ᄒᆞᄌᆞᄒᆞ미金允五氏特請ᄒᆞ되本會報에揭載ᄒᆞ얏스니特히別報로該案을譯載ᄒᆞᄌᆞᄒᆞ미異議가無ᄒᆞ다

寧邊郡支會第三號請願書를公佈ᄒᆞ미金允五氏特請ᄒᆞ기를該鄕約契物은年年利子만該校에入用케ᄒᆞ고該田畓의證明書는本會名義로繕出ᄒᆞ야本會舘에保管케ᄒᆞᄌᆞᄒᆞ미異議가無ᄒᆞ다

寧邊郡支會報明書內開에支會經費를劃定ᄒᆞ라는事에對ᄒᆞ야金允五氏特請ᄒᆞ기를該郡會員의月捐金을收用케ᄒᆞ고新入會員의入會金은本會에收入ᄒᆞᄌᆞᄒᆞ미異議가無ᄒᆞ다

慈山郡文城義塾長李鎭駿氏請願書를公佈ᄒᆞ미柳東作氏特請ᄒᆞ기로該存道齋田畓과校舍는依願認許호ᄃᆡ該田畓所出만該校에補用ᄒᆞ고該田畓과校舍에證明書을本會名義로繕出ᄒᆞ야本會에保管ᄒᆞᄌᆞᄒᆞ매異議가無ᄒᆞ다

評議員盧義龍韓光鎬兩氏의辭免請願을公佈ᄒᆞ미李達元氏動議ᄒᆞ기로該請願을依受許免ᄒᆞᄌᆞᄒᆞ미金基東氏再請으로可決되야其代에評議員은金在益田龍圭兩氏가被選ᄒᆞ다

穩城郡支校請願을公佈ᄒᆞ미李達元氏動議ᄒᆞ기로依願認許ᄒᆞᄌᆞᄒᆞ미可決되다

評議員金義善氏가三和港秋期大運動會盛況을次第說明ᄒᆞ다時干이盡ᄒᆞ미閉會ᄒᆞ다

同月十六日特別總會를開ᄒᆞ고臨時會長金允五氏陞席ᄒᆞ다

開城支會請願書을公佈ᄒᆞ미姜玧熙氏動議ᄒᆞ기를鄭鎭弘氏擔保書가有ᄒᆞ니除視察認許ᄒᆞᄌᆞᄒᆞ미李達元氏再請으로可決되다

申尙敏氏議案에對ᄒᆞ야金基東氏特請ᄒᆞ기를自十一月爲始ᄒᆞ야本會報에會員의居住을揭載ᄒᆞᄌᆞᄒᆞ미異議가無ᄒᆞ다

本會舘電燈敷設事에對ᄒᆞ야吳奎殷氏動議ᄒᆞ기를現今本會經費는窘拙ᄒᆞ나電燈敷設이必要ᄒᆞ니姑先設備만ᄒᆞᄌᆞᄒᆞ미姜玧熙氏再請으로可決되다

●會員消息　本會員張啓澤氏는警部로韓龍曾氏는奎章閣主事로全鳳薰氏는白川郡守을被任ᄒᆞ다

●學界消息　本會員韓光鎬梁東衡兩氏는新舊學問에抱負夙著라壯志을抱ᄒᆞ고艱苦

를冒ᄒᆞ야日本에留學ᄒᆞᆯ次로渡去ᄒᆞ얏는ᄃᆡ
卒業ᄒᆞ기前에는決不渡來ᄒᆞ다더라

會計員報告 第二十三號

十六圜九十六錢 會計員任置條
十六圜五十六錢 月報代金收入條郵稅並
二十八圜七十五錢 帽子票代金收入條
合計六十二圜二十七錢

第二十三回新入會員入會金收納報告

金秉植 寧邊 梁柱翼 寧邊 安儀珏 寧邊
玉寅聲 載寧 崔永俊 載寧 魯聖奎 載寧
羅秉巘 載寧 鄭光浹 載寧 盧蒼顔 康翎

玄逌爀 价川 金士亨 寧邊 金兌運 中和
白潤性 泰川 徐丙勳 泰川 白樂基 泰川
白樂繪 泰川 金　龜 安岳 高貞華 安岳
崔時俊 龍川 金學鎭 雲山 金文性 雲山
李道根 鉄山 申鶴鳳 鉄山 張齊玉 義州
韓中洙 北青 趙寬衡 文川 朴鳳漢 文川
鄭世龜 文川 李秉祚 文川 蔡興周 文川
黃道坤 文川 林昌浩 文川 金啓禹 文川
金九辰 文川 鄭儀鳳 文川 金得祿 文川
李性鎬 文川 李善容 文川 全賢錫 文川
崔寬弼 文川 蔡昌錫 文川 鄭泰均 文川
朴禧榮 文川 崔基東 文川 蔡熙轍 文川
洪淳旭 高原 金容秀 高原 金基鎬 高原
張斗翼 高原 李錫祐 高原 趙秉科 高原
南廷鶴 高原 裵泳謙 高原 金尙健 高原
金基宥 高原 韓國贊 高原 金昌源 高原

會計員報告

張明河 高原　朴俊錫 高原　鄭在鳳 高原
金冕在 高原　蔡文漢 高原　金秉濬 高原
裴永善 高原　徐德九 高原　宋鶴柱 遂安
吳亨根 海州　安德謙 三和　李秉均 平山
尹義元 平山　朴熙豐 咸興　金觀錫 開城
南基豐 開城　金義永 開城　趙聖華 開城
李星運 開城　張泰元 開城　尹觀玉 開城
高得三 開城　裴完成 開城　金永鍊 開城
金文昌 開城　金允錫 開城　朴馨淳 開城
李雲鶴 開城　姜点錫 開城　桂子翔 宣川
金景默 宣川　金鳳曄 開城

各一圜式

合計八十九圜

第二十三回月捐金收納
報告

金義善 七十錢 自元年八月至二年二月七朔條
朴戴陽 一圜 自一月至十月十朔條
金庸濟 三十錢 自十月至十二月三朔條
黃成龍 二圜 自元年九月至三年四月二十朔條
金景煥 二圜 自元年九月至三年四月二十朔條
玄昇奎 二十錢 自十一月至十二月兩朔條
朴熙豐 一圜 自十月至三年七月十朔條
都近浩 一圜二十錢 自一月至十二月十二朔條

合計八圜四十錢

第二十三回寄附金收納
報告

姜華錫 五圜 學校義捐條

合計五圜

第三回建築費義捐金收納報告

李鍾浩 三千圜 一萬圜中三次來

洪性肅 十圜

鄭文源 二圜

鄭諶燮 一圜

金泰聲 二圜

吳奎殷 三十圜 百圜條畢來

金道濬 二百圜

白炳璋 三圜

白舜欽 十圜

黃 業 十圜

金鳳曄 一圜

吳錫裕 十五圜 三十圜條畢來

姜華錫 十圜 三十圜中三次來

金益三 十圜

合計三千三百四圜

以上五共合三千四百六十八圜六十七錢內

第二十三回用下報告

會計員報告

(自九月十五日至十月十五日)

二圜八十七錢 洋紙封套白紙小筆洋火價弁
五十錢 平壤大成學校閑校式祝電費條
一圜八十五錢 壯紙二束價名簿冊所用
七十五錢 葉書五十枚價
八十五圜 各事務員總務會計主筆書記九月朔月銀條
八圜 下八九月朔月給條
一圜二十五錢 本校三年課開學時廣告料條
五圜八十錢 五里郵票一千一百六十枚價
三十圜 募金委員李東暉本宅送條
四十三圜 二十二号月報印刷費畢給條
一圜五錢 永與定州載寧美國四處月報送時小包費

一圜八十三錢 三錢郵票六十一枚價
二十五圜 二十三号月報印刷金中先給條
三千圜 會舘建築費中四次給條
合計三千二百六圜九十錢除
在二百六十一圜七十七錢內
二百五十圜韓一銀行貯蓄除
在十一圜七十七錢會計員任置
韓一銀行貯蓄都合三百五十圜也

官報摘要

○部令　三月二十四日
農商工部令第六十三號（續）
第一號樣式
　部分林設定請願書
何道何郡何面何里字何何國有森林山野
一面積幾町幾反幾畝幾步
　植付樹木의種類　何何
　收益分收比例　幾官幾民
　植樹期間　何年何月로至何年
　　何月
　存續期間　何年
　伐期　何年
　伐採回數　何回
前記條項에依ᄒᆞ야部分林設定을許可ᄒᆞ심
을望ᄒᆞ와造林設計書及造林豫定圖를添付
ᄒᆞ야玆에請願홈
　年　月　日
　住所
　造林者　氏名　印
日本人以外의外國人은捺印ᄒᆞᄂᆞᆫ代
에自書홈을要홈以下에도此에倣홈
農商工部大臣　閣下
第二號樣式
　造林設計書

植樹年度	樹種	面積		苗木全數	町步當	造林成功年限	植樹着手年月日	植樹完了年月日
何年度	소나무 松	一〇〇町	〇〇〇〇	四〇〇、〇〇〇本	四、〇〇〇本			
	도토리나무 櫟 참나무	八〇	〇〇〇〇	二四〇、〇〇〇	三、〇〇〇			
	檜	二〇	〇〇〇〇	六〇、〇〇〇	三、〇〇〇	何年	何月何日	何月何日
	소시나무 白楊 빅양	五〇	〇〇〇〇	一五〇、〇〇〇	三、〇〇〇			
	計	二五〇	〇〇〇〇	八五〇、〇〇〇				
何年度	소나무 松	一五〇	〇〇〇〇	六〇〇、〇〇〇	四、〇〇〇			
	도토리나무 櫟 참나무	一〇〇	〇〇〇〇	三〇〇、〇〇〇	三、〇〇〇			
	檜	五〇	〇〇〇〇	一五〇、〇〇〇	三、〇〇〇	何年	何月何日	何月何日
	소시나무 白楊 빅양	五〇	〇〇〇〇	一五〇、〇〇〇	三、〇〇〇			
	杉 삼	三〇	〇〇〇〇	一八〇、〇〇〇	六、〇〇〇			
	計	三八〇	〇〇〇〇	一八三〇、〇〇〇				
合計		六三〇	〇〇〇〇	二、二三〇、〇〇〇				

備考 二種以上의植種混植홀時는面積欄內에는各預定面積을揭홀事

第三号樣式
造林預定圖
何道何郡何面
何里字何何
國有森林
山野

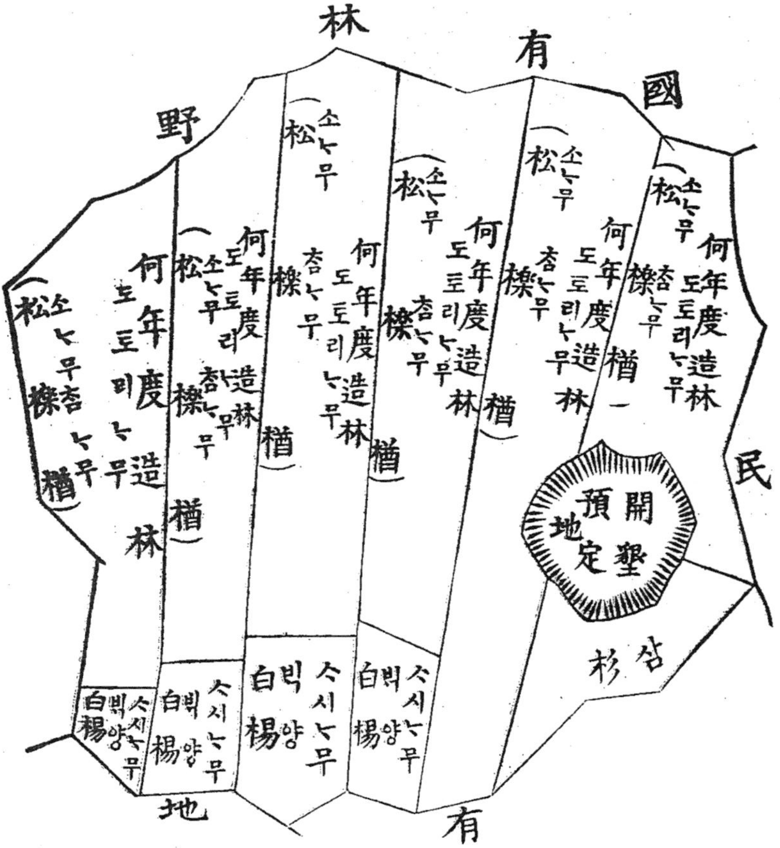

第四號樣式

番號

部分林許可證

住所

部分林權利者 氏名

何道何郡何面何里字何何國有森林山野

一面積 幾何

何樹種 幾何

（樹種數品이有ᄒᆞᆫ者ᄂᆞᆫ列記ᄒᆞᆷ）

收益分收比例 幾官幾民

存續期間 何年

伐期 何年

伐採回數 何回

右部分林設定을許可ᄒᆞᆷ

年 月 日

農商工部大臣

第五號樣式

誓約書

何道何郡何面何里字何何

一積面 幾何

何樹種 幾何

（樹種數品이有ᄒᆞᆫ者ᄂᆞᆫ列記ᄒᆞᆷ）

收益分收比例 幾官幾民

存續期間 何年

伐期 何年

伐採回數 何回

許可年月日 何年何月何日

今般前書와如히部分林設定許可ᄅᆞᆯ蒙ᄒᆞ와

正히誓約ᄒᆞᆷ

住所

部分林權利者 氏名 印

年 月 日

農商工部大臣　　閣下

第六號樣式

國有森林山野部分林帳簿

第號	面積	境界		地勢地質	設定年月日	栽植畢年月日	存續期間	伐期	分收比例	栽植樹種	株數及其異動
道郡面里字何國有森林山野		東	西								
		南	北								

造林者의住所氏名	設定前부터存在한樹種及株數	造林者의權利處分及其事由	事故

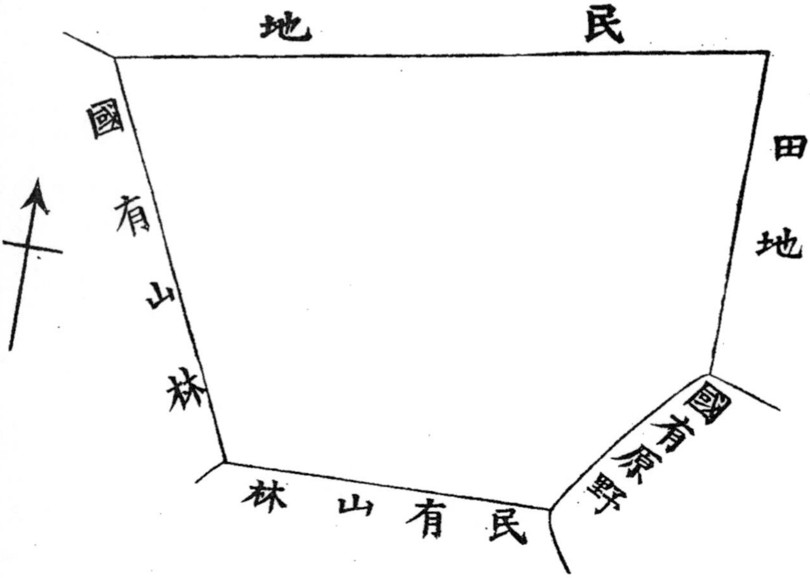

第七號樣式

見樣徑二寸以上에高二尺五寸
以上露出木標又는石標

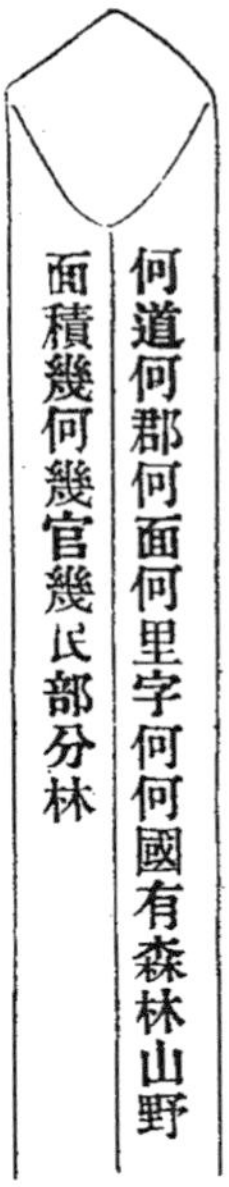

部分林權利者住所　氏名

第八號樣式

部分林伐採請願

何道何郡何面何里字何何國有森林山野
一面積幾町幾反幾畝幾步
一何樹種幾何　幾官幾民分收
此材積幾尺締(棚)但一尺締은十二立方尺 但一棚은一百〇八立方尺
內
何樹種幾何　官收分
此材積幾尺締　(棚)
此代金幾何
何樹種幾何　民收分
此材積幾尺締　(棚)
此代金幾何

右伐期가何年何月에到達ᄒᆞ얏기伐採沒分收코자ᄒᆞ오니檢査ᄒᆞ신후官收分賣却ᄒᆞ시기를玆에請願홈

年　月　日

住所
部分林權利者　氏名　印

農商工部大臣　閣下

第九號樣式

何道何郡何面何里字何何國有森林山野
一面積幾何何
樹種幾何　幾官幾民分收
一許可証番號及年月日

右誰某에게讓渡(典當에供ᄒᆞ며)(貸渡)(
使用케) ᄒᆞ깃삽기玆에請願ᄒᆞ오니許可ᄒᆞ
심을伏望

年　月　日

住所
部分林權利者　氏名　印

住所
讓受人典當權利者
借受人)(使用者　氏名　印

農商工部大臣　閣下

○勅令

四月八日

朕이國有森林山野及産物處分規則에關ᄒᆞᆫ
件을裁可ᄒᆞ야玆에頒布케ᄒᆞ노라

勅令第二十四號

國有森林山野及産物處分規則

第一章　森林山野의處分

第一條　農商工部大臣은國有森林山野處
分審査會의決議를經ᄒᆞ야左開境遇에限
ᄒᆞ야隨意契約으로써國有森林山野를賣
却ᄒᆞᆷ을得ᄒᆞᆷ

一、公用又ᄂᆞᆫ公益事業을爲ᄒᆞ야必要가
有ᄒᆞᆫ時

二、公立學校의基本財産으로ᄒᆞᆯ時

三、民有地、道路、河川等에介在ᄒᆞᆫ十町
步以內의森林山野를賣却ᄒᆞᆯ時

四、道路、溜池、堤塘、溝渠等의敷地로
貸付中의森林山野를其借地人에게賣
却ᄒᆞᆯ時

五、佛堂、墓碑、其他의遺跡이存在ᄒᆞᆫ森
林山野를其遺跡에緣故가有ᄒᆞᆫ者에게
賣却ᄒᆞᆯ時

六、古記又ᄂᆞᆫ歷史의証ᄒᆞᆫ바에依ᄒᆞ야緣

故가有ᄒᆞᆫ森林山野를其緣故者에게賣却ᄒᆞᆯ時

七、官地民木의森林을其樹木所有者에게賣却ᄒᆞᆯ時

八、重要ᄒᆞᆫ産物의採收ᄒᆞ든慣行이有ᄒᆞᆫ森林山野를採收ᄒᆞ든者에게賣却ᄒᆞᆯ時

九、共同利用의慣行이有ᄒᆞ든森林山野를其共同利用ᄒᆞ얏든道、府、郡、面又는道府郡面의一部에賣却ᄒᆞᆯ時

十、保安林을其直接利害關係者에게賣却ᄒᆞᆯ時

十一、鑛業上必要될森林山野를其鑛業人에게賣却ᄒᆞᆯ時

十二、部分林을其分收權利者에게賣却ᄒᆞᆯ時

第二條　農商工部大臣은左開境遇에限ᄒᆞ야國有森林野山를讓與ᄒᆞᆷ을得ᄒᆞᆷ

一、面積一町步以下로公立學校病院其他公衙用地에供ᄒᆞᆯ時

二、道府郡面及居留民團其他公共團體에서道路河川港灣水道堤塘溝渠溜池火葬地墓地公園等公共用에供ᄒᆞᆯ時

第三條　農商工部大臣은國有森林山野處分審査會의決議를經ᄒᆞ야左開境遇에限ᄒᆞ야國有森林山野를他의同價格以上되는土地와交換ᄒᆞᆷ을得ᄒᆞᆷ

一、國土保安上必要가有ᄒᆞᆯ時

二、森林經營上必要가有ᄒᆞᆯ時

三、交換에依치아니ᄒᆞ면極히官民의不便을生ᄒᆞᆯ時

第四條　農商工部大臣은左開境遇에限ᄒᆞ야隨意契約으로써國有森林山野를貸付

ᄒᆞᆷ을得ᄒᆞᆷ

一、公用又는公益事業을爲ᄒᆞ야必要가有ᄒᆞᆯ時

二、鑛業上必要가有ᄒᆞᆯ時

三、牧畜又는植樹ᄒᆞ기爲ᄒᆞ야必要가有ᄒᆞᆯ時

四、林業付帶事業을爲ᄒᆞ야必要가有ᄒᆞᆯ時

五、一個年貸付料金이五百圓에不超ᄒᆞᆯ時

第二章　森林山野産物의處分

第五條　農商工部大臣은左開境遇에限ᄒᆞ야隨意契約으로써國有森林山野의産物을賣却ᄒᆞᆷ을得ᄒᆞᆷ

一、公用又는公益事業을爲ᄒᆞ야必要가有ᄒᆞᆯ時

二、非常ᄒᆞᆫ災害가有ᄒᆞᆫ境遇에其罹災者에게建築營繕又는薪炭의材料ᄅᆞᆯ賣却ᄒᆞᆯ時

三、從來의慣行에因ᄒᆞ야薪炭材又는副産物을該地人民에게賣却ᄒᆞᆯ時

四、部分林設定前브터存在ᄒᆞᆫ樹木을造林上障碍ᄅᆞᆯ除ᄒᆞ기爲ᄒᆞ야造林者에게賣却ᄒᆞᆯ時

五、部分林의産物을造林者에게賣却ᄒᆞᆯ時

六、國有森林山野의事業請負人又는國有森林山野의産物買受人에게其事業에必要된産物을賣却ᄒᆞᆯ時

七、採取節期에在ᄒᆞᆫ副産物을賣却ᄒᆞᆯ時

八、鑛業에必要ᄒᆞᆫ産物을鑛業人에게賣却ᄒᆞᆯ時

九、森林法第二條에依ᄒᆞ야賣却、讓與、交換又ᄂᆞᆫ貸付ᄒᆞᆫ森林山野의産物을其土地買受人讓受人換受人又ᄂᆞᆫ借地人에게賣却ᄒᆞᆯ時

十、民地官木林의産物을其土地所有者에게賣却ᄒᆞᆯ時

十一、建築其他用에供ᄒᆞᆯ土石을發見ᄒᆞᆫ境遇에此를其發見人에게賣却ᄒᆞᆯ時

十二、林業經營上伐採치아니면不得策될境遇에此를確實ᄒᆞᆫ請願人에게賣却ᄒᆞᆯ時

十三、見積價格이五百圓에不過ᄒᆞᄂᆞᆫ産物을賣却ᄒᆞᆯ時

第六條　第一條第四條及第五條의規定에依치아니ᄒᆞ고國有森林山野를賣却或은貸付ᄒᆞ거ᄂᆞ又ᄂᆞᆫ森林山野産物을賣却ᄒᆞᆯ境遇ᄂᆞᆫ競爭入札에付ᄒᆞᆷ이可ᄒᆞᆷ

前項의競爭入札에關ᄒᆞᆫ規定은農商工部大臣이此를定ᄒᆞᆷ

附　則

本令의施行期日은農商工部大臣이此를定ᄒᆞᆷ

朕이國有森林山野處分審査會規則에關ᄒᆞᆫ件을裁可ᄒᆞ야玆에頒布케ᄒᆞ노라

勅令第二十五號

國有森林山野處分審査會規則

第一條　國有森林山野處分審査會ᄂᆞᆫ左의事項에就ᄒᆞ야審査決議ᄒᆞᆷ

一、國土의保安上又ᄂᆞᆫ國有森林山野의經營上國有로保存ᄒᆞᆯ必要가無ᄒᆞᆫ國有森林山野個所의決定

二、公益上特別ᄒᆞᆫ事由를生ᄒᆞᆯ境遇에國

有保安林의解除

三、國有森林山野의隨意契約에依ᄒᆞᆫ賣却

四、國有森林山野의交換

第二條 國有森林山野處分審查會ᄂᆞᆫ會長一人委員九人으로組織ᄒᆞᆷ

會長은農商工部次官으로써充ᄒᆞ고委員은農商工部勅任官或은奏任官三人이오內部勅任官或은奏任官三人이오度支部勅任官或은奏任官三人으로此에充ᄒᆞᆷ

第三條 臨時로必要ᄒᆞᆯ境遇에ᄂᆞᆫ前條定員外에三人以內의臨時委員을命ᄒᆞᆷ을得ᄒᆞᆷ

第四條 委員及臨時委員은農商工部大臣의奏請을依ᄒᆞ야內閣總理大臣이此ᄅᆞᆯ命ᄒᆞᆷ

第五條 會長은議事規則에依ᄒᆞ야議事ᄅᆞᆯ

整理ᄒᆞ고會議의決議ᄅᆞᆯ農商工部大臣에게通告ᄒᆞᆷ

第六條 會長이事故가有ᄒᆞᆯ時ᄂᆞᆫ委員中上席의勅任官或은奏任官으로其事務ᄅᆞᆯ代理케ᄒᆞᆷ

第七條 國有森林山野處分審查會의議事及會務整理에關ᄒᆞᆫ規則은農商工部大臣이此ᄅᆞᆯ定ᄒᆞᆷ

第八條 國有森林山野處分審查會에幹事一人을置ᄒᆞ되農商工部奏任官中으로農商工部大臣이此ᄅᆞᆯ命ᄒᆞᆷ

幹事ᄂᆞᆫ會長의指揮ᄅᆞᆯ承ᄒᆞ야庶務ᄅᆞᆯ整理ᄒᆞᆷ

第九條 國有森林山野處分審查會에主事二人을置ᄒᆞ되農商工部判任官中으로農商工部大臣이此ᄅᆞᆯ命ᄒᆞᆷ

主事ᄂᆞᆫ會長及幹事의指揮를承ᄒᆞ야庶務에從事ᄒᆞᆷ

第十條 幹事及主事에게ᄂᆞᆫ事務의繁簡을應ᄒᆞ야相當ᄒᆞᆫ手當을給與ᄒᆞᆷ을得ᄒᆞᆷ

本令의施行期日은農商工部大臣이此를定ᄒᆞᆷ

以下次出

法律

朕이東洋拓殖株式會社法에關ᄒᆞᆫ件을裁可ᄒᆞ야玆에頒布케ᄒᆞ노라

隆熙二年八月二十六日

法律第二十二號

東洋拓殖株式會社法

第一章 總則

第一條 東洋拓殖株式會社ᄂᆞᆫ韓國에셔拓殖事業을營ᄒᆞᆷ을目的으로ᄒᆞᄂᆞᆫ株式會社로ᄒᆞ고其本店을京城에置ᄒᆞᆷ

第二條 東洋拓殖株式會社의資本은一千萬圓으로ᄒᆞ되但政府의認可를受ᄒᆞ야此를增加ᄒᆞᆷ을得ᄒᆞᆷ

第三條 東洋拓殖株式會社의株式은總히記名式으로ᄒᆞ고韓日兩國人을限ᄒᆞ야此를所有ᄒᆞᆷ을得ᄒᆞᆷ

第四條 東洋拓殖株式會社의資本增加ᄂᆞᆫ株金全額의辦納을不要ᄒᆞᆷ

第五條 東洋拓殖株式會社의存立時期ᄂᆞᆫ設立登記日로부터一百年으로ᄒᆞ되但政府의認可를受ᄒᆞ야此를退定ᄒᆞᆷ을得ᄒᆞᆷ

第六條 東洋拓殖株式會社ᄂᆞᆫ政府의認可를受ᄒᆞ야支店이나又ᄂᆞᆫ出張所를日本國東京其他의地에置ᄒᆞᆷ

第七條 東洋拓殖株式會社에關ᄒᆞ야ᄂᆞᆫ暫

時間日本國株式會社에關ᄒᆞᆫ法規를準用ᄒᆞᆷ

第二章　役員

第八條　東洋拓殖株式會社에總裁一人、副總裁二人、理事四人以上監事三人以上을置ᄒᆞᆷ

第九條　總裁는東洋拓殖株式會社를代表ᄒᆞ야其業務를總理ᄒᆞᆷ

副總裁는總裁가有故ᄒᆞᆫᄯᅢ其職務를代理ᄒᆞ고總裁가闕員이된ᄯᅢ其職務를行ᄒᆞᆷ

副總裁及理事는總裁를補助ᄒᆞ야東洋拓殖株式會社의業務를分掌ᄒᆞᆷ

監事는東洋拓殖株式會社의業務를監査ᄒᆞᆷ

第十條　總裁는日本人으로ᄒᆞ고日本政府가此를命ᄒᆞᆷ

副總裁는一人은韓國人으로一人은日本人으로ᄒᆞᆷ

理事及監事는其員數中少ᄒᆞᆯ지라도三分之二는日本人으로ᄒᆞ고其他는韓國人으로ᄒᆞᆷ

副總裁及理事中韓國人은政府가此을命ᄒᆞ며日本人은日本國政府가此를命ᄒᆞᆷ但理事의任命에關ᄒᆞ야는株主總會로ᄒᆞ야금五十株以上을所有ᄒᆞᆫ株主中에셔各二倍의候補를選擧케ᄒᆞᆷ

監事는株主總會에셔三十株以上을所有ᄒᆞᆫ株主中에셔此를選擧ᄒᆞᆷ

第十一條　總裁와副總裁及理事는他職務나商業에從事ᄒᆞᆷ을不得ᄒᆞ되但政府의許可를受ᄒᆞᆫᄯᅢ는此限에不在ᄒᆞᆷ

第三章　營業

第十二條　東洋拓殖株式會社ᄂᆞᆫ左開業務를營ᄒᆞᆷ
一、農業
二、拓殖을爲ᄒᆞ야必要ᄒᆞᆫ土地의經營及管理
三、拓殖을爲ᄒᆞ야必要ᄒᆞᆫ建築物의築造와賣買及貸借
四、拓殖을爲ᄒᆞ야必要ᄒᆞᆫ韓日移住民의募集及分配
五、移住民及韓國農業者에對ᄒᆞ야拓殖上必要ᄒᆞᆫ物品의供給과其生産이나獲得ᄒᆞᆫ物品의分配
六、拓殖上에必要ᄒᆞᆫ資金의供給

第十三條　東洋拓殖株式會社ᄂᆞᆫ政府의認可를受ᄒᆞ야附帶事業으로水産業과其他拓殖上에必要ᄒᆞᆫ事業을營ᄒᆞᆷ을得ᄒᆞᆷ

第十四條　第十二條第七号의資金供給은左開方法에依ᄒᆞ야此를施行ᄒᆞᆷ이可ᄒᆞᆷ
一、韓日移住民에對ᄒᆞ야二十五年以內의年賦償還의方法에依ᄒᆞᆫ移住費의貸付
二、移住民과及韓國農業者에對ᄒᆞ야十五年以內의年賦償還의方法에依ᄒᆞ야不動産을擔保로ᄒᆞᄂᆞᆫ貸付
三、移住民과及韓國農業者에對ᄒᆞ야五年以來의定期償還의方法에依ᄒᆞ야不動産의擔保로ᄒᆞᄂᆞᆫ貸付
四、移住民과及韓國農業者에對ᄒᆞ야其生産이나又ᄂᆞᆫ獲得ᄒᆞᆫ物品을擔保로ᄒᆞᄂᆞᆫ貸付
五、不動産을擔保로ᄒᆞᄂᆞᆫ三年以內의定期償還의方法에依ᄒᆞᆫ貸付

前項第一號의貸付에셔ᄂᆞᆫ其方法과條件을定ᄒᆞ야政府의認可를受ᄒᆞᆷ이可ᄒᆞᆷ

第一項第二號乃至第五號의貸付金總額은辦納資本額과社債未償還額의合計의五分之一을超過ᄒᆞᆷ을不得ᄒᆞᆷ

第十五條　不動産이나動産을擔保로ᄒᆞᄂᆞᆫ貸付金額은東洋拓殖株式會社에셔鑑定ᄒᆞᆫ價格三分之二以內로ᄒᆞ되但前條第一項第一號의貸付에對ᄒᆞ야ᄂᆞᆫ此限에不在ᄒᆞᆷ

第十六條　不動産을擔保로ᄒᆞᄂᆞᆫ貸付에對ᄒᆞ야ᄂᆞᆫ第一順位의擔保됨을要ᄒᆞᆷ

第十七條　貸付金의年賦償還에對ᄒᆞ야ᄂᆞᆫ五年以內의仍置年限을定ᄒᆞᆷ이可ᄒᆞᆷ

第十八條　年賦金은元金과邊利를併ᄒᆞ야此를計筭ᄒᆞ고各年을通ᄒᆞ야一定平均ᄒᆞᆫ

償還額을定ᄒᆞ되但仍置年限間의邊利에對ᄒᆞ야ᄂᆞᆫ此限에不在ᄒᆞᆷ

第十九條　年賦償還의方法으로써借入ᄒᆞᆫ債務者ᄂᆞᆫ償還ᄒᆞᆫ期限前에借用金의全部나又ᄂᆞᆫ一部를償還ᄒᆞᆷ을得ᄒᆞᆷ

前項의境遇에當ᄒᆞ야ᄂᆞᆫ東洋拓殖株式會社ᄂᆞᆫ定款에셔定ᄒᆞᆫ바率에依ᄒᆞ야相當ᄒᆞᆫ手數料를要求ᄒᆞᆷ을得ᄒᆞᆷ

第二十條　左開境遇에在ᄒᆞ야ᄂᆞᆫ償還期限前이라도貸付金全部의償還을要求ᄒᆞᆷ을得ᄒᆞᆷ

一、債務者가貸付의目的에反ᄒᆞ야貸付金을使用ᄒᆞᆫᄯᅢ

二、債務者가年賦金의辦納을遲延ᄒᆞ야催告를受ᄒᆞ도록辦納을아니ᄒᆞᆫᄯᅢ

三、擔保된不動産의全部나一部가公用

ᄯᅢ문에收用이되는ᄯᅢ但債務者에셔收用報償金을供託ᄒᆞ거나又는相當ᄒᆞᆫ不動産으로써增擔保로ᄒᆞ는ᄯᅢ는此限에不在ᄒᆞᆷ

前項第三號의境遇에셔其收用이一部에止ᄒᆞᆯᄯᅢ는償還의要求도其比例에應ᄒᆞᆯ것으로ᄒᆞᆷ

第二十一條 擔保物의價格이減少ᄒᆞ야貸付金償還殘額에對ᄒᆞ고第十五條의比例에不足을生ᄒᆞᆫᄯᅢ는增擔保를要求ᄒᆞ거나又는其不足에相當ᄒᆞᆫ貸付金額의償還을要求ᄒᆞᆷ을得ᄒᆞᆷ

債務者가前項要求에不應ᄒᆞᆫᄯᅢ는償還期限前이라도貸付金全部의償還을要求ᄒᆞᆷ을得ᄒᆞᆷ

第二十二條 營業上의餘裕金은一時國債證券을買入ᄒᆞ거나又는政府의指定ᄒᆞᆫ銀行에任置ᄒᆞᆷ外에此를使用ᄒᆞᆷ을不得ᄒᆞᆷ

第二十三條 東洋拓殖株式會社는營業上必要가有ᄒᆞᆯᄯᅢ는政府의認可를受ᄒᆞ야借入金을ᄒᆞᆷ을得ᄒᆞᆷ

第四章 東洋拓殖債券

第二十四條 東洋拓殖株式會社는拂納資本額의十倍를限ᄒᆞ야東洋拓殖債券을發行ᄒᆞᆷ을得ᄒᆞᆷ

東洋拓殖債券을發行ᄒᆞ는境遇에在ᄒᆞ야는日本國商法第百九十九條의規定을適用치아니ᄒᆞᆷ

第二十五條 東洋拓殖債券을發行코져ᄒᆞ는境遇에在ᄒᆞ야는每回其金額、條件과發行及償還의方法을定ᄒᆞ야政府의認可를受ᄒᆞᆷ이可ᄒᆞᆷ

第二十六條　東洋拓殖債券을發行ᄒᆞᄂᆞᆫ境遇에在ᄒᆞ야ᄂᆞᆫ數回에分ᄒᆞ야辦納케ᄒᆞᆷ을得ᄒᆞᆷ

第二十七條　東洋拓殖債券은全額辦納後ᄂᆞᆫ無記名式으로ᄒᆞ되但應募者나所有者의請求에因ᄒᆞ야記名式으로ᄒᆞᆷ을得ᄒᆞᆷ

第二十八條　東洋拓殖債券의所有者ᄂᆞᆫ東洋拓殖株式會社의財産에對ᄒᆞ야他債券者보담몬져自己債權의辦濟ᄅᆞᆯ受ᄒᆞᆯ權利ᄅᆞᆯ有ᄒᆞᆷ

第二十九條　東洋拓殖株式會社ᄂᆞᆫ社債ᄅᆞᆯ借換ᄒᆞ기爲ᄒᆞ야一時第二十四條의制限에依치아니ᄒᆞ야東洋拓殖債券을發行ᄒᆞᆷ을得ᄒᆞ되此境遇에在ᄒᆞ야ᄂᆞᆫ發行後一月以內에其社債摠額에相當ᄒᆞᆫ舊東洋拓殖債權을償還ᄒᆞᆷ이可ᄒᆞᆷ

第三十條　東洋拓殖債券의仍置年限은五年以內로ᄒᆞ며其償還期限은三十年以內로ᄒᆞᆷ

第三十一條　東洋拓殖株式會社ᄂᆞᆫ政府의認可ᄅᆞᆯ受ᄒᆞ야東洋拓殖債券의買入消印ᄒᆞᆷ을得ᄒᆞᆷ

第五章　準備金

第三十二條　東洋拓殖株式會社ᄂᆞᆫ每營業期에準備金으로ᄒᆞ야資本의缺損을補ᄒᆞ기爲ᄒᆞ야利益百分의八以上을積立ᄒᆞ고且利益配當의平均을得케ᄒᆞᆷ을爲ᄒᆞ야利益百分의二以上을積立ᄒᆞᆷ을得ᄒᆞᆷ

第六章　監督과及補助

第三十三條　政府ᄂᆞᆫ東洋拓殖株式會社의業務ᄅᆞᆯ監督ᄒᆞᆷ

第三十四條　政府ᄂᆞᆫ東洋拓殖株式會社監

理官을置ᄒᆞ고日本國政府의任命ᄒᆞᆫ監理官과共同ᄒᆞ야東洋拓殖株式會社의業務를監視케홈
東洋拓殖株式會社監理官은勿論某時ᄒᆞ고東洋拓殖株式會社金庫와帳簿及諸般의文書物件을檢査홈을得홈
東洋拓殖株式會社監理官은必要로認ᄒᆞᆯᄯᅢ는勿論某時ᄒᆞ고東洋拓殖株式會社에會ᄒᆞ야營業上諸般의計筭과及景況을報告케홈을得홈
東洋拓殖株式會社監理官은株主總會와其他諸般의會議에出席ᄒᆞ야意見을陳述홈을得홈
第三十五條 政府는東洋拓殖株式會社의業務에關ᄒᆞ야監督上에必要ᄒᆞᆫ命令을發홈을得홈
第三十六條 東洋拓殖株式會社의決議나又는役員의行爲가法令或은定款에違反ᄒᆞ거나又는公益을害ᄒᆞᆯ것으로認ᄒᆞᆯᄯᅢ는政府는其決議을繳消ᄒᆞ거나又는役員을解職홈을得홈東洋拓殖株式會社의役員에셔監督官廳의命ᄒᆞᆫ事項을執行치아니ᄒᆞᆫᄯᅢ는亦同홈
第三十七條 東洋拓殖株式會社는政府의認可를受홈이아니면利益金의措處를홈을不得홈
第三十八條 東洋拓殖株式會社에셔移住規則이나其他規定을定ᄒᆞᆯᄯᅢ는政府의認可를受홈이可홈
第三十九條 東洋拓殖株式會社에셔政府의認可를受ᄒᆞᆫ事項을變更코져ᄒᆞ는ᄯᅢ는다시政府의認可를受홈이可홈

第四十條　東洋拓殖株式會社ᄂᆞᆫ設立登記日노부터起算ᄒᆞ야八年間을限ᄒᆞ고每年金三十萬圓을每營業期에割當ᄒᆞ야日本國政府에셔補給을受ᄒᆞᆯ者로ᄒᆞᆷ但每營業期의利益配當이辦納資本額에對ᄒᆞ야年八分의割合을超過ᄒᆞᆯᄯᅵᄂᆞᆫ其超過額에相當ᄒᆞᆫ金額을補給金中에셔控除될者로ᄒᆞᆷ

第四十一條　利益配當이辦納資本額에對ᄒᆞ야年十一條의比例를超過ᄒᆞᆯᄯᅵᄂᆞᆫ其超過金額은爲先此를前條補給金의償還에充ᄒᆞᆷ이可ᄒᆞᆷ

前項의償還을終了ᄒᆞᆫᄯᅵᄂᆞᆫ該超過金額은其半額을特別積立金으로ᄒᆞᆷ

第七章　罰則

第四十二條　東洋拓殖株式會社에셔左開事犯이有ᄒᆞᆫᄯᅵᄂᆞᆫ總裁나副總裁의職務를

行ᄒᆞ거나又ᄂᆞᆫ代理ᄒᆞᄂᆞᆫ副總裁를一百圓以上一千圓以下의過料에處ᄒᆞᆷ其事犯이副總裁나又ᄂᆞᆫ理事의分擔業務에係ᄒᆞᆯᄯᅵᄂᆞᆫ副總裁나又ᄂᆞᆫ理事를過料에處ᄒᆞᆷ이亦同ᄒᆞᆷ

一、本法에셔政府의認可를受ᄒᆞᆯ境遇에其認可를受치아니ᄒᆞᆫᄯᅵ

二、第十二條와第十三條의規定에依치아니ᄒᆞ야業務를營ᄒᆞᆫᄯᅵ

三、第十條의規定에違反ᄒᆞ야資金을供ᄒᆞᆫᄯᅵ

四、第二十二條의規定에違反ᄒᆞ야營業上의餘裕金을使用ᄒᆞᆫᄯᅵ

五、第二十四條의規定에違反ᄒᆞ야東洋拓殖債券을發行ᄒᆞᆫᄯᅵ但第二十九條의境遇에ᄂᆞᆫ此限에不在ᄒᆞᆷ

六、第二十九條의規定에違反ᄒᆞ야東洋拓殖債券의償還을ᄒᆞ지아ᄂᆞᆫᄯᆡ

七、第三十二條及第四十一條의規定에違反ᄒᆞ야利益金을措處ᄒᆞᆫᄯᆡ

第四十三條　東洋拓殖株式會社의總裁나副總裁又ᄂᆞᆫ理事가第十一條의規定에違反ᄒᆞᆫᄯᆡᄂᆞᆫ二十圓以上二百圓以下의過料에處ᄒᆞᆷ

附則

第四十四條　政府ᄂᆞᆫ設立委員을命ᄒᆞ야日本國政府의命ᄒᆞᆫ設立委員과共同ᄒᆞ야東洋拓殖株式會社의設立에關ᄒᆞᆫ一切事務를理케ᄒᆞᆷ

第四十五條　設立委員은定款을作ᄒᆞ야政府의認可를受ᄒᆞᆫ後株主를募集ᄒᆞᆷ이可ᄒᆞᆷ

第四十六條　設立委員은株主의募集을終了ᄒᆞᆫᄯᆡᄂᆞᆫ株式加入請求書를政府에提出ᄒᆞ야東洋拓殖株式會社設立의認可를申請ᄒᆞᆷ이可ᄒᆞᆷ

第四十七條　設立認可가有ᄒᆞᆫᄯᆡᄂᆞᆫ設立委員은遲滯말고各株에對ᄒᆞ야第一回辦納을ᄒᆞ게ᄒᆞᆷ

前項의辦納이有ᄒᆞᆫᄯᆡᄂᆞᆫ設立委員은遲滯말고創立總會를招集ᄒᆞᆷ이可ᄒᆞᆷ

第四十八條　創立總會가終結ᄒᆞᆫᄯᆡᄂᆞᆫ設立委員은其事務를東洋拓殖會社總裁에傳掌ᄒᆞᆷ이可ᄒᆞᆷ

第四十九條　第一期의理事及監事ᄂᆞᆫ株主總會의選擧에依치아니ᄒᆞ야此를任命ᄒᆞ되其他條件에對ᄒᆞ야ᄂᆞᆫ第十條의例에依ᄒᆞᆷ

東洋拓殖株式會社定款認可件　東洋拓殖株式會社設立委員長伯爵正親町實正의同會社定款認可請願에對ᄒᆞ야本月八日此를認可ᄒᆞᆷ이라其定款은左와如ᄒᆞᆷ(農商工部)

第一章　總則

第一條　本會社ᄂᆞᆫ東洋拓殖株式會社라稱ᄒᆞ고日本國東洋拓殖株式會社法에依ᄒᆞ야設立ᄒᆞᆷ

第二條　本會社ᄂᆞᆫ韓國에셔拓殖事業을營ᄒᆞᆷ으로써目的으로ᄒᆞᆷ

第三條　本會社ᄂᆞᆫ本店을京城에置ᄒᆞᆷ

本會社ᄂᆞᆫ日韓兩國政府의認可를受ᄒᆞ야各地方便宜之地에出張所를置ᄒᆞᆷ이有ᄒᆞᆷ

第四條　本會社資本은壹千萬圓으로ᄒᆞ되日韓兩國政府의認可를受ᄒᆞ야增加ᄒᆞᆷ이有ᄒᆞᆷ

第五條　本會社의資本增加ᄂᆞᆫ株金全額의拂納을不要ᄒᆞᆷ

第六條　本會社의存立時期ᄂᆞᆫ設立登記日로브터百年間으로ᄒᆞ되日韓兩國政府의認可를受ᄒᆞ야此를延長ᄒᆞᆷ이有ᄒᆞᆷ

第七條　本會社에셔日韓兩國政府의認可를受ᄒᆞᆫ事項을變更코져ᄒᆞᄂᆞᆫ時ᄂᆞᆫ更히當該國政府의認可를受ᄒᆞᆷ

第八條　本會社의公告ᄂᆞᆫ日韓兩國官報와밋統監府가公告를揭載ᄒᆞᆯ新聞紙로써此를行ᄒᆞᆷ但日韓兩國以外他國에셔社債를募集ᄒᆞᆯ境遇에ᄂᆞᆫ其地方에셔行ᄒᆞᄂᆞᆫ新聞紙로써此에代ᄒᆞᆷ을得ᄒᆞᆷ

第二章　株式

第九條　本會社의株式은總히記名式으로ᄒᆞ되日韓兩國人에만限ᄒᆞ야此를所有ᄒᆞᆷ

을得ᄒᆞᆷ

第十條　本會社는韓國政府가左開財産을出資ᄒᆞᆷ을承認ᄒᆞ고其財産價格金三百萬圓에對ᄒᆞ야六萬株를出給ᄒᆞᆷ

一　畓　五千七百町步

二　田　五千七百町步

第十一條　本會社의株式數爻는貳拾萬株로ᄒᆞ고一株의金額을金五拾圓으로ᄒᆞᆷ

第十二條　本會社株主의責任은其株式의金額으로써限度로ᄒᆞᆷ

第十三條　本會社의株券은一株券　五株券　十株券　五十株券　百株券及千株券의六種으로ᄒᆞᆷ

第十四條　本會社의株券에는社名登記年月日、資本의摠額、一株의金額、辦納의金額及番號等을記載ᄒᆞ고總裁가此에記名押印ᄒᆞᆷ

第十五條　株金辦納은每一株에第一回條를金拾貳圓五拾錢으로ᄒᆞ고第二回以後는事業의必要를應ᄒᆞ야總裁가其辦納金額及期限을定ᄒᆞ고先期三十日前ᄒᆞ야各株主에게其通知를發ᄒᆞ되一株의辦納金額은每回金拾貳圓五十錢을超過치아니ᄒᆞᆷ

第十六條　株主가辦納期日에株金을辦納치아니ᄒᆞᆫ時는其辦納金額에對ᄒᆞ야每百圓에一日金五錢比例로의滯納利息을徵收ᄒᆞᆷ

第十七條　第一回株金辦納期日後十五日을經過ᄒᆞ야其辦納을아니ᄒᆞᆫ時는十五日以內에辦納ᄒᆞ라는意로催告ᄒᆞ되期限에至ᄒᆞ야仍不辦納ᄒᆞᆫ時는本會社의株主된

權利를失ᄒᆞᆫ다ᄂᆞᆫ旨를通知ᄒᆞᆷ을得ᄒᆞᆷ
前項의境遇를當ᄒᆞ야其權利를失ᄒᆞᆫ時ᄂᆞᆫ己爲辦納ᄒᆞᆫ바證據金은還付치아니ᄒᆞᆷ

第十八條　第二回以後에株金辦納期日後ᄂᆞᆫ十五日以內에必爲辦納ᄒᆞ라ᄂᆞᆫ旨와及十五日을經過ᄒᆞ야도其辦納을아니ᄒᆞᆫ時其期限內에若不應納ᄒᆞᆫ時ᄂᆞᆫ株主의權利를失ᄒᆞᆫ다ᄂᆞᆫ意를通知ᄒᆞᆷ을得ᄒᆞᆷ
前項의境遇를當ᄒᆞ야株主가其權利를失ᄒᆞᆫ時ᄂᆞᆫ本會社ᄂᆞᆫ株式의各讓渡人에對ᄒᆞ야十五日以內에辦納ᄒᆞ라ᄂᆞᆫ意로催告를發ᄒᆞᄂᆞ니最先히滯納金額을辦納ᄒᆞᆫ讓渡人이其株式을取得ᄒᆞᆷ
讓渡人이辦納을아니ᄒᆞᆫ時ᄂᆞᆫ本會社ᄂᆞᆫ株式을競賣에付ᄒᆞ나니其賣却金額이滯納金額에未滿ᄒᆞᆫ時ᄂᆞᆫ從前株主로ᄒᆞ여금其不足額을辦償케ᄒᆞ되若或從前株主가十四日以內에此를辦償치아니ᄒᆞᆫ時ᄂᆞᆫ本會社ᄂᆞᆫ讓渡人을對ᄒᆞ야其辦償을請求ᄒᆞᆷ

第十九條　前條에定ᄒᆞᆫ바讓渡人의責任은讓渡를株主名簿에記錄ᄒᆞᆫ後二年을經過ᄒᆞ면消滅ᄒᆞᆷ

第二十條　會社其他公私의法人이本會社의株式을所有ᄒᆞᆫ時ᄂᆞᆫ其代表者를定ᄒᆞ야本會社株主名簿에此를記錄케ᄒᆞᆷ
株式이數人의公有가된時ᄂᆞᆫ共有者ᄂᆞᆫ株主의權利를行ᄒᆞᆯ만ᄒᆞᆫ者一名을定ᄒᆞᆷ을要ᄒᆞᆷ
共有者ᄂᆞᆫ株金辦納의義務를連帶負擔ᄒᆞᆷ

第二十一條　株主又ᄂᆞᆫ法定代理人은株式取得之時에其氏名住所及印鑑을本會社에報明ᄒᆞᆷ이可ᄒᆞᆷ其變更時도亦同ᄒᆞᆷ

第二十二條　株式을讓渡ᄒᆞᆯ時는本會社가所定ᄒᆞᆫ書式에依ᄒᆞ야當事者가連署ᄒᆞᆫ書面으로株券의書換을請求ᄒᆞᆷ이可ᄒᆞᆷ但相續의開始나遺言又는裁判執行等으로因ᄒᆞ야株式를承繼ᄒᆞᆫ者가株券의書換을請求ᄒᆞᆫ境遇에는戶籍吏의證明書又或本會社에서必要로認ᄒᆞᆫ바證據書類를粘付ᄒᆞᆷ을要ᄒᆞᆷ

株式의讓渡는讓與人의氏名住所를株主名簿에記載ᄒᆞ며且其氏名을株券에記載치아니ᄒᆞ면本會社에對ᄒᆞ야其効力이全無ᄒᆞᆷ

第二十三條　株券을毁損ᄒᆞ거나或은闕失ᄒᆞᆫ株主는其事由를詳錄ᄒᆞ야本會社에서適當ᄒᆞᆷ을認ᄒᆞᆫ바二人以上의保證人이連署ᄒᆞᆫ證書를提出ᄒᆞ고新株券의交付를請求ᄒᆞᆷ을得ᄒᆞᆷ但闕失ᄒᆞᆫ境遇에在ᄒᆞ야는請求者의費用으로써其旨를公告ᄒᆞ되公告日로부터六十日을經過ᄒᆞ야도異議를申告ᄒᆞ는者無ᄒᆞᆫ時에만限ᄒᆞ야新株券을交付ᄒᆞᆷ

第二十四條　株券의種類를變更ᄒᆞ려ᄒᆞ는者는其株券에請求書를添付提出ᄒᆞᆷ이可ᄒᆞᆷ

第二十五條　株券의名義書換과新株券의交付及株券種類의變更에對ᄒᆞ야는本會社에서定ᄒᆞᆫ바手數料를徵收ᄒᆞᆷ

第二十六條　本會社는定時株主總會前에三十日을超過치아니ᄒᆞᆫ期間으로株式讓渡에關ᄒᆞᆫ株式의名義書換을停止ᄒᆞᆷ

第三章　株主總會

第二十七條　定時總會는每年五月臨時總

會는總裁又는監事가必要로認홀時及總株數十分之一以上에當혼株主로서總會의目的及招集의理由를記載혼書面을提出ᄒ야總會의招集을請求혼時에總裁가此를招集홈但株主가總會招集을請求혼境遇에在ᄒ야는總裁는十四日以內에招集의節次를行홈을要홈

第二十八條　總會의議事는미리通知혼바目的及事項外에涉홈을不得홈

第二十九條　總會의日時及處所는總裁가此을定ᄒ되先期十四日前ᄒ야各株主의게其通知를發홈

第三十條　總會에議長의職務는總裁가此를行홈但總裁缺員혼時又는事故가有홀時는副總裁가此를行홈

第三十一條　各株主議決權은其所有株數一株에對ᄒ야一個로홈但二千株以上은每二十株에一個를增加홈

第三十二條　株主는其議決權의行使를他의叅席株主에게委任홈을得ᄒ되其委任狀을本會社에提出홈이可홈

第三十三條　總會의議長은株主의資格으로亦其議決權을行使홈이無妨홈

第三十四條　總會의決議는商法에特別히定홈이有홀境遇를除혼外出席株主의議決權의過半數로써此를行홀것이로되可否가同數된時는議長이決혼바에依홈

第三十五條　總會議事의要領은總會決議錄에記載혼後議長은總會에出席혼重役等과共히記名押章홈

第三十六條　總會의議長은會議를延期ᄒ야會場을變更홈을得홈但延期會議의議

事ᄂᆞᆫ前會議에서議了치아니ᄒᆞ얏든事項外에涉ᄒᆞᆷ을不得ᄒᆞᆷ

第四章 役 員

第三十七條 本會社에総裁一人副総裁二人理事四人以上監事三人以上을置ᄒᆞᆷ

第三十八條 総裁ᄂᆞᆫ會社를代表ᄒᆞ야其業務를総理ᄒᆞᆷ

副総裁(日本人)ᄂᆞᆫ総裁가事故가有ᄒᆞᆫ時에其職務를代理ᄒᆞ며総裁缺員時에其職務를行ᄒᆞᆷ

副総裁及理事ᄂᆞᆫ総裁를、補助ᄒᆞ며會社의業務를分掌ᄒᆞᆷ

監事ᄂᆞᆫ會社의業務를監査ᄒᆞᆷ

第三十九條 総裁ᄂᆞᆫ日本人으로ᄒᆞ야日本國政府가此를命ᄒᆞᆷ

副総裁ᄂᆞᆫ其一人을日本人으로ᄒᆞ야日本國政府가此를命ᄒᆞ고他一人은韓國人으로ᄒᆞ야韓國政府가此를命ᄒᆞᆷ

理事及監事ᄂᆞᆫ其員數中少ᄒᆞᆯ지라도三分之二ᄂᆞᆫ日本人으로ᄒᆞ고其他ᄂᆞᆫ韓國人으로ᄒᆞᆷ理事ᄂᆞᆫ株主總會에서五十株以上을所有ᄒᆞᆫ株主中으로各二倍의候補者를選擧ᄒᆞ되日韓兩國政府가各其中에서其國人中으로此를命ᄒᆞᆷ

監事ᄂᆞᆫ株主總會에서三十株以上을所有ᄒᆞᆫ株主中으로此를選擧ᄒᆞᆷ

総裁와副総裁及理事의任期ᄂᆞᆫ五年間으로ᄒᆞ고監事의任期ᄂᆞᆫ二年間으로ᄒᆞᆷ

第四十條 每年総裁와副総裁及理事에支給ᄒᆞᆯ報酬金은如左히此를定ᄒᆞᆷ

一 総 裁 金六千圓

二 副総裁 金四千圓

三 理事 一級 金三千五百圜
二級 金二千五百圜

監事의報酬金은株主總會의決議로써此를定ᄒᆞᆷ

總裁와副總裁及理事에게對ᄒᆞ야ᄂᆞᆫ手當金을支給ᄒᆞᆷ을得ᄒᆞ되其金額은日韓兩國政府가此를協定ᄒᆞᆷ

第四十一條 理事ᄂᆞᆫ在任期中其所有株式五十株를監事에게任置ᄒᆞᆷ이可ᄒᆞᆷ但此株式은退任ᄒᆞᆯ지라도株主總會에셔其在任中處理ᄒᆞᆫ事務를承認ᄒᆞᆫ後가아니면此를還付치아니ᄒᆞᆷ

第四十二條 總裁又ᄂᆞᆫ副總裁中缺員이生ᄒᆞᆫ時ᄂᆞᆫ當該兩國政府가其後任者를命ᄒᆞ야前任者의殘任期間을就職케ᄒᆞᆷ

第四十三條 理事中缺員이生ᄒᆞ야補缺ᄒᆞᆯ必要가有ᄒᆞᆫ時ᄂᆞᆫ臨時總會를開ᄒᆞ야五十

株以上을所有ᄒᆞᆫ當該兩國株主中으로二倍의候補者를選擧ᄒᆞ고當該兩國政府가其中으로셔後任者를命ᄒᆞ야前任者의殘任期間을就職케ᄒᆞᆷ

理事를增員ᄒᆞᆯ必要가有ᄒᆞᆯ時ᄂᆞᆫ前項을準用ᄒᆞᆯ것이로되其任期ᄂᆞᆫ此限에不在ᄒᆞᆷ

第四十四條 監事中缺員이生ᄒᆞᆷ으로此를補缺ᄒᆞᆯ必要時ᄂᆞᆫ臨時總會를開ᄒᆞ야三十株以上을所有ᄒᆞᆫ當該兩國株主中으로其後任者를選擧ᄒᆞ고前任者의殘任期間을就職케ᄒᆞᆷ

第四十五條 總裁와副總裁及理事ᄂᆞᆫ當該兩國政府의許可를受치아니ᄒᆞ면他職이나又或商業에從事ᄒᆞᆷ을不得ᄒᆞᆷ

第四十六條 總裁ᄂᆞᆫ定欵及株主總會의決議錄을本店과支店에備置ᄒᆞ며且株主名

簿及社債原簿를本店에備置ᄒᆞᆷ
第四十七條　總裁ᄂᆞᆫ定時總會의會日로부터七日前에左開書類를監事에게提出ᄒᆞᆷ을要ᄒᆞᆷ
一　財產目錄
二　貸借對照表
三　事業報告書
四　損益計算書
五　準備金及利益配當에關ᄒᆞᆫ議案
第四十八條　總裁ᄂᆞᆫ定時總會의會日前에前條에揭記ᄒᆞᆫ書類及監事의報告書를本店에備置ᄒᆞᆷ을要ᄒᆞᆷ
第四十九條　總裁ᄂᆞᆫ第四十七條에揭記ᄒᆞᆫ書類를定時總會에提出ᄒᆞ고其承認을求ᄒᆞᆷ을要ᄒᆞᆷ
總裁ᄂᆞᆫ前項의承認을得ᄒᆞᆫ然後貸借對照表를公告ᄒᆞᆷ을要ᄒᆞᆷ
第五十條　監事ᄂᆞᆫ總裁가株主總會에提出코저ᄒᆞᄂᆞᆫ書類를調查ᄒᆞ고其意見을株主總會에報告ᄒᆞᆷ을要ᄒᆞᆷ
第五十一條　監事ᄂᆞᆫ勿論何時ᄒᆞ고總裁에게對ᄒᆞ야營業의報告를求ᄒᆞ고又ᄂᆞᆫ會社의業務又會社財產의狀况을調查ᄒᆞᆷ을得ᄒᆞᆷ

第五章　營業

第五十二條　本會社ᄂᆞᆫ左開業務를營ᄒᆞᆷ
一　農業
二　拓殖上에必要ᄒᆞᆫ土地의賣買及貸借
三　拓殖上에必要ᄒᆞᆫ土地의經營及管理
四　拓殖上에必要ᄒᆞᆫ建築物의築造와賣買及貸借
五　拓殖上에必要ᄒᆞᆫ日韓移住民의募集

及分配

六 移住民及韓國農業者에對ᄒᆞ야拓殖上必要ᄒᆞᆫ物品의供給과其生產이나又ᄂᆞᆫ獲得ᄒᆞᆫ物品의分配等

七 殖上必要ᄒᆞᆫ資金의供給

第五十三條 本會社ᄂᆞᆫ日韓兩國政府의認可ᄅᆞᆯ受ᄒᆞ야附帶事業으로韓國에셔水產等及其他拓殖上必要ᄒᆞᆫ事業을營ᄒᆞᆷ을得ᄒᆞᆷ

第五十四條 第五十二條第七號의資金供給은如左方法에依ᄒᆞ야此ᄅᆞᆯ行ᄒᆞᆷ

一 日韓移住民에對ᄒᆞ야二十五年以內의年賦償還의方法을依ᄒᆞᆫ移住費의貸付

二 移住民及韓國農業者에對ᄒᆞ야十五年以內의年賦償還의方法을依ᄒᆞ야韓

國에在ᄒᆞᆫ不動產을擔保로ᄒᆞᄂᆞᆫ貸付

三 移住民及韓國農業者에對ᄒᆞ야五年以內의定期償還의方法을依ᄒᆞ야韓國에在ᄒᆞᆫ不動產을擔保로ᄒᆞᄂᆞᆫ貸付

四 移住民及韓國農業者에對ᄒᆞ야其生產이나又ᄂᆞᆫ獲得ᄒᆞᆫ物品을擔保로ᄒᆞᄂᆞᆫ貸付

五 韓國에在ᄒᆞᆫ不動產을擔保로ᄒᆞᄂᆞᆫ三年以內의定期償還의方法을依ᄒᆞᆫ貸付

前項第一號貸付에關ᄒᆞ야ᄂᆞᆫ爲先其方法及條件을定ᄒᆞ야日韓兩國政府의認可ᄅᆞᆯ受ᄒᆞᆷ第一項第二號乃至第五號貸金總額은辨納資本額及社債未償還額의合計五分之一을超過ᄒᆞᆷ을不得ᄒᆞᆷ

第五十五條 不動產又ᄂᆞᆫ動產을擔保로ᄒᆞᄂᆞᆫ貸付金은本會社에셔鑑定ᄒᆞᆫ價格의三

分之二以內로홈但前條第一項第一號貸付에關ᄒᆞ야ᄂᆞᆫ此限에不在홈

第五十六條　不動產을擔保로ᄒᆞᄂᆞᆫ貸付ᄂᆞᆫ第一順位의擔保만限홈

第五十八條　年賦金은元金과利子ᄅᆞᆯ併ᄒᆞ야此ᄅᆞᆯ計筭ᄒᆞ고各年을通ᄒᆞ야一定平等ᄒᆞᆫ償還額을定홈것이로되仍置年限間의利子ᄂᆞᆫ此限에不在홈

第五十九條　年賦償還의方法으로써借入ᄒᆞᆫ債務者ᄂᆞᆫ償還期限前에借用金의全部나又ᄂᆞᆫ其一部을償還홈을得홈

前項境遇에在ᄒᆞ야ᄂᆞᆫ本會社ᄂᆞᆫ償還金額의百分之二以內에셔本會社의定ᄒᆞᆫ手數料ᄅᆞᆯ徵收홈

第六十條　本會社ᄂᆞᆫ如左境遇에在ᄒᆞ야ᄂᆞᆫ償還期限前이라도貸付金全部의償還을要求홈을得홈

一　債務者가貸付ᄒᆞᆫ目的에違反ᄒᆞ야貸付金을使用ᄒᆞᆫ時

二　債務者가年賦金의辦納을遲緩ᄒᆞ야催告홀지라도尙不辦納ᄒᆞᆫ時

三　擔保된不動產의全部나又或其一部가公用으로由ᄒᆞ야收用이된時但債務者가收用補償金을供託ᄒᆞ든지又ᄂᆞᆫ相當ᄒᆞᆫ不動產으로써增擔保로ᄒᆞᄂᆞᆫ時ᄂᆞᆫ此限에不在홈

前項第三號의境遇ᄅᆞᆯ當ᄒᆞ야其收用이一部分에止ᄒᆞᆫ時ᄂᆞᆫ應其比例ᄒᆞ야還償金額을酌定홈

第六十一條　擔保物價의減少로因ᄒᆞ야貸付金償還殘額에對ᄒᆞ야第五十五條比例에不足이生ᄒᆞᆫ時ᄂᆞᆫ增擔保ᄅᆞᆯ要求ᄒᆞ거나

又或其不足에相當ᄒᆞᆫ貸付金額의償還을
要求ᄒᆞᆷ을得ᄒᆞᆷ
債務者가前項要求에應치아니ᄒᆞᆫ時는償
還期限前이라도貸付金全部의償還을要
求ᄒᆞᆷ을得ᄒᆞᆷ
第六十二條　本會社에서移住規則及其他
規定을定ᄒᆞᆯ時는日韓兩國政府의認可를
受ᄒᆞᆷ
第六十三條　營業上의餘裕金은一時國債
證券을買入ᄒᆞ든지又는日韓兩國政府가
指定ᄒᆞᆫ銀行에任置ᄒᆞ기外는此를使用ᄒᆞᆷ
을不得ᄒᆞᆷ
第六十四條　本會社는營業上에必要ᄒᆞᆫ時
는日韓兩國의認可를受ᄒᆞ야金圓을借入
ᄒᆞᆷ을得ᄒᆞᆷ

第六章　東洋拓殖債券

第六十五條　本會社는辦納資本額의十倍
를限ᄒᆞ야東洋拓殖債券을發行ᄒᆞᆷ을得ᄒᆞᆷ
東洋拓殖債券을發行ᄒᆞᆯ境遇에는主總會
에議決을不要ᄒᆞᆷ
第六十六條　東洋拓殖債券을發行ᄒᆞ려ᄒᆞᆯ
境遇에는每回其金額과條件幷發行及償
還의方法을定ᄒᆞ야日韓兩國政府의認可
를受ᄒᆞᆷ
第六十七條　東洋拓殖債券을發行ᄒᆞᆯ境遇
에는數回에分ᄒᆞ야辦納케ᄒᆞᆷ을得ᄒᆞᆷ
第六十八條　東洋拓殖債券은全額辦納ᄒᆞᆫ
後는無記名利札附로ᄒᆞᆷ但應募者나又는
所有者의請求를因ᄒᆞ야記名式으로ᄒᆞᆷ이
有ᄒᆞᆷ
第六十九條　東洋拓殖債券所有者는本會
社財產에關ᄒᆞ야他債權者보담몬뎌自己

債權의辨償을受ᄒᆞᄂᆞᆫ權利를有홈

第七十條　本會社ᄂᆞᆫ社債를借換ᄒᆞ기爲ᄒᆞ야一時第六十五條의制限을不依ᄒᆞ고東洋拓殖債券을發行홈을得ᄒᆞ되如此境遇를當ᄒᆞ야ᄂᆞᆫ發行後一箇月以內에其社債券額에相當ᄒᆞᆫ舊東洋拓殖債券을償還ᄒᆞᆯ者로홈

第七十一條　東洋拓殖債券의仍置年限은五年以內로ᄒᆞ되其償還期限은三十年以內로홈

第七十二條　本會社ᄂᆞᆫ日韓兩國政府의認可를受ᄒᆞ야東洋拓殖債券의買入消却을行홈이有홈

第七十三條　東洋拓殖債券所有者가債券又ᄂᆞᆫ利札을毀損ᄒᆞ거나或闕失ᄒᆞᆫ時ᄂᆞᆫ新債券이나新利札의交付를請求홈을得홈

但本會社ᄂᆞᆫ債券所有者의負擔으로써公示催告의節次를行ᄒᆞ야無效의宣告가有ᄒᆞᆫ後가아니면此를交付치아니ᄒᆞ며尙且記名債券에關ᄒᆞ야ᄂᆞᆫ第二十三條의規定을準用홈

第七十四條　債券의名義를書換ᄒᆞ거나新債券或新利札의交付及債券種類의變更에關ᄒᆞ야ᄂᆞᆫ本會社의定ᄒᆞᆫ手數料를徵收홈

第七章　監理官

第七十五條　東洋拓殖株式會社監理官으로會社의業務를監視ᄒᆞ니勿論何時ᄒᆞ고會社의金庫와帳簿及諸般文書와物件等을檢査홈을得홈

東洋拓殖株式會社監理官이必要로認ᄒᆞᆫ時ᄂᆞᆫ勿論何時ᄒᆞ고會社에命令ᄒᆞ야營業

上諸般의計算及狀況을報告케홈을得홈
東洋拓殖株式會社監理官은株主總會及其他諸般會議에出席ᄒᆞ야意見을陳述홈을得홈

第八章　計算

第七十六條　本會社의營業年度는每年四月一日에爲始ᄒᆞ야翌年三月三十一日에終了홈

第七十七條　本會社는當該年度의總益金中으로同年度의諸般利息과營業費及諸般損失金等을除ᄒᆞᆫ殘額에日本國政府의補給金을併加ᄒᆞᆫ者로써利益으로홈

第七十八條　本會社의利益金은如左方法을依ᄒᆞ야此를措置홈

一　利益의百分之八以上　缺損補塡準備金

二　利益의百分之二以上　配當平均準備金

三　利益의百分之十以下　役員賞與金及交際費

四　利益中으로前三號의金額을除ᄒᆞᆫ殘餘額은此를株主의게配當도ᄒᆞ며且翌年度에繰越金으로홈

第七十九條　本會社는設立登記日로부터起算ᄒᆞ야八年間을限ᄒᆞ고日本國政府로서每年金三十萬圓의補給金을受ᄒᆞᆯ것이로되每營業年度에利益配當率이辨納資本額에對ᄒᆞ야年率八分比例를超過ᄒᆞᆯ時는其超過額에相當ᄒᆞᆫ金額을補給金에서控除홈

第八十條　利益配當率이辨納資本額에對ᄒᆞ야年一割(十一條)比例를超過ᄒᆞᆯ時는

其超過金額은爲先此를前條補給金의償還에充ᄒᆞᆷ
前項의償還을終了ᄒᆞᄂᆞᆫ時ᄂᆞᆫ該超過金額의半額을特別積立金으로ᄒᆞᆷ
第八十一條　本會社ᄂᆞᆫ日韓兩國政府의認可를受치아니ᄒᆞ면利益金을措置ᄒᆞᆷ을不得ᄒᆞᆷ
第八十二條　利益金은五月一日現在의株主名簿에依ᄒᆞ야株主의게此를支撥ᄒᆞᆷ
ᄉᆡ로辦納ᄒᆞᆫ株金額에對ᄒᆞ야ᄂᆞᆫ現히辦納을畢ᄒᆞᆫ翌月로부터起算ᄒᆞ야利益金配當額을筭出ᄒᆞᆷ
配當金의支撥期日及處所ᄂᆞᆫ總裁가此를定ᄒᆞ야株主의게通知ᄒᆞᆷ

第九章　附則

第八十三條　本會社에地方委員을置ᄒᆞᆷ을得ᄒᆞᆷ
地方委員은總裁가此를囑托ᄒᆞ고其員數와報酬金은總裁가此를定ᄒᆞᆷ
第八十四條　本會社의負擔으로歸ᄒᆞᆯ設立費用은七萬圜으로써限度로ᄒᆞᆷ
前條金額中政府立換金에關ᄒᆞᆫ者ᄂᆞᆫ此를政府에返納ᄒᆞᆷ
本定欵은日本國東洋拓殖株式會社法並韓國東洋拓殖株式會社法을遵守ᄒᆞ고明治四十一年九月二十五日隆熙二年九月二十五日東京에셔此를作成ᄒᆞᆷ

東洋拓殖株式會社設立委員長
同　設立委員

◎日本政府에셔我國拓殖會社委員을對ᄒᆞ야說明書를公布ᄒᆞᆷ이如左ᄒᆞ니

東洋拓植株式會社營業說明

東洋拓殖會社는韓國農業의發達홈을計圖ᄒᆞ며且未墾地ᄅᆞᆯ開發利用ᄒᆞᆯ目的合아其方法으로計劃의實行上必要ᄒᆞ며且相當ᄒᆞᆫ日本人若干을漸次로韓國에移住케ᄒᆞ며其農業技術을實地로韓國人의게傳授케ᄒᆞ랴홈이라故로會社의成立은日韓兩國人과共히同樣으로其利ᄅᆞᆯ受ᄒᆞᆯ지라會社는日韓兩國政府로붓터一個의私人으로其營業을得許ᄒᆞᆫ者이며何等特別의權力을不與ᄒᆞᆫ故로會社가定欵第五十一條에依ᄒᆞ야其營業에必要ᄒᆞᆫ土地ᄅᆞᆯ買入ᄒᆞ랴ᄒᆞᆯ時는韓國에在ᄒᆞᆫ地主와對等의資格으로써各各交涉上에互相의任意된承諾을經ᄒᆞ야相當ᄒᆞᆫ代價를支撥ᄒᆞ고其土地를買入홈이오强制的의方法을用치아님니라故로韓國人은其意에反ᄒᆞ야會社를爲ᄒᆞ야自己의所有된土地를侵害됨이無ᄒᆞ며又會社가其營業에必要ᄒᆞᆫ土地를備入ᄒᆞ랴ᄒᆞᆯ時도何等强制的手段을用치아님은土地買入의境遇와異ᄒᆞᆯ바이無ᄒᆞᆯ지라故로會社가成立ᄒᆞ드라도韓國人은少도杞憂홈을要치아님이라

又定欵第五十二條第三号에拓殖을爲ᄒᆞ야必要ᄒᆞᆫ土地의經營及管理라홈은會社가所有ᄒᆞᆫ土地는株式의出資에充ᄒᆞ기爲ᄒᆞ야株主로부터提供을受ᄒᆞ고保管ᄒᆞᆫ土地又는會社가備入使用ᄒᆞᆫ土地를耕作ᄒᆞ고改良ᄒᆞ야使用홈이오韓國이適法에所有ᄒᆞ고會社에無關係ᄒᆞᆫ土地를會社가强制ᄒᆞ야使用홈을不許홈이極히明白ᄒᆞᆫ事이니會社가如斯ᄒᆞᆫ

違法의職爲홀時ᄂᆞᆫ日韓兩國政府ᄂᆞᆫ會社重役에게相當ᄒᆞᆫ制裁를加ᄒᆞ고此를制止ᄒᆞ깃合은不再勿言이라

又ᄂᆞᆫ定款第五十二條第五號에拓殖ᄒᆞ기爲ᄒᆞ야必要ᄒᆞᆫ日韓移住民의募集及分配라홈은農業에適合ᄒᆞ며且人口가少ᄒᆞᆫ地方에移住를希望ᄒᆞᄂᆞᆫ人民이有홀時ᄂᆞᆫ會社가其移住의周旋을行홈이니其希望者의日本人됨과韓國人됨에依ᄒᆞ야區別을不設홈이라然이나他所에移住홈을希望치아닌韓國을壓制ᄒᆞ야他所에移住케ᄒᆞᄂᆞᆫ等의事ᄂᆞᆫ日韓兩國政府가會社에對ᄒᆞ야決코不許ᄒᆞᄂᆞᆫ바이라홈故로會社가成立ᄒᆞ드래도韓國人은其所有地幷住居를決코寸毫도會社로因ᄒᆞ야侵害될危險이無홈으로써韓國人은何人이라도安心홈이可홈어라

日本國東洋拓殖株式會社法第十一條韓國東洋拓殖株式會社法第十二條東洋拓殖株式會社定款第五十二條에規定ᄒᆞᆫ同會社營業의意味ᄂᆞᆫ別紙와如ᄒᆞ옵기參考ᄒᆞ심을爲ᄒᆞ야玆에通知홈

明治四十一年九月廿八日

大藏省 印

東洋拓殖株式會社設立委員 殿

光武十年十二月一日刱刊

會員注意

會費送交	
會計員	漢城中部校洞二十九統二戶 西北學會館內 朴景善
受取人	西北學會

原稿送付	
編輯人	漢城中部校洞二十九統二戶 西北學會館內 金達河
條件	用紙 從便 期限 每月十日內

主筆	朴殷植
編輯兼發行人	金達河
印刷人	李達元
印刷所	普成社
發行所	漢城中部校洞二十九統二戶 西北學會
發賣所	皇城中署布屛下廣學書舖 皇城小安洞 大韓書林 皇城尙洞 博文書館 皇城罷朝橋 中央書舖

◎定價

一冊	金十錢(郵費一錢)
六冊	金五十五錢(郵費六錢)
十二冊	金一圜(郵費十二錢)

◎廣告料

半頁	金五圜
一頁	金十圜

會員注意

一 本會月報를購覽커나本報에廣告를揭載코져ᄒᆞ시ᄂᆞᆫ 僉君子ᄂᆞᆫ西北學會庶務室노申請ᄒᆞ시압

一 本報代金과廣告料ᄂᆞᆫ西北學會會計室노送交ᄒᆞ시압

一 先金이盡ᄒᆞᆫ時에ᄂᆞᆫ封皮上에捺印으로証明홈

一 本報를購覽코져ᄒᆞ시ᄂᆞᆫ 僉君子ᄂᆞᆫ住址統戶를昭詳記送于西北學會庶務室ᄒᆞ시압

一 論說詞藻等을本報에記載코져ᄒᆞ시ᄂᆞᆫ 僉君子ᄂᆞᆫ西北學會會館內月報編輯室노寄送ᄒᆞ시압

第三種郵便物認可

特別廣告

本會月報의發行이今至二十二號인ᄃᆡ代金收合이極히零星ᄒᆞ와繼刊ᄒᆞ기極窘ᄒᆞᆯ뿐不是라況本會館及學校建築에經用浩繁은一般會員과僉紳士의知悉ᄒᆞ시ᄂᆞᆫ바이니義務를特加ᄒᆞ시와遠近間購覽ᄒᆞ시ᄂᆞᆫ僉員은迅速送交ᄒᆞ시고本會員은月捐金도並計朔送致ᄒᆞ시와會務와校況을日益進就케ᄒᆞ심을千萬切盼

本學會告白

光武十年十二月一日
明治三十九年十二月一日
第三種郵便物認可

西北學會月報

隆熙二年十二月一日發行(每月一日一回發行)

(第一卷第七號)

發行所 西北學會

隆熙二年十二月一日西北學會月報第一卷第七號要目

論說

謙谷

孰能救吾國者며孰能活吾衆者오實業學家가是로다

今夫蕩乎大海ᄒᆞ고泛乎洪波에風浪은愈烈ᄒᆞ고彼岸은不見ᄒᆞ니仰天而呌曰活我活我라ᄒᆞ며墮於冥霧ᄒᆞ고蔽於飛沙에眼花ᄂᆞᆫ愈迷ᄒᆞ고前塗ᄂᆞᆫ不辨ᄒᆞ니向空而訴曰導我導我라홈은人의常情이니今我韓人의目下情況도惟是活我者를呼籲ᄒᆞ며導我者를懇求中인ᄃᆡ何處에向ᄒᆞ야覓得홀고ᄒᆞ면其必曰學問界라홀지며學問界로言ᄒᆞ면政學家乎아法學家乎아理學家乎아宗教家乎아著述家乎아演論家乎아是皆國家體段과社會組織에關ᄒᆞ야非不是必要者이나最히救國活民의要素가되ᄂᆞᆫ者ᄂᆞᆫ實業學家가是라ᄒᆞ노라今其明證을考察ᄒᆞ면世界歷史에事實이瞭然ᄒᆞ니活我의良藥과導我의寶筏이卽此에在ᄒᆞ도다大抵國의勝敗와人의生滅機關은貧富强弱에在ᄒᆞᆫ것인ᄃᆡ同是邦國이며同是人類로何를以ᄒᆞ야富ᄒᆞ고强ᄒᆞ며何를以ᄒᆞ야貧ᄒᆞ고弱ᄒᆞᄂᆞ뇨專히實業機關이發達與否에在ᄒᆞ도다

今에世界上富且强者로言ᄒᆞ면英國은元來歐洲中小國이라其地ᄂᆞᆫ德法三分의一을不及ᄒᆞ고其民은數百萬에不過ᄒᆞ나文明의發達과國力의膨脹이冠於諸國ᄒᆞ야不出數十年에屬地開拓이數萬里이오人民增殖이數萬萬에至ᄒᆞᆫ것은國民學術界에物質의發

明이他國보다先進ᄒᆞ야實業의利權이非常히發展ᄒᆞᆫ故라華忒의滊機와阿克來의新器와覔哲活의新陶와格蘭布敦의新織과馬篤의煤氣燈이最其彰著ᄒᆞᆫ者오其他製造家의新發明은不可勝數ᄒᆞᆯ지라英人이此物質發明으로以ᄒᆞ야國力의千百倍를增ᄒᆞ고世界萬古에未曾有ᄒᆞᆫ文明을發展ᄒᆞ얏스니物質學의効力이豈不神靈이며豈不博大아

俄國의彼得大帝ᄂᆞᆫ北歐荒漠地에崛起ᄒᆞ야併呑列邦에闢地萬里ᄒᆞ고抗衡西歐에揚威全球者ᄂᆞᆫ宮闕의安樂을捨ᄒᆞ고造船廠에處ᄒᆞ며帝王의尊貴를屈ᄒᆞ야工役을執ᄒᆞᆫ結果니此ᄂᆞᆫ世界古今에未有ᄒᆞᆫ偉蹟이라蓋其戴冕의地位로傭役을倍ᄒᆞ야工事를執ᄒᆞᆫ것은製造의業이富國强兵의第一要素가됨을深知灼見ᄒᆞᆫ所以가아닌가

德國으로ᄒᆞ야곰克虜朴의大砲와得賚賜의後膛銃을製造ᄒᆞᆷ이未有ᄒᆞ얏스면俾思麥의政略과毛奇의軍略으로도法國을戰勝키難ᄒᆞ얏슬지며美國으로ᄒᆞ여곰製鐵大廠과煤油大王이未有ᄒᆞ얏스면華盛頓의功德과林肯의事業이世界를震動키難ᄒᆞ얏슬지로라然則物質의研究ᄂᆞᆫ人工의千百倍를增ᄒᆞᄂᆞᆫ故로其國力이ᄯᅩᄒᆞᆫ千百倍를增ᄒᆞᄂᆞᆫ것인ᄃᆡ我國의學術은何者오理學家ᄂᆞᆫ屈膝端坐ᄒᆞ야談心論性ᄒᆞ며研經說禮로徹頭徹尾의畢生課業을作ᄒᆞ고功令家ᄂᆞᆫ經傳의皮膚를剽竊ᄒᆞ야詩賦의虛藻를搆造ᄒᆞ기로精力을消耗ᄒᆞ며歲月을虛送ᄒᆞ고士大夫ᄂᆞᆫ獵得仕官으로家法을作ᄒᆞ며剝奪民産으로生活을做ᄒᆞᆯ而已오鄕任吏校의徒ᄂᆞᆫ刀擦稅案ᄒᆞ며濿藉官威ᄒᆞ야盜竊公物ᄒᆞ며侵漁民財로肥己

의私를逞ᄒᆞ며其他風水卜筮의妖言讖說로遊衣遊食의計을作ᄒᆞᄂᆞᆫ者와土豪武斷으로陵轢平民ᄒᆞ야殘害同胞로爲其能事者가遍滿國中ᄒᆞ야汚濁世道ᄒᆞ고殘傷國脉의毒孽을不可爬剔이라至於實業ᄒᆞ야ᄂᆞᆫ農作의方法도極甚鹵莽ᄒᆞᆯ뿐더러牧畜種植等利益에ᄂᆞᆫ全不注意ᄒᆞ얏고工商의業은尤爲賤視虐待ᄒᆞ야下流로擯斥ᄒᆞ고劣技로羞稱ᄒᆞ얏스니進步發達은姑舍ᄒᆞ고愈下愈劣이達於極點ᄒᆞᆫ지라自身에被服ᄒᆞᄂᆞᆫ材料와家常의日用ᄒᆞᄂᆞᆫ物品도自手製造를不能ᄒᆞ고他國의輸入을全仰ᄒᆞ거던而況輪船輪車와電機鐵艦의製造ㅣ야自天而降乎아從地而出乎아如此히物質의理를不究ᄒᆞ며實業의學을不講ᄒᆞ면서今日競爭時代에處ᄒᆞ야生存의幸福을希望ᄒᆞᆫ들得乎아

盖我國은土地의天産이非不豐足이며人民의才性이非不靈敏이로ᄃᆡ特其虛文을徒尙ᄒᆞ고實事를放棄ᄒᆞ야國力의衰頹와民産의困瘁가此極에至홈이니엇지十指不動ᄒᆞ고天의雨粟雨金을仰望ᄒᆞ리오蜂도蜜을釀ᄒᆞ기로風雨를不避ᄒᆞ고蜘蛛도網을結ᄒᆞ기로經綸을不遺ᄒᆞᄂᆞ니矧乎人은動物의最靈으로生活의方針을不究홈이可乎아今日이라도吾國을救ᄒᆞᆯ者ᄂᆞᆫ實業學家며吾衆을活ᄒᆞᆯ者ᄂᆞᆫ實業學家니社會上資本家와有志者ᄂᆞᆫ或株金을募集ᄒᆞ야諸般營業을發展ᄒᆞ기로注意勉力ᄒᆞ며或靑年을外國에派遣ᄒᆞ야實業學問을多數히學得케ᄒᆞ야國家의富强과民生의快活을懋圖ᄒᆞᆯ시어다

教育部

教育學의區分

人者는心身의兩部로由ᄒᆞ야成ᄒᆞᆫ것인ᄃᆡ其心意作用은又分ᄒᆞ야知與行의二種이된지라若以教育學論之ᄒᆞ면畫ᄒᆞ야三大部가되니卽德育과智育과體育이是라

體育

體育의目的은身體의生長과强健을增進ᄒᆞ야精神的國民이되ᄂᆞᆫᄃᆡ在ᄒᆞᆫ것이라然ᄒᆞ나此目的을達ᄒᆞᄂᆞᆫ方法은左의圖式과如ᄒᆞ니라

- 體育의目的
  - 生長方法
    - 食物 / 衣服 / 住居
      - 通常의資質
      - 通常의分量
      - 通常의料理法
      - 適當의時期
        - 消化 / 同化
  - 强健方法
    - 運動
      - 規定運動
      - 自由運動
    - 勞動

智育

智育의目的은國民智識의能力을充足ᄒᆞ야自己에對ᄒᆞᆫ義務와家族의對ᄒᆞᆫ義務와社會에對ᄒᆞᆫ義務와其中에分ᄒᆞᆫ個人의義務와公衆과國家에對ᄒᆞᆫ義務와(國家와君主)萬有에對ᄒᆞᆫ義務와國體와歷史와疆土에對ᄒᆞᆫ特性으로써人圓主義에(完全無缺ᄒᆞᆫ國民資格)俱備ᄒᆞᆫ然後에야優勝劣敗之世에生存을得ᄒᆞ야獨立之民이되기에不愧ᄒᆞᆯ如是而已라今에其方法을載ᄒᆞᆷ이如左ᄒᆞ니

- 智育의目的
  - 生長方法智識
    - 通常의資質
    - 通常의分量
    - 通常의教授
    - 通常의時期
      - 消化 / 同化
  - 强健方法演習
    - 智育의彙類
    - 智育의陳述
    - 定律의發見
    - 定律의應用

德育

德育의目的은其德性의生長을增進ᄒᆞ야將

來에完全無缺ᄒᆞᆫ國民이되게ᄒᆞᆷ에在ᄒᆞ니其方法은左의圖式과如ᄒᆞ니라

德育의目的
- 生長方法
  - 正感의養成
  - 邪感의養成
  - 格言의實例
  - 人倫의關係
- 强健方法
  - 意志의訓鍊
  - 行躬

國民學과物質學

白南散人

嗚呼라現二十世紀新天地新日月下에在ᄒᆞᆫ我大韓同胞들아此時何時며今日何日고精神이有ᄒᆞ거든稍히收拾ᄒᆞ고思想이有ᄒᆞ거든稍히感覺ᄒᆞ고耳目이有ᄒᆞ거든稍히開廣ᄒᆞ고手足이有ᄒᆞ거든稍히動作ᄒᆞᆯ지어다今日此境을當ᄒᆞ야依然히舊日狀態로不識不知ᄒᆞᄂᆞᆫ太古風이有ᄒᆞ고不動不變ᄒᆞᄂᆞᆫ劣根性이有ᄒᆞ고도地球上歷史에足히韓帝國을發表ᄒᆞ고競爭世界에足히檀君血統을維持ᄒᆞ깃ᄂᆞᆫ가爲今之計컨ᄃᆡ凡我韓天을戴ᄒᆞ고韓地를履ᄒᆞᄂᆞᆫ同胞들은擧皆一致로開明思想이奮發ᄒᆞ고維新事業이振起ᄒᆞ야勇往直前의氣槪와勤勵不怠의精神으로今日에進一步ᄒᆞ고明日에進一步ᄒᆞ야全國各地에學塾이林立ᄒᆞ고全國社會에實業이蒸進ᄒᆞ고全國靑年의學問이普及ᄒᆞ여야二十世紀文明舞臺에翩翩躍登ᄒᆞ야競爭의勝利를博得ᄒᆞ고生存의幸福을享有ᄒᆞᆯ지어ᄂᆞᆯ目今現狀으로觀ᄒᆞ건ᄃᆡ猶是泥舊의習慣으로開明을反對ᄒᆞ고姑息의狀態로振起를不圖ᄒᆞ고絶望의意想으로進取를不肯ᄒᆞᄂᆞᆫ者가滔滔皆是오能히開明思想으로維新事業에注意ᄒᆞ

는者는千分의一二를不及ᄒᆞ니是曷故焉고豈其才性의懦劣홈이斐洲의黑種과如ᄒᆞ야然ᄒᆞᆫ가習慣의懶怠홈이布哇의土人과如ᄒᆞ야然ᄒᆞᆫ가曰否否라以若文明古國의神聖種族으로奚至於是리오但由來俗尙이趍於浮華ᄒᆞ야實地의事業을遺却ᄒᆞ고風氣가囿於固陋ᄒᆞ야進取의慾望이最欠ᄒᆞ고人心이痼於偏私ᄒᆞ야公德의心事가缺乏ᄒᆞᆫ緣故로다邇來社會有志가民智를開發ᄒᆞ고國步를前進키爲ᄒᆞ야敎育을提唱ᄒᆞ며敎育을勸勉ᄒᆞ는ᄃᆡ報筆의勸告가不絕於敎育ᄒᆞ며演壇의激論이不離於敎育ᄒᆞ야曰世界歷史에敎育이有ᄒᆞᆫ者는生存을得ᄒᆞ고敎育이無ᄒᆞᆫ者는滅亡을取ᄒᆞᆫ다ᄒᆞ는것이確是實事오决非過言이거늘我同胞는聞乎아不聞乎아信乎아不信乎아不知커라諸君의思想은敎育이有ᄒᆞ야도國家의基礎를振興키難ᄒᆞ며人民의生活을保全키難ᄒᆞᆫ줄노認ᄒᆞ야疑信粗半ᄒᆞ고趑趄未决ᄒᆞ야然ᄒᆞᆫ가本人이諸君의疑點을劈破키爲ᄒᆞ야單純ᄒᆞᆫ兩個種類의學問을擧ᄒᆞ야其効力이多大無量ᄒᆞᆫ것을陳述ᄒᆞ리라

一曰國民學이니夫國은人民의集合體라其民이愛國ᄒᆞ는思想과愛國ᄒᆞ는精神이有ᄒᆞ면瑞士比利時의蕞爾로도完全ᄒᆞᆫ國體를成ᄒᆞ고其民이愛國ᄒᆞ는思想과愛國ᄒᆞ는精神이無ᄒᆞ면羅馬印度의極大로도夷滅의慘禍를不免ᄒᆞ얏스니夫此愛國思想과愛國精神은從何而生고ᄒᆞ면國民學으로由홀지라全國人民이皆國民學이有ᄒᆞ면國家가人人의腦魂이되고人人의性命되야國民의義務를履行ᄒᆞ고國民의責任을擔着ᄒᆞ는지라於是

乎拿破崙惠靈呑의英雄도國民中에서生ᄒᆞ고瑪志尼嘉富耳의傑士도國民中에서生ᄒᆞ고無名ᄒᆞᆫ英雄傑士가皆國民中에서産出不窮ᄒᆞᄂᆞ니엇지國體의完全을不成ᄒᆞᆷ이有ᄒᆞ리오此ᄂᆞᆫ國民學이多大無量ᄒᆞᆫ効力이有ᄒᆞᆫ者오

一曰物質學이니夫國力의健强과民産의富盛은專히實業發展에在ᄒᆞ고實業發展은物質學을硏究ᄒᆞ야利用厚生의物品을多産ᄒᆞᆷ에在ᄒᆞᆫ지라故로世界列邦에物質學이有ᄒᆞᆫ者ᄂᆞᆫ英美德法이되고物質學이無ᄒᆞᆫ者ᄂᆞᆫ波蘭印度가되ᄂᆞ니此ᄂᆞᆫ國家存亡과人種生滅의最大關係가되ᄂᆞᆫ學問이라擧目一覽ᄒᆞ라五洋六洲에駛行飛騰ᄒᆞᄂᆞᆫ輪船鐵軌도物質學에서出ᄒᆞᆫ者오咫尺萬里ᄒᆞ야越海面談ᄒᆞᄂᆞᆫ電信電話도物質學에서出ᄒᆞᆫ者오爲雷爲霆ᄒᆞ야震天動地ᄒᆞᄂᆞᆫ克魯砲와後膛銃도物質學에서出ᄒᆞᆫ者오鋼鐵大王과煤油大王도物質學에서出ᄒᆞᆫ者오凡天地間에其國을尊榮케ᄒᆞ고其民을快活케ᄒᆞᄂᆞᆫ者ᄂᆞᆫ皆物質學의所産品이니其効力의多大無量ᄒᆞᆷ이果何如也오嗚呼諸君은勿疑어다吾儕도此等學問이有ᄒᆞ면此等勢力이有ᄒᆞᆯ지니彼도人이며我도人이니彼의所能을我何獨不能이리오今日吾人의眼目으로靑年子弟들이學塾에在ᄒᆞ야筭術物理化學等을學習ᄒᆞᄂᆞᆫ情況을見ᄒᆞ면殆히植松求亭과如ᄒᆞ야歲月이渺然ᄒᆞᆫ듯ᄒᆞ나其實은一二十年에不過ᄒᆞ야許多ᄒᆞᆫ英雄傑士도其中에서出ᄒᆞ고許多ᄒᆞᆫ輪船鐵軌와電機風車도其中에서出ᄒᆞᆯ지니此等結果가有ᄒᆞᄂᆞᆫ日이면吾國의基礎가豈不健强이며吾人의生涯가豈不快活가種瓜得

瓜ᄒᆞ고種豆得豆ᄂᆞᆫ理所必然이니幸勿遲疑ᄒᆞ고幸勿觀望ᄒᆞ야決心做去ᄒᆞ고獻身擔着ᄒᆞ야新世界에新民族이되야他文明國의民族과同一ᄒᆞᆫ福樂을享受ᄒᆞ기로十分顒祝ᄒᆞ노라

美國의工學

美國卜利忌工業大學校ᄂᆞᆫ富人의私立이라其物質의敎ᄂᆞᆫ六科로定ᄒᆞ야四年에卒業ᄒᆞ고機器工程化學은三科로分ᄒᆞ니三科ᄂᆞᆫ卽農商礦이라

其機器分年課程이如左ᄒᆞ니

	筭術	物理	化學	繪圖	兵操
第一年	代數幾何微積의分析及應用	初級試驗과講義	無機講義實驗과求質	器機學幾何畵	
第二年	上同	通論物質測量		幾何畵機器圖	
第三年	微積方程理解	分析重學電氣測量電學		機器圖	
第四年		物理實驗電機意匠		建築圖	

器機	廠工實習	同上電機	動物學水機學器機
工程	測量과形圖	材料之力	學器機運動
天文			

其工程科과分年課程이如左ᄒᆞ니

	第一年	第二年	第三年三專科
算術	代數幾何微積의分析及應用	續上年微積問題	一鐵路工程
物理	初級講義와試驗	通論試驗	二衛生工程
化學	無機講義		三水利工程
繪圖	求質實習機器畫幾何畫	幾何畫	
兵操		同上	
練身		同上	
		工程講義測量과圖形	
		寫景圖	

鑛物
試驗

機械
廠工實習

鐵路工程

工程第三年
- 測量鐵路大路
- 運海講義
- 測量과圖形
- 夏季一月實習
- 鐵路科學
- 材料之力
- 建築材料
- 試驗
- 間架의結搆
- 最小方

衛生工程 自由

工程第三年
- 測量鐵路大路
- 運海講義
- 測量과圖形
- 溝渠制度
- 材料之力
- 建築材料
- 試驗
- 間架의結搆
- 夏季一月實習

水利

水利
工程
物理
農學
繪圖
選擇
兵操

工程第三年
- 工程과計學
- 材料之力建築材料
- 分析重學
- 通論
- 機器圖

	分析重學 機器圖
選擇	物理 繪圖 兵操
	分析重學 機器圖

鐵路	工程 機械
工程第四年	建築의意匠 大路과鐵路 基地 試驗講義 高等測量 動水學
衛生	工程
工程第四年	供水制度 築壩 建築의基地 大路와鐵路 基地 試驗
水利	水利 工程 機械 農圃
工程第四年	建築과法律 基地 間架의結構 築壩 動水學 通論

天文	地質	兵操	畢業	文題
測天實習	通論	理論		
機械	地質	選擇	畢業	文題
動水學	通論			
選擇	畢業	文題	兵操	
			理論	

化學科分年課程이如左ᄒᆞ니

第一年				
算術	物理		化學	德文
代數幾何微積의分析과應用	初級講義과試驗		無機講義求質實習	
第二年				
算術	物理		化學	德文
續上年	通論試驗		求數實習有機講義	
第三年				
物理	機械		繪圖	化學
分析重學	電氣와構造	實驗	徒手畵幾何畵	有機試驗
第四年				
機械	繪圖		工程	化學
機械工程	機器圖		物料之力	實用化學

	兵操	練身		
	兵操			
	選擇	兵操		
物質	物質試驗			
	選擇	畢業	文題	兵操
	試驗			理論

美國의小學이冠於各國ᄒᆞᆫ거슨各國은工藝가均히特別로立學ᄒᆞ야써窮子를待ᄒᆞ되美國은一切小學이不論貧富ᄒᆞ고初級에卽製造과機械二科가有ᄒᆞ야使全國童子로人人이少而習之ᄒᆞᆫ故로長而執藝가乃熟習ᄒᆞ야不待專學而然ᄒᆞᆫ지라故로物質의精美가冠於列國ᄒᆞ고富亦爲最라今當工藝競爭之時ᄒᆞ야工精則富且强이니歐洲各國은尙有世爵ᄒᆞ야以故家之習으로親學賤工의業을不欲ᄒᆞ는者ㅣ有ᄒᆞ야東洋舊法과如ᄒᆞᆫ故로工藝의精과富力이美國에不及ᄒᆞ니라

美國은窮工學이有ᄒᆞ니富人의捐資로修金을不受ᄒᆞ고敎師을多延ᄒᆞ며各科를兼備ᄒᆞ야或晝或夜에聽人來學ᄒᆞ니細約과波士頓에皆有之라美國의大製造名人이從此起家者ㅣ多ᄒᆞ니此는我國의所宜取法而急設者니라

實地敎育이學界上必要

李承喬

一三

天君이泰然ᄒᆞ니百體從命이라被敎育者ㅣ不以實心으로善養其精神이면雖百學校에卒業ᄒᆞ고萬科程을通鍊이라도非需世之器라決不爲偉男兒大丈夫者也ㅣ니敎育者ㅣ可不奬勵其實心哉아洪匀賦與가非不爲純實이로ᄃᆡ乃爲物誘ᄒᆞ야喪斯秉彝ᄒᆞ니所以有苛酷ᄒᆞ며所以有鄙吝ᄒᆞ며所以有奸慝ᄒᆞ며所以有虛僞ᄒᆞ며所以有放辟ᄒᆞ며所以有悖戾ᄒᆞ며所以有怪悪ᄒᆞ야其貽害流毒이無所不至ᄒᆞ나니學問之道ᄂᆞᆫ無他라求其放心而已라維新學問을不可不學而實地敎育을亦不可不注意也ㅣ니法律을不可不學이로ᄃᆡ可以公直爲心也오經濟를不可不學이로ᄃᆡ可以廉耻爲心也오政治를不可不學이로ᄃᆡ可以剛明爲心也오理化를不可不學이로ᄃᆡ可以格致爲心也오其他諸家書를亦可以

實心學也라學法律者ㅣ不以公直爲體則必以苛酷爲用也며學經濟者ㅣ不以廉耻爲體則必以鄙吝爲用也며學政治者ㅣ不以剛明爲體則必以奸慝爲用也며學理化者ㅣ不以格致爲體則必以虛僞爲用也며其放辟者其悖戾者其怪悪者諸般弊源이莫不由於心地之不實而心地之不實은職由於敎育之不以實也로다嗚呼라古往今來에徒能讀書者ㅣ未嘗爲豪傑之士ᄒᆞ니何爲而其然고山林遯隱ᄒᆞ야盜竊聲名者ㅣ非豪傑之心也오試塲奔競ᄒᆞ야盜竊科第者ㅣ非豪傑之心也오新學藉托ᄒᆞ야盜竊仕宦者ㅣ非豪傑之心也라不以豪傑之心으로爲心ᄒᆞ고書自書我自我ᄒᆞ야其能爲豪傑之事業乎아今日之勢ᄂᆞᆫ尤所不然이리當急而不當緩也오當優而不當劣也오當實而不當虛也니實者ᄂᆞᆫ血心之謂

也라家庭敎育을以血心也며學校敎育을以血心也며社會敎育을以血心ᄒᆞ야血心으로浹洽腦髓ᄒᆞ고血心으로充溢肢軆ᄒᆞ고血心으로目視耳聽ᄒᆞ고血心으로口吸鼻息ᄒᆞ고血心으로手運足履ᄒᆞ야小學科程을以血心卒業ᄒᆞ고中學科程을以血心卒業ᄒᆞ고大學科程을以血心卒業이면血誠所曁에小大可成이오血淚所濺에遠近可服이라虎狠도不畏也오湯火도不畏也오波浪도不畏也오雷霆도不畏也오砲礟도不畏也오但有恐畏者ᄒᆞ니首戴之五百年 宗社를恐或危也며背負之二千萬同胞를恐或損也며肩擔之三千里疆土를恐或缺也ㅣ라戴之者ㅣ嚴ᄒᆞ니獻身於國ᄒᆞ야圖以安也오負之者ㅣ重ᄒᆞ니獻身於國ᄒᆞ야圖以保也오擔之者ㅣ大ᄒᆞ니獻身於國ᄒᆞ야圖以全也ㅣ니是乃學界上大義也라有大義然後에方可謂之偉人傑士로다夫何謀富謀貴之家는夢驚이遲遲ᄒᆞ야不愛其身ᄒᆞ고不愛其家ᄒᆞ고不愛其國ᄒᆞ고欲富欲貴로ᄃᆡ無其國ᄒᆞ고無其家ᄒᆞ고無其身이면富貴何有哉아近日市港閭里之間에敎育之論이張皇ᄒᆞ야愚夫愚婦도言敎育ᄒᆞ고老癃幼穉도言敎育ᄒᆞ고勞働賃傭도言敎育ᄒᆞ니美哉라敎育之說이여盛矣라敎育之說이여財產家도有或血誠者ᄒᆞ고敎育家도有或血誠者ᄒᆞ니庶幾乎進就로ᄃᆡ其有實効者는斷斷不外乎實地也니勉旃也哉ᄂᆞᆫ뎌

衛生部

換氣의必要

簡齋生

新鮮ᄒᆞᆫ空氣ᄂᆞᆫ健軆及病軆를不關ᄒᆞ고生活

機能의保續에極히要用이라故로居室은一定의廣을要ᄒᆞᄂᆞ니通常의居室에ᄂᆞᆫ其廣이健者一人의게八百立方布斯(布斯ᄂᆞᆫ英國尺의피드니即二八、一五의立方米突)요病者一人의게一千立方布斯로ᄒᆞ면其內의空氣가充分新鮮ᄒᆞᆷ으로看做ᄒᆞᆷ을得ᄒᆞᆯ지라故로住室、校舍、兵營、囚獄、病室等은其人員의數에對ᄒᆞ야此를準測ᄒᆞ여搆造ᄒᆞᆯ지라然이나邦土의氣候가異ᄒᆞᆷ을從ᄒᆞ야此則에違變ᄒᆞᆷ도亦有ᄒᆞᆷ

衆人羣居의室에ᄂᆞᆫ空氣의炭酸이增加ᄒᆞᄂᆞᆫ故로千分中에炭酸이僅히○、七分以下에至ᄒᆞᆯ時ᄂᆞᆫ尙且善良ᄒᆞᆷ을覺ᄒᆞ나若千分中一分以上의炭酸을含ᄒᆞᆯ時ᄂᆞᆫ其室의換氣不良ᄒᆞᆷ을漸覺ᄒᆞᆯ거시라今에「펜덴고ㅣ후이루」氏의說을據ᄒᆞᆫ즉通常의空氣ᄂᆞᆫ千分中에炭酸이僅히○、○五分에不過ᄒᆞ나爽快의居室에ᄂᆞᆫ○、五四乃至○、七分이요換氣의惡ᄒᆞᆫ病室에ᄂᆞᆫ二、四分이요滿員의演說堂에ᄂᆞᆫ三、二分이요酒店에ᄂᆞᆫ四、九分이요教場에ᄂᆞᆫ七、二分에至ᄒᆞᆫ다云ᄒᆞᆷ

定則의廣을有ᄒᆞᆫ屋室에ᄂᆞᆫ家壁의氣孔、人의出入、其他冬日에ᄂᆞᆫ煖爐를因ᄒᆞ야充分ᄒᆞᆫ換氣를營ᄒᆞ고特히室內外에溫度의差異가甚ᄒᆞᆯ時에ᄂᆞᆫ或過量의換氣를起ᄒᆞᆷ이有ᄒᆞ나若船室等과如ᄒᆞᆫ狹隘ᄒᆞᆫ室에ᄂᆞᆫ人工裝置로써換氣를促ᄒᆞ고特히不良ᄒᆞᆫ蒸氣를發生ᄒᆞᆯ時에ᄂᆞᆫ又此에防制具를施用ᄒᆞᆷ

家壁이濕潤ᄒᆞ면其氣孔의自然換氣力을大히妨碍ᄒᆞ고又濕을傳導ᄒᆞᆷ이强ᄒᆞᆷ으로써人體의健康을損害ᄒᆞᆯ뿐不是라危險ᄒᆞᆫ傳染病의萠芽를釀生ᄒᆞᄂᆞ니特히濕地上에搆造ᄒᆞᆫ家屋에在ᄒᆞ야觀ᄒᆞᆯ거시오但火勢가盛ᄒᆞᆫ煖

爐ᄂᆞᆫ每一時間에殆히四十乃至九十立方米突의空氣ᄅᆞᆯ交換ᄒᆞᆷ

空氣의構造及性質

(一)乾燥ᄒᆞᆫ空氣中에酸素及炭酸의量은如左ᄒᆞᆷ

瓦斯	重量	容量
酸素	二三、〇一五	二〇、九六〇
窒素	七六、九八五	七八 〇二〇
炭素		〇、〇二九乃至〇、〇三四

(二)水蒸氣ᄂᆞᆫ空氣中에恒常混在ᄒᆞ야其分量이甚히變化키易ᄒᆞ나大槪空氣溫度의高低ᄅᆞᆯ準ᄒᆞ야其濕潤의度에就論ᄒᆞᆫ바區別이如左ᄒᆞᆷ

絶對的濕潤은一容의空氣中에含ᄒᆞᆫ바의瓦斯狀水蒸氣의眞量을云ᄒᆞᆷ이오

相對的濕潤은一容의空氣ㅣ其溫度에關ᄒᆞ야含ᄒᆞᆫ바水蒸氣의量을云ᄒᆞᆷ이니其量은溫度의上昇을從ᄒᆞ야漸漸增加ᄒᆞᆷ

(三)海面上의高ㅣ增加ᄒᆞᆷ을從ᄒᆞ야空氣ㅣ漸漸稀薄ᄒᆞᆷ

(四)溫度가昇高ᄒᆞᆯ時에ᄂᆞᆫ空氣의密度도從ᄒᆞ야漸漸減少ᄒᆞᆷ

(五)地面上을昇ᄒᆞᆷ이百八十六米突에每氣溫一度式沉降ᄒᆞᆷ

雜俎

植物學大要

前號續

有胚乳種子의例ᄂᆞᆫ稻麥柿의類等이니實驗키爲ᄒᆞ야柿의種子ᄅᆞᆯ檢察ᄒᆞ면堅ᄒᆞᆫ種處內에白色의物質이充滿ᄒᆞ야ᄉᆞ니此ᄂᆞᆫ卽胚乳

요此中에皺가有ᄒᆞᆫ膜이有ᄒᆞ니此는胚라今에更히一步를進ᄒᆞ야皺가有ᄒᆞᆫ膜을引伸ᄒᆞ면二枚의膜을分ᄒᆞ나니此二枚의膜을子葉이라云ᄒᆞ며此外에幼根이라云ᄒᆞ는小柱狀의物이有ᄒᆞ니라此種子를地에播ᄒᆞ면위션水分을吸收ᄒᆞ야膨脹ᄒᆞ면種皮를破ᄒᆞ고內部로셔幼根이出ᄒᆞ야其尖端이漸次土中에伸ᄒᆞ며次에子葉이始開ᄒᆞ얏다가種子中胚乳가告乏할際에子葉은地上顯出ᄒᆞ야左右上下로擴張ᄒᆞ고其後에는二枚의子葉間으로小芽가生ᄒᆞᄂᆞ니此를幼芽라此로始ᄒᆞ야漸漸生長ᄒᆞ야完全ᄒᆞᆫ柿樹를成ᄒᆞᄂᆞ니라

稻의種子는卽米니玄米는完全ᄒᆞᆫ種子요白米는種皮와胚를磨去ᄒᆞ고胚乳만餘케ᄒᆞᆫ者ㅣ며米의胚乳는澱粉이成塊ᄒᆞᆫ者요其一隅의褐色의小點과如히附着ᄒᆞᆫ者는胚라故로下等米飯에는往往此胚가附在ᄒᆞᆷ을見ᄒᆞ나形狀이極小ᄒᆞᆷ으로子葉과幼根의區別를難知ᄒᆞ며發芽ᄒᆞᆫ後에는一枚의子葉이棒狀과如히伸長ᄒᆞᄂᆞ니라

無胚乳種子는其數가多ᄒᆞᄂᆞ니易得ᄒᆞᆫ者는荳類라今에荳類의種子를水에浸ᄒᆞ야去皮ᄒᆞ면其內部는二枚에分ᄒᆞ야스니此二枚는卽子葉이요此中에多量分을貯藏ᄒᆞ야非常히膨大ᄒᆞᆷ으로種子의全體가但只子葉二枚로成ᄒᆞᆷ과如ᄒᆞᄂᆞ니且二枚子葉의附着點의上下에短ᄒᆞᆫ棒狀의突起가有ᄒᆞ니上은幼芽요下는幼根이라

一種子中에有ᄒᆞᆫ子葉의數는植物學上에緊切ᄒᆞᆫ特徵이라總히二枚의子葉을有ᄒᆞᆫ者를雙子葉植物이라云ᄒᆞ고一枚를有ᄒᆞᆫ者를單子葉植物이라云ᄒᆞᄂᆞ니稻麥百合葱等은後

者의例라吾等은穀類荳類와及其他의種子를食用에供홈은胚의養分이亦是吾人의食料됨에適當ᄒᆞᆫ故ㅣ며種子中에貯藏ᄒᆞᆫ物質은數種이有ᄒᆞ나普通은澱粉이니穀類와種子ᄂᆞᆫ殆히全部가澱粉이요此外에荳類等은澱粉代에蛋白質을藏ᄒᆞ얏스니豆腐ᄂᆞᆫ卽此蛋白質이요又脂肪(卽油)으로成ᄒᆞᆫ者ᄂᆞᆫ蕓薹와南京荳等이니此三種物質은植物種子의普通原質이요且動物의滋養品에必要ᄒᆞᆫ者ㅣ니라

種子의發芽홈은適當ᄒᆞᆫ濕度와濕氣가必要ᄒᆞ니一般種子가春에發芽홈은此理를依홈이라種子ᄂᆞᆫ水氣를帶ᄒᆞ면易腐ᄒᆞ나乾燥ᄒᆞ면非常히健康ᄒᆞ야氷雪과如ᄒᆞᆫ寒氣와火炎과如ᄒᆞᆫ暑熱에도無事安過ᄒᆞᄂᆞᆫ故로乾燥ᄒᆞ야保存ᄒᆞ면數十年이라도不死ᄒᆞᄂᆞ니라

種子의生死ᄂᆞᆫ吾人이容易히知得키難ᄒᆞᆫ故로適當濕氣와濕度를與ᄒᆞ야發芽치아니ᄒᆞ면此ᄂᆞᆫ死ᄒᆞᆫ種子니라

觀察

一 四月로五月(但陽曆을從홈)ᄭᆞ지庭前及路傍의雜草가一雨마다繁殖ᄒᆞᄂᆞ若旱天이連續ᄒᆞ면雜草生長의度弱ᄒᆞᄂᆞ니此ᄂᆞᆫ濕氣가少ᄒᆞ야種子와發芽를助ᄒᆞᆯ力이無ᄒᆞᆫ故라

二 農家의播種홈을見ᄒᆞ면種子上에輕土를蔽覆ᄒᆞ니此ᄂᆞᆫ全혀種子의乾燥를防코쟈홈이라若種子가地上에露出ᄒᆞ면降雨時만濕氣를帶ᄒᆞ얏다가雨晴ᄒᆞ면卽時乾燥ᄒᆞ야發芽키不能홈이라然이ᄂᆞ地中에深埋ᄒᆞ면空氣의流通이不好ᄒᆞ야窒息홈에至ᄒᆞᄂᆞ니라

三 種子의發芽에ᄂᆞᆫ濕氣가必要ᄒᆞᄂᆞ若種子를水浸ᄒᆞ면決코發育치못ᄒᆞ며或發芽ᄒᆞᄂᆞ

少頃에卽死ᄒᆞᄂᆞ니此ᄂᆞᆫ水中에空氣가不多ᄒᆞᆫ故라

根

種子가發芽ᄒᆞ면其中에有ᄒᆞᆫ胚의幼根이漸漸伸長ᄒᆞ야地中四方으로枝를出ᄒᆞ야植物体를地에固定케ᄒᆞᆷ

根의形狀

今에蕓薹의根과麥根을比較ᄒᆞ면其形이稍稍不同ᄒᆞ니卽蕓薹의根은中央에一本肥大ᄒᆞᆫ棒과如ᄒᆞᆫ者ㅣ有ᄒᆞ니此ᄂᆞᆫ主根이오又此主柱의周圍로數多ᄒᆞᆫ小根이枝와如히地中에蔓延ᄒᆞ얏스니此를側根이라稱ᄒᆞ며麥根은主根과側根의區別이無ᄒᆞ고根底로數多ᄒᆞᆫ根이叢生ᄒᆞ야鬚의生發ᄒᆞᆷ과恰似ᄒᆞ니總而論之ᄒᆞ면單子葉植物의根은麥根과如ᄒᆞ고雙子葉植物의根은蕓薹과如ᄒᆞ니라

如斯히根의形狀은二種에區別ᄒᆞ나根本的은二植物의根이發生의方法이相違ᄒᆞᆫ故라雙子葉植物의根은前說

根의作用

根은第一에植物地上에因定ᄒᆞ야不例케ᄒᆞᄂᆞᆫ作用이니故로地上에有ᄒᆞᆫ地葉이繁茂ᄒᆞ야頭部가重케되고又受風키易케될소록根은地中에深入ᄒᆞ며又四方으로擴張ᄒᆞ야此害을防ᄒᆞᆷ이오此外에最緊切ᄒᆞᆫ作用은養分吸收의作用이니大抵植物體의養分은同化作用을營ᄒᆞᆯ時에葉을吸收ᄒᆞᄂᆞᆫ炭素外에ᄂᆞᆫ悉皆根을吸收ᄒᆞᆫ者ㅣ니故로根의發ᄒᆞᆷ은植物發ᄒᆞᆷ에大關係가有ᄒᆞ니라例컨된盆에植ᄒᆞᆫ植物은盆內土壤範圍가極狹ᄒᆞᆷ으로充分히伸張치못ᄒᆞᄂᆞ니故로盆植ᄒᆞᆫ植物의生ᄒᆞᆷ이遲延ᄒᆞᆷ은此理을依ᄒᆞᆷ이라

根의構造

根의先端部는養分을吸收ᄒᆞ는緊切ᄒᆞᆫ作用을營ᄒᆞᆷ을不拘ᄒᆞ고甚히幼稚로破損키易ᄒᆞᄂᆞ其頂端을生長ᄒᆞ는部分이라恒常土塊을衝突前進ᄒᆞᄂᆞ士砂을當ᄒᆞ면破損키易ᄒᆞᆷ으로相當豫가不無ᄒᆞᆯ지라此을爲ᄒᆞ여根의頂點에는根冠(或은根帽라稱ᄒᆞᆷ)이라ᄒᆞ는部分이有ᄒᆞ니此는戰陣에橫行ᄒᆞ는兵士의盖帽ᄒᆞᆷ과如ᄒᆞ야雖幼穉ᄒᆞᆫ頂點이라도他物에當ᄒᆞ야破損ᄒᆞᆯ憂慮가無ᄒᆞᆯ지라

然이나根冠도亦柔軟ᄒᆞᆫ組織이나根의頂點則生長點에對ᄒᆞ야稍堅ᄒᆞᆫ故로保護의力이有ᄒᆞ니라

根은根冠을被ᄒᆞ고漸次前方에伸長ᄒᆞ나其頂點의後方에는絹絲와如ᄒᆞᆫ細毛가發生ᄒᆞᄂᆞ니此는根毛라云ᄒᆞ며根毛는極히薄弱ᄒᆞ고命이短ᄒᆞ야一週間前後에死滅ᄒᆞ나此는養分을吸收ᄒᆞ는作用을司ᄒᆞ야根中에最緊切ᄒᆞᆫ部分이니根毛가多ᄒᆞ여야多量의養分을吸收ᄒᆞ야植物의發ᄒᆞᆷ이盛ᄒᆞᄂᆞ니라

根의吸收ᄒᆞ는物質

根의吸收ᄒᆞ는바養分의物質은總히水溶液의狀態을有ᄒᆞᆷ에限ᄒᆞᄂᆞ니雨水가地中에入ᄒᆞ면土壤과巖石中에存在ᄒᆞᆫ可溶解性을有ᄒᆞᆫ物質을溶解ᄒᆞ야極히稀薄ᄒᆞᆫ水溶液을作ᄒᆞ면此溶解는葉이蒸膽作用의結果로損失ᄒᆞᆫ水分을補키爲ᄒᆞ야根毛로從ᄒᆞ야植物体內에吸收ᄒᆞᆫ바ㅣ됨을種種의變化로養料를作ᄒᆞᄂᆞ니라土壤과巖石은元來多種의物質로成ᄒᆞᆷ으로此에生ᄒᆞᆫ植物은充分ᄒᆞᆫ養分을得키能ᄒᆞ나然이나長時日을經ᄒᆞ면水에溶解ᄒᆞᆫ成分도漸漸減少됨으로植物의養分이

不足을生ᄒᆞᄂᆞ니如此ᄒᆞᆫ時ᄂᆞᆫ此ᄅᆞᆯ補ᄏᆡ爲ᄒᆞ야特別히植物의屢求ᄒᆞᆯ物質卽肥料ᄅᆞᆯ與ᄒᆞᆯ지라

普通肥料ᄂᆞᆫ動物質(人糞尿廐肥魚類)과植物質(腐朽ᄒᆞᆫ樹葉草等)等이니此等物質은實際에根毛로吸收케ᄒᆞᆷ에ᄂᆞᆫ複雜ᄒᆞᆫ變化ᄅᆞᆯ經ᄒᆞᄂᆞ니라原來根毛가水溶液을吸收ᄒᆞᆫ다云ᄒᆞ나水에溶解됨바物質은何物質을勿論ᄒᆞ고吸收ᄒᆞᆷ이아니오土壤巖石의成分과如ᄒᆞᆫ

(未完)

世界의蒸滊力

蒸滊力이世界에出現ᄒᆞᆷ으로부터人力과馬力의勞作을代ᄒᆞ야資本이既省에運輸가尤便ᄒᆞᆫ지라距今五六十年前에도歐洲各國에蒸滊가猶未大行이라代人力者ㅣ增三倍ᄒᆞ야凡十五人所作을用五人而可成ᄒᆞ고美洲則增八倍러니至今은增三十五倍ᄒᆞᆫ지라十十의六이爲鐵路ᄒᆞ고十의二가爲滊船ᄒᆞ고又十의二가爲製造開礦이라夫蒸力이倍於人力者ㅣ三이면則所入이亦三倍ᄒᆞ야人道의服器와行樂이亦三倍ᄒᆞ고國力의增强이亦三倍오倍於人力者ㅣ八倍와三十五倍에至ᄒᆞ면人道의服器와行樂이亦八倍와三十五倍에至ᄒᆞᄂᆞᆫ지라其在歐洲엔英國의滊機力이最先最大ᄒᆞᆫ故로最先强ᄒᆞ고德國과法國은變ᄒᆞᆷ이差遲ᄒᆞᆫ故로力亦稍薄ᄒᆞ야次之ᄒᆞ고西班牙ᄂᆞᆫ小變ᄒᆞ얏ᄂᆞᆫᄃᆡ美國은變ᄒᆞᆷ이尤速尤盛ᄒᆞᆫ故로西班牙의東西領地가被割於美ᄒᆞ얏도다故로覘國力者ᄂᆞᆫ其蒸滊力과人力의多寡ᄅᆞᆯ量ᄒᆞ야正反比例ᄅᆞᆯ삼아可히其國勢ᄅᆞᆯ定ᄒᆞᆯ지라今各國의滊力과人馬力

의比較者가如左ᄒᆞ니

	英瀛力(百萬噸)	人馬力(百萬噸)
美國	六七七六〇	六一〇〇〇
德國	三〇六〇〇	一五七六〇
法國	一九六六〇	一二八〇〇
俄國	一一二〇〇	七〇一五〇
奧國	一九五六	一〇二三〇
意國	五四八〇	六五五四

英美의至極히富盛ᄒᆞᆫ者ᄂᆞᆫ其蒸瀛力이至極히多大ᄒᆞᆷ이오德은法의二分의一에過ᄒᆞ고美에半ᄒᆞ며法은俄에倍ᄒᆞ니其蒸瀛力이愈多ᄒᆞᆫ者ᄂᆞᆫ人馬力이愈減ᄒᆞ고其蒸瀛力이愈少ᄒᆞᆫ者ᄂᆞᆫ人馬力이愈多ᄒᆞᆫ듸惟美國이略反於是ᄒᆞᆫ故로英國과相等ᄒᆞ니라

米國人마ㅣ뎬翁의處世

雜俎

座右銘

「如何ᄒᆞᆫ人이失敗를致ᄒᆞᄂᆞᆫ뇨」

一、時間을浪費ᄒᆞᄂᆞᆫ者ᄂᆞᆫ必也失敗ᄒᆞᆷ

一、決斷力이缺乏ᄒᆞᆫ者ᄂᆞᆫ必也失敗ᄒᆞᆷ

一、煩悶ᄒᆞ야焦心ᄒᆞᄂᆞᆫ者ᄂᆞᆫ必也失敗ᄒᆞᆷ

一、困難을過大히想像ᄒᆞᄂᆞᆫ者ᄂᆞᆫ必也失敗ᄒᆞᆷ

一、無能力者를信用ᄒᆞᄂᆞᆫ者ᄂᆞᆫ必也失敗ᄒᆞᆷ

一、早速히財産을多積코ᄌᆞᄒᆞᄂᆞᆫ者必也失敗ᄒᆞᆷ

一、大希望을冷却케ᄒᆞᄂᆞᆫ者ᄂᆞᆫ必也失敗ᄒᆞᆷ

一、期待ᄒᆞᄂᆞᆫ外에熱誠이過度ᄒᆞᆫ者ᄂᆞᆫ必也失敗ᄒᆞᆷ

一、自己의心情을節制ᄒᆞ기未能ᄒᆞᆫ者ᄂᆞᆫ必也失敗ᄒᆞᆷ

一、不適合ᄒᆞᆫ地位에立ᄒᆞᄂᆞᆫ者ᄂᆞᆫ必也失敗

ᄒᆞᆷ

一、職業을娛樂으로視ᄒᆞ야優遊者ᄂᆞᆫ必也失敗ᄒᆞᆷ

一、職業의精通치못ᄒᆞᆫ者ᄂᆞᆫ必也失敗ᄒᆞᆷ

一、無用의事를期待ᄒᆞᄂᆞᆫ者ᄂᆞᆫ必也失敗ᄒᆞᆷ

一、成功의捷徑을先求ᄒᆞᄂᆞᆫ者ᄂᆞᆫ必也失敗ᄒᆞᆷ

一、隨意로勤勉치아니ᄒᆞᄂᆞᆫ者必也失敗ᄒᆞᆷ

一、計畫과方針을基因ᄒᆞ야勤勉치아니ᄒᆞᄂᆞᆫ者ᄂᆞᆫ必也失敗ᄒᆞᆷ

一、愚鈍奢侈ᄒᆞᄂᆞᆫ女子를娶ᄒᆞᄂᆞᆫ者必也失敗ᄒᆞᆷ

一、當初에勝利를過信ᄒᆞᄂᆞᆫ者ᄂᆞᆫ必也失敗ᄒᆞᆷ

一、機會가到來ᄒᆞᆫ時에利用ᄒᆞᆯ用意가無ᄒᆞᆫ者ᄂᆞᆫ必也失敗ᄒᆞᆷ

一、自己가果然其職業에適合與否를不知ᄒᆞ야此에逸ᄒᆞᆫ者ᄂᆞᆫ必也失敗ᄒᆞᆷ

一、目前에小事를忽諸ᄒᆞ고大事를空想ᄒᆞᄂᆞᆫ者ᄂᆞᆫ必也失敗ᄒᆞᆷ

一、交友를無視ᄒᆞ고利己的으로爲主ᄒᆞᄂᆞᆫ者ᄂᆞᆫ必也失敗ᄒᆞᆷ

一、性情이急速ᄒᆞ야傭人及顧客을驅逐ᄒᆞᄂᆞᆫ者ᄂᆞᆫ必也失敗ᄒᆞᆷ

一、但援助를受코ᄌᆞ期ᄒᆞᄂᆞᆫ者ᄂᆞᆫ必也失敗ᄒᆞᆷ

商業地理學

商學界 尹定夏

商業地理學이란거슨商業的活動에關ᄒᆞ야地上에在ᄒᆞᆫ自然的狀態와經濟的事項을叙述ᄒᆞ고또此의關係를攻究ᄒᆞᄂᆞᆫ一科學인ᄃᆡ地理學과經濟學에셔分科ᄒᆞ야商業學의一

部門이된者ㅣ라此ᄅᆞᆯ標式으로列陳ᄒᆞᆯ진ᄃᆡ左와如ᄒᆞ니

- 地理學
  - 自然地理學
  - 人文地理學
- 商業學
- 商業經營學
- 商業地理學
- 經濟諸學
  - 信用論
  - 交通論
  - 農工經濟
  - 商業經濟
  - 其他

商業이란거슨貨物의生産者와消費者間에介立ᄒᆞ야需要供給의適合을圖ᄒᆞᄂᆞᆫ企業이라換言ᄒᆞ건ᄃᆡ經濟生活上에在ᄒᆞᆫ貨物의交易인ᄃᆡ其狀態ᄂᆞᆫ貨物의流動에在ᄒᆞ나니故로商業이組織된以上에ᄂᆞᆫ各種産業이有ᄒᆞ야每日生活上交換의必要에接ᄒᆞ며貨幣의制度ᄅᆞᆯ確立ᄒᆞ며商品의價格을定ᄒᆞᆯ市場과商的企業에從事ᄒᆞᆯ商人이無ᄒᆞᆷ이不可ᄒᆞᆯ지라故로商業發達의原因될事項은元來領域의大小와人種의强弱과文化의程度에由ᄒᆞᆫ다ᄒᆞᆯ지나商業에關ᄒᆞ야重要ᄒᆞᆫ事項은卽地位、形勢、氣候等의自然項이며各種의産業이며交通、運輸、金融、保險倉庫等의各種商業機關이며都會와商港等의狀況과如ᄒᆞᆫ經濟的事項이라

現今各國은利益侵奪主義로써互相競爭ᄒᆞ야原料品의輸入과製造品의輸出과資本金의投下와勞働者의注入과鑛山의採掘과鐵道의敷設等이며內地에在ᄒᆞ야ᄂᆞᆫ職業의分化가益盛ᄒᆞ고生産의物品이增加ᄒᆞ고去來의度數가頻繁ᄒᆞᆷ으로써各國各地의産業이如何ᄒᆞᆫ狀態에在ᄒᆞ며如何ᄒᆞᆫ者ᄅᆞᆯ供給ᄒᆞ고또ᄂᆞᆫ如何ᄒᆞᆫ者ᄅᆞᆯ需要ᄒᆞᄂᆞ뇨ᄒᆞ며交通과金融의事情에不通ᄒᆞ면此間에立ᄒᆞ야商業은勿論ᄒᆞ고各種企業의經營을生心키不得ᄒᆞ리니卽商業地理學은商業經營의槪念을與

ᄒᆞᄂᆞᆫ科學으로서商業學의一部되ᄂᆞᆫ商業經營學의要具論이라ᄒᆞ야重을置ᄒᆞᄂᆞᆫ所以라地上에셔商業과關係가有ᄒᆞᆫ諸般事項을講究ᄒᆞᆷ은商業地理學의範圍나然ᄒᆞ나如斯ᄒᆞᆫ廣義의研究ᄂᆞᆫ或煩鎖에失ᄒᆞᆯ憂慮가不無ᄒᆞᆷ으로써爲先自然的事項에關ᄒᆞ야簡單히經濟的의觀察을論ᄒᆞ고其次에地上에在ᄒᆞᆫ經濟的의事項의關係ᄅᆞᆯ述코져ᄒᆞ노라

大韓商業地理

○位置　我大韓帝國은亞細亞大陸의東部에位ᄒᆞ야狹長ᄒᆞᆫ一半島와數多ᄒᆞᆫ島嶼로부터成ᄒᆞᆫ者인ᄃᆡ日本의西方에當ᄒᆞ고支那北部의東隅와西伯利亞의東南隅로부터南方에突出ᄒᆞ야日本海와黃海ᄅᆞᆯ二分ᄒᆞ다

○境界　西ᄂᆞᆫ黃海ᄅᆞᆯ隔ᄒᆞ야支那東部의山東江蘇兩省에對ᄒᆞ고北은鴨綠江長白山脉及豆滿江의一部로써滿洲의奉天吉林兩省에接ᄒᆞ고南은朝鮮海峽을隔ᄒᆞ야日本의九州及五島에對ᄒᆞ고東은日本海에臨ᄒᆞ니라

○廣袤　極北은北緯四十二度二十五分되ᄂᆞᆫ豆滿江口의沿岸鹿島一點에셔起ᄒᆞ야南으로北緯三十三度十五分되ᄂᆞᆫ濟州島의毛瑟浦에達ᄒᆞ고西ᄂᆞᆫ東經百二十四度三十分되ᄂᆞᆫ小乳纛角으로부터東은東經百三十度三十五分되ᄂᆞᆫ豆滿江口에達ᄒᆞᄂᆞᆫᄃᆡ南北은緯度가凡九度二千五百里오東西ᄂᆞᆫ凡六百里로서總面積은約八萬二千英方哩我里로十三萬四百餘方里假量이라

○人口　我國은古來로精確ᄒᆞᆫ調査가無ᄒᆞᆷ으로써諸家의計算이區區ᄒᆞ야或은一千萬이라或은一千五百萬이라或은二千萬이라

稱ᄒᆞ야또ᄒᆞᆫ何說을準信ᄒᆞᆯᆫ지不知ᄒᆞ나多數로測算ᄒᆞᄂᆞᆫ者ᄂᆞᆫ卽最後의二千萬인故로本邦의人口數ᄅᆞᆯ大略二千萬名으로算定ᄒᆞᆫ者라其他外國人의居住ᄒᆞᄂᆞᆫ者도亦不少ᄒᆞ나其中支那人이二三千名이오日本人이十萬餘名假量이되나니라

○地勢　滿洲의東方에蔓延ᄒᆞᆫ長白山脈은國의北境을限界ᄒᆞ고更히南方으로一大支脈을生ᄒᆞ니卽本邦의東南으로駛走ᄒᆞᆫ大關嶺의山脈인ᄃᆡ此山脈으로부터更히數多ᄒᆞᆫ支脈을生ᄒᆞ야써國中에連亘ᄒᆞᆫ故로到處에險高ᄒᆞᆫ山陵이起伏ᄒᆞ고廣濶ᄒᆞᆫ原野가稀少ᄒᆞ나니大關嶺의山脈은國의中央部ᄅᆞᆯ縱貫치아니ᄒᆞ고其山軸이가頗히東方으로偏斜ᄒᆞ야南走ᄒᆞ고極北에在ᄒᆞ야ᄂᆞᆫ凡正南으로走ᄒᆞ야北緯四十度로三十七度ᄭᅡ지ᄂᆞᆫ東岸으로偏斜ᄒᆞ야南東으로走ᄒᆞ고三十七度에셔更히西南으로沿走ᄒᆞ야一屈折을生ᄒᆞ얏스니大抵本邦의地勢ᄂᆞᆫ其山脈의趨向으로從ᄒᆞ야成ᄒᆞᆫ者라大關嶺山脈의中軸은東方으로偏斜ᄒᆞᆷ으로써地勢가東方에ᄂᆞᆫ急峻ᄒᆞ고西方에ᄂᆞᆫ緩斜ᄒᆞᆫ故로江流에大ᄒᆞᆫ者ᄂᆞᆫ東方에一豆滿江ᄲᅮᆫ有ᄒᆞ고西南方에ᄂᆞᆫ鴨綠江同江、漢江、錦江、洛東江、榮山江等이有ᄒᆞ며、海岸線도또ᄒᆞᆫ東方에ᄂᆞᆫ屈折이甚少ᄒᆞ야僅히慶興、德源、延日等의三灣ᄲᅮᆫ有ᄒᆞ나西方에ᄂᆞᆫ其屈曲ᄒᆞᆫ處가頗多ᄒᆞ야港灣이無數ᄒᆞ고또島嶼가甚衆ᄒᆞ니卽釜山、木浦、仁川、羣山、馬山、甑南浦等의良港과濟州、巨濟、珍島、莞島、智島等의大島가有名ᄒᆞᆫ지라地勢上으로如斯ᄒᆞᆫ東西의差別가有ᄒᆞᆷ과갓치人文地理上에在ᄒᆞ야도또ᄒᆞᆫ兩面의差

異가甚ᄒᆞ야西部는東部보다人口가稠密ᄒᆞ고物產이豐富ᄒᆞ고商業이殷盛홈을可히測知홀지라

人物考

金方慶傳

金方慶의字는本然이니安東人이오新羅敬順王의遠孫이라母ㅣ有娠ᄒᆞ야屢次夢에雲霞를餐ᄒᆞ니嘗語人曰雲氣가嘗在吾口鼻ᄒᆞ니兒必神仙中來矣로다及生에少有嗔恚ᄒᆞ면必臥啼街衢ᄒᆞ미牛馬가爲之避ᄒᆞ니人皆異之러라年이十六에以蔭補散員ᄒᆞ야式目錄事를兼ᄒᆞ니侍中崔宗峻이愛其忠謇ᄒᆞ야待之以禮ᄒᆞ고有大務ᄒᆞ면皆委之러라屢遷ᄒᆞ야至監察御史라가後에爲西北面方馬判官이러니蒙古兵이來攻諸城ᄒᆞ거늘入保葦島ᄒᆞ니島가平衍可耕이로되患海潮ᄒᆞ야不得墾이라方慶이令築堰播種ᄒᆞ니民賴而活이라高麗元宗四年에知御史臺事러니十年에林衍이王을廢ᄒᆞ니世子가自元國으로還至義州라가聞難ᄒᆞ고復入元ᄒᆞ니元世祖가脫兒不花等을遣ᄒᆞ야在國羣臣을諭ᄒᆞ고及還에方慶이偕行入元ᄒᆞ니世子가請兵ᄒᆞ야蒙哥篤이領軍ᄒᆞ고將發홀ᄉᆡ元國中書省에셔謂世子曰今蒙哥篤이若久駐西京ᄒᆞ야以待大軍ᄒᆞ면林衍이旣背命이라必不給軍食ᄒᆞ리니奈何오侍中李藏用等이曰方慶이再鎭北界ᄒᆞ야有遺愛ᄒᆞ니非此人不可라ᄒᆞᆫᄃᆡ乃命方慶ᄒᆞ니方慶이曰兵到西京ᄒᆞ야若過大同江이면恐將有變이니宜勿令過江이라ᄒᆞᆫᄃᆡ皆曰善라行至東京ᄒᆞ야王이復位ᄒᆞ심을聞ᄒᆞ고因留待之러니時에崔坦韓愼이叛

ᄒᆞ야諸城守을殺ᄒᆞ얏스되오직博川守姜份과延州守權闡을禮待ᄒᆞ야曰金公의德을吾豈敢忘이리오ᄒᆞ니份과闡이方慶의妹婿가됨으로以ᄒᆞᆫ것이라明年에方慶이與蒙哥篤으로至西京ᄒᆞ니父老가爭來餉ᄒᆞ야泣曰若公在면豈有坦愼之事리오ᄒᆞ더라是年夏에三別抄가叛ᄒᆞ야驅掠人民ᄒᆞ고航海而南ᄒᆞ거늘王이叅知政事申思佺을遣ᄒᆞ야爲招討使ᄒᆞ고又命方慶ᄒᆞ야領兵ᄒᆞ고與蒙古宋萬戶等一千餘人으로追討ᄒᆞᆯᄉᆡ至海中ᄒᆞ야望見賊船이泊靈興島ᄒᆞ고方慶이欲擊ᄒᆞᆫᄃᆡ賊이逃去ᄒᆞ니라賊이入據珍島ᄒᆞ야侵掠州郡ᄒᆞ되思佺이不以討賊爲意라가坐免ᄒᆞ니方慶이代思佺ᄒᆞ야與蒙古元帥阿海로率兵一千討之ᄒᆞᆯᄉᆡ賊이圍羅州ᄒᆞ고分兵攻全州ᄒᆞ니羅州人이與全州人으로議降ᄒᆞ니全州人

이猶豫ᄒᆞᄂᆞᆫ지라方慶이在道聞之ᄒᆞ고單騎로倂日南行ᄒᆞ야先牒全州曰某日에當率兵一萬ᄒᆞ야入州ᄒᆞ리니宜速備軍餉ᄒᆞ라ᄒᆞᆫᄃᆡ全州가以牒으로示羅州ᄒᆞ니賊이遂解圍去ᄒᆞ니라方慶이與阿海로屯三堅院ᄒᆞ야對珍島而陣ᄒᆞ니賊의船艦이皆盡恠獸ᄒᆞ야蔽江照水에動轉如飛ᄒᆞ고每戰에賊軍이鼓噪突進ᄒᆞ니互有勝負ᄒᆞ야曠日相持러니會에潘南人洪贇洪機가譖于阿海曰方慶孔愉等이陰與賊相通이라ᄒᆞ니阿海가執而囚之ᄒᆞ고移牒達魯花赤ᄒᆞ야令方慶還ᄒᆞ야與贇等對辨ᄒᆞᆯᄉᆡ以叅知政事蔡楨으로代之ᄒᆞ고阿海가鎖方慶ᄒᆞ야押送于京ᄒᆞ니見者皆冤之라達魯花赤이言於王曰贇等所言이誣妄이니宜繫牢獄ᄒᆞ고釋方慶ᄒᆞ소서ᄒᆞ나王이卽令方慶으로討賊ᄒᆞ야復授上將軍ᄒᆞ고慰諭遣

之ᄒᆞ시니方慶이至珍島에賊이皆乘船ᄒᆞ고旗幟를盛張ᄒᆞ며鉦鼓가沸海ᄒᆞ고又於城上에鼓譟大呼ᄒᆞ야以助聲勢어ᄂᆞᆯ阿海가怯ᄒᆞ야下船ᄒᆞ야欲退屯羅州어ᄂᆞᆯ方慶이曰元帥若退면是示弱也라若賊이乘勝長驅면誰敢當鋒이리오ᄒᆞᆫᄃᆡ阿海가不敢退라方慶이獨率師攻之ᄒᆞᆯᄉᆡ賊이以戰艦逆擊ᄒᆞ니官軍이皆退라方慶이曰決勝이在今日이라ᄒᆞ고突入賊中ᄒᆞ니賊이圍之라方慶의士卒이殊死戰ᄒᆞ야矢石이俱盡ᄒᆞ고又皆中矢ᄒᆞ야不能起라有賊將이露刃ᄒᆞ고跳入船中이어ᄂᆞᆯ金天祿이以短矛刺之라方慶이起ᄒᆞ야曰寧葬魚腹이언졍安可死於賊乎아ᄒᆞ고欲投海ᄒᆞ니衛士許松延等이挽止之라病創者가見方慶危急ᄒᆞ고呌呼復起ᄒᆞ야疾戰ᄒᆞᆯᄉᆡ方慶이據胡床指揮ᄒᆞ야顔色이自若이라將軍楊東

茂가以蒙衝突擊ᄒᆞ니賊乃解去ᄒᆞ니遂潰圍而出ᄒᆞ다阿海가以畏縮不戰으로罷ᄒᆞ고元將忻都가來代ᄒᆞ니方慶이與忻都協謀ᄒᆞ야攻珍島ᄒᆞᆯᄉᆡ將中軍ᄒᆞ야入自碧波亭ᄒᆞ고永寧公의子熙雍과洪茶丘ᄂᆞᆫ將左軍ᄒᆞ야入自獐項ᄒᆞ고大將軍金錫萬戶高乙麽ᄂᆞᆫ將右軍ᄒᆞ야入自東面ᄒᆞ니總百餘艘라賊이聚碧波亭ᄒᆞ야欲拒中軍이어ᄂᆞᆯ茶丘가先登ᄒᆞ야縱火挾攻ᄒᆞ니賊이驚潰라先是에官軍이數與賊戰不勝ᄒᆞ니賊이輕之러니至是ᄒᆞ야官軍이奮擊ᄒᆞ니賊이棄妻子逃라方慶이追之ᄒᆞ야男女一萬餘人과戰艦數十艘를獲ᄒᆞ니餘賊이走耽羅라方慶이入珍島ᄒᆞ야米四千石과財寶器仗을得ᄒᆞ야悉輸王京ᄒᆞ고其陷賊良民은皆令復業ᄒᆞ고凱還ᄒᆞ니王이遣使郊迎ᄒᆞ시고以功으로守太尉中書侍郎章平事

을加ᄒᆞ다 (未完)

會事記要

隆熙二年十月十六日下午三時에壽洞臨時會館內에特別総會를開ᄒᆞ다書記가點名ᄒᆞ니出席員이四十六人이러라各學會俱樂部組織委員太明軾金明濬崔在學三氏의報告을公佈ᄒᆞ다學會俱樂部部式을開ᄒᆞᆯᄉᆡ本會에서九人을選送ᄒᆞ기로動請可決ᄒᆞ다

開城支會請願을公佈ᄒᆞ미鄭鎭弘氏가擔保ᄒᆞ고除視察認許ᄒᆞ기로可決되다

申尙敏氏議案內開에自十一月爲始ᄒᆞ야本會報에會員의居住을揭載ᄒᆞᄌᆞᄒᆞ미金基東氏特請으로異議가無ᄒᆞ다

安州普達學校校長의公函을公佈ᄒᆞ미太明軾氏動議ᄒᆞ기를兩校合設은現今必要이고校名은兩校에서和沖的으로叶議ᄒᆞ라고答函만ᄒᆞᄌᆞᄒᆞ미李達元氏再請으로可決되다

一城外沿江各私立各學校聯合運動會公函을公佈ᄒᆞ미吳奎殷氏動議ᄒᆞ기를若干賞品도寄付ᄒᆞ려니와特히委員을派送ᄒᆞᄌᆞᄒᆞ미李達元氏再請으로可決되야委員은吳奎殷으로會長이自辟ᄒᆞ다

副會長姜玧熙氏辭免願書을公佈ᄒᆞ미李達元氏再請으로可決되다

本會館電燈敷設事件에對ᄒᆞ야吳奎殷氏動議ᄒᆞ기를本會經費눈비록窘拙ᄒᆞ나電燈敷設이對來엔大段必要ᄒᆞ니姑先設備만ᄒᆞᄌᆞᄒᆞ미姜玧熙氏再請으로可決되다

博川博明學校公函內開에本郡挾類鄭志漸崔曰汝等이該支校에對ᄒᆞ야無理ᄒᆞᆫ沮戲가有ᄒᆞ니本會에서極히注意ᄒᆞ야該人의誣訴

ᄒᆞᄂᆞᆫ行動을調査ᄒᆞᄌᆞᄒᆞ미柳東作氏特請에異議가無ᄒᆞ야調査委員은吳錫裕吳奎殷兩氏被選ᄒᆞ다

平壤磁器會社株式募集事에對ᄒᆞ야該社總務鄭仁叔氏가該社來歷을說明后一般會員諸氏의게贊成ᄒᆞᆯ意을佈告ᄒᆞ다時干이盡ᄒᆞ매金基東氏特請으로閉會ᄒᆞ다

隆熙二年十一月十一日下午七時에特別總會을普成舘內에開ᄒᆞ고副會長姜玧熙氏陞席ᄒᆞ다書記가點名ᄒᆞ니出席員이三十八人이러라

書記가前會會錄을朗讀ᄒᆞ매若干錯誤가有ᄒᆞᆷ으로改正仍受ᄒᆞ다

一會計員朴景善氏十月度會金收入額과用下明細書을報告ᄒᆞ미仍受ᄒᆞ기로可決되다

一評議員甲錫厦、朴聖欽、劉禮均三氏의辭免請願書를公佈ᄒᆞ미吳奎殷氏動議ᄒᆞ기ᄅᆞᆯ該辭免請願은仍受ᄒᆞᄌᆞᄒᆞ미金允五氏再請으로可決되다李達元氏動議ᄒᆞ기ᄅᆞᆯ評議員辭免ᄒᆞᆫ代에六人을公薦ᄒᆞ야三人을選定ᄒᆞᄌᆞᄒᆞ미吳奎殷氏再請으로可決되야韓龍曾吳錫裕金錫權三氏가從多數被選ᄒᆞ다

安岳東倉學校校長表致楨氏의支校請願을公佈ᄒᆞ미吳奎殷氏動議ᄒᆞ기ᄅᆞᆯ李達元氏擔保書가有ᄒᆞ고財團證明이有ᄒᆞ니依規認許ᄒᆞᄌᆞᄒᆞ미金亨變氏再請으로可決되다

北靑維新學校請願ᄅᆞᆯ公佈ᄒᆞ미玄昇奎氏動議ᄒᆞ기ᄅᆞᆯ財團證明이足ᄒᆞ고規則에違反이無ᄒᆞ니依規認許ᄒᆞᄌᆞᄒᆞ미李達元氏再請으로可決되다

載寧郡振興學校請願을公佈ᄒᆞ미金允五氏特請ᄒᆞ기ᄅᆞᆯ財團의證明과擔保가無ᄒᆞ니該

郡支會에委任調査ᄒᆫ後認許ᄒᄌᄒ미異議가無ᄒ다

定平郡支會請願을公佈ᄒ미金亨變氏動議ᄒ기를李東暉氏의擔保書가有ᄒ니依規認許ᄒᄌᄒ미朴殷植氏再請으로可決되다

端川郡支會第一號報明書를公佈ᄒ다

平壤郡支會第一號報明書를公佈ᄒ다

開城支會第一號報明書을公佈ᄒ다

大邱私立協成學校贊務會公函을公佈ᄒ매金允五氏動議ᄒ기를敎育에同情을表ᄒ야荅函ᄒᄌᄒ미吳奎殷氏再請으로可決되다

一總務金允五氏動議ᄒ기를本會舘의竣工이不遠ᄒᆫᄃᆡ本校應用ᄒᆯ椅子與冊床이時急ᄒ니現隨學生容接ᄒ야準備케ᄒ되四百名學生容接ᄒᆯ椅子冊床準備品代金은姑先五百圓以內로預定ᄒ야建築委員諸氏의게委任ᄒᄌᄒ미吳奎殷氏再請으로可決되다時干이盡ᄒ미姜華錫氏特請으로閉會ᄒ다

●會員消息　金尙弼氏ᄂᆞᆫ博川郡守로申錫厦氏ᄂᆞᆫ楚山郡守로薛泰熙氏ᄂᆞᆫ甲山郡守로朱堣氏ᄂᆞᆫ定平郡守로被任ᄒ얏더라

●忠南扶餘郡曲阜居朴東翼氏寄付公函

敬啓者盖非西成之候면無以熟禾穀之科오非北陸之藏이면無以堅松栢之質이오非敎育之力의면無以發人材之美ᄒᄂᆞᆫ이僕以寄寓之蹤으로竊伏湖右之濱ᄒ야聞西北學會之聲名이有年矣라氣味之始也에如春物方芽ᄒ야芒節初綻门世界之稱以眼明者라야方才認視이거ᄂᆞᆯ而廼主人翁이其灌漑之工과栽培之力을不以人不知而爲慍ᄒ야勤而益勤ᄒ고苦而益苦ᄒ야眷眷不撤而日去月來에鋤治之功이旣周ᄒ고雨潤露滴에燁敷

之容이方殷ᄒᆞ야臨賞而傍觀者耳習而目慣ᄒᆞ야始知其將爲救腸之粒이며亦知其將爲扶厦之材而人孰不食이리오我有子弟며人孰無家리오我有門戶라ᄒᆞ야近者ᄂᆞᆫ效ᄒᆞ고遠者ᄂᆞᆫ應ᄒᆞ며智者ᄂᆞᆫ悅ᄒᆞ고賢者ᄂᆞᆫ感ᄒᆞ야上自皇宮國都로以至府郡閭巷에其綢繆之規와維持之方을莫不取法於主人翁之判得一箇誠字ᄒᆞ야一粒之播로萬億及梯之積에至ᄒᆞ며一根之托으로棟樑桷臬之用에達ᄒᆞ야平秩以收之ᄒᆞ고斂藏以充之ᄒᆞ야其實施之及에拯救我二千萬同胞ᄒᆞ며扶持我五百年　皇室則迨此時ᄒᆞ야西北之功이顧不壯且偉哉아地之得名과物之寓號者或預兆於前ᄒᆞ며或發之於後ᄒᆞᄂᆞᆫ이今屹立學舍於皇宮之東世卿之鄰而設校之風이於斯爲盛則本衙之從古得名이果非先兆於前乎며環

疆土翹首之望이方切於有秋之成穀과大冬之雪栢則貴會之本來揭號者가果非闡發於後者耶아如僕之流ᄂᆞᆫ未免穀中之稂莠며自甘藪中之荊棘이나下風所及에猥忘陋越ᄒᆞ고仰浼冗俗數語ᄒᆞ야以供
僉君子一哂之資而敢付壹圓薄文ᄒᆞ야以寓坐蟄者觀感之意ᄒᆞ오나其言也至拙ᄒᆞ고爲物也至細ᄒᆞ기로不勝愧汗之至

●會員李孝健氏의本會舘及學校建築에義捐ᄒᆞᆫ公函如左

謹啓惟我西北學會ᄂᆞᆫ有志諸氏의熱心血誠으로一朝奮發ᄒᆞ사上舘下校의三層巨屋을漢城中央에巍然特起ᄒᆞ시니團合의精神과敎育의機關이可謂昏衢之燭과警世之鐸이라將來全國의一大模範이될지니凡我西北人士者ㅣ孰不同情歡迎ᄒᆞ며同力賛成이리

오本員은西土一鱖物이라尙遲承誨ᄒᆞ오니曷勝慄愧리오今玆會舘及學校建築에 僉大人의苦心紆籌와巨額必需은貢慮萬萬이오며以菲薄寸誠으로謹將略干金參拾圜ᄒᆞ야冒涜替呈ᄒᆞ오니照亮査收ᄒᆞ시와以補萬一之助ᄒᆞ심을切盼

會計員報告 第二十四號

十一圜七十七錢 會計員任置條

二十四圜六錢 月報代金收入條郵稅並

一百五十圜 韓一銀行貯蓄金中推來條

合計一百八十五圜八十三錢

第二十四回新入會員入

會金收納報告

金尙遇	泰川	李時建	北靑	李益鉉	載寧
申鳳周	義州	金孝柄	泰川	朱俊燮	北靑
李文世	金川	白鎔德	泰川	白鎔晋	泰川
鮮于晶	泰川	白元範	泰川	全應圭	城津
鄭炳國	城津	尹滋道	平山	李鏞羲	安州
尹在朝	中和	李達謨	定平	金仁淑	定平
李鉉觀	定平	韓景孝	定平	韓光殷	定平
金斗起	定平	金在淵	定平	吳悌裕	定平
尹和洙	定平	秦柄亢	定平	金國鍾	定平
金秉郁	定平	金衡起	定平	李南淑	定平
秦效濂	定平	張斗軫	定平	元命健	定平
崔一泰	龜城	許京浩	龜城	全金德	龜城
金用鐸	鐵山	尹敎信	信川	金喜洙	鳳山
梁熙源	載寧	白龍鎭	定州	金秉溇	利原
趙義明	義州	金來珉	龍川	李作培	載寧

會計員報告

全台憲 平壤　徐璟龍 博川　高乃峻 博川
張龜洙 龍川　金正壎 熙川　洪承宇 金川
各一圜式
合計五十一圜

第二十四回月捐金收納報告

李晃根　一圜　自一月至十月十朔條
吳潤善　一圜　自光武十年十一月至十一年三月五朔條
吳潤善　二圜十錢　自十一年四月至隆熙二年十二月二十一朔條
李鏞羲　二十錢　自十一月至十二月兩朔條
姜弘默　一圜　自元年九月至三年六月十朔條
張千麗　一圜　自九月至三年六月十朔條

許宗彧　一圜二十錢　自十一年四月至隆熙二年三月十二朔條
張在植　五十錢　自五月至九月五朔條
合計八圜

第二十四回寄附金收納報告

金道濟　二圜
合計二圜

第四回建築費義捐金收納報告

洪在現　一百圜
尹泰善　十圜

朴性浩 二圜
朴東翼 一圜
張鳳周 十圜 五十圜中三次來
柳東作 五十圜 百圜中
李鏞義 十圜
趙鼎允 五百圜 五千圜三次來
張千麗 十圜
姜華錫 五圜 三十圜中條畢來
許 雲 二十圜
張龜洙 三圜
紳商會社 一百圜
信義社 二十圜
林祐敦 三十圜
李孝健 三十圜
金柄珣 三十圜

合計九百三十一圜

以上五共合一千一百七十七圜八十三錢內

第二十四回用下報告
自十月十五日至十一月十五日

二圜四十五錢 洋紙封套小筆印札紙洋火價幷
二圜三十八錢 女學校運動會寄付物品價
二圜八錢 沿江各學校運動會寄付物品價

百七十圜二十五錢 鉄物二十隻海關貰運賃費幷
四十一圜三十五錢 咸鉄三十五張價
五十四圜八錢 土管七十五介價雇價幷
四十四圜 二十三號月報印刷費畢給條
七百圜 會館建築費中五次給條
五圜 五里郵票一千枚價
一圜十五錢 永興端川載寧三和四處月報送時小包費
十四圜 水道閘鑿時役夫給條
八十五圜 各事務員總務主筆會計書記十月朔月銀條
八圜 下人十月朔月給條
三十圜 二十四號月報印刷費中先給條

合計一千一百五十九圜七十四錢除
在十八圜九錢 會計任置
韓一銀行貯蓄都合金二百圜也

●私立學校令說明 俵學部次官은向日漢城師範學校講堂에서私立學校及各學會의代表者를招集ᄒᆞ고私立學校令頒布ᄒᆞᆫ理由에關ᄒᆞ야一場演說을試ᄒᆞ얏ᄂᆞᆫ데其概要를左에採錄ᄒᆞ노라

本日各位에게叅會를求ᄒᆞᆷ은曩者頒布된私立學校令及學會令과其他此에結連된諸法規에關ᄒᆞ야其趣旨精神을開陳ᄒᆞ라ᄒᆞᆷ이니學部에서ᄂᆞᆫ此法令의趣旨精神을一般國民

에게周知게ᄒᆞᆯ事에充分努力ᄒᆞ되何國이든지政府의精神을遺漏가無ᄒᆞ게一般人民에게周知케ᄒᆞᆯ事ᄂᆞᆫ困難ᄒᆞᆫ것인데特히韓國에셔ᄂᆞᆫ一層困難을感ᄒᆞᄂᆞᆫ지라其結果로恒常政務의精神에在치아니ᄒᆞᆫ傳說或誤謬의流傳을免치못ᄒᆞᄂᆞᆫ지라今回私立學校令에도所謂浮說流言이不少ᄒᆞ다ᄂᆞᆫ傳聞이狼藉ᄒᆞᆷ은學部의甚히遺憾ᄒᆞᆫ바인故로玆에各位의叅會를求ᄒᆞ얏더니各位ᄂᆞᆫ紛忙ᄒᆞᆷ을不顧ᄒᆞ고會同出席ᄒᆞᆷ은余의甚喜ᄒᆞᆷ을不勝ᄒᆞᄂᆞᆫ바오니玆에各位의勞를深謝ᄒᆞ며余도如此히多數ᄒᆞᆫ人에게對ᄒᆞ야卑見을開陳ᄒᆞᆷ은甚히光榮ᄒᆞᆫ바이로라

爲先私立學校令을頒布ᄒᆞᆫ데對ᄒᆞ야浮說의一二를舉ᄒᆞᆫ則學校의經營者又學校關係者間에學部에셔私立學校令을頒布ᄒᆞᆷ은其方針이私立學校ᄅᆞᆯ廢滅ᄒᆞ랴ᄂᆞᆫ데在ᄒᆞ다云ᄒᆞᄂᆞᆫ者도有ᄒᆞ고或此ᄅᆞᆯ廢滅ᄒᆞ기ᄭᆞ지ᄂᆞᆫ至치아니ᄒᆞᆫ다云ᄒᆞ야도學部大臣의認可ᄅᆞᆯ必要ᄒᆞ다ᄒᆞᆷ은私立學校의多數設立을希望ᄒᆞᄂᆞᆫ結果로餘程確實ᄒᆞᆫ基礎가아니면認可치아니ᄒᆞ랴ᄂᆞᆫ方針이라云ᄒᆞᄂᆞᆫ者도有ᄒᆞ고又或耶蘇敎學校를廢滅ᄒᆞ랴ᄒᆞᆫ다云ᄒᆞᄂᆞᆫ者도有ᄒᆞ며其他各種訛傳을得聞ᄒᆞᄂᆞᆫ데其結果로學校當事者ᄂᆞᆫ諸般疑懼ᄅᆞᆯ懷ᄒᆞ고現今二三新聞은私立學校令은規則으로ᄂᆞᆫ文明流의完全ᄒᆞᆫ것이로되韓國에셔此ᄅᆞᆯ頒布ᄒᆞᆷ은時機가尙早ᄒᆞ다고論ᄒᆞᆫ者가有ᄒᆞ니此等도亦是學部의私立學校令頒布ᄒᆞᆫ精神을誤解ᄒᆞᆫ데基因ᄒᆞᆷ이니此機會ᄅᆞᆯ利用ᄒᆞ야充分其精神을說明ᄒᆞ깃노라

各位ᄂᆞᆫ旣히諒知ᄒᆞᄂᆞᆫ바와如히從來韓國에

셔는漢文外에는學問이無하다ᄒᆞ야是故로學校에셔는漢文敎育外에他敎育을尙ᄒᆞ는者는殆히絶無ᄒᆞ다ᄒᆞ야도可ᄒᆞᆯ지라近年學校에셔漢文以外各種學科를加ᄒᆞ기에至ᄒᆞ얏시되此亦廣行치못ᄒᆞ고偶行ᄒᆞ는者는耶蘇敎宣敎師가布敎ᄒᆞ는暇에好意로韓國의敎育을爲ᄒᆞ야經營ᄒᆞ는바學校와又日本人이從事ᄒᆞ는學校와或韓國人이外國에留學ᄒᆞ거나若韓國에셔新敎育을取ᄒᆞᆫ者의經營ᄒᆞ는學校等에不過ᄒᆞ니此種學校는全體上으로見ᄒᆞᆫ이極히少數라云ᄒᆞᆯ지라然而再昨年以來로韓國政府는國費의一部를割ᄒᆞ야新敎育을施ᄒᆞ기爲ᄒᆞ야師範學校高等學校又外國語學校를擴張ᄒᆞ고或京城及地方에官立普通學校를興ᄒᆞ고多大ᄒᆞᆫ經費를投ᄒᆞ야其校舍를造ᄒᆞ며校具를備ᄒᆞ며敎師를增聘ᄒᆞ야必要ᄒᆞᆫ學科에就ᄒᆞ야新敎育의模範을示ᄒᆞ니卽各位의見ᄒᆞ는바와如히當師範學校도再昨年ᄭᆞ지는狹小ᄒᆞᆫ敎室로써僅不過二三十人의生徒를養成ᄒᆞᆫ則充分ᄒᆞᆫ敎育을能施치못ᄒᆞ고此로因ᄒᆞ야優良ᄒᆞᆫ敎師를作치못ᄒᆞᆯ지라

故로莫大ᄒᆞᆫ費用을授ᄒᆞ야校舍를新築ᄒᆞ고爲先完全ᄒᆞᆫ新敎育을施ᄒᆞ기에至ᄒᆞᆫ지라如此히政府는多大ᄒᆞᆫ費用을授ᄒᆞ고又多大ᄒᆞᆫ勞力을費ᄒᆞ야新敎育을爲ᄒᆞ야熱誠을注ᄒᆞ야學校를旺盛키ᄒᆞ랴ᄒᆞᆷ은多辨을要치아니ᄒᆞᆯ지니卽此國의敎育을盛케ᄒᆞ는ᄃᆡ不外ᄒᆞᆫ지라凡國의隆盛을冀ᄒᆞ고國을富强케ᄒᆞᆷ은不可不敎育에依ᄒᆞᆯ지니換言ᄒᆞ면國의隆盛富强은敎育의振興如何에在ᄒᆞ니近者에其例를日本國에採ᄒᆞᆯ지ᄃᆡ日本은旣往四十年

前에在ᄒᆞ야ᄂᆞᆫ韓國今日의狀態보담甚히軒輕ᄒᆞ더니現今과如히長足進步가發達됨은全혀敎育의力을賴홈은日本國民은尙矣勿論이오世界各國人의一齊認知ᄒᆞᄂᆞᆫ바이니此로써觀ᄒᆞ면如何히敎育ᄒᆞᄂᆞᆫ것이國의富强隆盛에密接關係가有홈을可知라

韓國에서도政府以外一般國民中에先憂者라謂홀만ᄒᆞᆫ憂國之士ᄂᆞᆫ不期히政府의希望ᄒᆞᄂᆞᆫ바에着眼ᄒᆞ얏시니卽再昨年以後에特히昨年以來로各處에學校를興ᄒᆞ야敎育의普及發達을企畫ᄒᆞ기에至ᄒᆞᆫ事ᄂᆞᆫ其目的希望이全혀政府의希望ᄒᆞᄂᆞᆫ바에一至ᄒᆞᆫ것이라余ᄂᆞᆫ韓國을深喜홀現象으로確信ᄒᆞ노라且前述과如히一般國民이敎育에重홈을置ᄒᆞ야盛히學校를興ᄒᆞ야敎育普及發達을圖홈은其目的이韓國의富强進步發達에在ᄒᆞᆫ則如何ᄒᆞᆫ學校를設立ᄒᆞ면此目的을達홀ᄂᆞᆫ지如何ᄒᆞᆫ學校를經營ᄒᆞ면韓國을富强文明에赴케홀ᄂᆞᆫ지卽學校經營ᄒᆞᄂᆞᆫ方法如何에就ᄒᆞ야ᄂᆞᆫ政府ᄂᆞᆫ一般人民과共히此를硏究홀必要가有홈을信ᄒᆞ며一般人民에게도唯其子弟가學校에入ᄒᆞ면學校에서何事를習ᄒᆞ고何事를成ᄒᆞᄂᆞᆫ지ᄂᆞᆫ一毫도關知치아니ᄒᆞ니此點은放任仍置ᄒᆞ면可타云치못홀지라須히政府와共히韓國의進步發達을期홀手段方法에就ᄒᆞ야深히硏究치아니면不可ᄒᆞ니假令國民은此硏究를閑却홀지라도國民의上에立ᄒᆞᆫ政府ᄂᆞᆫ學校經營ᄒᆞᄂᆞᆫ方法手段을充分히硏究ᄒᆞ야一般人民을指導啓發홀事ᄂᆞᆫ卽政府의當然ᄒᆞᆫ職務이오且一般人民에對ᄒᆞᆫ義務에不外ᄒᆞ니此點은各位가旣히知悉ᄒᆞᄂᆞᆫ바로信ᄒᆞ거니와順序로充分히

解釋ᄒᆞᄂᆞᆫ바로라

凡社會上에出來ᄒᆞᆫ事ᄂᆞᆫ其必要에迫ᄒᆞ야此를始生ᄒᆞᆫ것인ᄃᆡ必要한事物은生치아니ᄒᆞ야私立學校令等과其他此에結連ᄒᆞᆫ諸法令이今日에頒布된所以로되此亦必要에迫ᄒᆞ야此頒布를始見ᄒᆞ기에至ᄒᆞ얏시니玆에此必要ᄒᆞᆫ바와二三을說明ᄒᆞ깃노라

第一　政府ᄂᆞᆫ其職務를盡ᄒᆞᄂᆞᆫ必要

學部ᄂᆞᆫ自己의職分上一般人民에對ᄒᆞᆫ義務를盡ᄒᆞᄂᆞᆫᄃᆡ必要를認케ᄒᆞᆯ지니近時韓國一般에涉ᄒᆞ야前陳과如히敎育熱은甚히旺盛ᄒᆞ야學校設立ᄒᆞᄂᆞᆫ狀況을呈ᄒᆞ되從中學校設立에關ᄒᆞ야ᄂᆞᆫ一般學校設立者에게隨意新設ᄒᆞ고或隨意廢止ᄒᆞᆷ을因ᄒᆞ야學校의設立廢止ᄂᆞᆫ各其人民의自由에在ᄒᆞ고政府ᄂᆞᆫ何等與知가無ᄒᆞᆫ故로果然國內에幾何學校가在ᄒᆞᆫ지或如何ᄒᆞᆫ名稱의學校가有ᄒᆞᆫ지何如ᄒᆞᆫ地에在ᄒᆞᆫ지敎授ᄒᆞᄂᆞᆫ學校科課程은如何ᄒᆞᆫ種類의科目인지換言ᄒᆞ면學校의名稱、目的、位置、學科目及學校의狀況如何에就ᄒᆞ야ᄂᆞᆫ政府ᄂᆞᆫ一毫도此에與知치못ᄒᆞᆷ은多言을要치아니ᄒᆞ고敎育의目的은前述과如히韓國으로ᄒᆞ야곰疲弊에陷케ᄒᆞ고或紛擬ᄒᆞᆫ禍中에投케ᄒᆞ랴ᄂᆞᆫ思想을抱有ᄒᆞᆫ人은一人도無ᄒᆞ깃고必也此目的은韓國의富强文明의增進에在ᄒᆞᆫ것은毋容更議로되其手段方法을研究치아니ᄒᆞᄂᆞᆫ結果로一般人民에게方向이誤赴케ᄒᆞᄂᆞᆫ事가無ᄒᆞᆷ을保치못ᄒᆞᆯ지니苟或此弊가有ᄒᆞ다ᄒᆞᆯ진ᄃᆡ卽此를適當ᄒᆞᆫ方面과善良ᄒᆞᆫ方面으로論導ᄒᆞᆯ事ᄂᆞᆫ卽政府의義務이뇨人民에對ᄒᆞ야親切ᄒᆞᆫ措置를施ᄒᆞᆯ터인ᄃᆡ前述과如히學校의總點에셔

其狀況이明瞭치못ᄒᆞ게放擲ᄒᆞ면政府ᄂᆞᆫ人民에對ᄒᆞ야自己의任務를盡치못ᄒᆞᄂᆞᆫ結果로政府ᄂᆞᆫ其當然ᄒᆞᆫ職務를顧ᄒᆞ고人民에對ᄒᆞᆫ義務를盡케ᄒᆞ기爲ᄒᆞ야何如ᄒᆞᆫ地方에何如ᄒᆞᆫ學校가存在ᄒᆞᆫ지其程度ᄂᆞᆫ如何ᄒᆞᆫ지現在生徒의員數ᄂᆞᆫ如何ᄒᆞᆫ等과其狀況을知悉ᄒᆞ고其學校의設立廢止를認ᄒᆞ기爲ᄒᆞ야或報告를徵ᄒᆞ며或時時로當該官吏를派送ᄒᆞ야其現狀을調查ᄒᆞᆯ必要가有ᄒᆞ니卽其現狀을知ᄒᆞ라ᄂᆞᆫ事ᄂᆞᆫ政府가將次自己의義務를盡ᄒᆞᄂᆞᆫ所以라此卽今回私立學校令頒布ᄒᆞᆫ理由의一이오

第二　私立學校現下狀態에鑑ᄒᆞ야此를保護監督ᄒᆞᄂᆞᆫ必要

私立學校의目下狀況은此를自然에放任ᄒᆞᆷ이甚히不可ᄒᆞ야此를保護監督ᄒᆞᄂᆞᆫ必要를認ᄒᆞ니夫保護監督이라ᄒᆞᆷ은私立學校에對ᄒᆞ야其經營을完全케ᄒᆞᄂᆞᆫ必要에셔出ᄒᆞᆯ것인데學校에向ᄒᆞ야便宜를與ᄒᆞ고半面에ᄂᆞᆫ又此를處理ᄒᆞᄂᆞᆫ必要를生ᄒᆞ니換言ᄒᆞ면私立學校로ᄒᆞ야곰其目的을完全케ᄒᆞ기爲ᄒᆞ야政府에서一面으로此를保護ᄒᆞ며同時에他面으로此를處理ᄒᆞᄂᆞᆫ必要上으로本令의頒佈를促ᄒᆞᆫ지라此點에就ᄒᆞ야ᄂᆞᆫ且詳細ᄒᆞᆫ說明ᄒᆞᄂᆞᆫ事로信ᄒᆞ니現時에韓國學校의狀態ᄂᆞᆫ果然如何ᄒᆞᆫ지以下에述ᄒᆞᆯ바ᄂᆞᆫ一般學校가皆然ᄒᆞᆷ은아니로되比較的多數ᄒᆞᆫ學校가其狀態에在ᄒᆞ니

(一)學校維持方法에困難ᄒᆞᆫ事

今에韓國敎育의狀態를見ᄒᆞ거ᄃᆡ各處에셔競爭ᄒᆞ야學校를設立ᄒᆞ되第一困難은經費問題인ᄃᆡ此經費에就ᄒᆞ야ᄂᆞᆫ其地方의所在

有志家로서寄附金을募集ᄒᆞ야其維持에充ᄒᆞᄂᆞᆫ者도有ᄒᆞ고或土地와其他公共收入을學校에附屬ᄒᆞ야維持를圖ᄒᆞᄂᆞᆫ者等種種手段을講ᄒᆞ야도畢竟一般學校ᄂᆞᆫ其維持方法에就ᄒᆞ야最히困難을感ᄒᆞ야學部大臣에게請願ᄒᆞ야或何許財産을學校에附屬케ᄒᆞ며或校舍의讓渡를請ᄒᆞ거나或補助金을請ᄒᆞ거나或學校互相間財産의爭奪이나或寄附金强請ᄒᆞᄂᆞᆫ데對ᄒᆞᆫ苦情이나或學校妨害者에對ᄒᆞᆫ是非等各種으로學校保護를請願ᄒᆞᄂᆞᆫ者를計ᄒᆞ면其例를殆히枚擧키不遑ᄒᆞᆫᄃᆡ學部大臣은此等請願을處理ᄒᆞ기에當ᄒᆞ야其學校의目的、程度、學科目、 內容及現況을充分知悉치못ᄒᆞ면其善惡을識判ᄒᆞ고其是非曲直을裁定ᄒᆞ야其善良ᄒᆞᆫ者ᄂᆞᆫ保護奬勵ᄒᆞ고其邪曲ᄒᆞᆫ者ᄂᆞᆫ矯正指導ᄒᆞ야學校保護ᄒᆞᄂᆞᆫ實을完全히將來學校增設ᄒᆞᆷ을得치못ᄒᆞ고其終에至ᄒᆞ야ᄂᆞᆫ此等維持上에關ᄒᆞ야寄附의募集과財産의爭奪等이益益政府의保護를求ᄒᆞᄂᆞᆫ事가頻起ᄒᆞᆯ지라도此等學校에서學部大臣의認可를受치못ᄒᆞ면此內容現狀을知치못ᄒᆞ고此로因ᄒᆞ야政府에서保護ᄒᆞ고指導ᄒᆞᄂᆞᆫ方法을施치못ᄒᆞᆯ지니此乃學校令을頒佈ᄒᆞ야豫히學校의狀況을知ᄒᆞ라ᄂᆞᆫ所以오

(二)學校의授業學科目에不適當ᄒᆞᆫ者가多數ᄒᆞᆫ現時에多數ᄒᆞᆫ私立學校中京城內에ᄂᆞᆫ殆히得見치못ᄒᆞᆯ깃시되地方에私立學校ᄂᆞᆫ其學科의選擇이得宜치못ᄒᆞ니卽學校ᄂᆞᆫ德育智育體育을敎授ᄒᆞᆷ은多言을俟치아니ᄒᆞ깃거ᄂᆞᆯ或喇叭을吹ᄒᆞ며操鍊ᄒᆞ고大皷를擊ᄒᆞ야課程을定ᄒᆞ고或學校에서學術을敎授

치아니ᄒᆞ고日常野外遊戲를事ᄒᆞᄂᆞᆫ者가有ᄒᆞ야依然히學校에서ᄂᆞᆫ喇叭을吹ᄒᆞ야操鍊ᄒᆞ고大皷를擊ᄒᆞᄂᆞᆫ處로信ᄒᆞᆯ것갓트니彼等은以謂志氣를皷舞ᄒᆞ야體力을强壯케ᄒᆞᆷ이라ᄒᆞ니甚히無難치못ᄒᆞᆯ지라國民一般의敎育普及ᄒᆞᄂᆞᆫ目的은韓國의富强文明을圖ᄒᆞ며進步發達을冀ᄒᆞᄂᆞᆫ데在ᄒᆞ거ᄂᆞᆯ如此ᄒᆞᆫ喇叭大皷操鍊又屋外遊戲의上達로써此國을富强에導ᄒᆞᄂᆞᆫ것인지德性을磨ᄒᆞ며智能을開ᄒᆞ지아니ᄒᆞ고唯獨體力을鍊ᄒᆞ야此國의進步를待ᄒᆞ기ᄂᆞᆫ不可ᄒᆞᆫ지라顧念컨ᄃᆡ父兄들은時間과費用을割ᄒᆞ야子弟를學校에送ᄒᆞ되學校에서ᄂᆞᆫ徒히喇叭大皷操鍊의修習에熱中ᄒᆞᆷ은其父兄과一般國民의希望ᄒᆞᄂᆞᆫ바에副치못ᄒᆞᆯ事ᄂᆞᆫ多言ᄒᆞᆯ바無ᄒᆞ거니와此ᄂᆞᆫ韓國敎育의目的에在치아니ᄒᆞ니此種學校를依舊放任ᄒᆞ야益益其弊를增長ᄒᆞ면親切치못ᄒᆞᆫ事ᄂᆞᆫ喋喋을要치아니ᄒᆞᆯ것이라此를監督ᄒᆞ고此을矯正ᄒᆞ야一般國民의希望에副ᄒᆞᆷ이政府의義務인데政府에서監督ᄒᆞᆷ은其學校의現況을知悉치못ᄒᆞ면不能ᄒᆞᆫ데屬ᄒᆞᆫ지라

(三)學校의敎科書에通常치못ᄒᆞᆫ것이多ᄒᆞᆫ事

多數私立學校에就ᄒᆞ야見ᄒᆞᆫ則其使用ᄒᆞᄂᆞᆫ敎科書가適當치못ᄒᆞᆫ것이不少ᄒᆞ고甚ᄒᆞᆫ者ᄂᆞᆫ有害ᄒᆞᆫ敎科書를使用ᄒᆞᄂᆞᆫ者가有ᄒᆞᆫ데其數가亦多ᄒᆞᆷ이可驚ᄒᆞ깃스니何故로有害ᄒᆞ다ᄒᆞᄂᆞᆫ지今其一例를擧ᄒᆞ건ᄃᆡ敎科書中에現時의政治問題社會問題를提來ᄒᆞ야編纂ᄒᆞᆫ것이多數ᄒᆞᆷ을見ᄒᆞᆫ事이니卽韓國政府의狀況을憤慨히녀이ᄂᆞᆫ記事를敎科中에編纂

ᄒᆞ야現時韓國政府의狀態ᄅᆞᆯ變更ᄒᆞ기에ᄂᆞᆫ各人이血爭치아니면不可ᄒᆞ다云ᄒᆞᄃᆞᆺᄒᆞᆫ文字ᄅᆞᆯ散見케ᄒᆞ니此等學校의教科書로셔果然適當ᄒᆞᆫ것으로認ᄒᆞᆯᄂᆞᆫ지韓國의將來에果然有害ᄒᆞ다ᄒᆞᆯᄂᆞᆫ지余ᄂᆞᆫ此點에就ᄒᆞ야卑見을開陳코자ᄒᆞ노라

夫政治와教育을混同ᄒᆞᆷ은教育의目的을達ᄒᆞ기甚히有害ᄒᆞ니政治라ᄒᆞᆷ은現時의政治問題及社會問題의意味이니卽現時에政治問題並社會問題와教育을混淆ᄒᆞᆷ은甚히有害ᄒᆞ야教育의進步ᄅᆞᆯ阻害ᄒᆞ야其目的을謬케ᄒᆞᄂᆞᆫ것이니라其例ᄅᆞᆯ擧示ᄒᆞ건ᄃᆡ日本에셔도距今二十六七年前學校에셔政治問題社會問題ᄅᆞᆯ討議ᄒᆞᄂᆞᆫ傾向이有ᄒᆞ야此ᄅᆞᆯ混同ᄒᆞᄂᆞᆫ弊에陷ᄒᆞᆷ을因ᄒᆞ야青年子弟의前途ᄅᆞᆯ謬ᄒᆞ야教育上의不利益이不少ᄒᆞᆫ故로當時의政府ᄂᆞᆫ極力ᄒᆞ야此ᄅᆞᆯ防壓ᄒᆞ니何故로此ᄅᆞᆯ防壓치아니면不可ᄒᆞ며何故로此ᄅᆞᆯ防壓ᄒᆞ야日本은世界各國에셔教育의進步ᄅᆞᆯ推賞ᄒᆞ기에至ᄒᆞ얏ᄂᆞᆫ지此理由에就ᄒᆞ야說明ᄒᆞ깃노라

我東洋人은日本人이나韓國人이나支邦人을勿論ᄒᆞ고從來에ᄂᆞᆫ學問은所謂經世之學으로學問을專事ᄒᆞᆷ은官吏되기로爲ᄒᆞᆷ이라官吏되지못ᄒᆞᄂᆞᆫ데ᄂᆞᆫ學問은其必要가無ᄒᆞ다고誤解ᄒᆞᄂᆞᆫ慣習이有ᄒᆞ야學問을修ᄒᆞᄂᆞᆫ者의希望ᄒᆞᄂᆞᆫ바ᄂᆞᆫ政權의叅與나官吏되ᄂᆞᆫ데在ᄒᆞ니此ᄂᆞᆫ東洋人의通弊로今日에及ᄒᆞᆫ것인데人輒口ᄅᆞᆯ開ᄒᆞ면政治問題ᄅᆞᆯ叫ᄒᆞ며社會問題ᄅᆞᆯ唱ᄒᆞ야所謂会을문ᄒᆞ며天下의事ᄅᆞᆯ談ᄒᆞᆷ으로써英雄의本領이라ᄒᆞ니卽政治의趣味ᄂᆞᆫ生命을支持ᄒᆞᆯ食物의嗜好ᄅᆞᆯ撰

ᄒᆞᄂᆞᆫ바이오學問이라ᄒᆞᆷ은學理를研究ᄒᆞᆷ이니學理라ᄒᆞᆷ은古來宇宙의森羅萬象을提來ᄒᆞ야其原理를研究ᄒᆞᄂᆞᆫ데在ᄒᆞ니其事가甚히重要ᄒᆞ되勤勞가多ᄒᆞᆫ學術의研鑽보담比較的趣味가多ᄒᆞᆫ政治問題社會問題를討議ᄒᆞᆷ은何人이든지喜悅ᄒᆞᄂᆞᆫ것인則若或同時에兩物을眼前에供ᄒᆞ고其執ᄒᆞᆯ바를問ᄒᆞ면興味가多ᄒᆞᆫ것을貪ᄒᆞᆷ은人情의固然ᄒᆞᆫ바이라青年子弟가勤勞를堪ᄒᆞ고研鑽을重히ᄒᆞ야學에志ᄒᆞᄂᆞᆫ바ᄂᆞᆫ異日政權에倚ᄒᆞ야政治를談코자ᄒᆞᄂᆞᆫ데在ᄒᆞ다ᄒᆞ면此等學苦를積치아니ᄒᆞ고專혀興味가有ᄒᆞᆫ政談을放吟ᄒᆞᆯ터이니何人이能히修學에刻苦ᄒᆞᄂᆞᆫ者가有ᄒᆞ리오其結果로修學ᄒᆞᄂᆞᆫ道를放擲ᄒᆞ고政治問題에熱中ᄒᆞ기에至ᄒᆞ야登校ᄒᆞᆫ子弟ᄂᆞᆫ無學ᄒᆞᆫ徒를作ᄒᆞ야青年의前途ᄂᆞᆫ世와合치못ᄒᆞ야遂히得ᄒᆞᆫ地位가無ᄒᆞ야一生을不平中에終ᄒᆞ기에至ᄒᆞᆷ은青年子弟의幸福이아일ᄲᅮᆫ아니라學校設立ᄒᆞᆫ目的에違背ᄒᆞᆫ지라政治와教育을混同ᄒᆞ면不可ᄒᆞᆫ所以ᄂᆞᆫ前述과如ᄒᆞ거니와韓國에셔此種教科書를學校에셔使用ᄒᆞᄂᆞᆫ結果로此國의前途如何ᄂᆞᆫ余가此時에當ᄒᆞ야更히韓國教育의目的은何에在ᄒᆞᆷ을研究치아니ᄒᆞ면不可ᄒᆞᆫ지라韓國教育의目的은益益此國을披弊케ᄒᆞᆷ에在ᄒᆞᆫ가益益此國을騷擾케ᄒᆞᆷ에在ᄒᆞᆫ가不然ᄒᆞ다此國의文明富强을冀ᄒᆞᆷ에在ᄒᆞ고進步發達을圖ᄒᆞᆷ에在ᄒᆞᆫ事ᄂᆞᆫ何人이든지異論이有ᄒᆞᆯ理가無ᄒᆞᆫ지라

然而政治問題社會問題와如히興味가有ᄒᆞᆫ問題를提起ᄒᆞ야青年學徒로ᄒᆞ야곰討論講議ᄒᆞ기에放漫自在ᄒᆞ면彼等은學藝의研鑽

을閑却ᄒᆞ야 一身의智德修養上에 一毫所得이無ᄒᆞ고徒히奇矯ᄒᆞᆫ人物을作ᄒᆞ야國內에浮華輕佻ᄒᆞᆫ人物이充滿ᄒᆞ기에至ᄒᆞ면엇지國에富强ᄒᆞᆯ事를得ᄒᆞ리오靑年子弟의輩가徒히政治問題에奔狂ᄒᆞ면一種政治狂客으로不平黨을續出ᄒᆞ기에至ᄒᆞ야此國은益益騷擾ᄒᆞᆫ禍中에沈溺ᄒᆞᄂᆞᆫ結果를成ᄒᆞᆯ디이니然則엇지國의發達을期ᄒᆞ리오如是則敎育學藝의進步發達上에一毫도利益이無ᄒᆞ고反히韓國의前途를誤ᄒᆞᆯ慮가有ᄒᆞ야敎育에從事ᄒᆞᄂᆞᆫ者가此國의敎育不振을慨歎ᄒᆞ고此國의文明富强을期待ᄒᆞᄂᆞᆫ者가先覺으로在ᄒᆞᄂᆞᆫ者ᄂᆞᆫ反히此國을騷亂ᄒᆞ고此國을疲弊ᄒᆞᄂᆞᆫ原動者ㅣ되ᄂᆞᆫ結果를生ᄒᆞ니大抵何國에셔든지政治上不平ᄒᆞᆫ徒와不滿ᄒᆞᆫ輩가有ᄒᆞᆷ을免치못ᄒᆞᄂᆞᆫ데此等不平ᄒᆞᆫ輩로因ᄒᆞ야一般靑年의前途를誤ᄒᆞ야可憐ᄒᆞᆫ子第로ᄒᆞ야곰犧牲이되게ᄒᆞᄂᆞᆫ事ᄂᆞᆫ余의不忍ᄒᆞᄂᆞᆫ바이라余ᄂᆞᆫ日本人인故로此言을發ᄒᆞᆷ이아니라衷心으로韓國의前途를想ᄒᆞ고世人으로ᄒᆞ야곰敎育의本旨를謬치아니ᄒᆞᆯ事를冀ᄒᆞᄂᆞᆫ데不外ᄒᆞᆯ지라然而若或余의見解에對ᄒᆞ야異論ᄒᆞᄂᆞᆫ人이有ᄒᆞ면余ᄂᆞᆫ親히其論者와共히此問題를硏究ᄒᆞ기로辭避치아니ᄒᆞᆯ것이오且一言을陳ᄒᆞ노니余ᄂᆞᆫ韓國人은絶對的으로政治問題를論議ᄒᆞᆷ이不可ᄒᆞ다ᄒᆞᆷ이아니라政治問題社會問題라ᄒᆞᆷ은其時期自在ᄒᆞ니卽學藝에專心ᄒᆞᆯ年少時代에政治問題社會問題를討論ᄒᆞᆷ은百害가有ᄒᆞ고一利가無ᄒᆞ다ᄒᆞᆷ에在ᄒᆞ거ᄂᆞᆯ世人이或彼ᄂᆞᆫ日本人인故로政治問題社會問題를討論ᄒᆞ면不可라ᄒᆞᆫ다ᄂᆞᆫ者ㅣ有ᄒᆞ니此ᄂᆞᆫ甚히誤解

라余ᄂᆞᆫ敎育上年小ᄒᆞᆫ修學時代와政治問題ᄅᆞᆯ研究ᄒᆞᆯ만ᄒᆞᆫ年長時代間에劃然ᄒᆞᆫ區別을立ᄒᆞ야學生으로서學問이아ᄌᆞᆨ未熟ᄒᆞ고大무히政論에容喙ᄒᆞᄂᆞᆫ空論의人이되지말고有用信實ᄒᆞᆫ人物이되기로熱望ᄒᆞᆷ이오又余의學校에서政治學을研究ᄒᆞ면不可ᄒᆞ다ᄂᆞᆫ論은前述과如ᄒᆞ거니와政治라ᄒᆞᆷ은現時에政治狀態의意味ᄅᆞᆯ有ᄒᆞᆫ거인ᄃᆡ政治學이라ᄒᆞᆷ은政治에關ᄒᆞᆫ學理ᄅᆞᆯ研究ᄒᆞᆷ이니余ᄂᆞᆫ學校에서政治에關ᄒᆞᆫ學理의研究ᄒᆞᄂᆞᆫ것을排斥ᄒᆞᄂᆞᆫ것이아니라

此ᄅᆞᆯ要컨ᄃᆡ學校ᄂᆞᆫ前述과如히總히學校라云ᄒᆞᆷ에在치아니ᄒᆞ되幾部分學校ᄂᆞᆫ學問의研究와政治의討論을混同ᄒᆞᄂᆞᆫ傾向이有ᄒᆞᆫ者ㅣ有ᄒᆞ니此ᄂᆞᆫ文明의開發과敎育의普及에妨害가及ᄒᆞᆷ을不拘ᄒᆞ고政府卽學部ᄂᆞᆫ此ᄅᆞᆯ自然에放任ᄒᆞ면果然爲政者의親切ᄒᆞᆷ이有ᄒᆞᆯ가親切不親切을分別ᄒᆞ야如此ᄒᆞᆫ惡傾向을善良ᄒᆞᆫ方向에誘導ᄒᆞᆷ은政府의義務에在치아니ᄒᆞᆫ가各位도此ᄅᆞᆯ自然에放任ᄒᆞᆷ이可ᄒᆞᆫ줄로認ᄒᆞᆯ事ᄂᆞᆫ無ᄒᆞᆫ지라今에韓國의狀態ᄂᆞᆫ如斯히敎育熱의旺盛ᄒᆞᆷ을伴ᄒᆞ야學校의幾部가危險ᄒᆞᆫ狀態에隔ᄒᆞ야其目的以外에過ᄒᆞᄂᆞᆫ前路에進ᄒᆞᄂᆞᆫ時ᄂᆞᆫ此ᄅᆞᆯ矯正ᄒᆞ야善良ᄒᆞᆫ方向에導ᄒᆞᄂᆞᆫ事ᄂᆞᆫ政府의義務인줄로確信ᄒᆞᄂᆞᆫ故로現時의敎育界에서政治問題或社會問題ᄅᆞᆯ混同ᄒᆞ고甚ᄒᆞᆫ者ᄂᆞᆫ此ᄅᆞᆯ敎科書中에編纂ᄒᆞ야學徒의將來ᄅᆞᆯ謬케ᄒᆞᄂᆞᆫ事가有ᄒᆞᆫ時ᄅᆞᆯ當ᄒᆞ야私立學校令을頒布ᄒᆞ야此ᄅᆞᆯ善導ᄒᆞ고此ᄅᆞᆯ矯正ᄒᆞᆷ은本是當然ᄒᆞᆫ事이오此로因ᄒᆞ야文明의開發에裨益이不尠ᄒᆞᆷ을確信ᄒᆞ고

第三　私立學校를善導ᄒᆞ야敎育의普及을圖ᄒᆞ는必要

政府는敎育의普及旺盛을希望ᄒᆷ을多論을依치아니ᄒᆞ긧시되財政이아즉富饒치못ᄒᆞᆫ今日政府의力으로는到底히此國敎育의發達을圖ᄒᆞᆯ事를得치못ᄒᆞᆯ지니如何ᄒᆞ든치敎育事業에는多大ᄒᆞᆫ費用과多大ᄒᆞᆫ勞力과多大ᄒᆞᆫ時日을要ᄒᆞ는故로單獨國力으로此를遂行ᄒᆞ는事는本是企及치못ᄒᆞᆯ事에屬ᄒᆞᆫ故로政府는私立學校를善導ᄒᆞ야此를完全ᄒᆞᆫ學校가되도록誘導開發ᄒᆞ야其本然ᄒᆞᆫ目的을遂케ᄒᆞ야政府에서施設經營ᄒᆞ는學校以外에私立學校로ᄒᆞ야곰充分ᄒᆞᆫ効果를擧케ᄒᆞ야官民一致로敎育의普及及發達을圖ᄒᆷ은刻下의急務이니卽私立學校令頒布ᄒᆞᆫ趣旨는千百私立學校를誘導開發ᄒᆞ야敎育의普及에稗益ᄒᆞ랴는外에在치아니ᄒᆞᆫ지라

私立學校令頒布된理由로因ᄒᆞ야各種流言이有ᄒᆞ긧시되大體는以上陳述ᄒᆷ과如ᄒᆞ고一派의論者는曰私立學校令은文明國의法令으로는甚히完美ᄒᆞ야一點批評ᄒᆞᆯ事가有ᄒᆞ나我韓國과如히人智未開ᄒᆞᆫ데在ᄒᆞ야는時機가尙早ᄒᆞ다ᄒᆞ니其言이然ᄒᆞᆫ듯ᄒᆞ되余는决코韓國現時狀態로見ᄒᆷ이時機가早치아일뿐아니라此時에頒布實施ᄒᆞ는事는緊切ᄒᆞ고且急要ᄒᆷ을感ᄒᆞ는것이니此點에關ᄒᆞ야各位의意見이有ᄒᆞ면余는共히研究ᄒᆞᆯ事로望ᄒᆞ노라

私立學校의內容에就ᄒᆞ야는今日各位에게頒布ᄒᆞᆫ印刷物를熟讀玩味ᄒᆞᆯ事를望ᄒᆞ는故로此內容에就ᄒᆞ야는架陳치아니ᄒᆞ거니와唯一二法令上에顯著치아니ᄒᆞᆫ事項에關ᄒᆞ

야說明ᄒᆞᄂᆞᆫ事의便宜ᄅᆞᆯ感ᄒᆞ니此ᄂᆞᆫ他事가아니라卽私立學校認可에關ᄒᆞᆫ事項의說明이라

認可ᄒᆞᄂᆞᆫ各事項을說明ᄒᆞᄂᆞᆫ데爲先一言을陳ᄒᆞ건ᄃᆡ世人이誤解ᄒᆞ야政府ᄂᆞᆫ私立學校의勃興을希望치아니ᄒᆞᄂᆞᆫ故로容易히此私立을認可치아니ᄒᆞᆫ다ᄒᆞᄂᆞ學部ᄂᆞᆫ前述과如히一般國民과共히敎育의普及發達을希望ᄒᆞᆷ으로써私立學校의益益多數設立케ᄒᆞᆷ은本是深望ᄒᆞᄂᆞᆫ바인則此認可가甚히困難ᄒᆞ다ᄂᆞᆫ傳說은全혀誤解에甚ᄒᆞᆫ것인ᄃᆡ學校令에規定ᄒᆞᆫ出願의手續을充ᄒᆞᄂᆞᆫ것에對ᄒᆞ야ᄂᆞᆫ學部ᄂᆞᆫ觀ᄒᆞ야此ᄅᆞᆯ認可ᄒᆞ깃시니决코此間에危懼을懷ᄒᆞᆯ餘地가無ᄒᆞᆫ지라

一、基本財産維持方法　學校設立要件의基本財産에關ᄒᆞ야도私立學校로ᄒᆞ야곰多額의基本財産이有ᄒᆞ면學部ᄂᆞᆫ此ᄅᆞᆯ認可치아니ᄒᆞᆫ다ᄂᆞᆫ風聞이有ᄒᆞᄂᆞ學部의所見은不然ᄒᆞ니學校의維持方法卽其學校ᄅᆞᆯ繼續ᄒᆞᄂᆞᆫ方法이完全ᄒᆞ고且鞏固ᄒᆞᆷ은希望ᄒᆞᄂᆞᆫ바이로되韓國의現時狀態에ᄂᆞᆫ學校에多大ᄒᆞᆫ基本財産及確實ᄒᆞᆫ維持方法을求ᄒᆞᆷ은甚難ᄒᆞᆫ故로學校의維持方法은其寄附金이든지基本財産이든지勿論ᄒᆞ고學校의收支가相續ᄒᆞ야其經濟ᄅᆞᆯ保ᄒᆞᆯ만ᄒᆞ면此ᄅᆞᆯ認可ᄒᆞᆯ것이오

一、學校의設備　學校의設備가完全치못ᄒᆞ면是亦認可에困難ᄒᆞ깃다ᄂᆞᆫ疑點도有ᄒᆞ나此ᄂᆞᆫ杞憂에不過ᄒᆞᆫ것이라卽設備라ᄒᆞᆷ은學校의校地、敎室學生의交椅敎授用ᄒᆞᄂᆞᆫ器具器械ᄅᆞᆯ指ᄒᆞᄂᆞᆫ것인데此等物의完備ᄒᆞᆷ은本是何人이든지望ᄒᆞᄂᆞᆫ바이로되如斯ᄒᆞᆫ

韓國教育界의現狀으로見홈이到底히其完備를望치못홀지라故로假令溫突로써教室에充홀지라도學徒의數에準ᄒᆞ야衛生上에害가有홀줄로認ᄒᆞᄂᆞᆫ時ᄂᆞᆫ決코此를認可치아니ᄒᆞ고前述과如히完全ᄒᆞᆫ學校의設備卽其內容의整備ᄂᆞᆫ本是所望이로ᄃᆡ唯其設備의完全치못ᄒᆞᆫ所以로認可치아니ᄒᆞ야廢滅케홈은全혀政府의希望ᄒᆞᄂᆞᆫ官民一致로敎育의普及發達을圖ᄒᆞᄂᆞᆫ道가아니라稍히完全치못ᄒᆞᆫ學校라도全無홈보담優勝ᄒᆞ니一例를擧ᄒᆞ건ᄃᆡ從來韓國의醫者가彼의草根木皮를用ᄒᆞᄂᆞᆫ故로全혀此를排斥홀것이아니라文明ᄒᆞᆫ醫術이아즉進步치못ᄒᆞᆫ韓國의現狀에ᄂᆞᆫ韓國人民의多數ᄒᆞᆫ生命을保持ᄒᆞᄂᆞᆫ者ᄂᆞᆫ此草根木皮를用ᄒᆞᄂᆞᆫ醫者ㅣ라此를一切禁遏홈은得當치못홈이라完備치못ᄒᆞᆫ私立學校라도廢滅케ᄒᆞᄂᆞᆫ時ᄂᆞᆫ政府의敎育事業이漸漸其誤를啓ᄒᆞᄂᆞᆫ今日에青年子弟ᄂᆞᆫ何處에到ᄒᆞ야學術을修得ᄒᆞ리오政府에서ᄂᆞᆫ如斯ᄒᆞᆫ拙策을執ᄒᆞᄂᆞᆫ것이아니오

一、敎員　敎員도完全치못ᄒᆞ면學校設立은不能홀疑를挾홀者가不無ᄒᆞ되韓國의現狀에서完全ᄒᆞᆫ敎員으로認홀만者ᄂᆞᆫ아즉甚多치못ᄒᆞ고將來師範學校의逐次設立ᄒᆞ기에至ᄒᆞ면敎員養成ᄒᆞᄂᆞᆫ道에도亦此漸開ᄒᆞ야完全ᄒᆞᆫ敎員을求홀事가困難치아니ᄒᆞ깃시되韓國의現狀으로到底急速히師範學校의增設을許치못ᄒᆞᄂᆞᆫ故로私立學校의敎員으로ᄂᆞᆫ其資格에何等制限을定치아니홈은毋容更議어니와特히法으로定ᄒᆞᆫ學校ᄂᆞᆫ此限에在치아니ᄒᆞ니卽普通學校에ᄂᆞᆫ官公私立을勿問ᄒᆞ고敎員許狀이無ᄒᆞ면敎員됨을

得치못ᄒᆞᄂᆞᆫ規例이나一般私立學校ᄂᆞᆫ此制限이無ᄒᆞ니此로써觀ᄒᆞᆯ지라도學部方針의在ᄒᆞᆫ바ᄅᆞᆯ知키非難ᄒᆞᆯ지라然而私立學校令第八條에列擧ᄒᆞᆫ거와如히監獄刑等에處ᄒᆞᆫ者가敎員될事ᄅᆞᆯ得치못ᄒᆞᆷ은毋容更議오

一、學校의目的　學校의目的에就ᄒᆞ야ᄂᆞᆫ敎育學藝ᄅᆞᆯ敎授ᄒᆞᄂᆞᆫ것인則如何ᄒᆞᆫ種類의目的됨을勿問ᄒᆞᆷ은不須多言이오私立學校令第十條第一項의安寧秩序ᄅᆞᆯ紊亂ᄒᆞ고又風俗을害ᄒᆞᄂᆞᆫ듯ᄒᆞᆫ것의不可ᄒᆞᆷ은已毋假論이니如此ᄒᆞᆫ學校의存在ᄂᆞᆫ到底히得치못ᄒᆞᆯ事이오耶蘇敎學校ᄅᆞᆯ認可치아니ᄒᆞᆫ다ᄂᆞᆫ傳說은全혀訛傳에屬ᄒᆞᆫ지라耶蘇敎學校이든지佛敎學校이든지抑醫術農事의學校이든지認可치아니ᄒᆞᄂᆞᆫ理由ᄅᆞᆯ發見치못ᄒᆞ고

一、學校의名稱　學校ᄂᆞᆫ其如何ᄒᆞᆫ名稱을附ᄒᆞ든지當事者의任意에在ᄒᆞ되但注意ᄅᆞᆯ要ᄒᆞᆷ은旣히法令으로規定ᄒᆞᆫ師範學校高等學校普通學校等名稱은各其法令에依치아니면此ᄅᆞᆯ附ᄒᆞᆯ事ᄅᆞᆯ得치못ᄒᆞᆷ은毋容更議오

一、學校의位置　學校設置ᄒᆞᄂᆞᆫ場所에就ᄒᆞ야도亦是別로制限ᄒᆞᆫ바가無ᄒᆞ나若或同一ᄒᆞᆫ地에漫然히多數ᄒᆞᆫ學校ᄅᆞᆯ設置ᄒᆞᄂᆞᆫ時ᄂᆞᆫ誰某의學校이든지所要生徒數ᄅᆞᆯ得치못ᄒᆞ야自然互相間에學徒收容ᄒᆞᄂᆞᆫ競爭을演ᄒᆞ고或維持財源의關係로當事者間의紛擾反目을惹起ᄒᆞᄂᆞᆫ等事가其實例이니如此ᄒᆞᆫ則縱然學校ᄅᆞᆯ與ᄒᆞᆯ지라도目的을達치못ᄒᆞ고此로因ᄒᆞ야幾多苦心도水泡에歸ᄒᆞᆯ뿐이오學校도終에空廢ᄒᆞᄂᆞᆫ外에道理가無ᄒᆞ기에乃至ᄒᆞᆷ은實로遺憾을不堪ᄒᆞᆯ지라蓋敎育機關의配置가其處ᄅᆞᆯ得ᄒᆞᄂᆞᆫ事ᄂᆞᆫ特히前述

ᄒᆞᆫ弊ᄅᆞᆯ防止ᄒᆞᆯ消極的理由에出ᄒᆞᆯᄲᅮᆫ아이라學生으로ᄒᆞ야금修學을容易케ᄒᆞ고敎育의普及을圖ᄒᆞᄂᆞᆫ所以오

一、學則　學則에規定ᄒᆞᆫ事項은私立學校令第三條에列擧ᄒᆞᆫ바와如ᄒᆞᆫ대此等事項을如何ᄒᆞᆫ樣式에記載ᄒᆞ든지ᄂᆞᆫ當該學校의任意에在ᄒᆞ되一定ᄒᆞᆫ方式에記載치아니ᄒᆞ면不可라云ᄒᆞᆫ지라然而從來韓國의學校에ᄂᆞᆫ學則의制定이無ᄒᆞ고學校數가不少ᄒᆞᆫ故로學則의記載方法等에就ᄒᆞ야此ᄅᆞᆯ不知ᄒᆞᄂᆞᆫ學校도亦是不無ᄒᆞᆷ을憂慮ᄒᆞ야學部에셔告示第六號로私立學校學則記載例라ᄂᆞᆫ것을公示ᄒᆞ야學則記載上의叅考에資케ᄒᆞ얏시니此例에熟讀ᄒᆞᆯ事ᄅᆞᆯ望ᄒᆞ며且此記載例ᄂᆞᆫ各學校에셔悉皆此에基ᄒᆞ야制定ᄒᆞᆯ事ᄅᆞᆯ强ᄒᆞᆷ이아이오學則의記載ᄂᆞᆫ本來學校의隨意

에在ᄒᆞ니此點은誤解가無ᄒᆞᆷ을望ᄒᆞ노라

以上說明ᄒᆞᆷ과其他事項에就ᄒᆞ야ᄂᆞᆫ大槪私立學校令과訓令에昭載ᄒᆞ얏시니此ᄅᆞᆯ熟讀玩味ᄒᆞ면學部의希望과學部의方針等을知悉ᄒᆞ려니와玆에一言을陳ᄒᆞᄂᆞᆫ바ᄂᆞᆫ從來設立ᄒᆞᆫ學校ᄂᆞᆫ私立學校令末條에依ᄒᆞ야明年三月內에認可ᄅᆞᆯ受ᄒᆞᆷ이無妨ᄒᆞᆫ故로此ᄅᆞᆯ附言ᄒᆞ노라要之컨ᄃᆡ余ᄂᆞᆫ學部의方針이一般人民에게周知케ᄒᆞᆯ事ᄅᆞᆯ切望ᄒᆞ노니政府方針을一般人民에周知徹底치못ᄒᆞᆷ을隨ᄒᆞ야浮說流言이傳播ᄒᆞ고此ᄅᆞᆯ因ᄒᆞ야一般人民이誤解ᄅᆞᆯ惹起ᄒᆞ야政府의意思가疏通치못ᄒᆞᆷ은誠甚慨歎ᄒᆞᆯ바인故로玆에各位의貴重ᄒᆞᆫ時間을消費케ᄒᆞᆷ이니如何히ᄒᆞ면韓國으로文明富强에趨ᄒᆞᆯᄂᆞᆫ지如何히ᄒᆞ면敎育의普及發達을圖ᄒᆞᆯᄂᆞᆫ지此點에就ᄒᆞ야各位의

口를藉ᄒᆞ야 一般國民에게傳播케ᄒᆞ기를希望ᄒᆞ야茲에各位를煩ᄒᆞᆫ바이니各位도時間의許ᄒᆞᆫ데限ᄒᆞ야充分質問을試ᄒᆞ거나或意見을提供ᄒᆞ기를望ᄒᆞ노라

官報摘要

部令 四月二十五日

農商工部所管森林法施行細則을左ᄀᆞᆺ치定ᄒᆞᆷ

農商工部令第六十五號

森林法施行細則

第一章 通則

第一條 森林法及其附屬法令에依ᄒᆞ야請願人又ᄂᆞᆫ契約當事者의代理人은其代理權을証ᄒᆞᆯ書類를提出ᄒᆞᆷ이可ᄒᆞᆷ

前項의請願人又ᄂᆞᆫ契約當事者가二人以上될時ᄂᆞᆫ總代를選定ᄒᆞᆷ이可ᄒᆞᆷ

第二條 森林法及其附屬法令에依ᄒᆞᆫ請願人又ᄂᆞᆫ契約當事者가國內에住所가無ᄒᆞᆯ時ᄂᆞᆫ假住所를定ᄒᆞ야農商工部大臣의게提出ᄒᆞᆷ이可ᄒᆞᆷ

第三條 森林法及其附屬法令에依ᄒᆞ야請願코ᄌᆞᄒᆞᄂᆞᆫ者ᄂᆞᆫ國有林野의調査又ᄂᆞᆫ測量ᄒᆞᆷ을必要로認ᄒᆞᆯ時ᄂᆞᆫ其事由를陳述ᄒᆞ야農商工部大臣의許可를受ᄒᆞᆷ을得ᄒᆞᆷ

第四條 公用又ᄂᆞᆫ公益事業을爲ᄒᆞᆷ이ᄂᆞ又ᄂᆞᆫ公立學校用에關ᄒᆞᆫ請願으로其監督官廳의許可를受ᄒᆞᆯ事項이될時ᄂᆞᆫ請願書에其許可証의謄本을添付ᄒᆞᆷ이可ᄒᆞᆷ

第五條 森林法附屬法令에坪(步)이라稱ᄒᆞᆷ은常用尺六尺平方、一町步ᄂᆞᆫ三千坪、一段은三百坪、一畝ᄂᆞᆫ三千坪이며尺締

라稱ᄒᆞᆷ은常用尺十二立方尺、 棚은常用尺一百〇八立方尺(實積六尺締로換筭)ᄒᆞᆷ이며切이라稱ᄒᆞᆷ은常用尺一立方尺을云ᄒᆞᆷ

第二章　森林山野及産物의特賣

第六條　國有森林山野及産物의特賣을受코져ᄒᆞᄂᆞᆫ者ᄂᆞᆫ第一號様式에依ᄒᆞ야農商工部大臣의게請願ᄒᆞᆷ이可ᄒᆞᆷ

第七條　特賣의許可가有ᄒᆞᆯ時ᄂᆞᆫ買受人은農商工部大臣의指定ᄒᆞᆫ期間內에指定ᄒᆞᆫ契約保証金을納入ᄒᆞ고第二號様式에依ᄒᆞ야賣買契約書를作成ᄒᆞᆷ이可ᄒᆞᆷ

但代金이千圓에未滿ᄒᆞᆯ境遇에ᄂᆞᆫ第三號様式의誓約書로써契約書에代用ᄒᆞᆷ을得ᄒᆞᆷ

買受人이前項期間內에契約書를作成ᄒᆞ며又ᄂᆞᆫ誓約書를提出치아니ᄒᆞᆯ時ᄂᆞᆫ農商工部大臣은特賣許可를繳消ᄒᆞᄂᆞᆫ事이有ᄒᆞᆷ

前項에依ᄒᆞ야特賣許可를繳消ᄒᆞᆯ時ᄂᆞᆫ違約金으로代金에十分一에相當ᄒᆞᆫ金額을徵受ᄒᆞᆷ

第八條　左開境遇에在ᄒᆞ야ᄂᆞᆫ契約保証金을徵收치아니ᄒᆞᆷ

一　代金이百圓에未滿ᄒᆞᆯ時

二　公共團體에賣却ᄒᆞᆯ時

三　公共又ᄂᆞᆫ公益事業을爲ᄒᆞ야賣却ᄒᆞᆯ時

第九條　現金으로써納入ᄒᆞᆫ契約保証金은代金에充用ᄒᆞᆷ

有價証券으로써納入ᄒᆞᆫ契約保証金은代金을完納ᄒᆞᆫ後에還給ᄒᆞᆷ

第十條　買受人은契約書에定ᄒᆞᆫ바에依ᄒᆞ야納入期間內에代金을納入홈이可홈
買受人이物件의搬出又는採取코ᄌᆞᄒᆞᆯ時其渡與又는採取許可를受홈이可홈
前項의渡與及採取許可는代金을完納後가아니면此를行홈을不得홈

第十一條　買受人은物件의渡與又는採取許可前에在ᄒᆞ야는農商工部大臣의許可를得홈이아니면其物件에對ᄒᆞ야一切의處分을行홈을不得홈

第十二條　買受人이物件에渡與를受ᄒᆞ며又는採取許可를得ᄒᆞᆯ時는領收証又는誓約書를作ᄒᆞ야此를農商工部大臣에게提出홈이可홈

第十三條　主産物의根株는特別契約에依ᄒᆞᆫ者外에는賣却以外로ᄒᆞ야數量計算에加入치아니홈

第十四條　賣却物件의面積數量或은品質에錯誤가有ᄒᆞ거나又는其物件에隱匿ᄒᆞᆫ瑕疵가有ᄒᆞ야도買受人은異議를陳述홈을不得홈

第十五條　買受人이納入期限內에代金을納入치아니ᄒᆞ며又는第十一條規定에違背ᄒᆞᆯ時는農商工部大臣은其契約을解除홈을得홈

第十六條　前條에依ᄒᆞ야契約을解除ᄒᆞᆯ時는契約保証金은國의所得으로ᄒᆞ며契約保証金이無ᄒᆞᆯ時는違約金으로代金의十分一에相當ᄒᆞᆫ金額을徵收홈

第十七條　産物의搬出又는採取期間은物件의渡與又는採取許可日로브터主産物은二個年이오副産物에는一個年을超過

ᄒᆞᆷ을不得ᄒᆞᆷ
買受人이前項期間內에搬出又는採取ᄒᆞᆷ을畢了치못ᄒᆞᆯ時는期間의延期ᄅᆞᆯ請願ᄒᆞᆷ을得ᄒᆞᆷ此境遇에는農商工部大臣은相當ᄒᆞᆫ期間을指定ᄒᆞ고違約金으로左開金額을徵收ᄒᆞᆷ
一、價金이百圜以上될時는一日에對ᄒᆞ야其千分之一
二、價金이百圜未滿될時는一日에對ᄒᆞ야金十錢
第十八條　前條의請願이搬出又는採取期間經過後에在ᄒᆞᆯ時는其間의日數에應ᄒᆞ야前條의定ᄒᆞᆫ金額의二倍ᄅᆞᆯ徵收ᄒᆞᆷ
前項의規定은買受人이搬出又는採取期間經過後三十日以內에延期請願을不行ᄒᆞ는境遇에準用ᄒᆞᆷ

第十九條　買受人이搬出又는採取ᄒᆞᆷ을終ᄒᆞᆯ時는卽時其意ᄅᆞᆯ農商工部大臣에게提出ᄒᆞᆷ이可ᄒᆞᆷ
第二十條　左開境遇에는買受人이搬出又는採取未畢ᄒᆞᆫ物件을抛棄ᄒᆞᆫ者로看定ᄒᆞᆷ
一、買受人이搬出又는採取期間經過後二十日以內에延期請願을不行ᄒᆞᆯ時
二、買受人이延期期間內에搬出又는採取ᄒᆞᆷ을未畢ᄒᆞᆯ時
第二十一條　買受人이搬出又는採取未畢ᄒᆞᆫ物件을讓渡ᄒᆞᆯ時는第四號樣式에依ᄒᆞ야農商工部大臣에게提出ᄒᆞᆷ이可ᄒᆞᆷ
前項의提出이有ᄒᆞᆯ時는第十七條第十八條規定에依ᄒᆞ야違約金으로徵收ᄒᆞᆯ金額은搬出又는採取未畢ᄒᆞᆫ者에게徵收ᄒᆞᆷ但讓受人이此ᄅᆞᆯ不納ᄒᆞᆯ時는最初에買受

人에게此를徵收홈第一項의提出이無홀時는第十七條第十八條規定에依ᄒᆞ야違約金으로徵收홀金額은最初에買受人에게此를徵收홈

第二十二條　特定ᄒᆞᆫ目的으로써賣却을受ᄒᆞᆫ者는農商工部大臣의許可를得홈이아니면其目的以外에物件을使用或은消費ᄒᆞ며又는此를讓與홈을不得홈

前項規定에違背홀時는違約金으로代金의半額에相當홀金額을徵收홈

第二十三條　物件의搬出又는採取홈에當ᄒᆞ야買受人이不正ᄒᆞᆫ行爲가有홈으로認定홀時는農商工部大臣은其物件을執留ᄒᆞ거나又는搬出採取의中止홈을命홈을得홈此境遇에買受人은損害賠償을請求홈을不得홈

第三章　主產物의年期賣却

第二十四條　國有森林山野主產物의年期賣却은左開境遇에限홈

一、特別ᄒᆞᆫ設備를施홈이아니면森林의更新計畫에伴ᄒᆞᆫ產物利用에困難홀時

二、特別ᄒᆞᆫ設備를施홀時는產物利用에程度를顯著ᄒᆞ게增進홈을得홀時

第二十五條　年期賣買契約은不特定物에賣買로홈

第二十六條　賣却年期는十個年을超過홈을不得홈

第二十七條　年期賣却을受코ᄌᆞᄒᆞ는者는第五號樣式에依ᄒᆞ야事業要領書를添付ᄒᆞᆫ請願書를作ᄒᆞ야農商工部大臣에게提出홈이可홈

農商工部大臣은請願者로期間을指定ᄒᆞ며事業計畫書及計畫圖面을提出케ᄒᆞᆷ을得ᄒᆞᆷ

第二十八條　年期賣却의許可가有ᄒᆞᆯ時ᄂᆞᆫ買受人은農商工部大臣의指定ᄒᆞᆫ期間內에指定ᄒᆞᆫ契約保証金을納入ᄒᆞ고第六號様式에依ᄒᆞ야年期賣却契約書를作成ᄒᆞᆷ이可ᄒᆞᆷ

第二十九條　買受人이農商工部大臣의指定ᄒᆞᆫ期間內에契約書를作成치아니ᄒᆞᆯ時ᄂᆞᆫ農商工部大臣은年期賣却許可를繳消ᄒᆞᆷ

前項에依ᄒᆞ야年期賣却許可를繳消ᄒᆞᆯ時ᄂᆞᆫ違約金으로年期間을通ᄒᆞᆫ總賣却代金의百分之十에相當ᄒᆞᆫ金額을徵收ᄒᆞᆷ

第三十條　年期賣却契約締結後에買受人

이事業計劃書에記載ᄒᆞᆫ計劃을變更ᄒᆞᆯ時ᄂᆞᆫ卽時農商工部大臣에게報明ᄒᆞᆷ但事業에要ᄒᆞᆯ特別ᄒᆞᆫ設備를變更코ᄌᆞᄒᆞᆯ時ᄂᆞᆫ農商工部大臣의認可를受ᄒᆞᆷ이可ᄒᆞᆷ

第三十一條　各年度에渡與ᄒᆞᆯ主產物의種類數量及斫伐個所ᄂᆞᆫ農商工部의營林計劃에依ᄒᆞ야此를定ᄒᆞᆷ

前項의營林計劃을變更ᄒᆞᄂᆞᆫ事이有ᄒᆞ야도買受人은異議를陳述ᄒᆞᆷ을不得ᄒᆞᆷ

第三十二條　買受人은當該官吏의測定ᄒᆞᆫ主產物의數量에對ᄒᆞ야異議로陳述ᄒᆞᆷ을不得ᄒᆞᆷ

買受人은前項測定에立會ᄒᆞᆷ을得ᄒᆞᆷ

第三十三條　農商工部大臣은渡與ᄒᆞᆯ主產物의種類數量斫伐個所幷其代金과納入期限及其他契約履行에必要ᄒᆞᆫ事項을記

載ᄒᆞᆫ通知書를作ᄒᆞ야其每度에此를買受人에게送付ᄒᆞᆷ
買受人이前項의通知를受ᄒᆞᆯ時ᄂᆞᆫ納入其間內에代金을納入ᄒᆞᆷ이可ᄒᆞᆷ
第三十四條　第十條第十二條第十三條第十四條及第三十三條의規定은年期賣却에도此를亦爲適用ᄒᆞᆷ
第三十五條　主産物搬出期間은主産物의渡與된月로브터起筭ᄒᆞ야三個年以內로農商工部大臣이此를定ᄒᆞ고渡與ᄒᆞᆯ時에買受人에게通知ᄒᆞᆷ
前項期限內에搬出키不能ᄒᆞᆯ時ᄂᆞᆫ買受人은農商工部大臣의指揮를從ᄒᆞ야其斫伐個所全區域內에셔造林上障碍物을掃除ᄒᆞᆯ事를條件으로ᄒᆞ야一個年以內의延期를請願ᄒᆞᆷ을得ᄒᆞᆷ前項延期請願은搬出期間滿了ᄒᆞ기一個月以前에此를行ᄒᆞᆷ이可ᄒᆞᆷ
第三十六條　買受人이物件의搬出又ᄂᆞᆫ造林障碍物의掃除를終ᄒᆞᆯ時ᄂᆞᆫ卽時其意를農商工部大臣에게報明ᄒᆞᆷ이可ᄒᆞᆷ
第三十七條　左開境遇에ᄂᆞᆫ買受人은搬出未畢ᄒᆞᆫ物件을抛棄ᄒᆞᆫ者로看定ᄒᆞᆷ
一、延期請願을不行ᄒᆞ거나又ᄂᆞᆫ延期許可를得자안코搬出期間이滿了ᄒᆞᆫ時
二、延期期間이滿了ᄒᆞᆫ時
第三十八條　農商工部大臣이買受人의抛棄ᄒᆞᆫ物件이造林上最히障碍될憂慮가有ᄒᆞᆷ으로認定ᄒᆞᆯ時ᄂᆞᆫ買受人으로農商工部大臣의指揮를從ᄒᆞ야自己에費用으로其障害物을除却케ᄒᆞᆷ但搬出期間（延期期間이有ᄒᆞᆯ時ᄂᆞᆫ其延期期間）滿了後一個

年以內에農商工部大臣이除却ᄒᆞᆷ을要求치아니ᄒᆞᆯ時는買受人은其義務를免ᄒᆞᆯ者라ᄒᆞᆷ

第三十九條　農商工部大臣은營林上必要가有ᄒᆞᆷ으로認ᄒᆞᆯ時는買受人에게對ᄒᆞ야伐木運搬其他事項에就ᄒᆞ야其方法을指定ᄒᆞ며又는制限ᄒᆞᆷ을得ᄒᆞᆷ

第四十條　法令의結果에因ᄒᆞᆷ과又는公用或公益에關ᄒᆞᆫ原因에依ᄒᆞ야主產物의斫伐을制限停止或은廢止ᄒᆞ며又는其時期를變更ᄒᆞᆯ必要를生ᄒᆞᆷ을因ᄒᆞ야農商工部大臣이契約을變更ᄒᆞ며又는解除ᄒᆞ야買受人은異議를陳述ᄒᆞᆷ을不得ᄒᆞᆷ

前項에依ᄒᆞᆫ變更又는解除ᄒᆞᆷ을因ᄒᆞ야代金을畢納ᄒᆞᆫ買受物件으로斫伐又는搬出치못ᄒᆞᆫ者를生ᄒᆞᆯ時는相當ᄒᆞᆫ代金을還給ᄒᆞ고其物件은國의所有로ᄒᆞᆷ

第四十一條　年期賣買契約에因ᄒᆞ야生ᄒᆞᆫ權利又는搬出未畢ᄒᆞᆫ物件은農商工部大臣의認可를受ᄒᆞᆷ이아니면此를他人에게讓渡ᄒᆞ며又는擔保에供ᄒᆞᆷ을不得ᄒᆞᆷ

第四十二條　左開境遇에는農商工部大臣은年期賣買契約을解除ᄒᆞᆷ此境遇에는搬出未畢ᄒᆞᆫ物件及契約保証金은國의所有로ᄒᆞᆷ

一、渡與ᄒᆞᆯ主產物에對ᄒᆞ야納入期間內에代金을不納ᄒᆞᆯ時

二、前條의規定에違背ᄒᆞᆯ時

三、第三十五條又는第三十八條의境遇에造林障碍物掃除又는除却의要求를受ᄒᆞ고도買受人이其義務를履行치아니ᄒᆞᆯ時

四、買受人의責에歸ᄒᆞᆯ事由에因ᄒᆞ야農商工部大臣이契約의目的을達키難ᄒᆞᆷ으로認ᄒᆞᆯ時

前項搬出未畢ᄒᆞᆫ物件에就ᄒᆞ야ᄂᆞᆫ農商工部大臣은相當ᄒᆞᆫ代金을還給ᄒᆞᆷ

第四十三條　國有森林山野內에在ᄒᆞᆫ設備에就ᄒᆞ야ᄂᆞᆫ買受人은其使用을終ᄒᆞᆫ後와又ᄂᆞᆫ契約이解除된境遇에ᄂᆞᆫ農商工部大臣이指定ᄒᆞᆫ期限內에土地를原形에回復ᄒᆞ며設備를收去ᄒᆞᆯ義務가有ᄒᆞᆷ但特別ᄒᆞᆫ契約이有ᄒᆞᆫ者와又ᄂᆞᆫ農商工部大臣의認可를受ᄒᆞᆫ者ᄂᆞᆫ此限에不在ᄒᆞᆷ

買受人이前項期限內에收去ᄒᆞᆷ을終치아니ᄒᆞᆯ時ᄂᆞᆫ其設備ᄂᆞᆫ統히國의所有로ᄒᆞᆷ

買受人이第一項의義務를怠慢ᄒᆞᆷ을因ᄒᆞ야營林上障碍를生ᄒᆞᆯ憂慮가有ᄒᆞᆷ으로認ᄒᆞᆯ時ᄂᆞᆫ農商工部大臣은原形回復ᄒᆞᆷ에要ᄒᆞᆯ費用을筭定ᄒᆞ야其二倍의金額을違約金으로徵收ᄒᆞᆷ

第四十四條　年期賣却에附帶ᄒᆞᆫ國有森林山野의使用又ᄂᆞᆫ貸付에就ᄒᆞ야ᄂᆞᆫ農商工部大臣이契約의變更과又ᄂᆞᆫ解除ᄒᆞᆷ에伴ᄒᆞ야其使用을禁止ᄒᆞ며或은貸付를解除ᄒᆞᄂᆞᆫ事이有ᄒᆞ야도買受人은異議를陳述ᄒᆞᆷ을不得ᄒᆞᆷ

第四十五條　契約保証金은買受人에게屬ᄒᆞᆫ諸般義務를履行ᄒᆞ야終ᄒᆞ기ᄭᆞ지此를還給치아니ᄒᆞᆷ

（未完）

光武十年十二月一日刱刊

會員注意

會費送交
會計員 漢城中部校洞二十九統二戶 西北學會館內 朴景善
受取人 西北學會

原稿送付
編輯人 漢城中部校洞二十九統二戶 西北學會館內 金達河
條件 用紙 從便 期限 每月十日內

主筆 朴殷植
編輯兼發行人 金達河
印刷人 李達元
印刷所 普成社
發行所 漢城中部校洞二十九統二戶 西北學會
發賣所
皇城中署布屛下廣學書舖
皇城小安洞 大韓書林
皇城尙洞 博文書館
皇城罷朝橋 中央書舖

◎定價
一冊 金十錢(郵費一錢)
六冊 金五十五錢(郵費六錢)
十二冊 金一圓(郵費十二錢)

◎廣告料
半頁 金五圓
一頁 金十圓

會員注意

一本會月報를購覽커나本報에廣告를揭載코져ᄒᆞ시ᄂᆞᆫ 僉君子ᄂᆞᆫ西北學會庶務室노申請ᄒᆞ시압

一本報代金과廣告料ᄂᆞᆫ西北學會會計室노送交ᄒᆞ시압

一先金이盡ᄒᆞᄂᆞᆫ時에ᄂᆞᆫ封皮上에捺印으로証明ᄒᆞᆷ

一本報를購覽코져ᄒᆞ시ᄂᆞᆫ 僉君子ᄂᆞᆫ住址統戶를昭詳記送于西北學會庶務室ᄒᆞ시압

一論說詞藻等을本報에記載코져ᄒᆞ시ᄂᆞᆫ 僉君子ᄂᆞᆫ西北學會會館內月報編輯室노寄送ᄒᆞ시압

第三種郵便物認可

特別廣告

本會月報의發行이今至二十二號인딕代金收合이極히零星ᄒᆞ와繼刊ᄒᆞ기極窘ᄒᆞᆯ뿐不是라況本會館及學校建築에經用浩繁은一般會員과僉紳士의知悉ᄒᆞ시ᄂᆞᆫ바이니義務를特加ᄒᆞ시와遠近間購覽ᄒᆞ시ᄂᆞᆫ僉員은迅速送交ᄒᆞ시고本會員은月捐金도並計朔送致ᄒᆞ시와會務와校況을日益進就케ᄒᆞ심을千萬切盼

本學會告白

서북북학회월보

인쇄일: 2023년 4월 25일
발행일: 2023년 5월 01일
지은이: 서북학회
발행인: 윤영수
발행처: 한국학자료원
서울시 구로구 개봉본동 170-30
전화: 02-3159-8050 팩스: 02-3159-8051
문의: 010-4799-9729
등록번호: 제312-1999-074호
ISBN: 979-11-6887-279-0

잘못된 책은 교환해 드립니다.
전 3권 정가 375,000원